ORIENTAÇÃO PARA PAIS

ORIENTAÇÃO PARA PAIS

O QUE É PRECISO SABER PARA CUIDAR DOS FILHOS

ORGS | DÉBORA C. FAVA • MARTHA ROSA • ANGELA DONATO OLIVA

Artesã

Orientação para pais: o que é preciso saber para cuidar dos filhos

1ª edição - 3ª Reimpressão 2023

Copyright © 2018 Artesã Editora

É proibida a duplicação ou reprodução deste volume, no todo ou em parte, sob quaisquer formas ou por quaisquer meios (eletrônico, mecânico, gravação, fotocópia, distribuição na Web e outros), sem permissão expressa da Editora.

DIRETOR
Alcebino Santana

COORDENAÇÃO EDITORIAL
Michelle Guimarães El Aouar

REVISÃO
Vera Lúcia De Simoni

CAPA
Karol Oliveira

PROJETO GRÁFICO E DIAGRAMAÇÃO
Conrado Esteves

F272 Fava, Débora C.
          Orientação para pais: o que é preciso saber para cuidar dos filhos / Débora C. Fava , Martha Rosa , Angela Donato Oliva. – Belo Horizonte : Ed. Artesã, 2021.
          416 p. ; 24 cm.

          ISBN: 978-85-88009-88-2

       1. Psicologia do desenvolvimento. 2. Psicologia infantil. 3. Crianças - desenvolvimento. 4. Orientação (Psicologia). 5. Pais. I. Rosa, Martha. II. Oliva, Angela Donato. III. Título.
                                                                CDU 159.9

Catalogação: Aline M. Sima CRB-6/2645

IMPRESSO NO BRASIL
Printed in Brazil

📞 (31)2511-2040   📱 (31)99403-2227
🌐 www.artesaeditora.com.br
📍 Rua Rio Pomba 455, Carlos Prates - Cep: 30720-290 | Belo Horizonte - MG
📷 📘 /artesaeditora

Agradecimentos

Aos pais e familiares que oportunizaram a nossa caminhada profissional, e que inspiraram tantas reflexões teóricas e clínicas. Obrigada pela confiança em nosso trabalho!

Sumário

Prefácio..11

Apresentação...13

PARTE 1 – TEMAS DA PARENTALIDADE

CAPÍTULO 1
O nascimento do primeiro filho e a saúde mental da mulher e do casal......17
Cinthya Leite, Leopoldo Barbosa, Amaury Cantilino

Palavra de especialista: quando más notícias estão a caminho..................35
Eduardo Becker Júnior

CAPÍTULO 2
Desenvolvimento social e da personalidade: considerações sobre o apego......39
Angela Donato Oliva, Débora C. Fava, Martha Rosa

CAPÍTULO 3
Os estilos de interação entre pais e filhos e a construção da disciplina......59
Débora C. Fava, Martha Rosa, Angela Donato Oliva

CAPÍTULO 4
Conjugalidade e parentalidade: transições, conflitos e impactos nos filhos....91
Mariana Gonçalves Boeckel, Luciana Suárez Grzybowski

CAPÍTULO 5
Implicações do divórcio no ajustamento de crianças e adolescentes........105
Angela Helena Marin, Clarisse Pereira Mosmann

PARTE 2 – DESENVOLVENDO HABILIDADES E HÁBITOS SAUDÁVEIS NOS FILHOS

CAPÍTULO 6
Empatia, compaixão e moralidade em crianças.................................131
Eliane Falcone, Evlyn Rodrigues Oliveira, Stèphanie Krieger, Monique Plácido Viegas, Angela Donato Oliva

CAPÍTULO 7
Responsabilidades: orientações sobre funções executivas.........................151
Caroline de Oliveira Cardoso, Leslie Holmer

CAPÍTULO 8
Regulação do sono do nascimento à adolescência.........................169
Camila Morelatto de Souza, Alicia Carissimi

CAPÍTULO 9
Alimentação e comportamento alimentar.........................203
Giovanna Nunes Cauduro, Janaína Thais Barbosa Pacheco

CAPÍTULO 10
Atividade física e cuidados com a saúde.........................223
Lucas Elias Rosito, Raísa da Silva do Nascimento, Marina Azzi Bertotto.

CAPÍTULO 11
A Psicologia Positiva no dia a dia da família.........................247
Juliana da Rosa Pureza, Daniele Lindern, Agliani Osório Ribeiro

CAPÍTULO 12
Práticas meditativas na família.........................273
Lauren Frantz Veronez, Lucianne Valdivia

PARTE 3: DESAFIOS PARA OS PAIS

CAPÍTULO 13
O relacionamento social dos filhos.........................295
Daniele Lindern, André Gava Verzoni, Maurício Raskin Goldstein,
Lauren Sa Lipp, Carolina Saraiva de Macedo Lisboa

CAPÍTULO 14
Relação entre pais e filhos na adolescência.........................317
Carmem Beatriz Neufeld, Isabela Pizzarro Rebessi

CAPÍTULO 15
Diversidade sexual e de gênero.........................333
Jean Ícaro Pujol Vozzosi, Fernando Martins de Azevedo,
Débora C. Fava, Martha Rosa, Cláudio Eduardo Resende Alves

CAPÍTULO 16
Desregulação emocional na adolescência..357
Wilson Vieira Melo, Érica Panzani, Débora C. Fava

CAPÍTULO 17
Dependências tecnológicas..373
Cristiano Nabuco de Abreu, Igor Lins Lemos

CAPÍTULO 18
O uso de álcool e drogas..393
Thiago Gatti Pianca

Os autores..407

Prefácio

Crianças e jovens são o maior recurso natural da sociedade. Assegurar que os jovens amadureçam felizes, saudáveis e sejam adultos produtivos é uma responsabilidade essencial para pais, e, de igual modo, para profissionais das áreas da saúde mental e educação. Infelizmente, muitas crianças e adolescentes são vulneráveis a múltiplos fatores de estresse e vivem à margem da vida.

Os jovens são muito dependentes de cuidadores e instituições que os apoiem e os guiem. Inevitavelmente, deparam-se com situações difíceis, experiências emocionais angustiantes, bem como enfrentam problemas interpessoais e conflitos acadêmicos. É sabido que vício de substâncias químicas e dependência excessiva de dispositivos eletrônicos comprometem o amadurecimento adequado deles. Normalmente, eles contam com adultos habilidosos e confiáveis para ajudá-los a atravessar esse caminho difícil.

Crianças e adolescentes precisam aprender a controlar suas emoções e o comportamento a fim de obter maior autocontrole e alcançar seus objetivos. Além disso, cabe a eles acessar várias funções executivas como planejamento, sequenciação e previsão de resultados futuros. Há a necessidade de construir e reforçar hábitos saudáveis. É comprovado que habilidades como reestruturação cognitiva, adoção de uma perspectiva otimista, prática de exercícios físicos adequados e meditação diminuem o sofrimento.

As terapias cognitiva, comportamental e sistêmica conferem abordagens fundamentadas em promissoras habilidades. Assim, levar essas habilidades empiricamente baseadas aos pais é uma tarefa exigente e crucial.

Debora Fava, Martha Rosa e Angela Donato Oliva elaboraram um recurso abrangente destinado aos educadores, aos cuidadores e aos pais. Sua abordagem é alicerçada pela ciência e orientada por ricas experiências profissionais. As organizadoras e os colaboradores tratam dos diversos riscos ao bem-estar dos jovens, fundamentados em ciência avançada de modo acessível aos pais e aos demais cuidadores.

Este livro oferece muitas orientações e conhecimento necessário. Eu penso sinceramente que esta obra pode melhorar a vida de jovens e de seus cuidadores.

Robert D. Friedberg, Ph.D., ABPP, ACT
Professor and Head, Child and Family Emphasis Area
Palo Alto University, Palo Alto, California USA

Apresentação

Cuidar de filhos é uma prática da espécie humana que, apesar de fazer parte do nosso repertório de traços herdados, ainda não é completamente bem compreendida, é muito complexa e adquire formas diferentes nos variados contextos de criação. Os modos de criação podem afetar positiva ou negativamente o desenvolvimento de um indivíduo. Nos centros urbanos, pais e mães cada vez mais são demandados profissionalmente e dispõem de pouco tempo para participar mais proximamente da criação dos filhos. Os pais desconhecem muitos aspectos do desenvolvimento infantil e com isso apresentam muitas dúvidas sobre como lidar com os comportamentos dos filhos. Alguns são mais independentes, outros muito dependentes de atenção dos cuidadores primários. Há crianças mais teimosas e outras que atendem prontamente uma orientação. Como os pais devem proceder?

Um primeiro passo é recorrer aos manuais que se destinam a informar aos pais sobre as diferentes etapas do desenvolvimento, sobre problemas de comportamento que podem decorrer dos contextos específicos que são oferecidos hoje aos filhos. Por exemplo, em um mundo onde sair para a rua para brincar pode envolver risco, as opções de brincar em casa, assistir televisão, jogar jogos da internet acabam se tornando as mais fáceis de serem executadas. Mas são elas de fato as melhores? O que devemos oferecer aos filhos? O que queremos que eles sejam quando crescerem? Quantas horas podem brincar no computador e quantas deveriam gastar em interações sociais? Precisamos apenas oferecer a eles escolas que ensinem matemática, história, português e outras matérias para passarem no vestibular? E como saber se isso apenas é suficiente para torná-los crianças mais felizes e adaptadas? Qual o papel do afeto no nosso dia-a-dia tão corrido?

O mundo que nossos filhos vão conhecer, inicialmente é aquele mundo que os pais apresentam. Que mundo atualmente está sendo apresentando para os filhos nos centros urbanos? O que hoje é considerado como sendo perigoso e em quem confiar? O que é apresentado como coisas divertidas e que fazem a criança sorrir e descobrir caminhos que a levem para a felicidade?

O presente livro pretende oferecer aos pais um material simples, direto e bastante informativo sobre o mundo das crianças de modo a ajudar aos pais nesse lindo processo de criação e formação de novos seres humanos. Foi idealizado e pensado para oferecer o melhor em termos de evidências teóricas sobre desenvolvimento socioemocional alinhado a experiência prática de profissionais *experts* nos seus temas.

Essa obra foi elaborada pensando na sua utilidade prática e na rotina do dia a dia da família. De maneira abrangente, o livro dá destaque aos processos emocionais e seu papel no desenvolvimento. O que a família pode oferecer em primeiro lugar, como uma base segura para a relação pais e filhos é o afeto, o aconchego. Sentir-se amado, protegido e cuidado, em qualquer circunstância é crucial para que a criança se desenvolva plenamente no seu contexto social. A obra apresenta 18 capítulos divididos em três partes. A primeira parte aborda temas referentes a parentalidade, com assuntos relacionados desde o desejo em conceber o primeiro filho, permeando sobre a relação pais e filhos e o desenvolvimento do apego, até o impacto dos conflitos familiares e do divórcio na família. A segunda parte da obra aborda o desenvolvimento de hábitos saudáveis, como o desenvolvimento da empatia nos filhos e responde perguntas como "Qual a melhor modalidade de esporte para meu filho? Quanto tempo por semana ele deve fazer exercício físico? Se tem problemas com a alimentação, o que devo fazer? Se tem problemas com o sono, quantas horas ele precisa dormir por dia? Eu devo forçar meu filho a fazer o tema de casa? Se ele não fizer, eu devo estabelecer alguma consequência? E a rotina, é importante?". Como você deve ter percebido, nessa segunda parte nos preocupamos em responder perguntas frequentes dos pais, mas que são importantes não somente para o estabelecimento de hábitos saudáveis como também para a prevenção de diversos problemas ao longo da vida. Além disso, aborda ainda a importância e as maneiras de instalar uma prática mais positiva de interação, assim como práticas meditativas para toda família. Já a terceira parte desse livro é dedicada aos desafios enfrentados pelos cuidadores, abordando desde dependências tecnológicas e químicas, até a desregulação emocional, bem como temáticas envolvendo sexualidade, desafios nas relações de amizade e a importância da relação entre pais e filhos.

Gostaríamos de fazer um agradecimento especial a todos os nossos colaboradores que brilhantemente contribuíram para que essa obra fosse realizada. Por fim, convidamos os pais, professores, terapeutas e profissionais do desenvolvimento humano a embarcar em uma leitura agradável e ilustrativa, tomando parte em uma viagem fantástica que é viver com os outros.

Um carinhoso abraço e uma ótima leitura.

Angela Donato Oliva, Débora C. Fava e Martha Rosa.

PARTE 1.

TEMAS DA PARENTALIDADE

Decidir ter ou não um filho envolve muitos aspectos a serem considerados. O casamento entra no jogo, a relação com familiares, a própria história de cada um, a liberdade e a responsabilidade também. Por isso, os primeiros capítulos dessa obra estão organizados buscando atender esses assuntos. Boa leitura!

CAPÍTULO 1
O nascimento do primeiro filho e a saúde mental da mulher e do casal

Cinthya Leite
Leopoldo Barbosa
Amaury Cantilino

O nascimento de um filho frequentemente é relatado como um momento mágico e feliz. De modo quase automático, são projetados o sexo do bebê (apesar de muitos dizerem que "tanto faz"), o time de futebol, a profissão, o tipo de roupa que ele vai vestir, a música que vai ouvir ou a escola onde estudar. E, apesar de tudo isso ser verdade, surgem outras demandas que, mesmo pensadas, ainda não foram vivenciadas.

Um filho na vida de um casal pode trazer inúmeras inquietações, e, em muitos casos, a gravidez vem acompanhada de certo estresse. A mulher, principalmente, pode vivenciar uma montanha-russa no seu humor e até cansaço, decorrentes de variação hormonal. O corpo modifica-se para o momento do parto, a barriga cresce, pesa e ocorre uma busca incessante para uma boa posição de dormir. Em relação ao homem, essas mudanças fisiológicas não têm tanto impacto. A participação ativa por parte dos pais e o acompanhamento aos exames e à rotina médica, contudo, são parte importante no preparo para o desenvolvimento de futuras habilidades e competências relacionadas aos cuidados com o bebê.

Chega o momento do parto – a decisão entre parto normal ou cesárea –, a escolha do médico, do hospital, das roupas do bebê, das lembrancinhas para as visitas, as necessidades do corpo durante o parto, o incômodo, ter de sorrir para a foto, a amamentação, a saída da sala de parto e uma equipe de fotógrafos profissionais (familiares e amigos) na busca do melhor clique para compartilhar nas redes sociais. Nasce o bebê mais lindo do mundo, com o choro mais estridente, que quer mamar toda hora, que agarra o dedo dos pais e esboça um pequeno sorriso. É o novo centro das atenções!

São muitas as demandas, e, por vezes, a mãe não tem tempo de descansar. O horário de sono é alterado, poucas horas de descanso e muitas de cuidado. E quem cuida da mãe? Quem ajuda a cuidar do bebê? Nesses momentos, entram o pai, as sogras, as irmãs... Cada família apresentará possibilidades diferentes de suporte.

É um momento de muito afeto, de eclosão de muitos e novos sentimentos, mudança de postura diante da vida, revisão de valores e do que, de fato, será considerado importante daquele dia em diante. Nesse turbilhão de novidades, a saúde mental da mulher pode ser afetada e merece atenção.

Culturalmente, observam-se muitas transformações. A mulher passou de uma situação de pós-parto de "resguardo", mais isolado e de cuidado integral ao filho, para um de divisão de tarefas dela com as suas outras responsabilidades e com a inteira participação do pai. Esse é um grande avanço que, além de aliviar uma demanda exclusiva da mulher, coloca o pai no lugar de cuidador e participante de um período crucial de desenvolvimento infantil.

> Ter filhos deve ser uma decisão do casal!

A paternidade também é um momento importante na vida do homem e estabelece uma complexidade de competências e saberes necessários para adaptar-se às responsabilidades que o relacionamento com o filho vai exigir. No entanto, reconhecer-se como pai implica muito mais que o desejo de fazê-lo, e muitos mitos podem influenciar sobre como o homem vê a si mesmo para se adaptar a um novo papel (RIBEIRO, GOMES, SILVA, CARDOSO, SILVA & STREFLIG, 2015). Preocupação e ansiedade em relação ao apoio material e emocional às mães e as diversas atividades relativas à gestação e à interação com o bebê são alguns pontos que refletem o quanto os pais se envolvem emocional e comportamentalmente (PICCININI, SILVA, GONÇALVES & LOPES, 2004).

A mistura de sentimentos dos homens amplia-se em decorrência das alterações físicas e emocionais da gestante, como também pelos próprios medos diante do novo papel na sociedade, pelas mudanças de ritmo de vida e pelas novas responsabilidades adquiridas (ZAMPIERI, GUESSER, BUENDGENS, JUNCKES & RODRIGUES, 2013). Com a evolução da gravidez, o pai sente o senso de responsabilidade financeira, que intimida principalmente os homens de renda flutuante, sem estabilidade no emprego ou cujos ganhos parecem insuficientes para acomodar um novo membro da família (BARBOSA, ALMEIDA, COELHO & OLIVEIRA, 2013). Assim, a gestação se constitui em uma oportunidade de crescimento pessoal, que permite ao homem repensar seus objetivos e suas perspectivas de vida, preparando-o para que possa assumir os novos papéis e as demandas após o nascimento do bebê (ZAMPIERI, GUESSER, BUENDGENS, JUNCKES & RODRIGUES, 2013).

> **Desenvolvimento de competências e saberes:**
>
> - Ao compartilhar com a mulher sentimentos relativos à gestação, ficar ao lado dela, acompanhar a consulta de pré-natal, participar de grupos, e principalmente ao perceber os movimentos do bebê e escutar os batimentos durante o ultrassom, é que o homem vai se percebendo como pai.
> - O fato de o homem não estar presente nas consultas de pré-natal não significa que ele não esteja envolvido com a gestação, já que o envolvimento paterno vai mais além e inclui o vínculo emocional com a mulher e o filho. Essa sintonia começa na gestação, quando o pai imagina como o bebê será e também como serão os primeiros dias ao lado do filho.
> - Ao chegar em casa, após o período na maternidade, o sentimento de paternidade começa a ficar mais forte. Isso se dá a partir do momento em que o pai participa dos primeiros cuidados com o bebê, como limpeza do coto umbilical, banho, troca de fraldas e alimentação/amamentação.

Mas, se for possível voltar no tempo, antes de todo esse processo, cabe uma discussão sobre o desejo de ter filhos. Por muitos anos, era quase que "obrigatório" ter filhos; ainda hoje, muitos casais recebem esse tipo de pressão. Um filho é algo que modificará a vida dos pais para sempre, e a decisão conjunta sobre essa circunstância pode ser fundamental para os cuidados futuros com o bebê, minimizando eventuais conflitos e favorecendo o bem-estar dos pais. Por isso, uma conversa franca e aberta do casal é muito bem-vinda. Vale ressaltar que essas considerações são importantes não apenas para o primeiro filho. Outros filhos têm tanto ou até mais impacto na vida do casal, visto que as demandas de cuidado aumentam.

De toda forma, independentemente de a gestação ser ou não planejada, são esperadas transformações psicossociais intensas (RESSES & GUADA, 2004). Há casos em que os filhos, embora não planejados pelo casal, podem ser imensamente aguardados e desejados durante a gestação. A gravidez pode ser indesejada quando se contrapõe aos desejos e às expectativas do casal, ou também inoportuna, quando ocorre em um momento considerado desfavorável. Ambas são responsáveis por uma série de agravos ligados à saúde reprodutiva materna e perinatal. A sua ocorrência tem impacto importante na oferta de cuidados de pré-natal, na orientação sobre aleitamento materno, no estado nutricional infantil e nas taxas de morbimortalidade materno-infantil. Embora pouco estudada, a gravidez não planejada representa risco aumentado de ansiedade e de depressão, sobretudo no período puerperal (GIPSON, KOENIG & HINDIN, 2008).

Essa situação inesperada leva naturalmente a uma sensação de insegurança e a questionamentos sobre a possibilidade de o casal morar junto (caso não sejam casados) ou de continuar vivendo separadamente como namorados. Também se avalia, nesses casos, a possibilidade de matrimônio (vínculo estabelecido entre duas pessoas, mediante o reconhecimento governamental, cultural, religioso) e de planejamento financeiro e familiar do casal, o que pode ser um obstáculo a mais nas situações em que não foi feito o planejamento da gestação. A gravidez desenvolve-se melhor quando a mulher e o homem recebem apoio e atenção, trazendo momentos de felicidade, não somente para eles, como também para todos que os cercam. Com apoio familiar e diálogo entre o casal, o medo e a insegurança que aparecem no início de uma gestação não planejada podem ser vencidos, e, dessa maneira, despontam o entendimento da situação e as formas para vivenciá-la de forma saudável.

> Há casos em que os filhos, embora não planejados pelo casal, passam a ser imensamente aguardados e desejados durante a gestação.

Alguns pontos que podem auxiliar nessa conversa:

- Os dois desejam ter filhos?
- O sexo do bebê importa?
- Que tipos de mudança a gravidez vai impor à vida do casal?
- Como a vida pessoal e profissional será afetada?
- Como será a divisão de tempo do casal para os cuidados com o bebê?

Passados esses pontos, o processo de engravidar também pode suscitar alguns outros questionamentos, já que nem sempre esse se resume a apenas "liberar" e parar de usar métodos contraceptivos. Cada corpo terá o seu tempo, e, em alguns casos, o suporte profissional pode ser necessário. Nessas situações, surge a necessidade de o casal realizar uma série de exames ou de se submeter a tratamentos como em situações da estimulação na produção de óvulos, da fertilização *in vitro*, dentre outras.

A Organização Mundial de Saúde (OMS, 2002) descreve a infertilidade como um problema que afeta homens e mulheres em todo o mundo, sendo definida como a não concepção após, pelo menos, 12 meses de relações regulares sem a utilização de métodos contraceptivos. Dois milhões de novos casos ocorrem a cada ano, e aproximadamente de 8% a 12% dos casais experimentam algum tipo de problema relacionado à infertilidade ao longo da vida reprodutiva.

Muitas variáveis psicológicas estão envolvidas no momento de um tratamento para engravidar. Estresse, culpa, ansiedade, depressão, sentimentos de inadequação e problemas sexuais podem interferir na relação do casal (Martins, 2010), tornando o processo para engravidar uma experiência profundamente negativa, angustiante e perpassada por intenso sofrimento emocional. Por isso, o aconselhamento psicológico pode ser de grande ajuda para acolher a ansiedade do casal e proporcionar um espaço diferenciado de suporte e fortalecimento.

A saúde mental de mães e pais: desafios diários

As preocupações com a saúde mental da mulher no Brasil vêm sofrendo inúmeras mudanças, e o conceito de natalidade foi sendo transformado em um conceito de saúde reprodutiva, que engloba a saúde da mulher e os seus direitos (Rennó Jr., Fernandes, Mantese, Valadares, Fonseca, Diegoli, Brasiliano & Hochgraf, 2005).

Sabe-se que tanto a gestação quanto o puerpério são períodos que merecem atenção especial na vida da mulher. São alterações físicas, hormonais, psíquicas e sociais que podem repercutir diretamente na saúde mental delas; por isso, o tema tem ganhado cada vez mais espaço. Entretanto, apesar de se reconhecer que há a incidência de transtornos psiquiátricos na gestação e no puerpério, muitos ainda são subdiagnosticados. Por esse motivo, o cuidado com a saúde mental nessa fase contribui para melhorar não apenas a saúde da mãe, mas também o desenvolvimento do feto e os cuidados com o futuro bebê (Camacho, Cantinelli, Ribeiro, Cantilino, Gonsales, Braguittoni & Rennó Jr., 2006).

Os cuidados com a mãe e o bebê tornaram-se tão importantes quanto a recuperação no pós-parto. A atenção precoce com a formação cognitiva da criança é uma medida preventiva, e, nesse contexto, a relação mãe-bebê resultará na modelagem de um comportamento futuro a ser apresentado pela criança (Sanches, 2014).

O que vem depois do parto

Quando o dia do parto se aproxima, geralmente próximo à 37ª semana de gestação, não faltam parentes e amigos para desejar à mulher "uma boa hora":

expressão autoexplicativa e que se refere à transmissão de energia positiva para que tudo ocorra bem (com o neném e a mãe) na ocasião em que a mulher dá à luz um bebê. E para os momentos após o parto? Por que as pessoas não têm o hábito de fazer votos de saúde e harmonia no puerpério (nome dado à fase pós-parto, em que a mulher passa por modificações físicas e psíquicas)? Simplesmente pelo fato de que, no imaginário coletivo, a maternidade está quase que exclusivamente associada a uma divindade; uma condição em que tudo são flores. Por isso, falar sobre cansaço, desavenças entre o casal e desequilíbrio emocional após a alta da maternidade pode soar estranho e inspirar desprezo da maternidade para as novas mamães (e também para os papais). O bebê causa grande mudança na vida dos novos pais: demanda muita atenção, muda a rotina, e, em alguns casos, as tarefas de casa se acumulam a ponto de provocar brigas entre o casal. Antes de o filho nascer, marido e mulher vivem para si mesmos no relacionamento. Após o nascimento, existem necessidades a ser satisfeitas e que podem dar trabalho, como organização das atividades domésticas, realização dos primeiros cuidados com o bebê e mudança no padrão de sono do casal, já que o bebê acorda diversas vezes para se alimentar.

Entretanto, é preciso lançar aos quatro ventos que a chegada do bebê, embora seja um momento especial, pode vir acompanhada de situações que contrariam a imagem idealizada da maternidade. Não são raros os casos em que as mães, diante de novos sentimentos, responsabilidades e tarefas (cuidados com o filho, rotina pesada de amamentação e dor física depois do parto), apresentem tristeza latente, um vazio que pulsa e parece não cessar um só instante. O pós-parto é um período de alterações biológicas, psicológicas e sociais. Essa é considerada a época mais vulnerável para a ocorrência de transtornos psiquiátricos (CANTILINO, ZAMBALDI, SOUGEY & RENNÓ JR., 2010).

Podem despontar irritabilidade, mudanças bruscas de humor, tristeza profunda e especialmente indisposição e sensação constante de incapacidade de cuidar do bebê. Geralmente as mães vivenciam um peso na consciência por sentirem que algo não vai bem consigo mesmas, apesar de terem dado à luz bebês que, segundo os médicos, estão repletos de saúde.

É importante frisar que muitas mulheres com depressão pouco antes ou depois do parto não revelam seus sintomas desse transtorno com receio de possível estigmatização (EPPERSON, 1999). As mulheres sentem que as expectativas sociais são de que elas estejam satisfeitas e acabam sentindo-se culpadas por estarem experimentando sintomas depressivos num momento em que deveria ser de alegria (CAMACHO, CANTINELLI, RIBEIRO, CANTILINO, GONSALES, BRAGUITTONI & RENNÓ JR., 2006).

O importante é que as mulheres saibam que esses desafios e o misto de sentimentos negativos podem ocorrer e, portanto, não devem ter receio ou vergonha de pedir ajuda quando se sentirem incompletas, quando olharem para os filhos com certo estranhamento, como se não compreendessem que eles já estão fora do ventre. É essencial que a mulher procure apoio profissional (de um psicólogo e/ou psiquiatra) e que tenha a certeza de que não é a única que experimenta essas sensações após dar à luz uma criança.

A disforia no pós-parto (*maternity blues*, na expressão em inglês), caracterizada por mudança repentina e transitória do estado de ânimo, inclui sintomas depressivos leves e pode ser identificada entre 50% e 85% das puérperas (nome dado às mulheres logo após o parto), dependendo dos critérios diagnósticos utilizados (Cantilino, 2003). Em geral, os transtornos mentais no puerpério apresentam peculiaridades que merecem atenção por parte de médicos e pesquisadores (Cantilino, Zambaldi, Sougey & Rennó Jr., 2010). São distúrbios agrupados como disforia do pós-parto (*puerperal blues*), depressão pós-parto e psicose puerperal (Chaudron & Pies, 2003).

Confira os transtornos psiquiátricos que podem ocorrer no pós-parto:

PUERPERAL BLUES:

Surge nos primeiros dias após o nascimento do bebê, atingindo um pico no quarto ou no quinto dia após o parto e desaparecendo, de maneira espontânea, no máximo, em duas semanas. Inclui choro fácil, variação do humor, irritabilidade e comportamento hostil diante de familiares e acompanhantes. Por terem intensidade leve, são casos que geralmente não necessitam de tratamento medicamentoso, mas são exigem suporte emocional, compreensão e algum auxílio nos cuidados com o bebê (Cantilino, 2003).

DEPRESSÃO PÓS-PARTO:

É caracterizada por quadros de tristeza e ansiedade intensas, indisposição, dificuldade para se concentrar, alteração do apetite, sentimentos de culpa, além de eventualmente pensamentos recorrentes desagradáveis que a mulher tenta afastar da cabeça, mas não consegue (Jennings, Ross, Poper & Elmore, 1999). Algumas mulheres com depressão pós-parto podem experimentar pensamentos indesejados de agressividade contra seus filhos, o que pode fazer com que se afastem deles (Wisner, Peindl, Gigliotti & Hanusa, 1999). É um transtorno que requer tratamento medicamentoso se aparecer numa intensidade moderada ou grave (Hendrick, Altshuler, Strouse & Grosser, 2000). Outro detalhe é que mulheres com essa condição relatam sentimentos ambivalentes acerca do bebê e de opressão pela responsabilidade do cuidado (Beck, 1996; Nonacs & Cohen, 2000). A depressão afeta a mãe em sua funcionalidade, fazendo com que sinta dificuldade em dar conta das demandas do bebê.

> **PSICOSE PUERPERAL:**
>
> Os sintomas geralmente aparecem nas duas primeiras semanas após o nascimento. É caracterizada por delírio, alucinação e prejuízo da concentração, além de sintomas depressivos e/ou maníacos. Mulheres com psicose puerperal costumam apresentar comportamento desorganizado e delírios que envolvem seus filhos. Apesar de ser raro no período pós-parto, a ocorrência do suicídio em mães com transtornos psicóticos nessa fase é alta, necessitando frequentemente de intervenção hospitalar por tal motivo, bem como pelo risco de infanticídio (CHAUDRON & PIES, 2003).
>
> **AUSÊNCIA DE TRANSTORNOS MENTAIS:**
>
> O ato de assumir o papel de mãe e os novos desafios de cuidados com o bebê podem fazer algumas mulheres vivenciarem esse período com aflição, mas que não chega a caracterizar um transtorno mental. Não são raros os casos em que as mães, diante de novos sentimentos, responsabilidades e tarefas (cuidados com o filho, rotina pesada de amamentação e dor física depois do parto), apresentem irritabilidade e indisposição. São alterações comportamentais esperadas e passageiras, o que não exige tratamento. Com o passar do tempo, a família se adapta à nova rotina.

Evidências sugerem que a depressão pós-parto pode ser parte ou continuação da depressão iniciada na gestação (RYAN, MILIS & MISRI, 2005). Os sinais e os sintomas de depressão perinatal (referentes a pouco antes ou depois do parto) são pouco diferentes daqueles característicos do transtorno depressivo que se desenvolvem em mulheres em outras épocas da vida. As pacientes apresentam-se com humor deprimido, choro fácil, variação afetiva, irritabilidade, perda de interesse pelas atividades habituais, sentimento de culpa e capacidade de concentração prejudicada. Insônia e perda do apetite também são descritos com frequência (GOLD, 2002; NONACS & COHEN, 1998).

Apesar de a gestação ser tipicamente considerada um período de bem-estar emocional e de se esperar que a chegada da maternidade seja um momento jubiloso na vida da mulher, o período perinatal não a protege dos transtornos do humor (CAMACHO, CANTINELLI, RIBEIRO, CANTILINO, GONSALES, BRAGUITTONI & RENNÓ JR., 2006). Estima-se uma prevalência de depressão na gravidez, de 7,4% no primeiro trimestre; 12,8%, no segundo; e 12%, no terceiro (BENNETT, EINARSON, TADDIO, KOREN & EINARSON, 2004). Nas adolescentes, foi verificada prevalência entre 16% e 44%, isto é, quase duas vezes mais elevada que nas gestantes adultas, o que pode estar relacionado à falta de maturidade afetiva e de relacionamento dessas pacientes, bem como ao fato de a maioria delas ter de abandonar os estudos para se dedicar à maternidade (Szigethy & Ruiz, 2001).

Susceptibilidade aos transtornos no pós-parto

Os principais fatores de risco psicossociais relacionados à depressão maior no puerpério são: idade inferior a 16 anos, história de transtorno psiquiátrico antes da gestação, eventos estressantes experimentados nos 12 meses anteriores ao parto, conflitos conjugais, ser solteira ou divorciada, estar desempregada (a paciente e/ou o seu cônjuge) e apresentar pouco suporte social (Camacho, Cantinelli, Ribeiro, Cantilino, Gonsales, Braguittoni & Rennó Jr., 2006).

Outros fatores de risco apontados foram: personalidade vulnerável (mulheres pouco responsáveis ou organizadas) e gerar um bebê do sexo oposto ao desejado (Boyce & Hickey, 2005). Abortamentos espontâneos ou de repetição também foram indicados como fatores de susceptibilidade à depressão no puerpério (Botega, 2006). Mulheres mais suscetíveis aos transtornos do humor nessa fase também teriam diagnóstico de transtorno disfórico pré-menstrual ou apresentaram sintomas depressivos no segundo ou no quarto dia do pós-parto. Pacientes que tiverem história de sensibilidade aumentada ao uso de anticoncepcionais orais também seriam mais vulneráveis ao transtorno (Bloch, Rotemberg, Koren & Klein, 2005).

> **Qual o papel dos hormônios na depressão pós-parto?**
>
> Na gestação, os níveis de estrógeno e progesterona são superiores aos apresentados pelas mulheres fora do período gestacional. A queda brusca desses hormônios no pós-parto pode estar associada à depressão puerperal. Há mulheres mais sensíveis a variações hormonais em qualquer momento da vida, incluindo o período pré-menstrual, a gestação, o puerpério, a menopausa e até mesmo durante o uso de anticoncepcionais (Camacho, Cantinelli, Ribeiro, Cantilino, Gonsales, Braguittoni & Rennó Jr., 2006).

Por outro lado, são considerados fatores que protegem a mulher da depressão pós-parto: otimismo para enfrentar experiências de adversidade, elevada autoestima, harmonia conjugal, suporte social vindo de parentes e amigos, preparação física (realização de todos os cuidados durante o pré-natal, a fim de evitar intercorrências no parto e no pós-parto) e preparação psicológica (conhecimento prévio sobre os novos desafios de cuidado com o bebê ajuda a lidar com alterações psicossociais decorrentes do papel de mãe) para as mudanças advindas com a maternidade (POPE, WATTS, EVANS, MCDONALD & HENDERSON, 2000).

Como os bebês sentem a depressão da mãe no pós-parto

A depressão pós-parto pode causar significativa repercussão na qualidade de vida, na dinâmica familiar e na interação mãe-bebê. Mulheres com o transtorno, quando comparadas às mães não deprimidas, gastam menos tempo olhando, tocando e falando com seus bebês e apresentam mais expressão negativa que positiva (HERRERA & COLS, 2004). Mães deprimidas podem interromper a amamentação mais precocemente (RIGHETTI-VELTEMA, 1998) e lidar com seus bebês de forma indecisa, pouco afetuosa e confusa por lhes faltarem habilidade de resolução de problemas ou a persistência necessária para estabelecer interação afetiva com suas crianças (TETI & GELFAND, 1991).

Outro ponto que não pode ser esquecido diz respeito à amamentação, momento de forte interação e intimidade entre a mãe e o bebê. Um estudo brasileiro avaliou a associação entre depressão pós-parto e aleitamento materno. Foi feito um estudo de acompanhamento de longo prazo, com 429 bebês a partir do 20º dia de nascimento, no Rio de Janeiro. Foi observado um risco maior de interrupção do aleitamento materno exclusivo no primeiro e no segundo meses após o parto para aquelas crianças cujas mães estavam deprimidas (HASSELMANN, WERNECK & SILVA, 2008).

Os bebês são vulneráveis ao impacto da depressão materna porque dependem muito da qualidade dos cuidados e da responsividade emocional da mãe (FRIZZO & PICCININI, 2005). Quanto mais grave e persistente a depressão materna, maior a chance de prejuízos na relação mãe-bebê e de repercussão no desenvolvimento da criança (STANLEY, MURRAY & STEIN, 2004). Bebês de mães deprimidas, quando comparados aos de mães não deprimidas, exibem menos afeto positivo e mais afeto negativo, têm menor nível de atividade e menos vocalização, costumam distanciar o olhar, apresentam mais aborrecimento, protestos mais intensos, mais expressão de tristeza e raiva, menos expressão de interesse e uma aparência depressiva com poucos meses de idade (COHN, 1986). Nesse contexto, os bebês se aconchegam pouco, têm pouca reciprocidade com suas mães e expressão emocional diminuída, são irritados e choram mais, têm mais problemas de alimentação e sono e menor desenvolvimento motor (FIELD, 1995). Além disso, estudos que acompanham crianças de mães com depressão pós-parto demonstram que essas crianças têm menos segurança afetiva (CAMPBELL, 2004), apresentam maior incidência de distraibilidade, alteração de comportamento, atraso no desenvolvimento cognitivo e transtornos afetivos (GLOVER, 1992).

Medidas de tratamento

O uso de antidepressivos é a primeira opção para o tratamento medicamentoso da depressão pós-parto. Eles têm se mostrado, na prática clínica, eficazes e essenciais no tratamento. Em um estudo sobre a eficácia da sertralina, da fluvoxamina e da venlafaxina nesse transtorno, observou-se melhora dos sintomas depressivos (DENNIS & STEWART, 2004). A terapia cognitivo-comportamental (TCC) também tem sido bastante avaliada nos casos de depressão pós-parto. Em 1997, foi publicado o primeiro grande estudo nesse sentido. Oitenta e sete puérperas deprimidas foram separadas em quatro grupos que receberam: placebo (comprimido inerte), fluoxetina, TCC mais placebo e TCC mais fluoxetina. Observou-se que os grupos que usavam fluoxetina, TCC e fluoxetina mais TCC foram todos superiores (apresentaram melhora dos sintomas) ao que recebeu apenas placebo (APPLEBY, WARNER, WHITTON & FARAGHER, 1997). Constata-se que a TCC pode ser tão eficaz quanto o antidepressivo (CANTILINO, ZAMBALDI, SOUGEY & RENNÓ JR., 2010).

Uma peculiaridade, nessa época da vida da mulher, é a amamentação. A maioria das medicações é excretada no leite materno, e, por questões éticas, não há estudos controlados que avaliem a exposição do recém-nascido. Em geral, têm sido verificados poucos riscos e efeitos colaterais nos bebês expostos a antidepressivos tricíclicos ou inibidores seletivos da recaptação da serotonina (PAYNE, 2007; GENTILE, 2005).

Grupos de orientação para pais

No contexto da gestação e do puerpério, os grupos de orientação para pais podem ser uma excelente ferramenta para discutir diversos temas. Por meio de uma perspectiva multidisciplinar, dúvidas e mitos podem ser esclarecidos; paradigmas, transformados; perspectivas, ajustadas; e conflitos, minorados.

Os grupos são espaços de escuta ativa que permitem a troca de informações entre pessoas que vivenciam situações similares. Nesse contexto, uma abordagem psicoeducativa pode ser desenvolvida por profissionais especializados objetivando esclarecer dúvidas do casal. Linguagem clara, abordagem empática, utilização de recursos audiovisuais ou textos podem fomentar a participação ativa do casal. O estímulo ao diálogo deve ser constante, e atividades para ser desenvolvidas em casa são fundamentais para a continuidade do trabalho e da consolidação das informações apreendidas.

Em uma proposta de grupos de orientação, diversas estratégias advindas da psicoterapia cognitivo-comportamental podem ser bastante efetivas. Acima de tudo, é preciso aprender a expressar o que se sente, sem se desgastar. Neufeld, Maltonim Ivatiuk & Rangé (2017) destacam que, em geral, esses grupos se voltam para a orientação e o treinamento para mudanças cognitivas, comportamentais e emocionais. Apesar de similaridades com grupos de psicoeducação, as técnicas cognitivas e comportamentais são bastante utilizadas nesse modelo.

Onde é possível encontrar grupos de orientação para pais:

- Hospitais universitários.
- Unidades do Programa Saúde da Família.
- Maternidades das redes públicas e privadas.
- Serviços de atenção especializada à saúde da mulher.

Um passo importante para a terapia cognitivo-comportamental em grupo são os aspectos inerentes à composição e à homogeneidade do grupo, que deverão considerar objetivos e metas a ser alcançados (NEUFELD, MALTONIM, IVATIUK & RANGÉ, 2017). Assim, um grupo de pais considerando as especificidades da gestação e do puerpério poderá ser beneficiado com informações específicas sobre essa realidade e provavelmente tenderá a se expressar e a compartilhar mais informações.

Esse trabalho pode até ser desenvolvido em maternidades ou em ambientes hospitalares. A intervenção será desenvolvida no "aqui e agora" e utilizando recursos da psicoeducação, por exemplo, para a redução da ansiedade, bem como auxiliará na identificação de pensamentos automáticos, emoções preponderantes e crenças (SANCHEZ, 2014).

Em uma proposta de orientação em grupo, os profissionais podem se valer de uma pré-estruturação da sessão. A abertura para novas pautas e a expressão dos participantes, entretanto, é imprescindível, principalmente quando se considera a participação de pais de primeira viagem. Além disso, como toda atividade grupal, o contrato inicial e o esclarecimento sobre o sigilo das informações são essenciais.

Greenberger & Padesky (1999) propõem uma série de atividades que podem auxiliar as pessoas a compreender melhor os seus problemas. Para eles, existem cinco componentes que envolvem qualquer problema: o ambiente, as reações físicas, os estados de humor, os comportamentos e os pensamentos. Esses componentes interagem e se afetam mutuamente.

Entendemos que essa proposta pode ser bastante útil para os pais, uma vez que, além de favorecer que cada um entenda melhor os seus problemas, pode propiciar uma visão clara sobre que tipo de situação e sentimento o seu parceiro vivencia nesse momento.

A tarefa consiste em identificar esses cinco componentes em relação à dificuldade vivenciada nessa fase. A identificação poderá ser mediada pelo preenchimento de campos em uma folha de papel, como exemplifica o quadro a seguir.

- Que mudanças eu experimentei nos últimos dias/semanas/meses?
- Que eventos eu pude experimentar nos últimos dias/semanas/meses que me causaram estresse, ansiedade ou me deixaram triste?
- Quais foram os sintomas físicos que eu pude perceber em mim? (Exemplos: coração acelerado, suor excessivo, alteração do sono, dor e tremor, dentre outros)
- O meu humor foi afetado por essa(s) situação(ões) que vivi? De que modo? Como eu me senti? (Exemplos: triste, irritada, infeliz e culpada)
- Como o meu comportamento foi afetado? Mudou alguma coisa para mim? E em relação às pessoas próximas a mim, elas perceberam alguma mudança no meu comportamento?
- Em relação a essa situação, que pensamentos são mais frequentes na minha mente?
- Esses pensamentos interferem no meu comportamento ou no meu humor?
- Esses pensamentos interferem na minha relação com as outras pessoas?

Esse mapeamento pode ser fundamental para que a pessoa possa reconhecer suas principais demandas e que ela mesma seja capaz de propor possibilidades de ajuste. Em certos casos, o compartilhamento dessas informações com o seu parceiro ou mesmo com o grupo poderá iluminar soluções.

Considerações finais

Cada vez mais, as preocupações com a saúde mental ganham espaço em discussões, debates e pesquisas. Nessa direção, voltar-se para as preocupações com a saúde mental das mulheres na gestação e no puerpério, assim como desenvolver estratégias de suporte precoce aos casais nessa etapa, pode ser uma importante ferramenta de prevenção à saúde mental de bebês, que serão a futura geração.

Propor um espaço de cuidado pautado na escuta e na orientação para os pais surge como uma potente estratégia para a saúde pública, visto que, desse modo, os pais orientados podem atender melhor a demandas subjetivas dos seus filhos.

Os transtornos psiquiátricos na gestação e no puerpério são mais comuns do que se imagina, e muitos casos infelizmente ainda são subdiagnosticados. Mulheres no pós-parto são examinadas frequentemente por seus obstetras ou clínicos gerais em consultas focadas na recuperação puramente física após o parto. Além disso, são vistas por pediatras dos seus filhos de quatro a seis vezes durante o ano seguinte ao nascimento de seu bebê. Quando apresentam depressão, as mães geralmente não são diagnosticadas ou reconhecidas como deprimidas de forma adequada.

Dessa maneira, é importante que profissionais de saúde, especialmente aqueles que lidam com a saúde da mulher, expandam o olhar para essa temática, pois pesquisas recentes reforçam não apenas o prejuízo que esses distúrbios podem ocasionar à saúde da mãe, mas também ao desenvolvimento do feto, ao trabalho de parto, à saúde do bebê, à interação entre pais e filho, à harmonia do casal e da família. As medidas de tratamento devem levar em consideração cada situação. O bom senso do médico (e também do psicólogo, que pode ser solicitado para acompanhar a gestação) é um aliado importante quanto à escolha da melhor terapêutica nesses casos.

Referências

APPLEBY, L. et al. A controlled study of fluoxetine and cognitive-behavioural counselling in the treatment of postnatal depression. **BMJ**, v. 314, n. 7085, p. 932-6, 1997.

BARBOSA, N. R. et al. Da gestação ao nascimento: percepção do casal grávido. **Revista Baiana de Enfermagem**, v. 27, n. 2, p. 108-23, 2013.

BECK, C. T. Postpartum depressed mothers' experiences interacting with their children. **Nurs Res**, v. 45, n. 2, p. 98-104, 1996.

BENNETT, H. A. et al. Prevalence of depression during pregnancy: systematic review. **Obstet Gynecol**, v. 103, n. 4, p. 608-709, 2004.

BLOCH, M. et al. Risk factors associated with the development of postpartum mood disorders. **J Affect Disord**, v. 88, n. 1, p. 9-18, 2005.

BOTEGA, N. J. **Prática psiquiátrica no hospital geral: interconsulta e emergência**. 2 ed. Porto Alegre: Artmed, 2006. 341-354 p.

BOYCE, P.; A. Hickey. Psychosocial risk factors to major depression after childbirth. **Soc Psychiatry Psychiatr Epidemiol**, v. 40, n. 8, p. 605-612, 2005. Disponível em: <www.springerlink.com>. Acesso em: 12 set. 2013..

CAMACHO, R. S. et al. Transtornos psiquiátricos na gestação e no puerpério: classificação, diagnóstico e tratamento. **Rev Psiq Clín**, v. 33, n. 2, p. 92-102, 2006.

CAMPBELL, S. B. et al. The course of maternal depressive symptoms and maternal sensitivity as predictors of attachment security at 36 months. **Dev Psychopathol**, v. 16, n. 2, p. 231-52, 2004.

CANTILINO, A. et al. Transtornos psiquiátricos no pós-parto. **Rev Psiq Clín**, v. 37, n. 6, p. 278-84, 2010.

CANTILINO, A. **Tradução para o português e estudo de validação da Postpartum Depression Screening Scale na população brasileira**. 2003. Dissertação (Mestrado). Universidade Federal de Pernambuco, Recife. 2003.

CHAUDRON, L. H.; R. W. Pies. The relationship between postpartum psychosis and bipolar disorder: a review. **J Clin Psychiatry**, v. 64, n. 11, p. 1284-1292, 2003.

COHN, J. F. et al. Face-to-face interactions of depressed mothers and their infants. **New Dir Child Dev**, v. 34, p. 31-45, 1986.

DENNIS, C. E.; STEWART, D. E. Treatment of postpartum depression, part I: a critical review of biological interventions. **J Clin Psychiatry**, v. 65, n. 9, p. 1242-51, 2004.

EPPERSON, C. N. Postpartum major depression: detection and treatment. **Am Fam Physician**, v. 59, n. 8, p. 2247-2254, 2259-2260, 1999.

FIELD, T. Infants of depressed mothers. **Inf Behav Dev**, v. 18, p. 1-13, 1995.

FRIZZO, G. B.; PICCININI, C. A. Interação mãe-bebê em contexto de depressão materna: aspectos teóricos e empíricos. **Psicologia em Estudo**, v. 10, p. 47-55, 2005.

GENTILE, S. The safety of newer antidepressants in pregnancy and breastfeeding. **Drug Saf**, v. 28, n. 2, p. 137-52, 2005.

GIPSON, J. D.; KOENIG, M. A.; HINDIN, M. J. The effects of unintended pregnancy on infant, child, and parental health: a review of the literatur. **Stud Fam Plann**, v. 39, p. 18-38, 2008.

GLOVER, V. Do biochemical factors play a part in postnatal depression? **Prog Neuropsychopharmacol Biol Psychiatry**, v. 16, n. 5, p. 605-15, 1992.

GOLD, L. H. Postpartum disorders in primary care: diagnosis and treatment. **Prim Care**, v. 29, n. 1, p. 27-41, 2002.

GREENBERGER, D.; PADESKY, C. A. **A mente vencendo o humor: mude como você se sente, mudando o modo como você pensa**. Porto Alegre: Artmed, 1999.

HASSELMANN, M. H.; WERNECK, G. L.; SILVA, C. V. Symptoms of postpartum depression and early interruption of exclusive breastfeeding in the first two months of life. **Cad Saúde Pública**, v. 24, n. 2, p. 341-52, 2008.

HENDRICK, V. et al. Postpartum and nonpostpartum depression: differences in presentation and response to pharmacologic treatment. **Depress Anxiety**, v. 11, n. 2, p. 66-72, 2000.

HERRERA, E.; REISSLAND, N.; SHEPHERD, J. Maternal touch and maternal child directed speech: effects of depressed mood in the postnatal period. **J Affect Disord**, v. 81, n. 1, p. 29-39, 2004.

JENNINGS, K. D. et al. Thoughts of harming infants in depressed and nondepressed mothers. **J Affect Disord**, v. 54, n. 1-2, p. 21-28, 1999.

MARTINS, I. M. C. D. **Infertilidade, qualidade de vida e sua aplicação médico legal: uma amostra da consulta de psicologia da unidade de medicina da reprodução no centro hospitalar de Vila Nova Gaia /Espinho**. 2010. Dissertação (Mestrado) Instituto de Ciências Biomédicas de Abel Salazar da Universidade do Porto. 2010.

NEUFELD, C. B. et al. **Terapia cognitivo-comportamental em grupos: das evidências à prática**: Aspectos técnicos e o processo em TCCG. Porto Alegre: Artmed, 2017. 33-54 p.

NONACS, R. et al. **Kaplan & sadock's comprehensive textbook of psychiatry**: Postpartum psychiatric syndromes. 7 ed. Filadélfia: Lippincott Williams & Wilkins, 2000. 1276-1283 p.

NONACS, R.; COHEN, L. S. Postpartum mood disorders: diagnosis and treatment guidelines. **J Clin Psychiatry**, v. 59, n. 2, p. 34-40, 1998.

PAYNE, J. L. Antidepressant use in the postpartum period: practical considerations. **Am J Psychiatry**, v. 164, n. 9, p. 1329-32, set. 2.

PICCININI, C. A. et al. O envolvimento paterno durante a gestação. **Psicologia: Reflexão e Crítica**, v. 17, n. 3, p. 303-314, 2004.

POPE, S. et al. Postnatal depression: a systematic review of published scientific literature to 1999. **NHMRC**, Camberra, 2000.

RENNÓ JR., J. et al. Saúde mental da mulher no Brasil: desafios clínicos e perspectivas em pesquisa. **Revista Brasileira de Psiquiatria**, São Paulo, v. 27, n. 2, p. 73-76, 2005.

RESSEL, L. B.; GUALDA, D. M. R. A sexualidade na assistência de enfermagem: reflexões numa perspectiva cultural. **Rev Gaúcha Enferm**, v. 25, n. 3, p. 323-33, 2004.

RIBEIRO, P. R. et al. Participação do pai na gestação, parto e puerpério: refletindo as interfaces da assistência de enfermagem. **Revista espaço para a saúde**, Londrina, v. 16, n. 3, p. 73-82, 2015.

RIGHETTI-VELTEMA, M. et al. Risk factors and predictive signs of postpartum depression. **J Affect Disord**, v. 49, n. 3, p. 167-80, 1998.

RYAN, D.; MILIS, L.; MISRI, N. Depression during pregnancy Canadian Family Physician. **Le Médecin de famille canadien**, v. 51, p. 1087-1093, 2005.

SANCHEZ, M. M.; RUDNICKI, T. **Psicologia da saúde: a prática da terapia cognitivo comportamental em hospital geral**: A terapia cognitivo-comportamental na atenção mãe-bebê: uma nova proposta. Novo Hamburgo: Sinopsys, 2014.

STANLEY, C.; MURRAY, L.; STEIN, A. The effect of postnatal depression on mother-infant interaction, infant response to the Still-face perturbation, and performance on an Instrumental Learning task. **Dev Psychopathol**, v. 16, n. 1, p. 1-18, 2004.

SZIGETHY, E. M.; RUIZ, P. Depression among pregnant adolescents: an integrated treatment approach. **Am J Psychiatry**, v. 158, n. 1, p. 22-27, 2001.

TETI, D. M.; GELFAND, D. M. Behavioral competence among mothers of infants in the first year: the mediational role of maternal self-efficacy. **Child Dev.**, v. 62, n. 5, p. 918-29, 1991.

WISNER, K. L. et al. Obsessions and compulsions in women with postpartum depression. **J Clin Psychiatry**, v. 60, n. 3, p. 176-180, 1999.

WHO, World Health Organization. **WHO/UNDP/UNFPA/World Bank Special Programme of Research, Development and Research Training in Human Reproduction (HRP).** Assisted reproduction in developing countriesfacing up to the issues. Progress in Reproductive Health Research. 2003.

ZAMPIERI, M. F. M. et al. O significado de ser pai na ótica de casais grávidos: limitações e facilidades. **Rev Eletr Enf.**, v. 14, n. 3, p. 10, 2012. Disponível em: <http://www.fen.ufg.br/fen_revista/v14/n3/pdf/ v14n3a04.pdf.>. Acesso em: 19 fev. 2013.

Palavra de especialista:
quando más notícias estão a caminho

Eduardo Becker Júnior

Sou médico há quase 30 anos e trabalho numa especialidade chamada Medicina Materno-Fetal. Há também na equipe obstetras na atenção aos cuidados pré-natais, mais especificamente na parte do feto. Minha ferramenta é um aparelho de ultrassonografia, e meu dever, traduzir aqueles borrões em vários tons de cinza que você já deve ter visto em informação útil para pais e demais médicos da equipe. Das diversas especialidades da Medicina, escolhi uma das que mais anunciam notícias boas. A vinda de um bebê é um sonho, um projeto de vida! Por ser um evento natural, de continuidade da espécie, tem, a princípio, baixo risco de complicação. Não fosse assim, o *Homo sapiens* teria sido extinto no período em que nossos antepassados eram desprovidos de cuidados na gestação. No entanto, quando as notícias não são boas, costumam ser dolorosas e, não raro, traumáticas.

"Más notícias" é o termo que compreende qualquer informação que altera drástica e negativamente a perspectiva da paciente em relação ao seu futuro[1] (1) ou, no caso específico, da sua sonhada prole. Outra definição de "má notícia" é toda comunicação que traz uma ameaça ao estado mental ou físico da paciente e um risco de essa ver modificado seu estilo de vida já estabelecido[2] (2). Todo casal, quando engravida, tem a expectativa de receber em nove meses um bebê (menino ou menina) lindo, fofinho, inteligente, de preferência multitalentoso ou, no mínimo, saudável. Qualquer informação associada à alteração no tempo

---

[1] BAILE et al. SPIKES – A Six-Step Protocol for Delivering Bad News: Application to the Patient with Cancer. *The Oncologist*, 2000.

[2] VICTORINO et al. Como comunicar más notícias: uma revisão bibliográfica. *Rev. SBPH* v. 10 n. 1, 2007.

do nascimento (em especial, à prematuridade), crescimento inadequado, deformidades físicas, deficiência intelectual ou perda de capacidade, dentre outras, é vista com frustração e, muitas vezes, com certa dose de culpa, em particular a má notícia extrema: a perda da gestação ou a morte do bebê.

O espectro das "más notícias" é grande e, evidentemente, tem impacto variável. Altera-se de informações razoavelmente toleráveis a outras com dimensões catastróficas. A má notícia tem de ser validada pelo médico e explicada para a gestante. No ato. Ao vivo. Não há espaço para a Medicina paternalista dos meados do século passado, que suprimia informações dos pacientes, por receio do sofrimento alheio. Está estabelecido o direito à informação – com empatia e humanidade.

Há, para os médicos, um pequeno ritual antes de dar uma notícia ruim: primeiro, é preciso estabelecer se existe realmente algo ruim ou diferente acontecendo e classificar, dentre um espectro que vai desde a suspeita leve até a certeza absoluta, quais as chances de estarmos corretos no diagnóstico a ser anunciado; depois, é necessário elencar outros diagnósticos possíveis, qual o impacto dessa notícia para o bebê e para a sua família e quais serão os próximos passos a ser tomados. Com essas informações em mente, preparamo-nos, médicos e pacientes, para a má notícia. Existe um pequeno lapso de tempo, de certo silêncio ou constrangimento no ar, de mudança de atitude facial ou corporal, que antecipa o que está por vir. Há pouca literatura específica, usualmente sem metodologia científica adequada, que oriente os profissionais da saúde a dar más notícias. Em outras palavras, é muito mais arte do que ciência. Facilita a comunicação uma boa relação médico-paciente, entender a paciente como pessoa, ter o ambiente preparado, organizar o tempo, selecionar as melhores palavras e atitudes, reconhecer o que e quanto a paciente quer saber, encorajar e validar emoções, ter atenção e cuidado com as demais pessoas presentes, planejar o futuro e o seguimento e trabalhar os próprios sentimentos (2). Sinceridade, mas empática. Num primeiro momento, as informações poderão ser mais resumidas, limitadas ao que está acontecendo e qual sua gravidade. Usualmente, a paciente necessita de intervalos entre as informações para poder absorvê-las.

Da mesma forma, também não há manual de instruções para receber as más notícias. O médico costuma ter muito mais informações para dar do que usualmente a paciente tem capacidade de absorver, particularmente em estado de choque. Para que a experiência seja menos traumática, como regra geral, procure um profissional no qual você sabe que pode confiar. Busque recomendações do seu obstetra ou de pessoas que conhecem você e o profissional. Isso vai ser importante para que você acredite tanto nas boas quanto nas más notícias. Prepare-se emocionalmente para receber notícias, boas e más.

Existem três momentos em que as notícias ruins podem ser mais frequentes: após uma intercorrência clínica (sangramento no primeiro trimestre, parada de movimentação fetal no final da gestação, por exemplo), no estudo morfológico do primeiro trimestre (às vezes, conhecido como medida da translucência nucal, com 12 semanas) e no estudo morfológico do segundo trimestre (entre 20 e 24 semanas). Em particular nesses exames, selecione as pessoas que vão lhe acompanhar e traga aquelas com as quais você gostaria de compartilhar notícias, ainda que ruins. Expresse seus sentimentos. O momento, ainda que tenso, pode ser mais informativo e ameno se houver boa interação da paciente com o médico. Estabeleça a conexão com a equipe médica a fim de assegurar o espaço e o tempo necessários para a compreensão do que está se passando. Permita-se um tempo para estar apta a entender as explicações. Nem sempre é no primeiro encontro. Assegure-se que haverá mais oportunidades para esclarecimentos. Busque apoio de profissionais capacitados para atendê-la, tanto clínica como psicologicamente. Busque apoio no cônjuge, nos familiares e nos amigos. Eles estarão sempre do seu lado, para o que der e vier. Ouçam e falem sobre o assunto, uma vez que outros aspectos poderão surgir, ainda que decisões devam ser tomadas para atender os desejos e os anseios apenas do casal.

Não esqueça: gravidez em geral dá muito certo! Infelizmente, há exceções. A comunicação de más notícias é uma das tarefas mais difíceis na prática médica, tanto para os médicos como, principalmente, para as pacientes. O "sucesso" desse momento parece depender muito da sensibilidade, da humanidade e da honestidade. Expresse suas dificuldades no processo. Os profissionais competentes estarão prontos para ajudar e estarão sempre do e ao seu lado.

Eduardo Becker Júnior
Médico especialista em Obstetrícia, com habilitação para Ultrassonografia e Medicina Fetal.
Doutor em Medicina pela UFRGS.
Fellow na Thomas Jefferson University, Filadélfia, EUA.

CAPÍTULO 2
Desenvolvimento social e da personalidade: considerações sobre o apego

Angela Donato Oliva
Débora C. Fava
Martha Rosa

Seu filho chora pela décima vez e são três horas da manhã. Você está cansada e sente raiva. A sua vontade é simplesmente "apertar o botão de desligar" e poder ter uma noite de sono tranquila. No segundo seguinte, você sente culpa: "Como pude sentir raiva do meu filho?". Na sequência, diversos pensamentos aparecem: "Ele não vai gostar de mim, sou uma péssima mãe". Afinal, boas mães não sentem raiva de seus filhos, não é mesmo?

As emoções fazem parte dos seres humanos e permitiram a procriação e a sobrevivência dos nossos ancestrais (Lazarus & Folkman, 1984). Ou seja, todos nós temos sentimentos agradáveis e desagradáveis. Por que seria diferente em relação aos nossos filhos?

Diferentes estados emocionais existem por razões específicas (Nabinger, 2016). Portanto, se você está exausta e sente o desejo de dormir, é claro que poderá ficar com raiva ao ouvir o choro do seu filho mais uma vez. A raiva faz parte da nossa constituição natural e é "acionada" em momentos nos quais nos sentimos injustiçados. Sim, você pode ter experimentado tal situação por um momento e pensado: "Será que não posso dormir?". Mas calma! Sentimento é diferente de comportamento. Você pode, por exemplo, sentir raiva (emoção), respirar fundo e ir acalmar o seu filho (comportamento) no quarto dele. Em instantes, você pode até perceber que a sua raiva "desaparecerá". Perceba! Emoções são como ondas: elas vão e vêm (Linehan, 2010).

É sobre a construção desse vínculo, complexo e permeado por desafios, que este capítulo vai tratar, ajudando-a a entender o que é e como desenvolvemos o apego com nossos bebês. Uma construção sutil, imperceptível no dia a dia, mas fundamental para a criança.

Assim que recebem a notícia de que uma vida nova está a caminho, as pessoas responsáveis pelo acontecimento reagem emocionalmente a isso. O longo período gestacional ajuda a preparar as inúmeras mudanças que lentamente vão ocorrendo na mente da mãe e do pai. Eles passam a perceber objetos do mundo infantil que antes pareciam ser invisíveis; surpreendem-se olhando para bebês de maneira diferente e ficam sensíveis a tudo aquilo que remete ao mundo dos pequenos. Sabemos objetiva e intuitivamente que o nascimento de um bebê traz mudanças em diversos planos da nossa vida. Algumas pessoas alteram o espaço físico da casa para melhor acomodar o novo ser que ainda virá; planejam modificações na vida social e profissional para se ajustarem da melhor forma ao "projeto bebê".

Não sabemos como são os traços de temperamento do bebê que está para chegar, e, embora tenhamos informação a respeito de que os pais e o ambiente atuam no desenvolvimento desse novo ser, não temos clareza sobre como exatamente isso vai ocorrer ao longo da vida. As experiências pelas quais passamos podem ser vivenciadas de modo particular, deixando marcas que vão guiando a trajetória do processo de desenvolvimento.

Assim, a ideia deste capítulo é levar o leitor a pensar sobre alguns desses aspectos que vão ajudar a construir os seres humanos que recebem nossos cuidados. A tarefa de cuidar faz parte do nosso repertório. É trabalhosa e apresenta sutilezas que nem sempre percebemos. É encantador poder contribuir com reflexões sobre o mundo psicossocial e afetivo que organizamos para os bebês.

Papel do afeto no desenvolvimento

O cérebro dos bebês apresenta relativa imaturidade e continuará a crescer pelos próximos anos. A aprendizagem é um processo contínuo; por seu intermédio, muitas formas afetivas, informações culturais e conhecimentos serão transmitidos pelos cuidadores desde a etapa inicial da vida dos bebês. A imobilidade dessas criaturinhas favorece um período no qual a proximidade física entre pais (cuidadores) e bebês é muito intensa, maior do que a que se dá em qualquer outro período do desenvolvimento.

> Você sabia que:
>
> Estudos clássicos em Psicologia realizados em primatas mostram como o toque, o aconchego e o carinho físico são fundamentais para o desenvolvimento infantil?

Dica:

Os bebês precisam de carinho físico e de proximidade. Pegue seu bebê no colo. Ele não vai ficar mal habituado. Ele vai vivenciar uma fase longa, até os três anos, em que esse contato físico – o toque, o olhar nos olhos, o prestar atenção nele e nas necessidades, o sorriso e os limites – será fundamental. Ainda que seja cansativo, isso não vai durar para sempre, isto é, tem prazo de validade.

Harlow (1959), em um estudo de laboratório, montou duas armações de arame com cabeça e tronco em um formato semelhante à figura de "mães" primatas artificiais. Uma delas foi recoberta com um pano felpudo e macio. A outra, não revestida, tinha uma mamadeira de leite acoplada diretamente na estrutura de arame e fornecia alimento. A mãe felpuda só tinha conforto a oferecer. As duas ficavam lado a lado, em uma sala, e um filhote de macacos *rhesus* foi colocado no mesmo ambiente do que elas. A pergunta que se colocava era: qual das "mães" o filhote escolheria para ficar mais tempo estabelecendo um vínculo – a que era fonte de alimento ou a de aconchego? O resultado indicou que, embora se alimentasse na "mãe de arame", o filhote passava a maior parte do tempo agarrado à "mãe felpuda". Esse estudo evidenciou a importância da proximidade física, do aconchego, do toque e do carinho para o desenvolvimento emocional dos primatas. Privar os filhotes desses aspectos, como outros estudos mostraram, traz consequências danosas no comportamento deles na vida adulta.

Lição para a vida:

Uma primeira grande lição que se pode extrair desses estudos é que o afeto importa para o desenvolvimento saudável. Fomos feitos para nos relacionarmos com os outros, trocando afeto, experiências, dando e recebendo atenção. Diz-se que o ser humano é um animal racional, mas não se ressalta de igual maneira o papel que desempenha o sistema emocional na constituição disso que somos. O desenvolvimento humano e os aspectos da personalidade podem ser acometidos quando não se recebe o afeto do qual se necessita.

Pergunta dos pais:

Então, se dermos muito afeto e carinho aos nossos filhos, não vamos ter problemas com eles ao longo do desenvolvimento? Cada ser humano é um universo complexo, construído pela interação de fatores genéticos, ambientais e relacionais. Os pais, por sua vez, têm sua personalidade, modos de agir e uma vida já constituída com seus compromissos. Os bebês são diferentes em suas necessidades de recebimento de afeto, e isso varia ao longo do dia.

> Os pais também diferem na capacidade e na disponibilidade (psicológica e de tempo) de dar atenção e carinho ao seu filho. Não se pode querer um processo idealizado e perfeito. As emoções flutuam, e os pais não precisam desistir de ter vida profissional e social. O que se pode fazer é tentar ajustar as rotinas para que, apesar das demandas sociais e daos anseios de realização dos pais, eles consigam atender basicamente os filhos em suas necessidades de afeto. E não precisam se sentir culpados por não serem pais perfeitos, porque ninguém atingirá esse ideal.

O apego

Konrad Lorenz, etólogo (profissional que estuda o comportamento dos seres vivos), nos anos 1930 descreveu um comportamento de vinculação que ocorre entre algumas espécies de aves e o denominou de *imprinting* (estampagem). Este se caracteriza pela propensão de os filhotes seguirem a mãe (ou um objeto grande que se mova diante deles) algumas poucas horas após o nascimento. O trabalho de Lorenz exerceu influência direta em um psicanalista, John Bowlby, que considerou a hipótese de haver uma vinculação semelhante nos humanos. Filhos se apegam aos pais ou aos cuidadores. Como se dá esse processo? Em que momento do desenvolvimento tal vinculação se estabelece? Seria de maneira semelhante ao que sucede com as aves? Haveria um período no desenvolvimento para isso? Essas questões foram estudadas por Bowlby e sua colaboradora, Ainsworth.

Durante alguns anos, Bowlby e Ainsworth elaboraram em conjunto a teoria do apego. De maneira sucinta, essa teoria pode ser explicada como a tendência da nossa espécie para estabelecer vínculos emocionais, laços afetivos entre cuidador e bebê, de modo que este se sinta seguro e confortável para explorar o mundo (Bowlby, 1969/2002).

Os bebês humanos nascem completamente dependentes de cuidados para sobreviver, sendo necessários alguns anos para que possam ganhar autonomia. Entretanto, os bebês não são apenas dependentes de cuidados; eles são bastante responsivos às pessoas; reagem prontamente ao som da voz humana, acalmam-se quando são aconchegados no colo, param de chorar quando se sentem confortados pelos cuidadores.

A essa dependência e responsividade somam-se características infantis físicas que tornam os bebês atraentes, assim como os filhotes em geral, e essa "fofura" que lhes é típica faz com que os cuidadores se sintam atraídos por eles e se mantenham próximos a eles. Essa tendência de cuidado e carinho, ao ser praticada nas tarefas do dia a dia, favorece o estabelecimento de laços afetivos entre cuidadores e bebês.

A interação entre bebê e cuidadores, que desde o nascimento vai ocorrendo naturalmente, parece indicar a existência de uma propensão para estabelecer vinculação em ambos. O bebê mostra tendência a responder aos adultos e a eles se vincular, dando sinais claros de que precisa dessa proximidade; os adultos, por sua vez, sentem-se atraídos pelas características do bebê e apresentam inclinação para responder aos sinais que ele exibe. Vinculam-se ao bebê de forma a oferecer-lhe todo o cuidado indispensável à sobrevivência, alimentando-o, protegendo-o e contribuindo para o bem-estar dele em todo o processo de desenvolvimento.

> Você sabia que:
>
> Os recém-nascidos apresentam um repertório que lhes permite interagir com as pessoas próximas? Eles preferem ouvir voz humana a outros sons. Dentre as vozes humanas, eles preferem as femininas. E, dentre as femininas, têm preferência pela voz da mãe (DE CASPER, FIFER, 2000). As preferências são identificadas mediante estudos com bebês com poucos dias de vida, estudos esses que monitoram os bebês por intermédio de uma chupeta com sensor. Dependendo da velocidade da sucção (rápida ou lenta), os bebês ouvem ou a voz humana ou outros sons; na outra condição, ou ouvem a voz de uma mulher ou a voz de um homem; também na outra, ou ouvem a voz da mãe ou a de outra mulher.
>
> Foi feito um contrabalanceamento, de modo que a velocidade de sucção e os estímulos variassem na ordem de apresentação para os bebês. Bebês também distinguem o cheiro da sua mãe e o de uma estranha, virando o rosto para a direção da gaze embebida com o leite da sua mãe (ENGEN, LIPSITT & HAYE, 1963).
>
> Há diversos outros estudos que indicam capacidades dos bebês pequenos e recém-nascidos; em geral, elas têm a característica de serem importantes para a interação social (para uma revisão abrangente, ver SEIDL-DE-MOURA E RIBAS, 2004; OLIVA, 2004). Portanto, uma marca típica dos bebês é que são sociais e necessitam de vinculação afetiva; apresentam tendência a interagir e a se relacionar com as pessoas. Se essas capacidades estão presentes desde cedo, devem ter um papel na formação do apego.

Quando o apego começa a se estabelecer?

É possível que esse processo de vinculação ocorra desde o nascimento e necessite de alguns meses para se consolidar (KLAUS & KENNEL, 1993). O bebê humano sinaliza suas necessidades por intermédio de comportamentos que estimulam a proximidade das pessoas. Ao chorar, ele é aconchegado; ao sorrir, as pessoas sorriem para ele; ao olhar, as pessoas o fitam. Bebê e cuidadores parecem estar em uma dança, na qual serão construídos os laços afetivos que alicerçarão a base emocional quando o primeiro se tornar um adulto. Brazelton (1988) considera que o contato inicial entre pais e bebê, nos primeiros dias de vida, é algo gratificante, mas que o apego depende de um conjunto de experiências não restritas a esse período.

Quando estiver assustado, cansado, com fome, com dor ou algum tipo de estresse, o bebê vai chorar, e com isso o cuidador se aproximará dele. Conforme vá se sentindo segura, aconchegada, confortada, por intermédio do cuidador, a criança vai desenvolvendo uma "base segura", que permitirá explorar o ambiente. O apego persiste, em geral, ao longo do ciclo de vida. As experiências de interação e de proximidade com os pais e cuidadores são cruciais no processo de apego.

É possível, como dito, que as capacidades do bebê nas primeiras semanas de vida sejam fundamentais para a formação desse vínculo. Por volta do terceiro mês, o bebê sorri socialmente, interage e não reage a estranhos. Entre o sexto e o oitavo mês, o bebê prefere as pessoas com as quais está familiarizado, reage a estranhos e apresenta interação diferenciada com as principais figuras de apego, podendo exibir preferência por uma. Entre o nono mês até um ano e meio de vida, ele apresenta ansiedade de separação, medo do desconhecido e busca refúgio na figura de apego.

Ainsworth exibe as seguintes categorias de apego:

Apego seguro – quando se sente ameaçada, a criança busca a mãe e é consolada com facilidade por ela. A separação da mãe não é um grande problema. A criança explora o ambiente e utiliza a mãe como base segura. Como costuma agir a mãe ou o cuidador primário? Ele ou ela tende a ser caloroso(a), sensível, atento(a) aos sinais do bebê, disponível, consistente no seu comportamento e em relação às regras e responde rapidamente ao choro dele.

Apego inseguro evitativo – a criança, após um período de separação, evita contato com a mãe e pode buscar uma pessoa desconhecida para se consolar. Como costuma ser a mãe ou o cuidador primário? Ele(a) não costuma estar disponível emocionalmente. Pode, em alguns momentos, rejeitar e não prover as necessidades emocionais do bebê.

Apego inseguro ambivalente – a criança explora pouco o ambiente, tem dificuldade de se separar da mãe e não se consola com facilidade, podendo oscilar entre o comportamento de evitar e o de buscar a mãe. Como costuma ser a mãe ou o cuidador primário? Ele(a) tende a ser imprevisível, alternando atenção e negligência. Pode ficar atento(a) ao bebê, mas de maneira não sincronizada com as demandas emocionais dele.

O apego é uma vinculação que se constrói na interação entre pais (cuidadores) e bebê, mas o estilo de apego não é determinado pelos pais, uma vez que depende das características do bebê. O apego vai se formando ao longo dos primeiros meses do desenvolvimento, consolidando-se aos poucos. Esse processo depende fundamentalmente do fato de bebê e cuidador perceberem os sinais uns dos outros e agirem ou reagirem de modo sincronizado e coerente. Quando um bebê chora, os cuidadores tendem a responder a esse sinal, buscando estar disponíveis para sanar a necessidade da criança. Essa reação, em geral, é rápida, já que estamos programados de certa maneira para isso. Não somos indiferentes ao choro de um bebê.

Idealmente, quando o bebê chora, ele é consolado pela mãe ou pelo cuidador, que busca entender o motivo do choro. No entanto, há momentos em que, mesmo com essa atenção, o bebê continua a afligir-se dessa maneira; isso pode desestabilizar emocionalmente o cuidador, levando-o a se afastar da criança. O olhar do bebê em direção à mãe (ou ao cuidador) ao ser respondido por ela(e) com olhar, fala, gesto e carinho, estabelece um encontro afetivo entre eles; mas se a mãe (ou cuidador) não está atenta(o), essas oportunidades de vinculação segura vão se perdendo nessa trajetória de desenvolvimento.

> Você sabia que:
>
> Há evidências de que a ausência de contato físico e de estimulação perturbam a organização cerebral (RYGAARD, 2008)? O bebê, ao ser acariciado, estimula as conexões neurais e o processo de mielinização (Rygaard, 2008). Estudo com roedores indicou que o cuidado dos pais (medido pelo número de lambidas) desempenha papel importante no desenvolvimento emocional e cognitivo da prole, levando a modificações neuronais no desenvolvimento dos filhotes (KAFFMAN & MEANEY, 2007).

> Dica:
>
> Fazer massagem no bebê, cantar para ele, niná-lo, olhar em seus olhos, conversar com ele, são formas efetivas de estimular o desenvolvimento cognitivo e emocional de seu filho. Mas não precisa fazer isso o dia inteiro. É como o alimento, alguns minutos por dia, mas deve ocorrer diariamente. Aproveite o momento da troca de fralda para acariciar seu bebê, ou o momento em que vai niná-lo para dormir..

> **Lição para a vida:**
>
> O carinho que os pais dispensam aos filhos ensina a eles que esse comportamento precisa estar presente em seu cotidiano, nas mais variadas interações e com diferentes pessoas. Receber e dar carinho acalma e é saudável para todos. É o que alimenta a compaixão pelo outro e nos sensibiliza a enxergá-lo e a respeitá-lo.

> **Pergunta dos pais:**
>
> Os meus filhos vão gostar de mim, mesmo eu estando longe deles o dia todo, em função do trabalho? Sim. O tempo que o cuidador passa com a criança não é o fator principal no estabelecimento do vínculo. A atenção dirigida à criança é fundamental para isso. Pais e cuidadores precisam perceber os sinais do bebê e responder a eles adequadamente. Para isso, a condição necessária é estar atentos aos bebês. Se você ficar o dia inteiro em casa com seu filho, mas executar tarefas sem dar a ele maior atenção, um vínculo inseguro pode estar sendo construído.

Atualmente, muitas famílias dependem de colocar seus filhos em escolas de educação infantil para que possam manter sua vida profissional. Esse aumento no número de famílias que procura escolas leva ao setor educacional a necessidade de cada vez mais capacitar educadores para que estejam aptos a interagir de forma assertiva com as crianças no contexto escolar (DAOLIO, ELIAS & NEUFELD, 2016; FAVA, 2016; FAVA, 2017). Apesar de falarmos tanto no desenvolvimento do apego seguro com os cuidadores primários, precisamos também deixar claro que a ida à escola não deve prejudicar a formação do apego com os pais.

A escola infantil tem como objetivo oferecer e manter os cuidados básicos com relação à saúde física e emocional do bebê. Fazê-lo sentir-se confortável, alimentado, limpo e emocionalmente seguro, além de desenvolver projetos pautados nos Referenciais Curriculares Nacionais para Educação Infantil (BRASIL, 1998). Ainda no processo de definição da escola, é fundamental que os responsáveis se informem sobre o método empregado no período de adaptação. Algumas escolas podem proibir a entrada de pais e/ou responsáveis na escola, o que poderia se tornar um fator que dificultasse a adaptação. Deve-se dar preferência às escolas que permitam a entrada, por exemplo, dos pais, deixando que eles sintam o ambiente da sala na qual o filho vai estar, transmitindo transparência e segurança ao familiar. À medida que percebe os pais seguros na escola, o filho também vai aprendendo a sentir-se seguro e a confiar na equipe que o atenderá por muitas horas do seu dia.

Algumas crianças chegam a ficar até 12 horas na escola, passando um período bem mais curto com os cuidadores primários pela manhã ou pela noite. A família acaba usufruindo maior tempo junto aos filhos apenas nos fins de semana. Como ressaltado anteriormente, após os primeiros seis meses, quando muitas crianças iniciam sua experiência em instituições, creches ou pré-escolas, o mais importante não é a quantidade de tempo que a criança passa com seus responsáveis, mas, sim, a qualidade desse tempo. As crianças que passam logos períodos na escola não terão o vínculo com seus pais destruído ou abalado. O vínculo seguro estabelecido nos primeiros meses será um fator de proteção a esse distanciamento diário, no qual a instituição será um auxiliar importante do desenvolvimento cognitivo, social e emocional das crianças.

> Dica:
> A fim de saber mais sobre dicas para acompanhar a vida escolar do seu filho, consulte o site do Ministério da Educação (MEC): http://portal.mec.gov.br/dia-a-dia-do-seu-filho/educacao-infantil.

Cuidados voltados para os bebês

Biologicamente, é alto o custo de reprodução para as mães. Por muitos séculos, o risco maior era o relacionado à mortalidade, em função de problemas associados ao parto e à gestação. Hoje, esse risco não é predominante, visto que as mulheres grávidas, de diversas culturas, têm acesso a acompanhamento médico. Deve-se levar em consideração também um gasto energético elevado por parte das mães durante os meses de amamentação.

Social e culturalmente, o custo da criação é alto, pois, ainda que trabalhem de forma compartilhada, os cuidadores precisam abrir mão de diversas coisas para poder alocar tempo e recursos no cuidado dos filhos, e essa dedicação leva muitos anos. Quando o bebê nasce, como salientado, há grande mudança na rotina da casa. É um período de novidade para todos, e tanto cuidadores quanto bebês precisam adaptar-se uns aos outros. O ambiente de cuidados que cerca um bebê está imerso nas crenças e formas que os pais pensam sobre o que devem fazer para que o bebê sobreviva e se desenvolva.

Por que os pais cuidam dos filhos? Se não é uma coerção social, temos de considerar a propensão biológica para cuidarmos da prole. Embora possamos observar variação de cuidados nas diferentes culturas, o fato é que os cuidados parentais estão presentes em todas elas. Essa tendência para cuidar de bebês é um traço selecionado pela evolução. Keller (2013) destaca que existem seis sistemas parentais que se traduzem como propensão para cuidar da prole, e alguns deles estão presentes não apenas nos humanos. (1) <u>O sistema de cuidados primários ou básicos</u>: está presente em outras espécies; envolve prover alimento, dar abrigo, proteção e cuidar da higiene. (2) <u>O sistema de contato corporal</u>: envolve carregar o bebê, dar aconchego e proteção contra os perigos, além de possibilitar a experiência de calor emocional, segurança e bem-estar. Quando vemos um pássaro levar comida para os filhotes no ninho; quando vemos filhotes mamando, sendo lambidos ou sendo carregados para um abrigo, percebemos especificidades do funcionamento desses sistemas. (3) O sistema de estimulação corporal, refere-se às experiências motoras por meio do toque e do movimento de partes do corpo do bebê, em conjunto com reações e com a modulação comportamental parental. (4) O sistema de estimulação por objetos é voltado para o conhecimento do mundo físico pelo bebê e para a estimulação do desenvolvimento cognitivo e das relações sociais. (5) O sistema de trocas face a face, no qual o contato ocular mútuo é estimulado e o olhar e a atenção da mãe se voltam para o bebê, cria um vínculo sutil entre eles. (6) O sistema de envelope narrativo, caracterizado pela linguagem, pela conversa dos cuidadores nos ambientes, envolve a criança em um mundo cultural e cheio de significados. É todo o tipo de fala (e som vocal) dirigida à criança ou ao bebê.

Essas tendências de cuidados são estimuladas pelos sinais dos bebês em contextos específicos. São sistemas universais para a espécie humana, embora apresentem especificidades culturais. Eles acontecem simultaneamente. Por exemplo, as mães (ou os cuidadores) podem colocar um bebê para dormir em um berço, em uma rede, em um local acolchoado por folhas, etc., estabelecendo o contato ocular, acariciando e ninando o bebê e usando sons ou falas dirigidas a ele. Os sistemas de cuidado constituem modelos culturais compartilhados, passados pelas gerações, que vão constituindo as crenças sociais de cuidados e auxiliando na apropriação cultural da concepção do *self* e do outro.

Você sabia que:

Todas essas práticas apresentam um selo cultural, que traduzem as crenças e os costumes de um grupo acerca de como os bebês devem ser cuidados? Se uma sociedade acredita que as crianças devam se tornar independentes dos pais o quanto antes, as práticas adotadas vão refletir essa crença. Se, ao contrário, o que se valoriza em um grupo social é a interdependência entre os indivíduos, as práticas de cuidado indicarão tal ideia. As crenças (tanto as construídas pelo indivíduo quanto aquelas que permeiam a dimensão social) importam no curso do nosso desenvolvimento.

No decorrer da vida, as crianças precisam aprender habilidades sociais que vão proporcionar relações sociais positivas, favorecendo formas de vinculação afetiva com as pessoas e construindo uma rede de apoio social. As informações educacionais são passadas mais explícita ou implicitamente, por intermédio desses sistemas de cuidados, que constituem a parentalidade humana. Transmitimos normas sociais, muitas delas recebidas de gerações predecessoras (KELLER, 2016).

> Dica:
>
> Os bebês e as crianças maiores apresentam predisposição para interagir e aprender com seus primeiros parceiros sociais. Os cuidadores devem desde cedo ensinar aos bebês e às crianças os valores que consideram importante para a vida. O exemplo é a melhor maneira de transmitirmos o conhecimento social. Se quisermos que nossos filhos aprendam a ser empáticos e assertivos, devemos nos comportar dessa forma diante deles, desde cedo e consistentemente. Para mais informações sobre desenvolvimento de ética, empatia e moralidade em crianças, veja o capítulo 6.

A socialização e o impacto no desenvolvimento

Keller (2013) identificou em seus estudos dois modelos culturais que influenciam o processo de socialização e o desenvolvimento das crianças. O modelo interdependente ou relacional enfatiza um desenvolvimento do *self* mais interligado aos membros da família. Há relação próxima entre os indivíduos, e as metas do grupo são priorizadas. O modelo independente ou autônomo destaca o indivíduo e suas metas, e o desenvolvimento é caracterizado como um processo distinto e único para cada pessoa. A ênfase dada ao indivíduo ou ao grupo pela sociedade ajuda a construir ambientes diferentes e propiciar experiências sociais que vão ambientar o desenvolvimento infantil e, como apontado, as construções das crenças parentais sobre os cuidados com os filhos.

Kağıtçıbaşı (2007) destaca que aspectos socioeconômicos e culturais, que enfatizam o indivíduo ou o coletivo, influenciam o desenvolvimento. Essa autora lembra que as condições de vida material de uma nação, medidas pelo Produto Interno Bruto (PIB), pelo Índice de Desenvolvimento Humano (IDH), pelo tipo de economia e por contextos rurais e urbanos são fatores desse processo e interferem fortemente nas crenças parentais. Sua contribuição teórica refere-se ao estudo das relações entre cultura, família e desenvolvimento do *self*.

Considerando o mundo urbano, capitalista, industrializado, observamos que ele se modificou bastante nos últimos 50 anos. A composição familiar está em constante transformação, isto é, as mães saem para trabalhar e deixam seus bebês aos cuidados de instituições ou de outras pessoas. Essas mudanças impactam a vida familiar e o desenvolvimento infantil. Quais as metas de socialização para os filhos que as mães atualmente apresentam nessas sociedades? Quais crenças e valores elas têm sobre os cuidados em relação aos filhos?

> **Lição para a vida:**
> As variáveis socioeconômicas e psicológicas (que incluem aspectos emocionais, pessoais e trocas interpessoais) interagem de maneira dinâmica, modulando o processo de desenvolvimento tanto da família quanto dos indivíduos. As mudanças econômicas e sociais podem afetar a estrutura familiar e vice-versa. Devemos buscar ajustar tais mudanças sociais às demandas biológicas que os filhos apresentam. Licenças para pais, mães e cuidadores devem ser entendidas não como custo social, mas como um investimento no desenvolvimento de indivíduos que precisam de cuidado e de afeto nos seus primeiros anos de vida.

Em contextos urbanos, ocidentais, são mais comuns os modelos familiares de independência (KAĞITÇIBAŞI, 2007). Essas famílias tendem a valorizar a independência, a autonomia e a autoconfiança como metas para o desenvolvimento saudável. Em geral, há menor número de filhos e maior investimento neles. As crianças têm seu espaço, podem desenvolver atividades isoladas em seu quarto, contribuindo um pouco com tarefas de ajuda, mas quase nunca nas de sustento da casa. A autonomia é a capacidade de o indivíduo, na tomada de decisão, considerar prioritariamente os interesses individuais (KAĞITÇIBAŞI, 2007).

Contrasta com isso o modelo familiar de dependência, no qual a criança deve contribuir para o bem-estar da família e ajudar nas tarefas de sustento da casa. Tende a ser mais comum em contextos rurais e com economia de subsistência. O capítulo 14 desta obra aborda, de forma mais aprofundada, as tarefas domésticas e escolares que podem ser estimuladas em crianças visando à autonomia. A proximidade entre os membros da família (em geral mais numerosa), a obediência aos mais velhos e a interdependência entre as gerações são valorizados. Os indivíduos direcionam suas escolhas em função dos interesses grupais (KAĞITÇIBAŞI, 2007).

Há um terceiro modelo que seria uma combinação entre os anteriores, isto é, o autônomo-relacional. Em geral, são característicos de países com certo desenvolvimento econômico e nível mais alto de escolarização dos pais. A proximidade entre os membros é valorizada, embora a ajuda da criança ou mesmo a obediência não sejam tão importantes. Esses modelos são protótípicos, ou seja, as famílias reais não são classificadas exatamente dessa forma. Elas podem apresentar mais características de um dos modelos. O que tais padrões indicam é que a maneira como agimos em relação ao outro (que ficou traduzida como agência), caracteriza mais autonomia ou mais heteronomia, e as distâncias interpessoais (de maior relação ou separação) constituem diferentes modelos de orientação de *self*. No *self* autônomo, ganham foco as metas pessoais, as necessidades e os direitos dos indivíduos; espera-se que eles adquiram o quanto antes, dentre outras características, habilidades de autocontrole, autossuficiência e competitividade. No *self* relacional (interdependente), as metas grupais são prioridade. O indivíduo é parte de um sistema social, e não há muito espaço para a autonomia. Espera-se que a obediência e a hierarquia sejam os valores prontamente adquiridos pelo grupo. É mais comum em ambientes rurais. No *self* autônomo-relacional, o indivíduo age de maneira mais autônoma (em termos de agência) e em termos de proximidade interpessoal é mais relacional, mesclando aspectos dos modelos anteriores.

Os modelos culturais identificados por Kağitçibaşi (2007) descrevem uma orientação cultural de individualismo e coletivismo que servem de base para a concepção pessoal de *self* independente/autônomo, interdependente/relacional e autônomo-relacional. A ideia dessa autora é a de que os pais, como membros de uma cultura, compartilham modelos culturais de parentalidade e sistemas de crença sobre as práticas parentais (OLIVA, PUGLIESE, CINDRA, 2018). O capítulo 3 aprofunda as temáticas das crenças e práticas parentais.

> **Pergunta dos pais:**
>
> Há um modelo melhor do que o outro para o desenvolvimento dos filhos? Os estudos de Keller e Kağitçibaşi não estão fazendo comparação sobre o bem-estar dos indivíduos. Eles descrevem como os aspectos culturais influenciam aspectos psicológicos e de personalidade. É importante pais e profissionais estarem atentos a isso.

Os pais almejam o melhor para os filhos

A vida nas grandes cidades, em certos casos, favorece certo isolamento das famílias. Filhos casados muitas vezes não residem próximo aos pais ou a parentes, e mesmo as relações de amizade não propiciam um convívio mais estreito. Em virtude de quererem que seus filhos se desenvolvam da melhor forma possível, pais e mães buscam orientação profissional que forneça conhecimento para que alcancem as metas almejadas.

Em um estudo de 2009, Seligman e colaboradores pediram aos pais que relatassem em uma ou duas palavras, "o que eles mais queriam para o filho". As principais respostas foram: felicidade; confiança; sentir-se pleno; ter coisas boas, tais como ter equilíbrio, bondade, saúde, satisfação, amor, ser civilizado, ter sentido na vida. Em resumo, os pais querem prioritariamente bem-estar para seus filhos. Em seguida, foi solicitado aos pais que dissessem em uma ou duas palavras, "o que as escolas ensinavam". As principais respostas foram: realização, habilidades de conhecimento, sucesso, obediência, alfabetização, matemática, trabalho, fazer teste, disciplina. Em resumo, a escola ensina como obter sucesso no lugar de trabalho. O que se pode observar é que não há muita sobreposição entre o que os pais almejam e o que a escola ensina.

Peterson e Seligman (2004) publicaram um livro – *Character Strengths and Virtues: a handbook and classification* –, no qual identificaram 24 forças do caráter, que parecem ser universais, agrupadas em seis virtudes. Honestidade, lealdade, perseverança, criatividade, bondade, sabedoria, coragem, justiça, gratidão, perdão, liderança, vontade de aprender são algumas forças de caráter valorizadas nas culturas do mundo. A Psicologia Positiva supõe que haverá mais satisfação na vida de um indivíduo se ele conseguir identificar quais dessas forças de caráter possui em abundância e qual ou quais precisa aprimorar. O capítulo 11 desta obra aborda a Psicologia Positiva no dia a dia familiar.

> **Você sabia que:**
>
> Em uma linha semelhante, a Organização Mundial de Saúde (WHO, 1997) recomenda que sejam ensinadas Habilidades para a Vida voltadas a crianças e a adolescentes? São habilidades que precisam ser treinadas; nessa perspectiva, os pais podem ser orientados em relação à maneira como devem fazer isso. Os programas de treinamento podem atuar na prevenção de transtornos psicológicos como ansiedade e depressão, tão comuns na atualidade. A ideia é que as crianças e os adolescentes aprendam a utilizar tais habilidades nas situações cotidianas, ajudando também pais e educadores a como ensiná-las aos jovens.

Quais são essas habilidades?

1) Autoconhecimento – a criança deve aprender a se autoconhecer, saber quais são suas características, em qual delas é mais habilidosa, em qual é menos habilidosa, mudar o que for necessário e aceitar-se.

2) Relacionamentos interpessoais – a criança deve aprender a cooperar, fazer alianças sociais, visto que isso facilita a formação de pequenos grupos que vão ajudá-la de diferentes maneiras em sua vida.

3) Empatia – saber colocar-se no lugar do outro, assumir a perspectiva alheia, ter compaixão e agir de maneira condizente a isso é fundamental para o relacionamento social saudável. A criança deve aprender a ser menos autocentrada.

4) Ter comunicação efetiva – a criança e o adolescente precisam aprender a ser assertivos, saber dizer o que pensam sem ofender os outros, conseguindo apresentar o seu ponto de vista.

5) Lidar com as emoções e sentimentos – a criança e o adolescente precisam aprender a dar nome às emoções, entender que elas não são nem boas nem ruins, mas necessárias nos variados contextos. O importante é conseguir identificá-las e lidar com elas sem exageros.

Lição para a vida (exemplificando o item das emoções):

Por exemplo, pais e mães, às vezes, falam de maneira equivocada sobre as emoções dos filhos. Eles (pais e mães) classificam estes sentimentos como bons – alegria, calma, tranquilidade, felicidade, solidariedade –, e estes como ruins – raiva, tristeza, inveja e ciúme. Com isso, implicitamente passam a ideia de que é errado ter esses sentimentos, que eles não podem vivenciar essas coisas ruins. A tendência é a criança esconder dos pais e das mães esses sentimentos e como consequência desse "isolamento" emocional, não entendem que são situações que fazem parte do nosso repertório e é comum que elas apareçam em certas situações. A criança não aprende a lidar com essas emoções e se sente mal todas as vezes que as experimenta, como se fossem seres muito ruins.

> **Dica (exemplificando o item das emoções):**
>
> Os pais devem ensinar as crianças a reconhecer seus sentimentos, nomeá-los, entendendo o porquê surgiram em determinada situação. Os pais precisam conversar com os filhos, estimulando-os a descrever as situações pelas quais passaram no dia. Cabe a eles fazer perguntas como: "O que aconteceu hoje?", "como foi o seu dia?", "o que você pensou quando tal situação ocorreu?", "o que você sentiu?". Os pais devem praticar a escuta empática do que os filhos relatam, sem julgamento, tentando entender para somente depois, junto com a criança, buscar uma alternativa para o que ela vivenciou, instrumentalizando-a para uma situação análoga no futuro. Ao se sentir compreendida, a criança vai experimentar um alívio e já será um primeiro passo para ela mudar seu pensamento e seus sentimentos.

6) Como lidar com o estresse – a criança e o adolescente precisam aprender a lidar com o estresse da vida cotidiana. Os pais buscam poupá-los de determinadas situações. A orientação é um pouco diferente. Os filhos precisam entender os problemas, mas de maneira equilibrada, de modo que possam desenvolver recursos para suportar os momentos difíceis.

7) Treino em resolução de problemas – a criança e o adolescente podem ser treinados para se sair bem em circunstâncias difíceis. Entender a vida como um jogo para o qual temos de encontrar saída em relação aos desafios que se apresentam diante de nós. Isso pode ser estimulado em situações cotidianas. Se a chave da porta quebrou, bem na hora de entrarmos para fazer o almoço, não há razão para se chatear nem ficar paralisado. Temos de encontrar o chaveiro mais próximo e fazer um lanche improvisado se a espera for inevitável. É necessário buscar sempre tornar o ambiente alegre, mesmo quando surgem pequenas amolações e imprevistos.

8) Tomada de decisão – tanto a criança quanto o adolescente precisam aprender a ponderar o que mais importa em uma situação difícil, escolhendo e algo e decidindo sobre isso, de modo a resolver um problema, e não de modo a piorá-lo. Aprender a pesar custos e benefícios de uma decisão envolve conseguir planejar e olhar para o futuro de maneira realista e ponderada, ajudando a nortear as escolhas do presente.

9) Pensamento crítico – cabe à criança e ao adolescente aprender a raciocinar e a perceber as consequências daquilo que é dito sobre

um assunto. Não devem simplesmente repetir algo acriticamente, sem reflexão.

10) Pensamento criativo – deve-se ajudar a criança e o adolescente a identificar e a questionar os problemas, buscando alternativas eficazes na construção de outras soluções e maneiras de pensar as situações e os problemas cotidianos. Se algo não foi possível de uma maneira, que se busque pensar por outro lado, com flexibilidade. Por exemplo, a mãe pode perguntar por que o filho está triste. Ele pode argumentar que motivo foi a mãe ficar com o primo pequeno no colo, e ele (o filho) não ter merecido essa atenção. A mãe pode explorar mais os sentimentos da criança, que pode estar se sentindo preterida. Ela deve estimular a criança a ver a situação por outros ângulos; por exemplo, a mãe pode brincar dizendo que gosta muito do pai do avô, mas não tem como carregá-lo no colo, que só pode levar no colo o que é leve e que isso não significa gostar mais. Aí ela transforma a situação em uma brincadeira, incentivando a criança a dizer coisas (e também pessoas) grandes que são "amadas" e não podem ser apanhadas no colo, assim como coisas e pessoas pequenas que podem ser colocadas no colo, mas não são tão amadas.

O ponto aqui é estimular a criança a ver as coisas sob uma nova perspectiva e induzi-la a pensar diferentemente do que ela havia feito. "Podemos olhar isso de outra forma?", "Vamos tentar um pensamento diferente sobre isso?". Essas são maneiras de levarmos a criança a desenvolver o pensamento crítico em situações cotidianas.

> **Pergunta dos pais:**
> Será que eu vou conseguir fazer isso tudo sempre de maneira perfeita? E o quanto eu posso errar sem prejudicar o bem-estar de meu filho? Os pais não precisam agir de maneira perfeita. As indicações aqui servem para nortear as nossas práticas, aprimorá-las. Como foi aqui apresentado, temos propensão para cuidar dos filhos. Basta que coloquemos muito afeto, passemos a prestar atenção neles e em nós mesmos, no momento presente, buscando um constante aprimoramento, não a perfeição. Isso será suficiente para o bem-estar de pais e filhos.

Conclusão

As práticas de cuidado são norteadas por crenças e costumes culturais, tendências biológicas e características dos bebês e das crianças. Construímos valores, conhecimentos, e com essa bagagem interagimos e cuidamos dos filhos. Buscamos alcançar metas de socialização que incluem o bem-estar e a felicidade deles. Os pais imersos em contextos culturais vão escolhendo aquilo que valorizam mais para atingir esse objetivo. Estudar e aprender é importante, mas, como seres sociais, sabemos que essas habilidades apenas não são suficientes. Precisamos desenvolver habilidades que sejam voltadas para os outros. Isso se constrói com afeto, desenvolvendo um apego seguro, para que as crianças possam lidar de maneira equilibrada com as próprias emoções, resolvendo problemas eficientemente e sabendo dosar aspectos que contemplem as necessidades individuais e a das pessoas próximas e dos grupos sociais aos quais pertencemos. Esse é um aprendizado e um desenvolvimento que se espera que ocorra durante todo o ciclo de vida.

Referências

BOWLBY, J. **Apego e perda: apego - vol 1**. 3 ed. São Paulo: Martins Fontes, 1996.

BRASIL, Ministério Da Educação E Do Desporto. **Referencial curricular nacional para educação infantil - vol 3**. Brasília: MEC/SEF, 1998.

BRAZELTON, T. B. **O desenvolvimento do apego**. Porto Alegre: Artes Médicas, 1988.

DAOLIO, C. C.; ELIAS, L. C. S.; NEUFELD, C. B. Aplicação da abordagem cognitivo-comportamental em escolas. In: NEUFELD, C. B.; FALCONE, O.; RANGÉ, B. **PROCOGNITIVA Programa de Atualização em Terapia Cognitivo-Comportamental - Vol 1**. Porto Alegre: Artmed Panamericana, 2016, p. 85-122.

DeCASPER, A. J.; FIFER, W. P. Of human bonding: newborns prefer their mother's voices. In: SLATER, A.; MUIR, D. **The Blackwell reader in developmental psychology**. Oxford / Cambridge: Blackwell, 2000, p.17-26.

ENGEN, T.; LIPSITT, L. P.; HAYE, H. Olfactory responses and adaptation in human neonate. **Journal of Comparative and Physiological Psychology**, v. 56, p. 73-77, 1963.

FAVA, D. C. **A prática da psicologia na escola: introduzindo a abordagem cognitivo-comportamental**. Belo Horizonte: Artesã, 2016.

FAVA, D. C. **Guia prático do professor: atuando com crianças na primeira infância**. Belo Horizonte: Artesã, 2017.

HARLOW, H. F. The Nature of Love. **American Psychologist**, v. 13, p. 673-685, 1959.

KAFFMAN, A.; MEANEY, M. J. Neurodevelopmantal sequelae of posnatal maternal care in rodents: clinical and research implications of molecular insights. **Journal of Child Psychology and Psychiatry**, v. 48, n. 3/4, p. 224-244, 2007. Doi 10.1111/j.1469-7610.2007.01730.x

KAĞITÇIBAŞI, C. **Family, self, and human development across cultures: theory and applications**. Mahwah, NJ: Lawrence Erlbaum Associates, 2007.

KELLER, H. **Cultures of infancy**. Mahwah, NJ: Lawrence Erlbaum Associates, 2013.

KELLER, H. Psychological autonomy and hierarchical relatedness as organizers of developmental pathways. **Phil. Trans. R. Soc. B**, v. 371, n. 1686, 2016.

KLAUS, M. H.; KENNELL, J. H. **Pais/bebê: a formação do apego**. Porto Alegre: Artes Médicas, 1993.

LAZARUS, R. S.; FOLKMAN, S. **Stress, appraisal and coping**. New York: Springer Publishing Company, 1984.

LINEHAN, M. **Terapia cognitivo-comportamental para os transtornos da personalidade. Borderline**. Porto Alegre: Artmed, 2010.

NABINGER, A. B. Psicoterapia e neurobiologia dos esquemas. In: WAINER R. et al. **Terapia cognitiva focada em esquemas: integração em psicoterapia**. Porto Alegre: Artmed, 2016.

OLIVA, A. D.; PUGLIESE, R.; CINDRA, E. Reflexões sobre algumas crenças parentais e práticas de cuidados. In: SEIDL-DE-MOURA, M. L.; MENDES, D. M. L. F.; PESSOA, L. F. **Parentalidade: diferentes perspectivas, evidências e experiências**. Appris, (no prelo) 2018.

OLIVA, A. D. A noção de estado inicial e concepções de desenvolvimento: problemas e necessidade de definições empíricas dos termos. In: SEIDL-DE-MOURA, M. L. **O bebê do século XXI e a psicologia em desenvolvimento**. São Paulo: Casa do Psicólogo, 2004. p. 61-110.

PETERSON, C.; SELIGMAN, M. E. P. **Character strengths and virtues: a handbook and classification**. Washington, DC: American Psychological Association, 2004.

RYGAARD, N. P. **El niño abandonado: guía para el tratamiento de los transtornos del apego**. Barcelona: Gedisa, 2008.

SEIDL-DE-MOURA, M. L.; RIBAS, A. R. Evidências sobre características de bebês recém-nascidos: um convite a reflexões teóricas. In: SEIDL-DE-MOURA,

M. L. O bebê do século XXI e a psicologia em desenvolvimento. São Paulo: Casa do Psicólogo, 2004. p. 21-59.

SELIGMAN, M. E. P. et al. Positive education: positive psychology and classroom interventions. **Oxf Rev Educ**, v. 35, n. 3, p. 293-311, 2009. doi: 10.1080/03054980902934563

WHO, World Health Organization. **Programme on mental health: division of mental health, life skills education in schools**. Genebra: WHO, 1997.

CAPÍTULO 3
Os estilos de interação entre pais e filhos e a construção da disciplina

Débora C. Fava
Martha Rosa
Angela Donato Oliva

Educar os filhos pode parecer simples quando ainda estamos planejando a gravidez e até mesmo durante aqueles meses gestacionais. Isso acontece porque, antes da chegada dos filhos, estamos geralmente e na maior parte do tempo com o foco voltado para os aspectos positivos. Na maioria das vezes, dedicamo-nos a refletir sobre as coisas boas dessa etapa, tais como: "Será que a decoração do quarto ficará bonita? Será que o bebê vai ser parecido com o pai ou com a mãe? Qual vai ser a sua primeira palavra? Como será que vamos nos adaptar à amamentação?".

Claro que o foco negativo da parentalidade quase nunca é pensando nesse momento da vida. Negativo porque cuidar de um filho também inclui o desgaste físico e emocional, as interferências que os familiares podem fazer na educação da criança, a diminuição da atividade sexual que pode ocorrer entre o casal, as dificuldades em compartilhar a rotina cansativa, além de manter suas atividades individuais que lhe davam prazer antes de a criança nascer. Nesse sentido, ter um filho pode se tornar uma tarefa difícil e desgastante a ponto de o bem-estar familiar parecer inatingível.

Em muitos casos, somente quando passa o turbilhão dos primeiros longos meses (ver capítulo 1) é que os pais começam a se preocupar com a educação do bebê. A partir daí, podemos observar quando as práticas parentais estão favorecendo ou não o bom desenvolvimento da criança e da família. Este capítulo intenciona trazer informações bem práticas sobre a disciplina e também discutir sobre alguns motivos que dificultam que os pais estabeleçam uma disciplina positiva e adequada dentro do núcleo familiar.

Crenças parentais

Disciplinar uma criança é difícil não somente pela árdua tarefa de melhorar ou melhor desenvolver o seu comportamento, como também pela complexidade que há atrelada a isso. Pais e mães têm crenças sobre suas funções parentais e sobre seus filhos. Isso inclui a dimensão afetiva da interação com as crianças, as expectativas que criam em relação ao futuro dos filhos e também os valores culturais aos quais estamos inseridos e que cultivamos. Toda essa complexidade guia o comportamento dos pais para com os filhos (Sigel & Kim, 1996).

O comportamento parental diz respeito à relação que os cuidadores estabelecem com a criança. Os pais, dentro do ambiente de cuidado, são dotados de crenças, que configuram pensamentos e ações voltados para garantir o desenvolvimento satisfatório da criança (Piovanotti, 2007). Essas crenças parentais são um conjunto de pensamentos e ideias organizadas culturalmente sobre a criança, seus comportamentos, o desenvolvimento infantil e a forma de educá-la, ou seja, as práticas parentais a ser descritas ao longo deste capítulo.

Imagine!

Você e seu companheiro estão jantando, e seu filho de três anos, que já comeu, está abrindo gavetas do móvel onde fica a televisão para entrar nelas. Isso danificaria seu móvel e poderia machucar a criança caso o fundo da gaveta se desprendesse. O que você faz? Primeiro, declare a regra sobre não entrar na gaveta e suavemente o direcione para outro objetivo. Dê-lhe um brinquedo em mãos. Então, seu filho desistiu de entrar na gaveta, já que ele percebeu sua firmeza. No entanto, ele diz "não" e joga o brinquedo que você entregou em mãos para bem longe, manifestando que sua intenção era lançar o objeto em vocês. O que você faz? Pega o brinquedo que ele lançou e o coloca por algum tempo em local inacessível, ou seja, em *time-out* (o famoso tempo chato ou cadeirinha do pensamento, que será descrito mais adiante). Por causa dessa sua atitude, a criança se atira no chão e começa a gritar. O que você faz? Volta para a mesa, continua comendo e ignora ativamente seu comportamento. Se conseguem suportar esse tempo, vocês, pais, poderão assistir ao momento em que ele cessa o choro e tenta se envolver em outra atividade, como buscar a atenção deles de forma assertiva ou brincar com outro de seus brinquedos.

Imagine mais um pouco!

Aquele tempo em que ele ficou no chão gritando e chorando. O que passou pela sua cabeça?

Pensamento 1: Meus vizinhos vão achar que estamos maltratando a criança.

Pensamento 2: Meu filho vai ficar com raiva de mim.

Pensamento 3: Como pude ser mãe, fazendo uma criança sofrer desse jeito!

Pensamento 4: Sou horrível, deveria estar acalmando o meu filho no colo agora.

Pensamento 5: Não sei o que fazer, não estou aguentando mais, o jeito é gritar mais alto.

Argumento 1: Talvez eles possam pensar algo assim, mas fique tranquilo. Se eles baterem à sua porta, dedique uns minutos para calmamente explicar o que está havendo. Mostre a eles que vocês entendem a preocupação e agradeçam.

Argumento 2: Sim, ele já está. Não se preocupe. A raiva é momentânea, e, logo, logo, você poderá mostrar o quanto o ama, uma vez que terá conseguido diminuir seu comportamento ruim, e, depois disso, vocês terão ótimos momentos juntos.

Argumento 3: Ele não está sofrendo assim como você está pensando. Seu filho é atendido em todas as suas necessidades, inclusive em relação à disciplina. Faz parte!

Argumento 4: Vocês são pais ótimos! A disciplina ajuda construir a relação saudável entre vocês e entre seu filho com as demais pessoas. Relaxe! Esse momento ruim já vai passar.

Argumento 5: Nem sempre temos certeza de qual medida será a que terá mais eficiência para acalmar o seu filho, mas, se você pensar que birra é usual, daí a pouco tudo vai se arranjar. Uma dica: se você controlar sua raiva e insegurança, mantiver um comportamento consistente e tranquilo, você poderá conversar sobre isso mais tarde com a criança, explicando que não é com birra que conquistamos o que queremos.

Nós não sofremos pelas coisas que acontecem, mas pelo que elas significam para nós. Esse é um fundamento teórico que vem do filósofo Epíctetos, no século I, e norteia a abordagem psicoterapêutica cognitivo-comportamental (BECK, 1964). Quando, por exemplo, os pais se deparam com algum comportamento desafiador da criança, pensamentos e sentimentos são despertados. Para exemplificar esse processo, pinçamos os pensamentos 3 e 4 descritos há pouco.

Situação	Pensamento	Emoção	Comportamento
Filho se joga no chão gritando após intervenção disciplinar.	"Sou uma mãe horrível". "Faço meu filho sofrer".	Tristeza, frustração, culpa.	A mãe/pai pega o filho no colo e diz: "*a mãe/pai te ama, venha cá então*".
Filho se joga no chão gritando após intervenção relativa à disciplina.	"É ruim ouvir seus gritos, mas é necessário". "Ele precisa aprender os limites".	Um pouco de tristeza, mas bastante confiante.	A mãe/pai segue confiante e sem interferir, aguardando que o filho se acalme.

Assim como está ilustrado na tabela, nem todas as pessoas pensam o mesmo sobre determinada situação. E isso se deve ao fato de nossas representações mentais (pensamentos) dependerem da maneira como vemos a nós mesmos, as pessoas e o futuro. Mesmo que tenhamos um padrão de pensamento não agradável, isso não significa que não possamos modificar esse padrão. Os pensamentos podem ser monitorados e alterados e, à medida que são alterados, provocam mudanças nos sentimentos e no comportamento (Beck, 1964). Por isso, o primeiro passo é o monitoramento.

Você já parou para pensar nos pensamentos automáticos que "surgem" na sua cabeça no momento de interação com seu filho? Friedberg e McClure (2007) sugerem algumas maneiras de identificar tais pensamentos automáticos:

- O que passou pela minha cabeça?
- O que eu disse a mim mesmo?
- O que apareceu na minha cabeça?

Para monitorar esses pensamentos, sugerimos que você, nos próximos dias, preste atenção às situações e preencha a tabela abaixo.

Situação	Pensamento	Emoção	Comportamento

Com o passar do tempo, você passará a pensar mais sobre o próprio pensamento. Consequentemente, você terá maior capacidade de automonitoramento. Ou seja, você terá mais consciência sobre seus pensamentos, emoções e reações comportamentais (Melo, de Oliveria, Fava & Bakos, 2014). Por meio disso, você poderá questionar esses pensamentos e identificar seus padrões cognitivos disfuncionais. Esses padrões são conhecidos como **Distorções Cognitivas** na Terapia Cognitivo-Comportamental (BECK, 1961). Vamos conhecer algumas delas?

Distorção	Exemplo de pensamento automático
Catastrofização: você acredita que o que aconteceu é tão terrível que não será capaz de suportar.	"Eu deveria ter ignorado esse comportamento do João Pedro. **Fiz tudo errado!**".
Minimização: é quando diminuímos aspectos positivos de uma situação e tornamos triviais as realizações positivas.	"Eu consegui ser assertiva e tirar o celular porque ela não cumpriu com o combinado. **Mas não fiz mais nada do que minha obrigação**".
Dicotomização: quando vemos os eventos da vida ou as pessoas como "tudo-nada".	"Não acredito, cedi à birra dele e comprei o que ele queria. **Não consigo ser uma boa mãe!**".
Leitura mental: é quando imaginamos que sabemos o que as pessoas pensam sem ter evidências suficientes".	"Não acredito que a Ana esteja fazendo birra no super. **Essas pessoas devem achar que eu sou uma péssima mãe**".
E se...? Você faz uma série de perguntas "e se" algo acontecer e nunca fica satisfeito com as respostas.	"E se eu deixá-lo de castigo **e ele ficar bravo**? E se ele **não quiser mais falar comigo**?".
Eu deveria... Você faz diversas afirmações a si mesmo, nas quais os acontecimentos, o comportamento de outras pessoas e as próprias atitudes "deveriam" ser da forma como imagina, e não o que de fato são.	"Eu deveria ter sido uma mãe melhor". "Eu deveria ter ficado mais tempo em casa".

O que você achou? Consegue se identificar com alguma dessas distorções? Pois então: se elas influenciam a forma como nos sentimos e nos comportamos, precisamos mudá-las, não é mesmo? O primeiro passo nós já demos: **monitoramos os pensamentos que aparecem na sua cabeça**. Agora, vamos aprender a como modificá-los. Para isso, faça a seguinte pergunta a você mesmo:

> EXISTE ALGUMA OUTRA FORMA
> DE ENTENDER ESTA SITUAÇÃO?

A abordagem cognitiva busca **avaliar** e **testar** os pensamentos, investigando suas implicações, contemplando as evidências e considerando interpretações alternativas (LEAHY, 2003). Vamos analisar os mesmos exemplos anteriores e tentar enxergar as situações de outra forma?

Pensamento automático	Pensamento alternativo
"Eu deveria ter ignorado esse comportamento do João Pedro. **Fiz tudo errado!**".	"Eu não consegui ignorar o comportamento **desta vez**. Tudo bem eu errar, reconhecer isso e escolher atitudes mais assertivas das próximas vezes. Foi só uma vez, não está tudo perdido".
"Eu consegui ser assertiva e tirar o celular porque ela não cumpriu com o combinado. **Mas não fiz mais nada do que minha obrigação**".	"Não é **apenas** minha obrigação. Isso demanda esforço e dedicação, e eu fui competente sim. É importante que eu reconheça o meu esforço pela educação da minha filha".
"Não acredito, cedi à birra dele e comprei o que ele queria. **Não consigo ser uma boa mãe!**".	"Educar filhos não é fácil. Eu estava cansada e cedi à birra. Talvez eu tenha aprendido que, da próxima vez que eu for ao supermercado cansada, não poderei levá-lo. **Não porque não consigo ser uma boa mãe, mas porque sou um ser humano e posso cansar, e posso continuar aprendendo**".
"Não acredito que a Ana esteja fazendo birra no supermercado. **Essas pessoas devem achar que eu sou uma péssima mãe**".	"Provavelmente essas pessoas já passaram ou passarão por uma situação similar. Calma! As pessoas podem me olhar pelo fato de a Ana estar gritando, mas eu não tenho bola de cristal e não tenho como saber o que elas estão pensando".
"E se eu deixar ele de castigo e **ele ficar bravo comigo?**"	"**Se ele ficar bravo, conseguirei suportar.** Ele pode sentir raiva, é normal. Mas ele precisa de limites, e a raiva vai passar".

Uma vez que consiga reconhecer seus pensamentos automáticos e identificar sua disfuncionalidade, você poderá notar que suas emoções e comportamentos também se tornarão mais adaptativos. Algumas pesquisas apontam o quanto as interpretações parentais a respeito do comportamento dos filhos influenciam positiva e/ou negativamente na interação e no comportamento adaptativo deles (JOHNSTON & OHAN, 2005; SAWRIKAR & DADDS, 2017).

Dessa forma, **para o sucesso** da implementação das estratégias de disciplina que explicaremos posteriormente neste capítulo, enfatizamos a importância de os pais não somente prestarem a atenção no comportamento dos filhos ou nos princípios comportamentais que adotaram. Destacamos, portanto, **a importância de os pais refletirem sobre seus pensamentos, emoções e comportamentos,** de maneira que identifiquem como esses podem influenciar na interação e na educação de seus filhos.

> Dicas
>
> - Preste atenção no que está passando pela sua cabeça. Se possível, anote esses pensamentos!
> - Identifique as **armadilhas comuns de pensamento** e as **consequências dessa forma de pensar**: quais as vantagens de continuar pensando assim? Quais as desvantagens?
> - **Amplie o campo de visão**: de que outra forma posso enxergar essa situação?
> - **Explore as informações que confirmam e refutam tal pensamento**: Quais são as evidências que suportam essa ideia? O que mais explica o que aconteceu?
> - **Obtenha um ponto de vista mais equilibrado** e que ofereça uma explicação mais saudável!
> - **Implemente esse ponto de vista e observe a mudança gradual** nas emoções e nos comportamentos.

Esquemas e parentalidade

Até agora, abordamos dois conceitos da Terapia Cognitivo-Comportamental que estão relacionados — crenças e pensamentos. As crenças são ideias que temos sobre nós, sobre os outros e sobre o futuro. Os pensamentos, por sua vez, derivam dessas crenças e são estruturas mais acessíveis à consciência.

Para ilustrar esses conceitos, veja o exemplo abaixo sobre Julia, mãe de Lara. Observe também como eram as interações de Julia no ambiente **familiar de origem e a influência desse contexto no papel de mãe:**

1980	Julia é filha de um pai punitivo, que costuma brigar e desqualificar a filha por suas dificuldades (seja na escola, seja nas interações sociais). Frequentemente chamava a filha de incompetente, burra e incapaz. Sua mãe era submissa ao pai e carinhosa com a filha.	Estilos parentais dos pais de Julia.
2010	Julia se tornou mãe de Lara.	A maternidade chegou!

2010...	Julia, **ao contrário do modelo do pai**, quer dar liberdade a sua filha para que ela seja livre, elogiada e incentivada em tudo o que fizer. **Ao contrário de sua mãe**, Julia quer mostrar à filha que ela pode posicionar-se, ter opinião e ser aceita em qualquer lugar que esteja.	Tentativa de não cometer os mesmos errosà Estilo parental e práticas parentais de Julia.
2015	Lara não é repreendida, acredita que pode fazer tudo o que deseja. Lara impõe suas vontades aos amigos e chora muito quando não é aceita em algum grupo, pois, afinal, não ser aceita não lhe foi ensinado.	Consequências na filha de Julia.
2016	Julia afaga, acalma, acarinha e diz "filha, você é melhor que eles, não fique triste". Lara se sente confortada, amada e entendida pela sua mãe.	Mais sobre práticas parentais de Julia.
2017	Lara volta a brincar com amigos e, como toda criança, fica triste quando, os amigos cansam de uma brincadeira que, por sinal, havia sido sugerida por ela. Lara chora, fica brava, diz que seus amigos não são tão bons em escolher brincadeiras como ela. Os problemas de Julia só aumentam.	Mais problemas para Lara, em consequência disso. Mais consequências na filha de Julia.
Atualmente	Julia procurou uma psicóloga cognitivo-comportamental, uma vez que não estava mais conseguindo lidar com os problemas da filha. Sentia-se um fracasso.	Busca por ajuda profissional.

Imagine que a mãe de Julia tenha chegado ao consultório de uma psicóloga relatando suas dificuldades. Juntas, elas descobriram pensamentos que atrapalhavam a educação da sua filha. Veja o exemplo abaixo:

Situação	Pensamento	Emoção	Comportamento
Julia chega em casa chorando em função de os amigos terem brigado com ela	"Não posso não validar minha filha como meu pai fez comigo. Preciso dizer que ela tem direito a tudo o que ela quer".	Ansiedade.	Falar para a filha que ela é melhor do que os amigos.

Se fôssemos investigar profundamente, poderíamos chegar à conclusão de que Julia tem diversas crenças disfuncionais, tais como:

> "Para ser uma boa mãe, preciso permitir que minha filha consiga tudo o que quer".

> "Se disser que ela não pode ter tudo o que quer, vou fracassar como mãe".

Essas crenças permeiam o pensamento, as emoções e o comportamento. E ambos (crenças e pensamentos) são originados por esquemas. Um esquema é uma estrutura que engloba diversos processos, como emoções, pensamentos, crenças, ideias, regras (BECK, 2017). Os esquemas podem ser adaptativos ou desadaptativos (YOUNG, KLOSKO & WEISHAAR, 2009).

O propósito deste texto é tornar essas estruturas e os processos mais acessíveis àqueles que façam uso deste livro. Talvez Julia tenha um esquema desadaptativo de fracasso, ou seja, uma ideia arraigada de que, mais cedo ou mais tarde, vai fracassar nas atribuições da sua vida (YOUNG, KLOSKO & WEISHAAR, 2009). Dentre os papéis em relação aos quais Julia imagina que não vai ter êxito, inclui-se o papel de mãe.

Esses esquemas são moldados, principalmente, por experiências individuais na família de origem (YOUNG, KLOSKO & WEISHAAR, 2009). Pense o seguinte: Como seus pais eram com você? Eles eram presentes? Eram carinhosos? Eram exigentes? Talvez você se recorde de algumas memórias. Se parar para analisar tais lembranças, você vai chegar à seguinte conclusão: a forma que seus pais foram com você conquanto filho influencia nos seus esquemas, e, por consequência, na maneira como você é no papel de pai ou de mãe (PAIM & ROSA, 2016). Por exemplo, algumas pessoas não querem repetir padrões aprendidos como filhos, e outras podem querer repetir padrões de afeto, carinho e disciplina que receberam na família de origem. A verdade é que, muitas vezes, acabamos por repetir formas de interação disfuncionais dos nossos pais, ainda que sem querer ou na tentativa de fazer diferente.

Vejamos o exemplo citado anteriormente de Julia. Seu pai permanentemente criticava a filha e apontava seus fracassos. Julia não se sentia adequadamente suprida nas suas necessidades emocionais de autonomia e competência, o que acabou originando um esquema desadaptativo de fracasso. Esse esquema é um padrão arraigado que busca se manter mediante estratégias comportamentais, cognitivas (como os pensamentos e as crenças), emocionais e experienciais (YOUNG, KLOSKO & WEISHAAR, 2009).

Entretanto, como é possível manter um funcionamento baseado em algo que nos faz sofrer, como é o caso do esquema de fracasso de Julia? Os seres humanos agem por economia cognitiva. Ou seja, se assim foi aprendido ao longo da vida, assim é mais provável que se permanecerá atuando, pois é conhecido e "familiar". Esse esquema busca se perpetuar, ainda que seja disfuncional (Young, Klosko & Weishaar, 2009). Portanto, as estratégias de Julia, como mãe, também eram definidas dessa maneira, no momento em que ela permitia e autorizava absolutamente tudo o que a filha queria.

Você pode estar pensando: "Tá, mas a Julia não queria justamente fazer diferente do seu pai?" Sim! Mas as estratégias que Julia usou levaram-na a manter esse mecanismo disfuncional. No final das contas, o que acontecia com a filha de Julia? Ela não conseguia relacionar-se com os seus pares e era muito intolerante à frustração. Por consequência, a menina era rejeitada por seus amigos. Julia, querendo agir de maneira oposta ao que aprendeu na sua família (especialmente na relação com seu pai), acabava indo para um extremo oposto: "Se meu pai invalidava o que eu fazia, eu vou aceitar e validar tudo o que a minha filha quer".

Você acha que esse é um pensamento saudável? Certamente não é. Julia tentou que essa estratégia desse certo durante muito tempo. Contudo, a filha acabou fracassando nos relacionamentos, assim como Julia se sentiu incompetente na função de mãe. O que isso acabou gerando em Julia? "Viu só, não sou capaz de educar minha filha. Sou um fracasso mesmo". Veja que o esquema disfuncional buscou estratégias para se perpetuar e assim conseguiu. A seguir, uma ilustração de como se dá esta relação esquema disfuncional-crença-pensamentos:

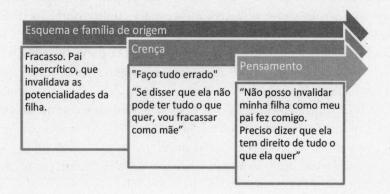

Não é necessário que você saiba qual o esquema especificamente foi acionado na interação com seu filho, e sim que essa relação existe. Ou seja, o importante é que você tenha consciência que **a forma que sua família de origem interagiu com você influencia a forma como você é no papel de pai ou mãe**. Tornar esses processos conscientes, como citamos anteriormente no monitoramento de pensamentos automáticos, permite que seja possível monitorar nosso funcionamento cognitivo e ressignificá-lo. Vamos analisar o caso de Julia e entender como isso poderia ocorrer:

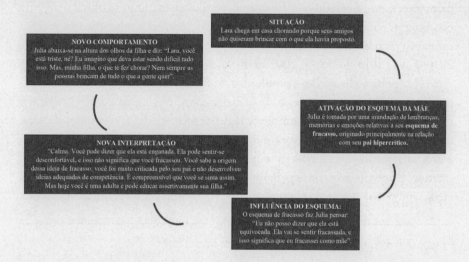

A partir dessa nova forma de lidar com a filha, Julia poderia sentir-se mais competente. Mas perceba: não é porque ela sabe de seus pensamentos, crenças e esquemas que eles simplesmente "sumiram". Pelo contrário, eles continuam surgindo. Ao ter consciência deles, porém, da sua origem e da forma que se perpetua, Julia pode escolher agir de outra forma. Por outro lado, pense o seguinte: e se Julia tivesse agido "conforme" o esquema de fracasso? É provável que ela se sentiria novamente fracassada e não ajudaria a filha a perceber suas limitações nos relacionamentos nem a auxiliaria no desenvolvimento de novas habilidades sociais.

Com base nessa reflexão entre família de origem e esquema disfuncional, propomos que olhemos especificamente sobre o seu estilo parental atualmente. Essa compreensão permite que você pare para refletir como está interagindo com seu filho.

Estilos parentais

A Psicologia, há décadas, vem buscando entender o funcionamento mental das pessoas por meio da compreensão da cognição delas. Em 1985, Irving Sigel's propôs que a Psicologia se voltasse para os pensamentos dos pais, principalmente o da mulher como mãe, que, na época, era deixado de lado, tendo em vista a ideia de a maternidade ser vista como algo instintivo, que não deveria sofrer interferência da cultura, da sociedade e do meio em que determinada mãe estaria inserida. No entanto, o modelo de Sigel's transforma essa visão e traz à tona diversas contribuições do campo da Psicologia, principalmente, o comportamental e o cognitivo. Diversos autores contribuem para essa compreensão, dando-nos oportunidade de perceber o quão complexa é a interação com os filhos (AZAR, REITZ & GOSLIN, 2008; CUMMINGS & DAVIES, 2010; FAVA, 2016; KAZDIN, 2005; YOUNG, KLOSKO & WEISHAAR, 2009).

Na prática clínica dos consultórios de Psicologia, é rotineiro o questionamento dos cuidadores a respeito da maneira como interagem com as crianças e os adolescentes. Sabendo da importância dessas relações desde o começo da vida, diversos pesquisadores preocuparam-se em compreender como tal interação ocorre e propuseram questionamentos a respeito do tema, os quais serão abordados neste capítulo. Contudo, antes de se perguntar se a forma que você lidou com seu filho foi efetiva, propomos que você pense de maneira mais ampla neste primeiro momento:

> Qual é o meu **estilo** enquanto cuidador de fulano (a)?
> Independentemente de ser pai, mãe, avô, avó, tio (a), babá...

Esse questionamento é fundamental, uma vez que vai além de um único comportamento disfuncional. Convida-nos a pensar quem estamos sendo enquanto cuidadores e o que estamos querendo transmitir em termos de valores para aqueles que cuidamos. Nesse sentido, três dimensões foram propostas como características parentais (BAUMRIND, 1996; DARLING & STEINBERG, 1993):

Característica	Descrição da característica	Exemplos práticos
Responsividade	Refere-se às atitudes compreensivas que os pais têm para com os filhos e que visam, através do apoio emocional e da bidirecionalidade na comunicação, a favorecer o desenvolvimento da autonomia e da autoafirmação dos jovens.	- Abaixar-se no nível da criança, se necessário, para conversar. - Olhar nos olhos da criança para se comunicar. - Falar com linguagem compreensível. - Permitir que a criança expresse o que pensa e sente das situações. - Validar as emoções (mostrar que você percebe e compreende o que a criança está sentindo). - Dar apoio emocional ao perceber que a criança precisa.

Característica	Descrição da característica	Exemplos práticos
Exigência	Inclui todas as atitudes dos pais que buscam de alguma forma controlar o comportamento dos filhos, impondo-lhes limites e estabelecendo regras.	- Estabelecer uma rotina adequada para a criança. - Controlar o andamento da rotina, das tarefas e das obrigações. - Estabelecer consequências adequadas para o descumprimento do que foi combinado. - Ser assertivo ao impor os limites, fixando as regras e permanecendo tranquilo nas decisões tomadas.
Afeto	Expressar o amor pela criança através de gestos, atitudes e palavras.	- Elogiar. - Abraçar e beijar. - Fazer carinho. - Brincar. - Dar colo e atenção. - Manifestar verbalmente o amor pela criança.

A exigência, a responsividade e o afeto, na devida proporção e combinação, formam os estilos parentais. Um estilo parental vai além de uma prática, uma resposta ou uma punição. É, portanto, a combinação dessas **dimensões** citadas dentro do **contexto** do qual operam os esforços dos pais para socializar os filhos de acordo com suas crenças e valores. São quatro os estilos parentais (BAUMRIND, 1996; DARLING & STEINBERG, 1993):

Estilo	Descrição do estilo	Exemplos práticos	Consequências
Permissivo por escolha (estilo indulgente)	- Cuidadores permissivos são, geralmente, pouco exigentes. - Podem ser afetivos e ter boas doses de responsividade, mas não conseguem estabelecer limites adequados para as crianças.	- Quando a criança se comporta de maneira inadequada, o cuidador não vislumbra as consequências. - O cuidador permite que a criança siga seus desejos e impulsos sem limites adequados.	- O cuidador sente-se impotente e ineficaz. - A criança não estabelece limites adequados para se relacionar com o mundo. - A criança se torna intolerante à frustração: não suporta quando seus desejos/impulsos não são atendidos.

Estilo	Descrição do estilo	Exemplos práticos	Consequências
Permissivo por falha (estilo negligente)	- Cuidadores não são exigentes nem afetivos. - Envolvem-se pouco e não monitoram os filhos.	- O cuidador não deixa claras as regras para a criança. - O cuidador responde apenas às necessidades básicas da criança, tendendo a mantê-la distante.	- A criança não aprende a ter limites. - A criança não se sente amada nem compreendida.
Autoritário	- Cuidadores autoritários estabelecem limites de acordo com regras rígidas. - São a favor de medidas punitivas para lidar com aspectos da criança que entram em conflito com o que eles pensam. - Geralmente são cuidadores muito punitivos e pouco afetivos e responsivos.	- Cuidadores não escutam a opinião das crianças. - São impositivos sem prestar atenção nas emoções e nos desejos. - Usam tom de voz e práticas físicas mais agressivas para lidar com os problemas da criança.	- A criança, geralmente sente medo do cuidador em vez de respeito. - Relação entre cuidador-criança fica desgastada. - A criança geralmente obedece por medo, e não por compreender amplamente a consequência. - Não desenvolve repertório adequado para lidar com as situações frustrantes.
Autoritativo ou Assertivo	- Cuidadores que tentam direcionar as atividades de suas crianças de maneira racional e orientada.	- Incentivam o diálogo. - Exercem firme controle nos pontos de divergência, colocando sua perspectiva, sem restringir a criança.	- Crianças que conhecem bem os seus limites. - Boa interação entre cuidador-criança. - Autoestima elevada. - Desenvolvimento de tolerância à frustração.

Fava (2016) elaborou um quadro baseado na proposta de Baumrind (1996), que ilustra os estilos parentais e as práticas associadas e que se assemelha bastante ao proposto por Tyszler, Oliva e Andrade (2012). De acordo com as autoras, o estilo parental autoritativo (também chamado de assertivo ou competente) é o que está mais relacionado ao bom desenvolvimento socioemocional da criança:

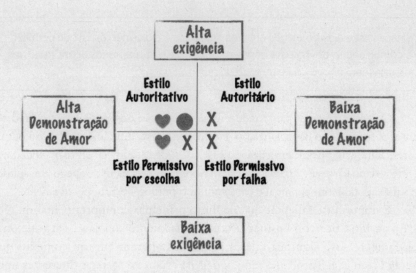

Rotinas, expectativas e limites

Desde muito cedo, é possível ajudar a criança a entender regras e estimulá-la para que ela tenha um padrão de obediência e cooperação. Manter uma rotina não significa estar preso a horários fixos e rígidos, mas envolve ter um padrão. Por isso, as crianças bem jovens podem ser incentivadas a ter horários fixos de alimentação, relaxamento, sono, banho, brincadeiras, etc. Pais assertivos mantêm uma ordem lógica e saudável que ajuda o filho a "saber" o que ele pode esperar, e pode contribuir para a prevenção das expectativas irrealistas e a intolerância à frustração. Pais que combinam exigência, afeto e responsividade em altos níveis ajudam os filhos a desenvolver boa autoestima, autorregulação e empatia (Marion, 2007). Ainda, as práticas educativas parentais adequadas auxiliam o bom desenvolvimento de competências sociais em crianças, o que é um fator de proteção para evitar o surgimento de problemas sérios no comportamento infantil (Marin, Piccinini, Gonçalves & Tudge, 2012).

Ao mesmo tempo em que crianças têm um cérebro mais imaturo, no qual as funções de atenção, concentração e regulação emocional estão menos desenvolvidas, até os onze anos de idade elas têm mais sinapses do que em qualquer outra fase da vida; por isso, podem aprender um volume maior de novas informações (Frances & Nutt, 2016). O período da infância é crítico para a aprendizagem, principalmente se considerarmos os primeiros seis anos. Por isso, regras básicas de convivência social, moralidade, ética, bons costumes deveriam ser estimulados desde os primeiros meses. A partir daqui, o texto vai discorrer sobre a natureza dessa aprendizagem.

> Sinapses são elos de ligação entre os neurônios (células nervosas) que permitem a comunicação do sistema nervoso, possibilitando a aprendizagem de novas informações. (PAPALIA & FELDMAN, 2013)

O modo como os pais conduzem a socialização dos seus filhos vai predizer muito sobre o sucesso da socialização. Esse processo está diretamente ligado a outros fatores, como o temperamento da criança e a qualidade de apego entre os cuidadores e entre os cuidadores e a criança. Veja mais sobre temperamento e apego no capítulo 2 e sobre ajustamento conjugal e parental nos capítulos 4 e 5, respectivamente.

É importante salientar que nenhum princípio comportamental ou técnica para modificar ou ensinar um comportamento desejável vai funcionar isoladamente. Isso significa que os princípios operam em um contexto que interage com as necessidades emocionais da criança e fornece diferentes tipos de necessidade (LOUIS & LOUIS, 2015). Portanto, não adianta elaborarmos murais de conquista, aprendermos a reforçar ou a extinguir comportamentos, se não estruturarmos uma rotina para a criança, deixando claro passo a passo do que acontece em seu dia a dia. A rotina tem como característica principal auxiliar a estruturar a criança, ajudando-a a perceber as regras que permeiam o ambiente, isto é, o que é permitido e o que não é permitido.

É muito comum que os pais digam "ah, mas fulano sabe como funcionam as coisas lá em casa". Não podemos assumir que a criança saiba o que nós achamos que ela deveria saber (HARVEY & PENZO, 2009). Deixar claro como as coisas funcionam, ser consistente sobre o que é aceitável e o que é inaceitável, evidenciar as possíveis consequências para os comportamentos, ajudará o seu filho cumprir suas expectativas e aceitar os limites.

Com base nas perguntas do quadro abaixo, reflita sobre a rotina de sua família e procure estruturar uma **rotina** para seu filho desde o momento em que ele acorda até o momento em que vai dormir.

> Para qual atividade a criança precisa de ajuda e qual das atividades ela consegue fazer sozinha?
> Como é a rotina de ir para cama?
> O que a criança deve fazer antes de ir para a cama (escovar os dentes, tomar banho, ter definido o horário, desligar a luz do quarto em certo horário)?
> A que horas a criança deve acordar?
> O que ela faz depois de acordar?
> Ela acorda sozinha? Escova os dentes? Veste-se sozinha?
> A que horas ela vai para escola?

> A que horas ela volta da escola? O que faz quando chega da escola?
> A que horas faz o dever de casa?
> Em que momento a criança fica disponível para brincar livremente?
> Em que momento vocês têm disponibilidade para brincar juntos?

É importante que deixemos claro também as **expectativas** que temos em relação às crianças (HARVEY & PENZO, 2009). Neste momento, convidamos você a pensar sobre alguns questionamentos:

> Quais as expectativas você tem em relação à criança?
> Como você quer que ela se comporte em determinadas situações?
> Quais são as expectativas dos pais, por exemplo, sobre privacidade, socialização com amigos e uso de aparelhos eletrônicos?

Reflita também sobre as **regras** que você estabelece com a criança e como isso é transmitido a ela:

> O que é permitido e o que não é permitido?
> Por quanto tempo a criança pode usar o computador?
> De que maneira é permitido à criança que ela se comunique?
> A família permite a ela falar palavrões?

O capítulo 7 deste livro abordará, de forma mais aprofundada, como desenvolver, desde cedo nos filhos, hábitos que envolvam autonomia, tais como executar tarefas domésticas.

Princípios comportamentais

Agora que você já sabe que um estilo parental vai além de uma prática, e que, antes de pensarmos nas consequências, precisamos organizar uma rotina para que a criança saiba o que é esperado dela, podemos nos aprofundar no manejo comportamental. Portanto, nesta parte do capítulo, vamos tratar de alguns princípios comportamentais.

Quando falamos em mudar ou manter comportamentos, precisamos sempre pensar no contexto no qual eles ocorrem. Portanto, antes de nos questionarmos a respeito da estratégia comportamental a ser utilizada para modificar ou incentivar determinado comportamento, é importante que falemos sobre contextos e suas influências.

Analisando o comportamento e a função dele no ambiente

Para mudarmos um comportamento, é imprescindível que saibamos exatamente de que maneira ele se manifesta e onde ele surge. Sempre falaremos, portanto, em três contingências em que ele ocorrem: os antecedentes (**A**), os comportamentos (**B**) e as consequências (**C**). Os **antecedentes** são os contextos, os locais e os estímulos que ocorrem antes de um comportamento e que o influenciam. Os **comportamentos** são as ações: o que as crianças fazem, incluindo a recusa em fazer algo. As **consequências** são os eventos que ocorrem após o comportamento e que podem ter aumentada ou diminuída sua frequência. Note que o modelo ABC é mais complexo do que simplesmente um antecedente, um comportamento e uma consequência (HARVEY & PENZO, 2009). Esse modelo pode ser usado para gerar, desenvolver e manter comportamentos. Veja o exemplo a seguir:

	ANTECEDENTES (A)	COMPORTAMENTO (B)	CONSEQUENCIA (C)
Explicação	O que se dá no ambiente antes de qualquer comportamento ocorrer.	O comportamento em si.	O que aconteceu depois do comportamento?
Exemplo	O pai e a mãe estavam organizando a casa. Pediram a Carlos que arrumasse o seu quarto.	Carlos disse que não estava com vontade e ficou entretido com um jogo no celular.	A mãe tirou o celular de Carlos até o fim do dia.

As consequências não mudam magicamente o comportamento das crianças. Elas precisam ser específicas. Contudo, antes disso, há a necessidade de os adultos serem claros em relação à definição do comportamento alvo. Para isso, quando você for se dirigir para um comportamento, não adianta dizer que a criança "não se importa" com o seu manejo. O que é não se importar? Como posso enxergar a criança "não se importando?" **Para isso, temos uma dica fundamental: um comportamento pode apenas ser visto ou ouvido** (KAZDIN, 2005). Vamos ver um exemplo:

> Ana, mãe de Carlos, 7 anos, cansada do comportamento de seu filho, chega ao consultório de uma psicóloga. Quando questionada sobre o que a incomoda, Ana responde: "<u>Ele não se importa</u> quando eu peço que ele faça o tema de casa".

Essa descrição de Ana lhe parece familiar? Definir comportamentos parece algo tão "óbvio", mas, ao mesmo tempo, requer muita atenção por parte dos cuidadores. Se Ana não consegue definir como Carlos reage quando aparentemente mostra que não se importa, como poderemos nos preparar para lidar com o comportamento de Carlos? Será que aconselhamos que Ana tire o celular dele por uma semana? Ou quem sabe orientamos que ele fique proibido de ir à festa do colega? Nesse momento, não poderíamos dizer nada. Precisamos investigar mais detalhes do comportamento, para então pensarmos em estratégias. Vamos lá:

> - Ana, me conte uma coisa: você disse que o Carlos não se importa quando você pede a ele que faça os temas de casa, e que esse é o comportamento que mais lhe incomoda atualmente. Acho que estamos indo na direção correta! Mas, Ana, fiquei um pouco confusa agora. Para pensarmos juntas em algumas estratégias, me conte um pouco mais sobre como o Carlos demonstra que ele não se importa com aquela atitude sua. Ou ainda: se estivéssemos assistindo a um filme chamado "Carlos mostrando para a mãe que não se importa quando faz o tema", o que será que veríamos passar na tela do cinema?.

Neste momento, ficou claro para você o que estamos querendo dizer? É muito comum definirmos comportamentos através das nossas sensações, de nossos pensamentos ou de nossas emoções. Lembre-se sempre: **se não podemos ver ou sentir, então não são comportamentos**. Pode ser outra coisa, mas não comportamento.

Ainda falando sobre Ana e Carlos, como será que ela solicitou a ele que arrumasse o quarto dele? A mãe estava pondo a casa em ordem e gritou da sala para que Carlos pudesse ouvi-la? Ou será que ela foi até o menino e, assertivamente, olhando nos seus olhos, conseguiu estabelecer o seguinte diálogo:

> - Carlos, que legal esse jogo no celular! Você parece que se sai muito bem nisso. Você quer continuar jogando?
> - Sim.
> - Ah, ótimo. Então, rapidamente organize seus brinquedos no baú para que você possa continuar a jogar.

Valorizar as atitudes das crianças e direcionar o foco dos pedidos e das ordens para o sentido positivo pode aumentar a chance de um comportamento cooperativo (FAVA, 2017), mesmo no que diz respeito a uma solicitação que possa parecer um tanto desgastante e pouco interessante, como arrumar o quarto, por exemplo.

Reforçando o bom comportamento

Valendo-se dos estudos de Skinner e Holand (1975), a Psicologia voltou-se para entender o comportamento humano com base em suas consequências. Ou seja, o que faz um comportamento voltar a ocorrer ou não, depende das contingências dele (SKINNER & HOLLAND, 1975). **Reforçar um comportamento significa aumentar a probabilidade de que ele se dê novamente** (seja ele um comportamento adequado, seja um comportamento inadequado). Aliás, o grande objetivo dos pais é ensinar seus filhos a como se comportar bem. E acreditem: o reforço é seu maior aliado nesse processo.

Reforços não são chantagens (HARVEY & PENZO, 2009). Alguns pais ficam desconfortáveis com essa ideia ao pensar que estão "comprando" seus filhos com elogios e pensam que eles deveriam comportar-se bem porque "é assim que deveria ser". Na verdade, a vida é feita de reforços o tempo inteiro, e nós nem nos damos conta disso. Pare para pensar: as pessoas vão trabalhar todos os dias para receber seu salário no fim do mês (reforço). Mas não consideram isso uma chantagem. E por que o fato de reforçar seu filho seria? Vamos entender um pouco como isso funciona:

Tipo de reforço	Descrição	Exemplo
Reforço positivo	Reforço positivo significa que inserimos algum estímulo ao comportamento. Esse estímulo pode ser a atenção, um abraço, um brinquedo ou uma bala, dentre outros.	João Pedro tem 5 anos e guardou os brinquedos conforme a ordem de sua mãe. Imediatamente, a mãe o abraça e diz: "Muito bem, meu filho! Você guardou os brinquedos como a mamãe pediu. Parabéns!".
Reforço negativo*	Reforçar negativamente se refere a tirar algo (por isso, negativo) considerado aversivo para a criança.	Marina está estudando, e sua vizinha começa a fazer barulho pela janela. Sua mãe gentilmente fecha a janela, com a intenção de eliminar o barulho e permitir que Marina continue a estudar.

É importante perceber que o reforço, seja positivo, seja negativo, aumenta a probabilidade de emissão de um comportamento. Por isso, temos de ter em mente de quais comportamentos queremos aumentar a frequência? A resposta é: dos que são bons e adequados.

No âmbito da educação e da disciplina, o reforço negativo consiste em retirar um estímulo aversivo quando queremos que seja aumentada a frequência do comportamento. Dificilmente as crianças estão em uma situação aversiva, visto que geralmente são indivíduos protegidos pelos adultos e não devem estar em condições aversivas (KAZDIN, 2005). Contudo, considere o seguinte exemplo: seu filho está estudando no quarto, e a irmã de quatro anos começa a fazer barulho durante sua brincadeira na sala ao lado. Você vai até o quarto do filho e diz: "Amor, a mamãe vai fechar a porta para que você fique mais concentrado, sem barulho". Assim, a mãe está eliminando um estímulo aversivo (barulho) a fim de aumentar a frequência do comportamento desejado (manter-se estudando). Neste capítulo, vamos focar nossos exemplos no reforçamento positivo, muito mais frequente e interessante para o contexto familiar de modificação de comportamento dos filhos.

Para que um reforço positivo seja efetivo, algumas considerações importantes devem ser feitas (HARVEY & PENZO, 2009).

1. Um reforço positivo é geralmente algo de que a criança gosta e dele tira proveito. Portanto, lembre-se: muitas vezes, NÓS achamos que algo é reforçador, quando na verdade a criança não pensa da mesma forma. Portanto: **busque saber o que é reforçador para ela**.
2. O reforço é efetivo quando **fornecido em seguida do comportamento-alvo**. Não adianta reforçar seu filho por ter arrumado o quarto duas horas depois. Certamente, isso não terá o mesmo impacto.
3. **O reforço deve ser fornecido apenas depois de o comportamento ocorrer.** Se você está comprando uma boneca para sua filha se comportar bem na festa de família, você não a estará reforçando por ter agido da maneira desalmejada. Crianças precisam de objetividade e clareza. Dê o reforço depois de o comportamento desejado ocorrer. Caso contrário, você pode estimular seu filho a se comportar bem apenas se souber que vai ganhar algum presente.

Os pais devem dizer aos filhos as tarefas e as obrigações que lhes cabem. Todas as vezes que a criança executar suas tarefas, ou mesmo parte delas, os pais devem elogiar, dar atenção a ela e tecer algum comentário relacionado às consequências de a tarefa ter sido executada. Quando o filho chega em casa, tira a roupa do colégio, a deixa-a arrumada no lugar e guarda seu material, o cuidador deve fazer algum comentário, tal como: "Muito bem, meu amor, como você é cuidadoso com suas coisas." ou "as pessoas organizadas deixam o quarto sempre bonito, sabem onde estão as suas coisas e elas estão sempre bem cuidadas" ou também "gosto tanto da maneira que você cuida das suas coisas, eu aprendo com você, e você me anima a fazer do mesmo jeito com as minhas coisas e nossa casa fica sempre organizada". É importante que a criança perceba a relação entre o comportamento e a consequência decorrente da sua ação. Se houver aumento desse comportamento, então o reforço é positivo. Os pais pensam que reforço positivo é elogiar. Embora os exemplos aqui citados fiquem muito próximos a isso, o fato é que o simples elogio não é reforço positivo. As consequências das ações (como as de um elogio) é que podem fazer um comportamento aumentar ou não sua frequência. Se aumentar, pode-se dizer que o comportamento foi reforçado.

Atenção!

Outro ponto relevante é o de que reforço, quando mal administrado pelos pais ou pelos educadores, pode ser deletério ao processo educacional. Assim, acabamos também **comportamentos inadequados** das crianças (CLARK, 2009). Aliás, essa é uma das grandes causas de as crianças se comportarem inadequadamente. Por isso é importante cuidar para que você contribua para tais comportamentos. Veja o exemplo a seguir:

> Sara é uma menina de cinco anos. Sua mãe foi passear com ela no shopping. Ao passarem por uma loja de brinquedos, Sara pediu à mãe que comprasse uma boneca. A mãe negou e disse que não seria possível naquele dia. Sara começou a chorar e a se jogar no chão. A mãe começou a sentir vergonha e a pensar: "As pessoas vão achar que sou uma péssima mãe". Sua conduta foi dar a boneca para a filha com o objetivo de cessar a birra. **O que Sara aprendeu? Que, quando a mãe diz que não, ela pode fazer birra, e, com essa atitude, a mãe fornece aquilo que ela quer, reforçando positivamente seu comportamento.** Ou seja: dando algo (a boneca) para a menina.

Por trás de uma criança birrenta, há pais que estão reforçando (aumentando a frequência) comportamentos dessa natureza. Pais frequentemente falham em estabelecer limites para seus filhos. Clark (2009) cita alguns motivos, tais como: pais que estão sem esperança e não acreditam na melhora do comportamento do filho; pais que têm receio de confrontar uma criança; pais que estão cansados e sem energia para disciplinar; pais que apresentam culpa quando negam ou ralham com seus filhos; pais que sentem raiva na hora de disciplinar e podem ser autoritários em vez de assertivos; e pais impedidos de disciplinar, seja por cônjuge, seja por interferência de familiares.

> Dica!
> Estabelecer boa comunicação entre os pais é fundamental para que eles busquem o entendimento da sua falha. Psicoterapeutas das áreas da infância e da família são os profissionais que podem ajudar nesses casos.

Atenção!

Os pais muitas vezes fazem barganhas com o filho que desqualificam as consequências das ações. Isso pode ser ilustrado pelo seguinte exemplo: Lívia tem 11 anos e não gosta de lavar a louça. Espontaneamente, a menina chegou da escola e teve o seguinte comportamento sem qualquer orientação dos pais: tirou o uniforme e fez o tema. A mãe, feliz, disse que, em função daquele comportamento, a menina tinha ganhado o privilégio de não precisar lavar a louça do jantar. Qual a mensagem que a mãe está passando para Lívia? A de que, se livrar de algo chato, pode ser a meta do dia. Em lugar de salientar as consequências decorrentes de lavarmos a louça, de deixarmos tudo arrumado para facilitar o nosso dia seguinte, a mãe direciona a criança a pensar que é um alívio se livrar dessa tarefa.

> Dica!
> Precisamos incentivar as crianças a entender o motivo e a importância de executar as tarefas que lhes são atribuídas, tais como ajudar a lavar a louça, organizar o quarto, fazer os deveres da escola. Se passarmos a ideia de que isso é algo ruim e não as realizar é um alívio, dificilmente conseguiremos estimular que as crianças desenvolvam gosto ou mesmo hábito de executá-las. Manter o foco positivo na disciplina é fundamental.

Disciplina positiva

Seja qual for o comportamento que você gostaria de mudar na criança, foque primeiro na disciplina positiva. A disciplina efetiva começa quando os cuidadores conseguem observar e recompensar o comportamento adequado da criança. Isso quer dizer que, em vez de apenas reprimir a criança pelo comportamento inadequado, procure antes observar ativamente o comportamento adequado de seu filho. É claro que eventualmente a punição deverá ser empregada, mas ela só será efetiva se a criança for reforçada pelo bom comportamento (KAZDIN, 2005). O objetivo por trás disso é que você possa ensinar a criança **como** se comportar, e não somente como não se comportar (HARVEY & PENZO, 2009).

Para isso, uma dica importante: faça uso da observação ativa do comportamento de seu filho. Observação ativa consiste em identificar o problema observado de maneira completa (FAVA, 2017). Por meio desse processo, é possível fazer uma análise funcional do ambiente, avaliando os fatores que originaram o comportamento (**A** – antecedentes) e que levam à recorrência do comportamento problema (**C** – consequentes).

Com base nessa observação e no comportamento inadequado da criança, faça uma lista dos comportamentos que gostaria de diminuir e como esse comportamento poderia se manifestar de maneira oposta. O que lhe parece mais agradável: **enfatizar apenas os comportamentos inadequados** ("Não faça isso", "Que feio", "Está de castigo") ou **reforçar os comportamentos incompatíveis adequados** ("Muito bem", "Estou feliz com esse seu comportamento", "Estou orgulhoso de você")? Aposto que você, assim como nós, preferiu a segunda opção. Ela propicia que os cuidadores e a criança tenham uma interação mais positiva e consigam se comunicar de maneira mais efetiva. Além disso, há a diminuição dos ruídos na comunicação e o favorecimento do vínculo.

Faça uma lista dos comportamentos que você não gosta e, a seguir, faça uma lista dos comportamentos opostos aos inadequados. Veja o exemplo abaixo:

Comportamento inadequado	Comportamento adequado
Chorar quando pede para guardar os brinquedos.	Guardar os brinquedos espontaneamente.

Lembrete para anotar os comportamentos.
Faça uso da **observação ativa**.
Comportamentos bem definidos podem ser **vistos ou sentidos**.

Agora que você completou essa lista, lembre-se de reforçar os comportamentos conforme descrito anteriormente.

Ignorando os comportamentos inadequados assertivamente

Ignorar ou extinguir significa não dar atenção à criança no momento em que ela está emitindo um mau comportamento. É quando os pais deliberadamente escolhem não dar atenção ao comportamento para diminuir a sua intensidade. Se você ignora um comportamento, o que você acha que vai acontecer? Exatamente: ele vai diminuir (KAZDIN, 2005). Algumas dicas são importantes para aplicar essa técnica (CLARK, 2009; FAVA, 2017):

Como ignorar	Quando ignorar
Avise a criança que o seu comportamento é inadequado e que você vai ignorá-la até que ela volte a se comportar adequadamente. Retire rapidamente toda a atenção da criança: não olhe, não fale, não sorria. Se for preciso, fale com outra pessoa. Recuse-se a discutir, ralhar ou falar. Demonstre tranquilidade. Não mostre raiva em sua postura e gestos. Se a criança continuar a se comportar inadequadamente, dê-lhe um segundo aviso e notifique-a de que ela continuará sendo ignorada. Volte a atenção a ela apenas para reiterar que continuará ignorando-a até que ela se comporte adequadamente. Assim que a criança se acalmar, passe a dar atenção a ela imediatamente.	Birras. Deboches. Ataques de raiva(!). Provocações simples. Manhas.

Para que estratégia de extinção seja eficaz, é necessário aplicá-la sistematicamente e em diversas ocasiões (BUNGE, GOMAR & MANDIL, 2012). Em determinadas situações, os pais ignoram apenas algumas vezes e, na ausência de evolução por parte da criança, acreditam que essa técnica não funciona. É importante, porém, que o adulto tenha paciência e repita tal postura sistematicamente quando necessário.

Aliás, é muito comum que, durante o processo de ignorar ativamente, a criança, ao invés de se portar melhor, agrave o seu comportamento. Isso é absolutamente esperado. Para a criança, é como se ela precisasse "gritar mais" para, então, ganhar o reforço que antes existia (a sua atenção). Portanto, fique calmo e persista! Considere isso um investimento a fim de obter os resultados desejados.

Punindo comportamentos inadequados

Apesar de muitas controversas, a punição é um princípio comportamental (SKINNER & HOLLAND, 1975) e, se utilizado de forma correta, vai funcionar.

Geralmente é mais empregada para comportamentos agressivos, que causem dano à criança, a outras pessoas ou danos materiais (FAVA & MELO, 2014). Punir um comportamento significa diminuir a probabilidade da ocorrência desse no futuro. Veja os exemplos a seguir:

	Descrição	Exemplo
Punição positiva	Fornecer algo de que a criança não gosta.	Se a criança estiver xingando o amigo porque não quer emprestar-lhe o brinquedo, você pode ralhar com ela dizendo que não é correto destratar os outros.
Punição negativa	Tirar algo de que a criança gosta.	Se estiver xingando o amigo porque não quer emprestar-lhe o brinquedo, a criança ficará sem o brinquedo.

Existem cinco formas de punir o comportamento das crianças. Essas estão descritas a seguir (CLARK, 2009; FAVA, 2017):

Tipo	Descrição	Como usar	Cuidados
Ralhar ou desaprovar	Desaprovar o **comportamento da criança**, por exemplo: "Bruna, estou muito decepcionada por você ter comido os chocolates. Estava guardando-os para o jantar de hoje à noite".	- Chegue perto e olhe nos olhos da criança. - Fique sério e nomeie o comportamento inadequado. - Seja rápido e fique calmo.	- Não faça comentários sarcásticos ou humilhantes. - Não se prolongue muito ao desaprovar. Algumas crianças gostam de receber atenção extra, mesmo que negativa. - Evite resmungar. -Desaprove o **comportamento**, e não a **criança**.
Consequências naturais	As consequências são naturais, e, portanto, "a vida" fornece as punições para a criança, sem que o pai/mãe precisem intervir. Por exemplo: segurar o gato com brutalidade e ser arranhado.	As consequências naturais ocorrem naturalmente, sem que haja necessidade de você intervir.	- Nas consequências naturais, você não precisa acrescentar nenhuma outra punição. - Permita que seu filho lide com as consequências.

Tipo	Descrição	Como usar	Cuidados
Consequências lógicas	Você aplica as consequências para lidar com os comportamentos problemáticos. É "lógica" porque se refere à perda do privilégio de ficar com algo prazeroso. Por exemplo, **se grudar chiclete nos móveis, a criança fica sem a goma de mascar.**	- Dar a consequência imediatamente. - A consequência é lógica e sensata.	- Cuidar para não ser muito severo. - Cuidar para não ser muito demorado.
Penalidades	Não é logicamente relacionada ao mau comportamento e consiste em perdas de privilégios, multa ou uma tarefa extra. Por exemplo, **xingar os pais e ficar sem televisão por um dia.**	- A penalidade deve ser significativa para a criança. - Procure estabelecer as consequências antes de o comportamento ocorrer.	- Estar atento para não ser muito severo. - Estar atento para não ser muito demorado.
Tempo chato (time out)	É uma breve interrupção das atividades da criança. Consiste em levá-la a uma cadeira, almofada ou a um tapete para que ela passe alguns minutos privada de qualquer tarefa agradável. Brinquedos também podem ser colocados no tempo chato em situações em que a criança bata com o brinquedo em algo ou em alguém propositalmente.	- Antes de colocá-la no tempo chato, dê a ela a oportunidade de se comportar adequadamente, explicando o que é esperado dela. - Se a criança se levantar ou se recusar a ficar no tempo chato, coloque-a de volta no local quantas vezes forem necessárias. - Dê apoio emocional a ela: "Depois que você passar esse tempo aqui, poderemos conversar". - Depois que o tempo chato acabar, vá até a criança e faça algumas perguntas: "Você sabe por que veio para cá? E qual era o nosso combinado?".	- O local deve ser livre de estímulos. - Evite expressar raiva ou descontrole. - Transparecer calma e firmeza mostrando a criança que estão certos do que fazem e que não cederão. - Apenas comunique que o filho está indo para o canto chato, porque teve determinado comportamento e ficará lá por alguns minutos até que os pais o tirem. - Sugere-se que a criança permaneça no local durante um minuto por idade.

Para a punição ser efetiva, algumas considerações devem ser feitas (Harvey & Penzo, 2009). Vejamos:

1. A punição deve ser algo que a criança se importe em receber ou seja, que não gostaria de ficar privada de ganhar.
2. Deve ocorrer **imediatamente** após o comportamento inadequado.
3. As punições efetivas devem ser específicas e limitadas no tempo. Não adianta você ficar bravo com seu filho por ele ter xingado o avô ao telefone e deixá-lo um mês sem videogame. A punição perde o seu efeito nesse momento, e vocês podem até se esquecer, ao final do período, a razão para que a criança recebesse a punição. Portanto: **punições mais efetivas são curtas e específicas**.
4. Tente dar a punição conforme o comportamento. Ou seja, **a consequência deve ensinar a criança sobre o seu comportamento inadequado**. Dizer para seu filho ficar sem assistir à TV por ter pegado um brinquedo que não era dele não ensina por completo o motivo pelo qual o comportamento foi inadequado. Talvez, possa ser uma boa consequência, se seu filho pedir desculpas para o colega e devolver o brinquedo dele. **A criança precisa entender o impacto de seu comportamento nos outros**.
5. Muitas vezes é útil que você **estabeleça contratos com a criança**. Por exemplo: "Se você juntar os brinquedos do chão, então poderá jogar videogame". Isso é uma boa atitude, uma vez que ajuda os pais e as crianças a estabelecerem expectativas e consequências.
6. **Mantenha clara em sua mente a maneira pela qual vai punir** o comportamento do filho. É importante que a punição seja efetiva sem causar danos para o bom desenvolvimento socioemocional da criança.
7. Logo após uma punição, é comum que a criança busque atenção ou peça desculpas. Nesse momento, também é comum que pais deem beijos, abraços e desculpem a criança, imediatamente voltando a um padrão de carinho e afeto normal. No entanto, se quiserem investir na educação social e emocional das crianças, é importante que os pais possam demonstrar o impacto emocional que o comportamento inadequado do filho causou (Fava, 2017). Por exemplo: "Ok, você está desculpado, mas eu ainda estou um pouco chateada, falamos depois". Essa demonstração deve ser específica, e limitada à ocorrência do mau comportamento. Mesmo que um filho tenha sido punido, é importante incentivá-lo a refletir sobre o que a sua atitude causou nos outros.

Aprendizagem por modelação

Outra forma importante de aprendizagem de comportamentos é por meio da modelação (BANDURA, 1969). De acordo com a teoria sociocognitiva de Bandura, as pessoas padronizam seus estilos de pensamento e comportamento através de exemplos funcionais e disfuncionais de outras pessoas. Elas aprendem novos comportamentos por modelação, ou seja, observando modelos.

Os pais são importantes modelos os quais os filhos estão motivados a seguir. Comportamentos simples, como ser cordial a um vizinho, ser empático com outra criança que está sem brinquedo, bem como habilidades mais complexas como a solução de problemas, podem ser promovidos por modelação verbal, quando os pais, por exemplo, narram em voz alta suas estratégias de raciocínio à medida que executam atividades na resolução de um problema (BANDURA, 2005). Os pais podem até mesmo verbalizar as estratégias que usam para lidar com dificuldades, corrigir erros e motivar a si mesmos em situações desafiadoras do dia a dia.

Dica!

Os comportamentos aprendidos através da modelação podem ser tanto os comportamentos saudáveis, quanto os problemáticos. Você já deve ter percebido que seu filho repete diversas coisas que você fala ou faz. Portanto, fique atento! Procure ser um exemplo positivo para a modelação do comportamento da criança.

Considerações finais

Ser pai e mãe é uma tarefa pouco instintiva e muito aprendida. Por isso, as dificuldades de cuidar de filhos serão as mais diversas e dependerão em grande parte da história de vida dos pais, da rede de apoio, da sociedade, do temperamento da criança, das práticas educativas e dos esquemas e crenças parentais. Este capítulo teve por objetivo alcançar essas esferas de desafios na difícil e bonita arte de interagir com os filhos e estabelecer disciplina com afeto. A partir daqui, os diversos capítulos desta obra contemplarão diferentes temas ainda no contexto da parentalidade.

Referências

AZAR, S. T.; REITZ, E. B.; GOSLIN, M. C. Mothering: Thinking is part of the job description: Application of cognitive views to understanding maladaptive parenting and doing intervention and prevention work. **Journal of Applied Developmental Psychology**, v. 29, n. 4, p. 295-304, 2008.

BANDURA, A. Social-learning theory of identificatory processes. In: GOSLIN, D. A. **Handbook of socialization theory and research**. Chicago: Rand McNally & Company, 1969.

BANDURA, A. The evolution of social cognitive theory. In: SMITH, K. G.; HITT, M. A. **Great minds in management**. New York: Oxford University Press, 2005, p. 9-35.

BAUMRIND, D. The discipline controversy revisited. **Family Relations**, v. 45, p. 405-414, 1996.

BECK, A. T. Thinking and depression: II. Theory and therapy. **Archives of general psychiatry**, [S.L], v. 10, n. 6, p. 561-571, 1964.

BECK, A. T. Teoria dos Transtornos da Personalidade. In: DAVIS, D. D.; FREEMAN, A. **Terapia cognitiva dos transtornos da personalidade**. Porto Alegre: Artmed, 2017.

BECK, A. T.; FREEMAN, A.; DAVIS, D. D. **Terapia cognitiva para transtornos da personalidade**. 2 ed. Porto Alegre: Artmed, 2005.

BUNGE, E.; GOMAR, M.; MANDIL, J. **Terapia cognitiva com crianças e adolescentes: aportes técnicos**. São Paulo: Casa do Psicólogo, 2012.

CLARK, L. SOS ajuda para pais: um guia prático para lidar com problemas de comportamento comuns do dia a dia. Rio de Janeiro: Editora Cognitiva, 2009.

CUMMINGS, M. E.; DAVIES, P. T. **Marital conflict and children. Na emotional security perspective**. New York: The Guilford Press, 2010.

DARLING, N.; STEINBERG, L. Parenting style as context: Anintegrative model. **Psychological Bulletin**, v. 113, n. 3, p. 487, 1993.

FAVA, D. C. A terapia cognitiva na primeira infância. In: Federação Brasileira de Terapias Cognitivas; et al. **Procognitiva programa de atualização em terapia cognitivo-comportamental**. 3 ed. Porto Alegre: Artmed Panamericana, 2016, p. 45-92.

FAVA, D. C. **Guia prático do professor: atuando com crianças na primeira infância**. Porto Alegre: Artesã, 2017.

FAVA, D. C.; MELO, W. V. A terapia cognitiva para crianças de 0 a 6 anos. In: MELO, W. V. **Estratégias psicoterápicas e a terceira onda em terapia cognitiva**. Porto Alegre: Sinopsys, 2014.

FRANCES, E. J.; NUTT, A. E. **O cérebro adolescente: guia de sobrevivência para criar adolescentes e jovens adultos.** Rio de Janeiro: Intrínseca, 2016.

FRIEDBERG, R. D.; MCCLURE, J. M. **A prática clínica de terapia cognitiva.** Porto Alegre: Artmed, 2007.

HARVEY, P.; PENZO, J. A. **Parenting a child who has intense emotions: dialectical behavior therapy skills to help your child regulate emotional outbursts and aggressive behaviors.** Oakland, CA: New Harbinger Publications, 2009.

JOHNSTON, C.; OHAN, J. L. The importance of parental attributions in families of children with attention-deficit/hyperactivity and disruptive behavior disorders. **Clinical Child and Family Psychology Review,** v. 8, n. 3, p. 167-182, 2005.

KAZDIN, A. E. **Parent management training. treatment for oppositional, aggressive, and antisocial behavior i children and adolescents.** New York: Oxford University Press, 2005.

LEAHY, R. L. **Técnicas de terapia cognitiva: manual do terapeuta.** Porto Alegre: Artmed, 2003.

LOUIS, J. P.; LOUIS, K. M. **Good enough parenting: an in-depth perspective on meeting core emotional needs and avoiding exasperation.** New York: Morgan James Publishing, 2015.

MARIN, A. H. et al. Práticas educativas parentais, problemas de comportamento e competência social de crianças em idade pré-escolar. **Estudos de Psicologia,** v. 17, n. 1, p. 5-13, 2012.

MARION, M. **Guidance of young children.** 7 ed. Columbus: Pearson Merril Prentice Hall, 2007.

MELO, W. V. et al. Automonitoramento e resolução de problemas. In: MELO, W. V. **Estratégias psicoterápicas e a terceira onde em terapia cognitiva.** Novo Hamburgo: Sinopsys, 2014. p. 83-121.

PAIM, K.; ROSA, M. O papel preventivo da terapia do esquema na infância. In: **Terapia cognitiva focada em esquemas: integração em psicoterapia.** Porto Alegre: Artmed, 2016.

PAPALIA, D. E.; FELDMAN, R. D. **Desenvolvimento humano.** 12 ed. Porto Alegre: Artmed, 2013.

PIOVANOTTI, M. R. **Crenças maternas sobre práticas de cuidado parental e metas de socialização infantil.** 2007. Dissertação (mestrado) - Universidade Federal de Santa Catarina, Centro de Filosofia e Ciências Humanas. Programa de Pós-Graduação em Psicologia. 2007.

SAWRIKAR, V.; DADDS, M. What Role for Parental Attributions in Parenting Interventions for Child Conduct Problems? Advances from Research into Practice. **Clinical Child and Family Psychology Review,** p. 1-16, 2017.

SIEGEL, I. E. Parental concepts of development. In: SIEGEL, I. E. **Parental belief systems: the psychological consequences for children**. Hillsdale: Erlbaum, 1985. 83-105 p.

SIEGEL, I. E.; KIM, M. The answer depends on the question: A conceptual and methodological analysis of a parent belief-behavior interview regarding children's. In: HARKNESS, S.; SUPER, C. M. **Parents' cultural belief systems: their origins, expressions, and consequences**. New York: Guilford, 1996, p. 83-120.

SKINNER, B. F.; HOLLAND, J. G. A análise do comportamento. **Ciências e Comportamento Humano**, v. 3, 1975.

STALLARD, P. **Bons pensamentos-bons sentimentos**. Porto Alegre: Artmed, 2009.

TYSZLER, P. T.; OLIVA, A. D.; ANDRADE, J.M. A relação da empatia com estilos parentais: um estudo exploratório. In: FALCONE, E. M. O.; OLIVA, A. D.; FIGUEIREDO, C. **Produções em terapia cognitivo-comportamental**. São Paulo: Casa do Psicólogo, 2012, p. 351-358.

YOUNG, J. E.; KLOSKO, J. S.; WEISHAAR, M. E. **Terapia do esquema: guia de técnicas cognitivo-comportamentais inovadoras**. Porto Alegre: Artmed, 2009.

CAPÍTULO 4
Conjugalidade e parentalidade: transições, conflitos e impactos nos filhos

Mariana Gonçalves Boeckel
Luciana Suárez Grzybowski

A família é entendida como um contexto de grande influência no desenvolvimento humano, já que é nela que nos experienciamos as primeiras vivências de pertencimento, proteção e apoio. Independentemente da consanguinidade, serão os vínculos de afeto a base para tais pressupostos. Sabe-se que, na atualidade, são inúmeras as possibilidades de configurações familiares, da família intacta aos novos arranjos. Sem levar em conta quem compõe as relações ali estabelecidas, o sistema familiar sempre será família desde que se privilegie afeto, cuidado e proteção. É a construção de um ambiente familiar seguro que fará a diferença no desenvolvimento da capacidade e do potencial humanos.

Neste contexto, diferentes relações são estabelecidas de acordo com papéis e funções exercidos por cada um de seus integrantes, compondo os denominados **subsistemas**. Uma mesma pessoa pode pertencer a mais de um subsistema, e em cada subsistema se estabelece um tipo diferenciado de comunicação, assim como determinadas regras e limites. Podemos destacar o **subsistema parental**, o qual é formado pelos pais ou cuidadores primários; o **subsistema conjugal**, o qual é constituído pelo casal; o **subsistema fraterno**, composto dos irmãos; e o **subsistema filial**, formado pelos pais-filho. Todos esses subsistemas estão interconectados e se influenciam mutuamente; por exemplo, a maneira como o casal se comporta poderá reverberar na forma como maneja determinado comportamento inadequado de um filho. Ademais, de forma mais ampla, o contexto social, escolar, do trabalho também repercute nas relações íntimas. Do núcleo da família ao contexto social mais amplo, influenciamos e somos influenciados, formando uma rede de interconexões (BRONFENBRENNER, 1996). Partindo disso, no presente capítulo, dissertaremos sobre as conexões existentes entre os subsistemas parental e conjugal e as consequentes reverberações no desenvolvimento dos filhos.

Subsistema Parental	Pais ou cuidadores primários
Subsistema Conjugal	Casal
Subsistema Fraterno	Irmãos
Subsistema Filial	Pais-filhos

O casamento e a resolução dos conflitos cotidianos

O casamento é compreendido teoricamente como um modelo adulto de intimidade. Cada cônjuge deve desempenhar funções específicas que são vitais para o funcionamento da relação, tal como o apoio um ao outro. Entretanto, é importante que cada um se entregue ao relacionamento sem ter a sensação de renúncia à sua individualidade ou às suas questões familiares (MINUCHIN, 1982; FERES-CARNEIRO, 1998; GOMES & PAIVA, 2003). Gomes e Paiva (2003) salientam a necessidade da flexibilidade, da abertura ao novo e ao inesperado como características importantes no casamento na atualidade; além disso, deverá ser um espaço para o desenvolvimento interpessoal e de criatividade.

Nesse exercício entre entrega e preservação da individualidade, o casal vai construindo a sua **identidade conjugal**, na qual a soma de dois indivíduos não resulta em dois, mas sim em três, ou seja, a constituição de mais um espaço potencial de relação: o NÓS. A grande tarefa é como constituir o nós sem renunciar o eu, como se entregar para a relação sabendo que é de fundamental importância ter dois sujeitos inteiros, e não duas metades, como frequentemente fazem referência os mitos populares ("metade da laranja", "cara-metade", etc.). Ao mesmo tempo, é de suma relevância o espaço do casal e a preservação dessa relação, nutrida com respeito e cooperação.

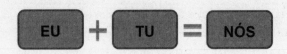

"Se casaram e viveram felizes para sempre" é outro mito popular que coloca o casamento em risco, como se o amor e a paixão fossem suficientes para manter a satisfação conjugal por anos. No entanto, sabe-se que o dia a dia da vida a dois não é uma tarefa fácil, uma vez que é inerente à conjugalidade a vivência de conflitos. O conflito em si não é necessariamente prejudicial para a relação; a diferença consiste justamente na forma como se busca resolvê-lo; o êxito relacional será maior ou menor de acordo com a flexibilidade, com a capacidade de diálogo e de negociação. Histórias de vida distintas e o manejo de uma vida comum exigem amplo repertório de habilidades sociais e emocionais para a negociação das diferenças, para a resolução adequada dos conflitos do cotidiano. Neste sentido, é importante analisarmos quatro elementos que compõem o conflito conjugal: **o conteúdo, a frequência, a intensidade e sua resolução** (FALCKE, WAGNER & MOSMANN, 2013).

O conteúdo refere-se aos motivos que suscitam as divergências. Em pesquisa realizada em 2015 com casais gaúchos, o tempo livre para ficar juntos foi o tema mais desencadeador de conflitos, seguido pelos filhos, sexualidade, tarefas domésticas, e, por fim, questões financeiras (SCHEEREN, NEUMANN, GRZYBOWSKI & WAGNER, 2015).

Considerando a vida atual, na qual o tempo é tão restrito, chama a atenção ser justamente esse aspecto o tema mais prevalente. Priorizar o diálogo e o planejamento acerca do uso do tempo conjunto pode ser uma estratégia eficaz para encaminhar essa divergência. Não pode ser esperado que todos os temas do dia a dia sejam consenso entre os cônjuges. Duas pessoas, diferentes histórias de vida e de família, naturalmente, suscitam diferentes opiniões sobre o mundo e as tarefas cotidianas. É fundamental saber disso, pois assim abre-se espaço para o diálogo e para a escuta.

A frequência e a intensidade dos conflitos, por sua vez, referem-se à periodicidade e ao conteúdo emocional que acompanha as discussões. O processo comunicacional é fundamental. Como se comunica o conteúdo que se deseja? Consigo me expressar adequadamente? Sou inundado pela emoção? Perco a razão? Essas são algumas das perguntas pertinentes a ser feitas.

Estudiosos clássicos da comunicação humana evidenciaram que existem dois aspectos fundamentais no processo comunicacional: o conteúdo e a forma. O primeiro refere-se ao relato em si, à informação que se deseja comunicar ao outro. Quanto mais saudável é a relação, maior evidência será dada ao conteúdo. Já a forma está associada à relação interpessoal, ao jeito, à emoção, implicados na mensagem; por exemplo, a frase "isso mesmo!" pode ter inúmeras conotações de acordo com o tom da voz, com a relação estabelecida, se há ou não ironia, alegria, tristeza. Em geral, os conflitos mais intensos são os que mobilizam emocionalmente os cônjuges; por isso, é importante prestar especial atenção ao **conteúdo X forma**.

Gottman (2014) verificou que pessoas que sentem emoções negativas diante de algo comunicado pelo parceiro que avaliam como inadequado tendem a entrar em uma escalada de comportamentos negativos, ou seja, respondem da mesma forma como se sentiram, atacando o outro, intensificando o conflito, dificultado sua resolução. Além de não resolver, somam-se outros temas de conflitos, como o sentir-se "agredido", "desrespeitado", "não escutado", "não compreendido", intensificando os problemas na relação. Na tentativa de solução, somam-se mais problemas.

É muito importante observar dois aspectos presentes na comunicação interpessoal!	
Conteúdo	Forma
Relato em si, informação que se deseja comunicar ao outro.	Associada à relação interpessoal, impactando na forma como se manifesta determinada mensagem.
Nas relações mais saudáveis, prevalece o conteúdo que se deseja comunicar!	

A resolução dos conflitos é um dos pontos cruciais para a qualidade de vida conjugal (Gottman, 2014). Se é considerada tão importante, por quais motivos os casais, muitas vezes, não conseguem resolver suas diferenças? Como já referido, na tentativa de resolução, muitos casais acabam por suscitar mais conflitos. A própria forma de resolver uma questão resulta em outro problema a ser enfrentado. Além disso, é um assunto pouco falado, já que os mitos sobre casamento dificultam acessar a vida real conjugal antes da primeira experiência. Outro aspecto importante a ser considerado é que a resolução não implica necessariamente a satisfação de ambos, sempre. É preciso negociar, flexibilizar, dialogar e de fato escutar o outro. Dentre as estratégias positivas para a resolução dos conflitos, Dalatorre, Hameister e Wagner (2015) destacam as seguintes: *a capacidade de negociação, a busca pelo acordo, a comunicação adequada (entender e se fazer entender), a demonstração de afeto positivo, o apoio entre os cônjuges, a intenção de resolver o problema de forma empática, a cooperação*. Sem dúvida, quando um perde, ambos perdem; quando se negocia e ambos estão de acordo, por mais que isso tenha um significado qualitativamente diferente para cada um, ambos ganham.

Dos conflitos aos sabores do viver a dois, a entrada de filhos pode ser um marco importantíssimo para o casal. A transição para a parentalidade é permeada por intensas emoções, encantos, mudanças, desafios, responsabilidades e também conflitos. Em termos mais normativos, comumente essa transição ocorre após a vivência da conjugalidade, a qual era habitada, até então, pelo casal. Neste sentido, uma das primeiras tarefas essenciais é ampliar o espaço de casal para a inclusão do filho (Eschiletti-Prati, Koller,

2011; GRIZÓLIO, SCORSOLINI-COMIN & SANTOS, 2015; CRUZ & MOSMANN, 2015). De casal a pais, o espaço do EU, TU e NÓS precisa ser revisado e readaptado. A chegada do primeiro filho faz com que o casal transcenda na hierarquia geracional, pois ser pai e mãe implica cuidar e proteger a geração mais nova. Tal transição é permeada por mudanças sociais, emocionais, jurídicas, econômicas, culturais, sendo uma das transformações normativas mais importantes que homens e mulheres enfrentam ao longo do seu ciclo vital (CARTER & MCGODRICK, 2001).

De casal a pais: a transição para a parentalidade e a repercussão dos conflitos nos filhos

Ser pai e ser mãe se relaciona a diversos fatores que compõem a realidade psíquica de cada um dos pais e como esses se modificam durante o processo de transição para tal papel. O modo como ocorre a parentalidade, bem como a exposição a um ambiente familiar estressor, permeado por intensos conflitos conjugais, atravessado por variáveis socioeconômicas e contextuais difíceis e duradouras na família, está associado ao surgimento ou ao agravamento de problemas de ajustamento nos filhos (HOUZEL, 2004; MOURA et al., 2008). Por outro lado, a qualidade da relação conjugal antes da transição para a parentalidade mostra-se como um importante fator protetivo, ou seja, quanto melhor a relação do casal antes do nascimento do filho, mais tranquila será a relação conjugal e parental após a chegada dele (MENESES & LOPES, 2007; HINTZ & BAGINSKI, 2012).

Belsky (1984) propõe que o comportamento parental é impactado por três dimensões principais, sendo elas as **características dos pais, da criança e do contexto** no qual estão inseridos. A inter-relação desses fatores vai influenciar a qualidade da parentalidade exercida. Essas dimensões incluem aspectos individuais de saúde mental, história de vida, experiências dos pais na família de origem, modelos sociais e culturais vivenciados, em consonância com o temperamento da própria criança e o ajustamento da dinâmica familiar nesse contexto (PEREIRA & ALARCÃO, 2010). As experiências ao longo do desenvolvimento ganham destaque nesse modelo teórico, evidenciando que as experiências dos próprios pais durante a infância influenciam o comportamento parental futuro, seus traços de personalidade e o seu bem-estar emocional. Os estudos corroboram em demonstrar que experiências desenvolvimentais positivas favorecem o funcionamento familiar saudável, tanto nas relações conjugais quanto na interação com os filhos (BARROSO & MACHADO, 2010).

A maneira como se estabelece a conexão entre a relação conjugal e a parental pode ser entendida por meio da hipótese *"Spillover"* (EREL & BURMAN, 1995), a qual sustenta a existência de uma relação de influência entre a qualidade da relação conjugal e o relacionamento pais – filhos. Desta forma, se as relações conjugais apresentam características negativas, seus efeitos transbordam, inundando o sistema familiar e influenciando negativamente os filhos.

> **Você sabia?**
>
> A hipótese *Spillover* salienta o impacto da qualidade conjugal na parentalidade, ou seja, melhores níveis de qualidade e satisfação conjugal levam a uma parentalidade mais positiva, ao passo que o sofrimento conjugal leva ao pior desempenho nos papéis de pais (CARLSON, PILKAUSKAS, MCLANAHAN & BROOKS-GUNN, 2011).

Esse **transbordamento** dos problemas conjugais para o papel e a função de pais se evidencia em práticas educativas parentais inconsistentes e discordantes, que muitas vezes levam à deterioração das relações pais e filhos e modificam substancialmente a qualidade da interação familiar (FINCHAM et al., 1994; GRYCH & FINCHAM, 1990; GOEKE-MOREY, CUMMINGS & PAPP, 2007). O sentimento de proteção e segurança emocional dentro do núcleo familiar, que tem papel fundamental no modo como os filhos vivenciam a vida em família, fica abalado e traz consequências para o ajustamento psicológico das crianças (MOSMANN et al., 2011; HAMEISTER et al., 2015).

As consequências no desenvolvimento infantil desses desajustes conjugais passaram a ser estudadas exaustivamente, decorrentes dos indícios de associações entre problemas conjugais e parentais e problemas emocionais e de comportamento dos filhos (GRYCH & FINCHAM, 1990; DAVIES & CUMMINGS, 1994), principalmente quando esses estão expostos a conflitos muito frequentes, intensos, pobres em resolução e autorreferentes (MOURA & MATOS, 2008).

Grych et al. (1992) sugeriram que a presença de conflitos conjugais permeados por hostilidade e agressividade estaria mais relacionada ao surgimento de problemas de comportamento externalizantes nas crianças (como birras, agressões, agitação), ao passo que os problemas internalizantes (como vergonha, timidez, depressão) resultariam das avaliações das crianças sobre eles, ou seja, da maneira como as crianças interpretavam o conflito, geralmente, centradas em si. Em comum, a certeza de que o conflito conjugal se dá por ser um evento de estresse permanente na vida dos filhos, com caráter altamente destrutivo e prejudicial (GOEKE-MOREY, CUMMINGS & PAPP, 2007).

A capacidade que a criança tem de enfrentar a experiência do conflito familiar de forma mais ou menos satisfatória dependerá de múltiplos fatores, tais como sexo, idade e temperamento/traços de personalidade. Para lidar com tais conflitos, Cummings e Davies (2002) referem que os filhos utilizam estratégias centradas no problema e/ou centradas na emoção. A primeira envolve tentar resolver ou mediar o problema, e a segunda se refere à tentativa de modificação do próprio estado emocional, buscando apoio ou evitando o conflito. Além disso, muitas vezes, os filhos estão exposto a conflitos de lealdade, alianças e triangulações com seus progenitores, tendo que ser confidentes ou apoiadores de um dos pais no processo de discórdia conjugal, o que gera confusão de papéis e sentimentos de culpa, tristeza e vergonha (GRYCH & FINCHAM, 1990; MARGOLIN, GORDIS & JOHN, 2001).

Referindo-se às reações aos conflitos e à **idade dos filhos**, os estudos apontam que, quanto menor a idade, maior a tendência ao envolvimento, tendo a criança vontade de intervir e mediar a discórdia. Os aspectos cognitivos do desenvolvimento infantil explicariam esse comportamento, uma vez que as crianças menores tendem a avaliar a intervenção direta no conflito como efetiva, enquanto as maiores consideram essa atitude ineficaz, ressaltando as diferenças quanto à compreensão e à vivência da experiência conflituosa dos pais e as diferentes formas de envolvimento, ativo ou passivo na resolução do conflito (GOULART et al., 2015).

Já com relação ao **sexo do filho**, a maioria dos estudos é inconsistente, embora alguns se refiram que as meninas se sentem mais ameaçadas, e os meninos, mais culpados pelas brigas dos pais (RICHMOND & STOCKER, 2007). Contudo, com base em uma ampla revisão, Cummings e Davies (2010) alertam que as pesquisas têm encontrado resultados contraditórios em relação ao sexo.

No que concerne ao **temperamento e aos traços de personalidade**, que dizem respeito a tendências individuais de comportamentos, esses vão influenciar o modo como a criança reagirá diante dos conflitos que se apresentam em seu núcleo familiar, o que, por sua vez, também influenciará a responsividade dos pais e dos cuidadores (SANTOS et al., 2010). Crianças com predominância do traço denominado neuroticismo, por exemplo, tendem a ser mais preocupadas e a apresentar forte instabilidade emocional, sendo comum desenvolverem sintomas do tipo internalizantes, tais como ansiedade, depressão, sentimento de culpa, baixa autoestima e timidez. Já nas crianças em que o psicoticismo é o traço predominante, são comuns comportamentos mais hostis, provocativos, desafiadores e pouco empáticos ao que se passa, mesmo com os mais íntimos (BARTHOLOMEU, 2005).

Estudos acerca dos problemas de comportamento em crianças escolares têm encontrado maior prevalência de sintomas do tipo internalizantes, como medo, insegurança, tristeza e sintomas psicossomáticos, em especial entre crianças de 6 e 10 anos de idade (Campezatto & Nunes, 2007; Borsa et al., 2011). Em contrapartida, ao se analisar amostras clínicas nos locais onde há procura por atendimento em saúde mental, há prevalência de sintomas do tipo externalizantes, como agressividade, hiperatividade e impulsividade. Os dados alertam para a necessidade de estudos com essas populações que contemplem a investigação dos sintomas manifestos e latentes, visto que, muitas vezes, os comportamentos internalizantes são comórbidos aos externalizantes e podem estar sendo subidentificados e, consequentemente, não recebendo os devidos cuidado e tratamento (Campezatto & Nunes, 2007).

De forma geral, os resultados de pesquisas realizadas com crianças de diferentes idades e sexos, analisando distintos níveis de interação familiar e com distintas metodologias, indicam que o comportamento dos filhos é afetado não somente pelas relações pais-filhos, mas também de forma contundente pela coparentalidade. Quando os cônjuges falham no suporte um ao outro e expressam aos filhos práticas educativas contraditórias, sem apoio mútuo, permeadas de conflitos e boicotes, os filhos sofrem as consequências de uma prática coparental destrutiva e não solidária (Feiberg, 2003; Dessen & Melchior, 2010; Grzybowski & Wagner, 2010).

> **Você sabia?**
>
> A **coparentalidade** compreende tanto questões objetivas quanto subjetivas relacionadas ao cuidado compartilhado da criança. É definida pelo envolvimento conjunto e recíproco de ambos os pais na educação, na formação e em decisões sobre a vida dos seus filhos (Feinberg, 2003), assim como pela responsabilidade conjunta pelo bem-estar do filho, através da divisão de tarefas domésticas, escolares, cuidados e disciplina (Van Egeren et al., 2004).

Independentemente do tema do conflito conjugal, das estratégias de enfrentamento, das reações e da idade dos filhos, o que fica claro é que eles não estão imunes às discórdias conjugais. Os filhos enxergam, ouvem e participam dos conflitos conjugais, em maior ou menor grau (Wagner & Grzybowski, 2014). Diante dessas reflexões, é importante considerar que o conflito interparental tem efeitos mais duradouros que o divórcio, uma vez que está associado à insegurança, à ansiedade, à depressão (autoculpabilização), à agressividade, à vergonha e à raiva nas crianças, que se mantêm ao longo do desenvolvimento.

A ideia da separação dos pais como benéfica para o ajustamento de crianças expostas a elevados níveis de conflito interparental tem sido cada vez mais apoiada na literatura, considerando que a saúde familiar não é definida por sua configuração, mas por sua dinâmica de funcionamento (SANTOS & COSTA, 2004).

> O **conflito interparental** estaria mais associado ao desajustamento infantil do que à configuração familiar, visto que dele derivariam várias circunstâncias causadoras de problemas (MOURA & MATOS, 2008):
> 1. Mudança na relação dos pais.
> 2. Menor contato com um dos pais.
> 3. Mudanças nas práticas parentais.
> 4. Rejeição parental.
> 5. Mudanças nos hábitos e nas rotinas familiares.

Obviamente, embora certos níveis de conflito façam parte de qualquer sistema familiar, perceber que adultos podem discordar e encontrar maneiras de resolver seus problemas pode vir a ser um aspecto positivo no processo de desenvolvimento psicológico infantil (BELSKY, 1984; BENETTI, 2005; CUMMINGS & DAVIES, 2010). Casais que conseguem ser assertivos, ter boa comunicação, buscar o acordo, ter empatia, respeitar as ideias do outro, tendem a ter filhos que se mostraram mais competentes para resolver os próprios problemas (FELDMAN et al., 2010). Assim como casais que evidenciam satisfação conjugal e são pais e mães companheiros, envolvidos, parceiros, sensíveis, que apoiam e têm bom apego familiar, tendem a ter filhos com maior repertório positivo de enfrentamento das dificuldades (STAPLETON & BRADBURY, 2012).

Considerações finais

Partindo do exposto, é essencial considerar a importância da proteção dos filhos dos conflitos conjugais dos pais. O transbordamento das questões conjugais na forma como pais e mães exercem seu papel evidencia a forte associação entre essas funções dentro da família. É fundamental ter consciência desse fenômeno para identificar possíveis reverberações.

Neste sentido, é de suma relevância saber que o desenvolvimento infanto-juvenil é influenciado fortemente pelo clima familiar. As crianças e os adolescentes são intensamente sensíveis à forma como o casal conjugal e parental se relaciona.

A clareza nos papéis parentais, nas regras e nas fronteiras entre os subsistemas conjugal, parental e filial é essencial para a saúde familiar como um todo. Os pais precisam separar sua vida conjugal, bem como qualificá-la, para estarem mais disponíveis e inteiros na tarefa educativa, participando ativamente da vida dos filhos, aliando afeto e disciplina, por meio do cuidado, do provimento, do amor e da educação. Para tanto, são necessárias, muitas vezes, intervenções psicossociais promotoras e preventivas de saúde com casais e pais, para romper com ciclos patológicos de repetição e buscar favorecer que os pais se tornem modelo de identificação saudável, íntegro e ético para as futuras gerações.

Referências

BARROSO, R.; MACHADO C. Definições, dimensões e determinantes da parentalidade. **Psychologica**, v. 52, n. 1, p. 211-229, 2010.

BARTHOLOMEU, D. Traços de personalidade e características emocionais de crianças. **Revista de Psicologia da Vetor Editora**, v. 6, n. 2, p. 11-21, 2005.

BELSKY, J. The determinants of parenting: A process model. **Child Development**, v. 55, p. 83-96, 1984.

BENETTI, S. Conflito Conjugal: Impacto no Desenvolvimento Psicológico da Criança e do Adolescente. **Psicologia: Reflexão e Crítica**, v. 19, n. 2, p. 261-268, 2005.

BORSA, J. C.; SOUZA, D. S; BANDEIRA, D. R. Prevalência dos problemas de comportamento em uma amostra de crianças do Rio Grande do Sul. **Psicologia: Teoria e Prática**, v. 13, n. 2, p. 15-29, 2011.

BRONFENBRENNER, U. **A Ecologia do Desenvolvimento Humano: Experimentos Naturais e Planejados**. Porto Alegre: Artes Médicas, 1996.

CAMPEZATTO, P. V.M., NUNES, M.L.T. Caracterização da clientela das clínicas-escola de cursos de Psicologia da região metropolitana de Porto Alegre. **Psicologia Reflexão e Crítica**, v. 20, n. 3, p. 376-388, 2007.

CARLSON, M. J. et al. Couples as Partners and Parents over Children's Early Years. **Journal of Marriage and the Family**, v. 73, n. 2, p. 317-334, 2011. doi.org/10.1111/j.1741-3737.2010.00809.x

CUMMINGS, E. M.; DAVIES, P. T. Effects of marital discord on children: Recent advances and emerging themes in process-oriented research. **Journal of Child Psychology and Psychiatry**, v. 43, p. 31-63, 2002.

CUMMINGS, E. M.; DAVIES, P. T. **Marital conflict and children: An emotional security perspective**. New York and London: The Guilford Press, 2010.

CRUZ, Q. S.; MOSMANN, C. P. Da conjugalidade à parentalidade: vivências em contexto de gestação planejada. **Aletheia**, v. 47-48, p. 22-34, 2015.

DAVIES, P. T.; CUMMINGS, E. M. Marital conflict and child adjustment: An emotional security hypothesis. **Psychological Bulletin**, v. 116, n. 3, p. 387-411, 1994.

DESSEN, M.A.; RADIMOS, P.C.C. Crianças pré-escolares e suas concepções de família. **Paidéia**, v. 20, n. 47, p. 345-357, 2010.

ESCHILETTI PRATI, L; KOLLER, S. H. Relacionamento conjugal e transição para a coparentalidade: perspectiva da psicologia positiva. **Psicologia Clínica**, v. 23, n. 1, p. 103-118, 2011.

EREL, O.; BURMAN, B. Interrelatedness of marital relations and parent-child relations: a meta-analytic review. **Psychological Bulletin**, v. 118, n. 1, p. 108-132, 1995.

FEINBERG, M. The internal structure and ecological context of coparenting: a framework for research and intervention. **Parenting**, v. 3, p. 85-131, 2003.

FÉRES-CARNEIRO, T. Casamento contemporâneo: o difícil convívio da individualidade com a conjugalidade. **Psicologia: Reflexão e Crítica**, v. 11, n. 2, p. 379-394, 1998. doi: dx.doi.org/10.1590/S0102-79721998000200014

FINCHAM F.D.; GRYCH J.H.; OSBORNE L.N. Does marital conflict cause child maladjustment? Directions and challenges for longitudinal research. **Journal of Family Psychology**, v. 8, n. 2, p. 128-140, 1994.

GOEKE-MOREY; CUMMINGS; PAPP. Children and marital conflict resolution: implications for emotional security and adjustment. **Journal of Family Psychology**, v. 21, n. 4, p. 744-753, 2007.

GOMES, I. C.; PAIVA, M. L. Casamento e família no século XXI: possibilidade de holding? **Psicologia em Estudo**, v. 8 (spe), p. 3-9, 2003. doi: dx.doi.org/10.1590/S1413-73722003000300002

GOULART, V.R et al. Repercussões do Conflito Conjugal para o Ajustamento de Crianças e Adolescentes: Um Estudo Teórico. **Interação Psicologia**, Curitiba, v. 19, n. 1, p. 147-159, 2015.

GRIZÓLIO, T. C; SCORSOLINI-COMIN, F; SANTOS, M. A. A percepção da parentalidade de cônjuges engajados em casamentos de longa duração. **Rev. Psicologia em Estudo**, v. 20, n. 4, p. 663-674, 2015.

GRYCH, J. H.; FINCHAM, F. D. Marital conflict and children's adjustment: A cognitive-contextual framework. **Psychological Bulletin**, v. 108, n. 2, p. 267-290, 1990.

GRZYBOWSKI, L. S.; WAGNER, A. Casa do pai, casa da mãe: a coparentalidade após o divórcio. **Psicologia: Teoria e Pesquisa**, v. 26, p. 77-87, 2010.

HAMEISTER, B.R.; BARBOSA, P.V.; WAGNER, A. Conjugalidade e parentalidade: uma revisão sistemática do efeito Spillover. **Arquivos Brasileiros de Psicologia**, v. 67, v. 2, p. 140-155, 2015.

HAMEISTER, B. R.; GRZYBOWSKI, L. S.; WAGNER, A. As repercussões nos filhos dos conflitos conjugais dos pais. In: WAGNER, A.; MOSSMANN, C.; FALCKE, D. **Viver a Dois: Oportunidades e Desafios da Conjugalidade**. São Leopoldo: Sinodal, 2015.

HAUCK, S. et al. Adaptação transcultural para o português brasileiro do Parental Bonding Instrument (PBI). **Revista de Psiquiatria do Rio Grande do Sul**, v. 28, n. 2, p. 162-168, 2006.

HINTZ, H.C.; BAGINSKI, P. H. Vínculo Conjugal e Parentalidade. **Revista Brasileira de Terapia de Família**, v. 4, n. 1, p. 10-22, 2012.

HOUZEL, D. As implicações da parentalidade. In: SOLIS-PONTON, L. **Ser pai, ser mãe. Parentalidade: um desafio para o terceiro milênio**. São Paulo: Casa do Psicólogo, 2004.

MARGOLIN, G.; GORDIS, E. B.; JOHN, R. S. Coparenting: A link between marital conflict and parenting in twoparent families. **Journal of Family Psychology**, v. 15, p. 3-21, 2001.

MATOS, M. B. et al. Eventos estressores na família e indicativos de problemas de saúde mental em crianças com idade escolar. **Ciência & Saúde Coletiva**, v. 20, n. 7, p. 2157-2163, 2015.

MENEZES, C. C.; LOPES, R. de C. S. Relação conjugal na transição para a parentalidade: gestação até dezoito meses do bebê. **PsicoUSF**, v.12, n. 1, p. 83-93, 2007.

MINUCHIN, S. **Famílias: Funcionamento e Tratamento**. Porto Alegre: Artes Médicas.1982.

MOSMANN, C. P.; ZORDAN, E. P.; WAGNER, A. A qualidade conjugal como fator de proteção do ambiente familiar. In: WAGNER, A. **Desafios psicossociais da família contemporânea: pesquisas e reflexões**. Porto Alegre: Artmed. 2011. p. 58-71.

MOURA & MATOS. 2008

MOURA, C. B. et al. Caracterização da clientela pré-escolar de uma clínica-escola brasileira a partir do Child Behavior Checklist (CBCL). **Contextos Clínicos**, v. 1, n. 1, p. 1-8, 2008.

PEREIRA, D.; ALARCÃO, M. Avaliação da parentalidade no quadro da proteção à infância. **Temas em Psicologia**, v. 18, n. 2, p. 499-513, 2010.

RICHMOND, M. K.; STOCKER, C. M. Changes in children's appraisals of marital discord from childhood through adolescence. **Journal of Family Psychology**, v. 21, n. 3, p. 416-425, 2007.

SANTOS, B. C. A. et al. Características emocionais e traços de personalidade em crianças institucionalizadas e não institucionalizadas. **Boletim de Psicologia**, v. 60, n. 133, p. 139-152, 2010.

SANTOS, L. V.; COSTA, L. F. A. Avaliação da dinâmica conjugal violenta e suas repercussões sobre os filhos. **Psicologia: Teoria e Prática**, v. 6, n. 1, p. 59-72, 2004.

WAGNER, A.; GRZYBOWSKI, L. S. Como os filhos percebem o relacionamento conjugal de seus pais? In: ARPINI, D. M.; CÚNICO, S. D. **Novos olhares sobre a família: aspectos psicológicos, sociais e jurídicos**. Curitiba: CRV. 2014.

CAPÍTULO 5
Implicações do divórcio no ajustamento de crianças e adolescentes

Angela Helena Marin
Clarisse Pereira Mosmann

O divórcio conjugal é um fenômeno mundial que apresenta similaridades ao redor do mundo, apesar de algumas características idiossincráticas em cada país. As pesquisas sobre a dissolução conjugal tiveram início da década de sessenta do século passado, quando ocorreu o chamado "boom do divórcio" nos Estados Unidos, com índices considerados alarmantes, que geraram uma série de profecias sobre o fim da família. Cinco décadas depois, é consenso no meio científico que a família permanecerá existindo, entretanto, com significativas transformações em relação ao modelo tradicional vigente até a metade do século passado (AMATO, 2014).

Dentre os fatores que contribuíram para essas mudanças, podemos apontar diversas variáveis socioeconômico-culturais, que, através de muitas transformações ao longo do tempo, constituem hoje um cenário familiar multifacetado. As pessoas passaram a aceitar diferentes escolhas individuais e relacionais, como, por exemplo, não casar, viver em coabitação, não ter filhos, união entre pessoas do mesmo sexo, separar-se e recasar (WAGNER & MOSMANN, 2009; ZORDAN, WAGNER, MOSMANN, 2012). Há hoje em dia uma coexistência de modelos mais tradicionais de famílias e outros menos conservadores.

> **Curiosidade**
>
> Os termos **divórcio** e **separação**, embora tenham semelhanças, referem-se a processos diferentes no Brasil. Na **separação**, mesmo que separados de corpos, ainda subsiste o vínculo matrimonial; já o **divórcio** promove a cessação definitiva do casamento e, assim, põe termo aos deveres instituídos (BRASIL, 2002). Muitos juristas têm afirmado que não há mais processo de separação judicial, já que a lei atual não exige o cumprimento desse requisito para a decretação do divórcio, mas ainda existem nos Tribunais e nas Varas de Família do país muitos processos desse tipo. Diante do exposto, neste capítulo, o termo utilizado será **divórcio**, acompanhando a atualização da lei brasileira.

Nesse panorama, o divórcio é atualmente visto como um fenômeno permanente, com taxas anuais em crescimento constante nos Estados Unidos, na Europa e no Brasil. Nesses países, houve um movimento de aumento progressivo entre as décadas de sessenta até a de oitenta do século passado. Após esse período, o crescimento foi menos significativo; entretanto, em todos os países, as taxas de 2010 são significativamente superiores às de 1960. Isso denota que não houve aumento expressivo nos índices de divórcio ou separação, mas também não houve diminuição. Essa realidade levou pesquisadores da área a deixar de considerar o divórcio como um evento não normativo do ciclo vital e incluí-lo como algo esperado no ciclo de vida familiar. Apesar de não haver consenso sobre essa perspectiva, aceita-se que o divórcio é um evento frequente, independentemente do país e do nível socioeconômico das famílias (McGoldrick & Shibusawa, 2016, Ríos-González, 2005).

No Brasil, a Lei do Divórcio, datada de 26 de dezembro de 1977, representa um marco importante que repercutiu em aumento da oficialização dos casos de separação (Brasil, 1977). Em 1984, foram contabilizados 30,8 mil divórcios, e, dez anos após, o número subiu para 94,1 mil casos, representando um acréscimo de 205,1%. Com a nova lei, aprovada em 2010, avançou-se no sentido de não ser mais necessária a alegação de causas ou motivos, extinguindo o instituto da separação e suprimindo prazos (Brasil, 2010). Na avaliação do Instituo Brasileiro de Geografia e Estatística (IBGE), a elevação sucessiva, ao longo dos anos, do número de divórcios concedidos revela "uma gradual mudança de comportamento da sociedade brasileira, que passou a aceitá-lo com maior naturalidade e a acessar os serviços de Justiça de modo a formalizar a dissolução dos casamentos". Também reflete o aumento da agilidade do processo e a sua democratização, em que qualquer casal pode formalizar sua separação em um cartório, sem a necessidade de advogados.

> **Você sabia?**
>
> No período entre 1984 e 2014, constatou-se a redução na duração dos casamentos, de 19 para 15 anos (tempo médio transcorrido entre a data do casamento e a da sentença de divórcio ou a da escritura de divórcio). Contudo, no Rio Grande do Sul, o tempo de duração do casamento é o maior do país e corresponde, em média, a 18 anos. Fonte: Estatísticas do Registro Civil – IBGE.

Entretanto, o caráter cada vez mais corriqueiro que vem assumindo os divórcios não implica menor repercussão emocional decorrente do fim das união. Sabe-se que não somente os cônjuges sofrem com esses processos, mas também os filhos e as famílias extensas se deparam com um processo doloroso que demanda uma reorganização de todo o sistema familiar (ZORDAN et al., 2012). Tal questão se torna relevante perante as Estatísticas do Registro Civil, que, ao avaliar os divórcios por tipo de arranjo familiar em 2015, apontou que, para todas as grandes regiões, a maior proporção das dissoluções ocorreu em famílias somente com filhos menores de idade.

Nesse sentido, atualmente se compreende o divórcio conjugal como um processo multifatorial, que tem repercussão pessoal, familiar e contextual. De modo especial, a repercussão para a vida dos filhos será o foco deste capítulo. Serão abordados os impactos do divórcio para seu desenvolvimento, particularmente o ajustamento emocional e escolar, bem como os desafios da coparentalidade após o divórcio e a possível violência vinculada a esse processo, especialmente a alienação parental.

Divórcio e ajustamento de crianças e adolescentes

O divórcio conjugal será entendido com base em uma perspectiva sistêmica, assinalando que a situação deve ser vista como um processo com implicação para todos os membros da família. Nesse sentido, alguns autores se preocuparam em entender as diferentes etapas que o processo compreende. Por exemplo, Ahrons (1980) indicou a vivência de cinco etapas, que costumam não ocorrer de forma sequenciada, podendo até se repetir ao longo do tempo. A primeira delas seria quando um dos cônjuges começa a pensar em divórcio e passa a se afastar emocionalmente. A autora indica que normalmente o parceiro que iniciou o processo de separação tem um sentimento de culpa, especialmente se o outro não concorda com a decisão. A segunda etapa ocorre quando a família ampliada é informada da separação. Na terceira etapa, quando a separação de fato é efetivada, há um período de maior vulnerabilidade emocional graças à ambivalência de sentimentos comumente presentes por causa do ressentimento e da raiva, mas também do apego que permanece entre os cônjuges. A quarta etapa, por sua vez, configura-se pelo estabelecimento de novas formas de relacionamento, quando é preciso manter a relação parental sem a coexistência da conjugal. Esse momento pode ser dificultado quando a manutenção do casal parental é usada por um dos cônjuges como forma de manter o vínculo conjugal. Por fim, na quinta etapa, espera-se que o sistema familiar esteja reorganizado, possibilitando um relacionamento continuado e cooperativo entre pais e filhos.

> Estudos indicam que, na maioria dos casos, a decisão de separar não é mútua, sendo mais tomada pelas mulheres do que pelos homens (Féres-Carneiro, 2003; Rosenfeld, 2017).

De modo semelhante, mas simplificado, Nazareth (2004) indicou que o divórcio conjugal passa por três fases distintas: fase aguda, fase transitória e fase de ajuste. A fase aguda se caracteriza pela insatisfação perante o cônjuge, sendo uma fase marcada por sentimentos ambivalentes e insegurança. A fase transitória diz respeito à efetivação da separação, quando são necessários reajustes quanto aos papéis familiares. A última fase se refere à elaboração das mágoas, bem como à criação de outros projetos de vida.

Desde a década de 1960, pesquisadores da área de família norte-americanos, diante do "boom de divórcios", mobilizaram-se indicando a necessidade da realização de estudos com esses núcleos, visando a compreender as possíveis repercussões desse evento para os envolvidos, em especial, o ajustamento dos filhos. O divórcio passou a ser considerado como um processo complexo de transição que envolvia componentes emocionais, legais, econômicos, parentais e sociais (Homem, Canavarro & Pereira, 2009), que pode comportar diversos desfechos.

> **Você sabia?**
>
> Que o conceito de ajustamento infantil e adolescente pode ser entendido como o desenvolvimento de respostas adaptativas e/ou desadaptativas decorrentes da vivência de eventos estressores, como é considerado o divórcio parental. No Manual Diagnóstico e Estatístico de Transtornos Mentais (DSM-5), há referência ao ajustamento na categoria Transtornos de Adaptação, que se caracterizam pelo desenvolvimento de sintomas emocionais ou comportamentais em resposta a um ou mais estressores psicossociais identificáveis (APA, 2014).

Inicialmente, o estudo dos efeitos do divórcio fora conceitualizado como um desvio à normalidade (Blechman, 1982; Levitin, 1979). Buscava-se relacionar esse evento familiar com consequências negativas para o ajustamento de crianças/adolescentes e para o seu desenvolvimento psicológico por meio de amostras clínicas. Tal modelo foi caracterizado como modelo patogênico. O termo *patogênico* se refere ao que pode produzir dano ou doença.

Os resultados das pesquisas que se fundamentaram no modelo patogênico são homogêneos ao apontar os efeitos deletérios do divórcio na saúde mental dos filhos. Há impactos no ajustamento emocional, social, no desempenho acadêmico e no bem-estar (AMATO, 2001; KELLY & EMERY, 2003). Muitos estudos foram realizados, ao longo de décadas nos Estados Unidos e também no Brasil, comparando o desenvolvimento de crianças com pais separados com o daqueles com pais que permaneceram casados. Os filhos de pais separados costumavam ter menor desempenho acadêmico, social e de bem-estar (AMATO & ANTHONY, 2014; LEME & MARTURANO, 2014).

À medida que começaram a ser utilizadas amostras não clínicas, o modelo patogênico foi abandonado, e as consequências do divórcio passaram a ser regidas pela compreensão dos modelos de estresse e modelos desenvolvimentais. Assim, reconheceu-se que, embora a maioria das crianças vivencie um período de crise quando os pais se divorciam, em longo prazo os seus efeitos são diferentes em relação à magnitude e à duração para cada criança/adolescente (HETHERINGTON, COX & COX, 1982). Afirmou-se que havia grande diversidade nas respostas das crianças/adolescentes ao conflito existente entre os pais e a situação de divórcio que dependiam das experiências anteriores e posteriores ao acontecimento, como, por exemplo, a presença de novo cônjuge, suporte da família extensa e funcionamento familiar (HETHERINGTON, 2003).

Atualmente, pesquisadores da área concordam ao afirmar que não é o divórcio em si que afeta o desenvolvimento infantil/adolescente, mas sim todos os processos pessoais, familiares e contextuais afetados pelo evento (AMATO & ANTHONY, 2014). Esse reconhecimento de que o divórcio faz parte de uma cadeia de transição e experiências familiares tem tido grande influência sobre os modelos teóricos que procuram explicar a forma como as crianças/adolescentes se adaptam à situação de divórcio parental (HOMEM et al., 2009).

Quando uma família se separa, cada progenitor enfrenta a situação à sua maneira, podendo haver maior ou menor impacto em sua saúde mental e, em consequência, em sua disponibilidade para os filhos. Pode haver repercussão financeira, mudança de residência, mudança na relação com as famílias extensas e com amigos em comum. Todas essas variáveis articuladas vão desenhar o panorama de cada família no momento do divórcio. Assim, em alguns núcleos, as transformações serão mais drásticas e poderão impactar mais significativamente às crianças/adolescentes do que nos demais membros da família.

Além disso, há que se considerar que a ocorrência do divórcio, muitas vezes, é resultado de um processo longo que vem afetando a conjugalidade, repercutindo no ambiente familiar, na coparentalidade e na parentalidade e, consequentemente, no comportamento dos filhos. Por isso, muitos profissionais da área ressaltam que é melhor o divórcio do que a manutenção de um casamento marcado por altos níveis de conflito conjugal que configuram ambientes familiares nocivos a todos os membros, em especial às crianças/adolescentes (Mosmann, Zordan & Wagner, 2011).

Isso porque o conflito conjugal está associado a maiores níveis de ansiedade, depressão e estresse parental, diminuindo consequentemente a efetividade dos pais, podendo levar a uma ampla gama de resultados nocivos para as crianças, incluindo níveis mais elevados de depressão, ansiedade e problemas de externalização, competência e níveis mais baixos de autoestima e desempenho escolar e social (Hetherington, 1999).

Alguns estudos têm demonstrado que as práticas parentais são particularmente críticas e suscetíveis de explicar os efeitos do divórcio. Para Amato e Cheadle (2005), a qualidade da parentalidade é um dos melhores preditores do bem-estar social e emocional da criança.

Outro fator a ser considerado diz respeito ao sexo da criança. Ainda que alguns autores atribuam maior vulnerabilidade ao sexo masculino (Hetherington & Stanley-Hagan, 1999), outros explicam essa diferença com base na sintomatologia que as crianças geralmente manifestam, com as meninas sendo propensas a desenvolver mais problemas de comportamento (Størksen, Røysamb, Holmen & Tambs, 2006). Uma possível explicação para tal constatação é que as meninas parecem necessitar de maior proximidade emocional e encontram-se mais dependentes do relacionamento com os pais, além de serem mais sensíveis ao conflito entre eles (Moura & Matos, 2008). Amato e Afifi (2006) também verificaram que os pais, durante os conflitos, tendem a pressionar mais as meninas para que se posicionem a favor ou contra um deles, o que as torna mais sensíveis aos conflitos interparentais quando comparadas aos meninos.

A idade que o filho apresenta quando do momento do divórcio também tem se mostrado importante, podendo ter impactos diferentes consoantes ao seu estágio desenvolvimental. Raposo et al. (2011) indicaram que, quanto mais elevado e integrado o nível de desenvolvimento da criança, melhores os índices de adaptação ao divórcio dos pais. Por outro lado, estudos como o de Kelly e Emery (2003) assinalaram que crianças em idade pré-escolar tendem a ter maiores problemas em relação às mais velhas, por não terem maturidade para compreender as mudanças e os conflitos inerentes ao divórcio. A imaturidade da sua estrutura cognitivo-emocional faz com que sejam menos capazes de avaliar as causas do divórcio e suas consequências, podendo se culpabilizar pela ruptura entre os pais, ao que se alia a menor competência para conseguir o suporte necessário à diminuição do seu nível de aflição.

Todas essas questões ainda estão associadas à escola, uma vez que esse é um importante contexto de desenvolvimento e interação de crianças e adolescentes, onde muitos passam grande parte de seu tempo. Estudos têm mostrado que os filhos de pais separados revelam diminuição da motivação e de rendimento escolar (Sun & Li, 2001, 2009). Isso ocorre porque elas teriam maior dificuldade em concentrar-se em tarefas com maior nível de complexidade, pior resultado acadêmico em algumas disciplinas e menor responsabilidade no seu envolvimento com a escola (Nunes-Costa, Lamela & Figueiredo, 2009).

> A relação entre a família e a escola, que se caracteriza como próxima e positiva, é importante porque favorece melhor aprendizado e desenvolvimento da criança/adolescente (Acuña-Collado, 2016; Dessen & Polônia, 2007; Souza, 2017).

Em razão de o divórcio propiciar que a discussão de assuntos escolares e o acompanhamento do estudo dos filhos fiquem preponderantemente sob a responsabilidade do progenitor detentor da guarda, acredita-se que um dos principais fatores que explica os piores resultados acadêmicos é o menor envolvimento dos pais na vida escolar dos filhos (Bertram, 2006; Nunes-Costa et al., 2009). O divórcio acarreta uma nova estruturação familiar, e, muitas vezes, faz-se necessário o aumento das horas de trabalho dos pais para acrescer os rendimentos financeiros, restringindo seu envolvimento com as atividades escolares dos filhos (Nunes-Costa et al., 2009). Ainda, em casos de guarda compartilhada, a organização da vida escolar pode ficar comprometida. É necessário um diálogo diário dos pais sobre a realização das tarefas escolares, do material necessário e do acompanhamento dos filhos nessas realizações. Quando a dupla parental tem conflitos e dificuldades de comunicação, a vida escolar dos filhos tende a ser mais um tópico de desavenças, o que pode se expressar em prejuízos no desempenho acadêmico deles.

Portanto, chega-se à conclusão de que o divórcio pode acarretar dificuldades no desenvolvimento de crianças/adolescentes, mas que essas são, na maioria das vezes, transitórias, cujas magnitude e extensão no tempo dependem de outras circunstâncias (Raposo et al., 2011). Dentre essas circunstâncias, Amato e Keith (1991) indicaram a presença de cinco fatores associados ao pior ajustamento da criança ao divórcio dos pais: 1) dificuldades da criança (como o temperamento, idade e sexo); 2) diminuição da segurança financeira no período que segue a dissolução conjugal; 3) quadros psicopatológicos nos pais, com especial relevância para a depressão; 4) coparentalidade conflituosa; e 5) intensidade, tonalidade e frequência do conflito interparental antes e após a separação.

> Pesquisas indicam que a maioria das crianças/adolescentes diminui os resultados desenvolvimentais (ajustamentos emocional, social e acadêmico) nos dois anos seguintes à dissolução do casamento (Hetherington & Kelly, 2002).

Essas evidências são extremamente importantes, uma vez que retiram do divórcio o estigma da repercussão negativa e apontam as intersecções entre essas muitas variáveis. Tal conhecimento permite potencializar as idiossincrasias protetivas de cada núcleo, assim como buscar minimizar os fatores de risco. Em síntese, atualmente os pesquisadores centram-se mais na procura de modelos e processos que expliquem como o divórcio pode afetar o ajustamento da criança, em vez de compararem resultados entre crianças de famílias divorciadas e outras configurações, como as intactas (Raposo et al., 2011).

Dessa forma, acredita-se que, dependendo do nível de ajustamento psicológico dos pais e das dimensões da parentalidade positiva (Hetherington & Kelly, 2002; Nunes-Costa et al., 2009), o divórcio possa até contribuir para o aumento de bem-estar subjetivo de pais e crianças, bem como para a diminuição da psicopatologia e o aumento da qualidade das relações parentais e coparentais (Krumrei, Mahoney & Pargament, 2011; Luhmann, Hofman, Eid & Lucas, 2012; Yarnoz-Yaben & Comino, 2010). A explicação é que a vivência de uma relação conjugal com baixos níveis de satisfação se expressa individualmente nos pais, impactando em seu bem-estar, mas também em todo o ambiente familiar e especialmente nos filhos. Assim, mesmo com todo o sofrimento de um evento como o divórcio, passado o momento inicial de crise, a melhora na qualidade de vida dos pais, por não vivenciar mais uma conjugalidade com baixos níveis de satisfação, repercutirá positivamente em toda a família (Mosmann, Zordan & Wagner, 2011).

É importante ressaltar que as características do processo de divórcio costumam ser coerentes com a dinâmica familiar já estabelecida. Considerando que o conflito é inerente a todas as relações, famílias em que os pais utilizam, predominantemente, estratégias positivas de resolução de conflitos tendem a apresentar uma coparentalidade cooperativa e uma parentalidade marcada por práticas mais responsivas com os filhos (Mosmann, Costa, Einsfeld, Silva & Koch, no prelo). Esse funcionamento vai se repetir também no momento do divórcio. Assim, mesmo perante os estressores do evento, a maneira como os progenitores vão lidar com esse processo é que determinará se ele vai se desenrolar com maiores ou menores níveis de funcionalidade (Gómez-Ortiz, Martín & Ortega-Ruiz, 2017; Warpechowski & Mosmann, 2012).

Nesse sentido, faz-se necessário considerar todo o panorama familiar ao buscar compreender o comportamento de uma criança que está vivenciando uma separação. Como a mãe e o pai estão enfrentando a situação, eles contam com recursos pessoais, familiares, de rede de apoio? Algum deles está sofrendo com sintomas psiquiátricos por causa do divórcio, como, por exemplo, está deprimido? A família está enfrentando dificuldades financeiras após o divórcio, a criança precisou mudar-se de casa, ou até de cidade? Um dos pais já tem um novo parceiro, talvez que também já tenha filhos? Essas perguntas devem permear a avaliação de um profissional da área e também dos professores que convivem com a criança. Além disso, devem-se considerar as características de cada criança, seu estágio do desenvolvimento, assim como o de seus pais.

> **Dica!**
>
> A comunicação familiar adquire ainda mais importância em um momento de crise como o divórcio. Os pais tendem a considerar que os filhos não sabem tudo o que ocorre entre o casal porque não presenciarem todas as interações. Entretanto, os filhos percebem o clima emocional familiar, embora nem sempre usem comunicação verbal para expressar-se. Por isso, é fundamental que os pais comuniquem aos filhos a crise que estão vivenciando e o que significa o divórcio, sempre reforçando que a separação é do casal, e não do par parental.

Legislação, guarda dos filhos e coparentalidade pós-divórcio

A legislação relativa ao divórcio e à guarda dos filhos sofreu alterações no Brasil, ao longo do tempo. Isso porque o Direito acompanha os costumes, e, para adaptar-se às mudanças da sociedade que impactaram nas relações familiares, as leis também sofreram transformações. A Lei do Divórcio (nº 6.515), datada de 28 de junho de 1977, entretanto nesse momento não havia ainda dado tratamento isonômico a homens e mulheres, o que ocorreu somente na Constituição Federal de 1988. Essa distinção entre homens e mulheres fez com que historicamente a guarda dos filhos ficasse a cargo da mãe no momento do divórcio, já que culturalmente se atribuía à mulher melhores condições de cuidar da prole. Essa circunstância fez com que até que a nova lei da Guarda Compartilhada fosse promulgada em 2014, segundo o IBGE em 2013, 86,7% das guardas foram concedidas às mães. Configurava-se uma situação de guarda unilateral materna, que culminava com o afastamento do pai de suas funções de cuidado e atenção, ficando sua atuação restrita, muitas vezes, ao pagamento de pensão alimentícia.

Estudos nacionais (SGAZERLA & LEVANDOWSKI, 2010; CÚNICO & ARPINI, 2013) indicam uma série de repercussões negativas para os filhos decorrentes da guarda unilateral materna. Entretanto, antes de passarmos a analisar tais repercussões, é importante conceituar os tipos de guarda existentes e suas possibilidades legais.

A guarda é uma das mais importantes atribuições do poder ou função familiar. É definida pela convivência de uma criança ou adolescente em uma residência na presença de um adulto, que se torna responsável por garantir as suas necessidades materiais, de cuidado e educação. É sinônimo de proteção conferido aos pais ou a terceiros para que propiciem o desenvolvimento dos filhos, representando tanto a convivência afetiva, como o dever de assistência para a sobrevivência física, moral e psíquica deles (CANEZIN, 2005; SANTOS, 2012; MACHADO, 2015). Na legislação civil brasileira, consideram-se como modalidades de guarda a unilateral e a guarda compartilhada, tendo também reconhecidos na doutrina os modelos de guarda alternada e a nidação. Cada uma dessas modalidades será abordada na sequência.

A guarda unilateral é atribuída a somente um dos pais, isto é, àquele que apresentar melhores condições para exercer o cuidado com os filhos. Cabe salientar que a expressão "melhores condições" está relacionada aos aspectos afetivos que envolvem as relações do progenitor com o grupo familiar, assim como: saúde, segurança e educação (BRASIL, 2002); não sendo fatores decisivos as condições econômicas dos pais, evitando beneficiar o pai ou a mãe que apresente melhores condições financeiras, fazendo com que aspectos econômicos não se sobressaiam em detrimento dos demais (ROSA, 2015).

A guarda alternada caracteriza-se pela alternância da guarda dos filhos entre o pai e a mãe, por determinados períodos de tempos predeterminados, que poderá ser semanal, quinzenal, mensal ou conforme acordo realizado (ALVARENGA & CLARISMAR, 2015). Ambos os pais possuem direitos e deveres com relação à criança e tomam decisões sobre seus interesses, ou seja, durante o período de tempo em que estão com os filhos, os pais detêm de forma exclusiva os poderes-deveres que integram o poder parental; ao término do período, os papéis invertem-se (MOREIRA, 2014; ROSA, 2015).

Além dos dois tipos de guardas descritos, há a modalidade chamada nidação. Essa expressão vem do latim "nidus", que significa ninho e com isso traz o sentido de que os filhos deveriam permanecer em seu ninho, e quem se reveza seriam os pais. Em outras palavras, trata-se de um modelo menos usual, no qual os pais se revezam, mudando para a casa onde vivem os filhos, em períodos alternados de tempo (MOREIRA, 2014; ROSA, 2015).

Por fim, temos a guarda compartilhada ou conjunta, que consiste na divisão igualitária de responsabilidades entre os pais, para que eles possam compartilhar as obrigações pelas decisões relativas aos filhos, quando estão separados (CANEZIN, 2005; MOREIRA, 2014). A guarda compartilhada pressupõe que não há um progenitor com melhores condições para deter a guarda dos filhos, para se pensar em uma atuação que auxilie os pais no compartilhamento da guarda de filhos comuns (MARTINS & TORRACA, 2011). Afirma-se, portanto, a importância de ambos os pais estarem presentes e participativos na educação dos filhos.

Estudos nacionais e internacionais apontam que essa modalidade de guarda parte do reconhecimento da importância de manter o exercício da parentalidade após a ruptura conjugal, dando continuidade à relação de afeto entre pais e filhos, evitando, assim, disputas que poderiam afetar o pleno desenvolvimento da criança e dos adolescentes (ORELLANA, VALLEJO & VALLEJO, 2004; BRITO & GONSALVES, 2013; LEHMANN, 2013; COSTA, 2014; MOREIRA, 2014; GONZÁLEZ, 2014). Dessa forma, e visando ao princípio de melhor interesse da criança, em 2014 foi promulgada no Brasil a Lei nº 13.058, que, diferentemente da Lei de 2008, que definia a guarda compartilhada, tornou-a uma obrigatoriedade no Brasil. Essa mudança é extremamente importante, uma vez que visa a diminuir a unilateralidade da guarda, que costumava ser assumida pela mãe, e culminava em repercussões importantes, especialmente no exercício da coparentalidade pós-divórcio.

O termo *coparentalidade*, também denominado de *aliança parental*, refere-se ao par de cuidadores, suas interações acerca dos aspectos relacionados à criança, às comunicações verbais e não verbais sobre assuntos da parentalidade. Esse constructo difere do relacionamento conjugal, visto que não contempla os aspectos legais, românticos, sexuais, emocionais e/ou financeiros da relação conjugal, os quais não têm relação com os cuidados da criança (FEINBERG, 2003), assim como é distinto da parentalidade, pois não se restringe aos estilos e às práticas educativas do pai e da mãe em relação aos filhos (MCHALE, KHAZAN, ERERA, ROTMAN, DECOURCEY & MCCONNELL, 2002; MCHALE, KUERSTEN-HOGAN, LAURETTI & TALBOT, 2001).

Fica evidente, então, a importância da coparentalidade pós-divórcio, já que, mesmo ela sendo na teoria um conceito diferente da conjugalidade e da parentalidade, esses três subsistemas familiares estão interconectados. Ou seja, as interações estabelecidas entre o casal têm consequências que transbordam e atingem a coparentalidade e a relação pais-filhos (GERARD, KRISHNAKUMAR & BUEHLER, 2006; KACZYNSKI, LINDAHL, MALIK & LAURENCEAU, 2006). Assim, muitos casais com conflitos conjugais transferem essas dificuldades para a coparentalidade e, ao invés de trabalhar de forma cooperativa, travam uma batalha interminável, no que concerne ao compartilhamento das funções parentais (MCHALE & ROTMAN, 2007; FEINBERG, 2003). Nesses núcleos, essa dinâmica de funcionamento tende a permanecer; mesmo com o fim do casamento, muitos casais seguem mantendo um relacionamento conflituoso após o término da relação conjugal, por meio da coparentalidade.

Definindo conceitos		
Conjugalidade	Coparentalidade	Parentalidade
Relação entre o casal, inclui aspectos legais, românticos, sexuais, emocionais e financeiros.	Relação entre o par de cuidadores. Coordenação de dois adultos no cuidado e no desenvolvimento de uma criança.	Relação entre cada cuidador e seu filho. Estilos e práticas educativas do pai e da mãe em relação aos filhos.

Os filhos, que já estão sofrendo com a separação em si, muitas vezes são utilizados como "pontes" de comunicação ou de brigas entre os pais. Esse movimento, chamado de triangulação, foi classicamente descrito por Minuchin (1990), que apontou a ocorrência de uma divisão na coparentalidade, forçando a criança a estabelecer uma coalizão com um dos progenitores, ficando "contra" o outro e sendo obrigada a "tomar um partido" nessa relação coparental conflituosa (MINUCHIN, NICHOLS & LEE, 2009). É importante ressaltar que existem níveis de triangulação; essa está vinculada ao grau de conflito existente entre os pais e à não efetividade na resolução deles, quanto mais divididos e distantes estão o par coparental, mais espaço existe para a entrada da criança nessa dinâmica (MACHADO, 2016; DEPEURSINGE, LOPES, PYTHON & FAVEZ, 2009).

No já complexo e desafiador contexto do divórcio, vislumbra-se o risco que correm os pais de assumirem essa postura, e os filhos, de serem colocados nessa posição. É extremamente relevante que se atente para essa dinâmica familiar pós-divórcio, já que pesquisas indicam que dificuldades no exercício da coparentalidade que envolvem conflito e triangulação acarretam sintomas internalizantes e externalizantes nos filhos (MACHADO, 2016; TEUBERT & PINQUART, 2010). Essa influência ocorre por falhas no suporte um do outro, pela expressividade de práticas educativas contrárias e pela desaprovação do cônjuge.

> Os sintomas externalizantes estão relacionados à oposição, à agressão, à impulsividade, ao comportamento desafiador e às manifestações antissociais, como provocações e brigas. Já os sintomas internalizantes envolvem depressão, ansiedade, retraimento social, queixas somáticas, medo, preocupação em excesso, tristeza, timidez, insegurança e recusa escolar (ACHENBACH, 1991; ACHENBACH & EDELBROCK, 1979).

Ao considerar o cenário atual de obrigatoriedade da guarda compartilhada, podemos identificar os desafios a ser enfrentados pelas famílias nesse contexto. O instituto da guarda compartilhada imprime a necessidade de uma coparentalidade cooperativa e pouco conflituosa. Entretanto, sabe-se que, na prática, essa articulação, somada aos ressentimentos pelo fim do casamento, pelas possíveis dificuldades econômicas enfrentadas nessa nova realidade, pela presença de novos companheiros, configura um panorama de difícil desdobramento.

Os estudos mostram que a coparentalidade pós-divórcio pode ser ainda mais conflituosa quando os ex-cônjuges, ou um deles, colocam-se em uma posição pouco cooperativa, tentando dificultar o acesso do outro ao filho, o que gera um clima de disputa, no qual sofrem todos, especialmente a criança. As evidências também indicam que, quando se colocam de forma menos colaborativa no compartilhamento das funções coparentais pós-divórcio e mais críticas em relação à forma como se porta o pai, as mães tendem a se retrair e a ser menos participativas. Por outro lado, quando há altos níveis de cooperação coparental, o maior envolvimento paterno estimula ainda mais a aceitação das mães, em um processo de retroalimentação (JIA & SCHOPPE-SULLIVAN, 2011; CABRERA, SHANNON & LA TAILLADE, 2010; WALLER, 2012; FAGAN & PALKOVITZ, 2011).

Dessa forma, evidencia-se que, independentemente do tipo de guarda que assumem os pais após o divórcio, o exercício da coparentalidade configura-se um desafio ao par parental. As evidências são unânimes ao apontar o caráter protetivo de uma coparentalidade cooperativa e bons níveis de suporte. Por outro lado, também está documentada a repercussão à saúde mental da prole de uma relação coparental marcada por altos níveis de competição, conflito e triangulação.

> **Você sabia?**
>
> A partir de 22 de janeiro de 2014, foi estabelecida, no Brasil, a Lei nº 13.058, que determina a obrigatoriedade da guarda compartilhada. Até então, a responsabilidade da guarda dos filhos menores na ocasião do divórcio era predominantemente das mulheres, atingindo 78,8% dos casos. Todavia, com essa modificação legal, entre os anos 2014 e 2015, já se observou aumento na proporção de guarda compartilhada entre os cônjuges, de 7,5% e 12,9%, respectivamente, e a expectativa é que esse número se mantenha em crescimento. Fonte: Estatísticas do Registro Civil – IBGE.

Alienação parental

A partir da aprovação da lei sobre a guarda compartilhada, maior atenção foi direcionada às informações sobre alienação parental e síndrome de alienação parental, levando à comoção pública, em razão do sofrimento de crianças/adolescentes que poderiam ser vítimas (Martins & Torraca, 2011). Tal fato culminou na elaboração do Projeto de Lei nº. 4853/08, cujo objetivo era identificar e punir os progenitores responsáveis pela alienação parental dos filhos, que foi sancionado em agosto de 2010, como Lei nº 12.318/10 (Brasil, 2010). Essa lei estabelece advertências, como aplicação de multa, inversão da guarda para o outro progenitor, fixação cautelar de residência da criança/adolescente e suspensão da autoridade parental, para aqueles que praticarem a alienação parental.

Diante das situações de conflito entre os cônjuges, que podem permanecer mesmo após a efetivação do divórcio, costuma haver disputas judiciais para a guarda das crianças e dos adolescentes (Ferreira, 2012). Nessas situações, os filhos poderão ser utilizados para controlar ou provocar desconforto ex-cônjuge, quando podem surgir comportamentos de alienação parental (Kopetski, 1998).

O conceito de alienação parental foi definido pelo psiquiatra norte-americano Richard Gardner (1985), que estabeleceu oito critérios para a caracterização do fenômeno: (1) a difamação e a rejeição ao progenitor alienado; (2) as explicações injustificadas para a rejeição; (3) a ausência de ambivalência; (4) a afirmação de ser da própria criança a decisão de rejeitar o pai ou a mãe; (5) a criança apoiar o alienador no conflito parental; (6) a ausência de culpa pela rejeição e a difamação do progenitor; (7) o relato de experiências não vividas ou a reprodução do discurso do alienador pela criança; e (8) a rejeição e a difamação a outros membros familiares do progenitor alienado e sua rede social. O psiquiatra ainda considerou a existência de uma síndrome de alienação parental, a qual poderia acometer crianças e adolescentes envolvidos no processo. Contudo, os conceitos são distintos, uma vez que a alienação parental caracteriza o ato de induzir a criança a rejeitar o pai/mãe-alvo (com esquivas, mensagens difamatórias, até ódio ou acusações de abuso sexual), e a síndrome de alienação parental é o conjunto de sintomas que a criança pode vir a apresentar, em quantidades variáveis, decorrente dos atos de alienação parental. Contudo, Gardner (2002) defendeu que o termo mais apropriado seria a síndrome porque a maioria dos sintomas pode se manifestar em conjunto, uma vez que tem uma etiologia comum.

> **Você sabia?**
> A síndrome de alienação parental é caracterizada por sintomas como isolamento social, sentimento de culpa, estados de confusão mental, desatenção, dificuldade de organização, que podem repercutir na queda do desempenho acadêmico ou manifestar-se por meio de comportamentos descontextualizados na escola e pela racionalização excessiva dos conteúdos acadêmicos, como forma de evitar lidar com os conflitos familiares (Jesus & Cotta, 2016).

Todavia, a Organização Mundial da Saúde, a Associação Psiquiátrica Americana e a Associação Médica Americana não reconhecem esse conjunto de sintomas como uma síndrome (Sottomayor, 2011), bem como a atual versão do DSM-5, que dispersou tal diagnóstico nas seguintes classificações: problemas de relacionamento entre pais e filhos e criança afetada pelo sofrimento na relação dos pais. Estima-se que os problemas de relacionamento entre pais e filhos podem estar associados a prejuízos nos campos comportamental (controle parental inadequado, supervisão e envolvimento com a criança; excesso de proteção parental; excesso de pressão parental; discussões que se tornam ameaças de violência física; esquiva sem solução dos problemas); cognitivo (atribuições negativas das intenções dos outros; hostilidade contra ou culpabilização do outro; sentimentos injustificados de estranhamento); afetivo (tristeza, apatia ou raiva contra o outro indivíduo da relação). Já no tocante à criança afetada pelo sofrimento na relação dos pais, segundo o DSM-5 (APA, 2014), "esta categoria deve ser usada quando o foco da atenção clínica inclui os efeitos negativos da discórdia dos pais (p. ex.: altos níveis de conflito, sofrimento ou menosprezo) em um filho da família [...]" (p. 716). Ainda conforme o manual, "as brigas entre o casal, discussões e ofensas físicas e/ou verbais na frente da criança, ou mesmo manipulações emocionais para a criança se sentir menosprezada e culpada pelo que está ocorrendo, são formas de alienação".

De qualquer forma, reconhece-se que a alienação parental é um fenômeno que tem ganhado expressão, tornando-se cada vez mais reconhecido pelos profissionais das áreas jurídica e psicológica e pela sociedade como um todo (Costa, 2011). Portanto, o tema merece atenção, uma vez que afeta milhares de crianças, adolescentes e famílias (Bernet & Baker, 2013), além de carecer de estratégias para sua identificação.

Baker, Burkhard e Albertson-Kelly (2013) indicam que a avaliação da alienação parental deve considerar os seguintes aspectos: (1) evidências de uma relação positiva entre a criança e o progenitor, agora rejeitado, no período compreendido antes do divórcio; (2) constatação de situações de abuso ou de comportamentos negligentes do progenitor, agora rejeitado; (3) presença de características comportamentais ou relatos e sentimentos característicos de alienação na criança/adolescente; e (4) evidências de que o progenitor, agora favorecido, faz uso de muitas estratégias de alienação. Quando convive nesse contexto, a criança/adolescente tende a repetir o discurso do alienador, mesmo que não tenha realmente presenciado ou vivenciado as situações apresentadas pelo alienador (Jesus & Cotta, 2016).

Nesse sentido, a alienação parental se caracteriza como um tipo de violência que pode deixar marcar importantes (Jesus & Cotta, 2016), levando o filho, quando adulto, a uma dificuldade em estabelecer vínculos afetivos de confiança, comprometendo o seu desenvolvimento social e favorecendo uma confusão mental em razão das falsas memórias sugeridas por um dos seus progenitores (SILVA, 2012). Em função disso, faz-se importante que os casos que envolvam a alienação parental sejam identificados precocemente para evitar maiores danos às crianças e aos adolescentes e que os profissionais, especialmente os da Psicologia e do Direito, estejam atentos e façam um trabalho multidisciplinar a fim de assegurar o bem-estar de todos quando as famílias vivenciam um divórcio.

Considerações finais

Como visto, faz-se importante refletir acerca da coparentalidade e da parentalidade numa situação de divórcio graças às mudanças que o sucedem. Carter e McGoldrick (1995) afirmam que costuma haver alteração em toda a rotina familiar e surgem também outros desafios, principalmente no que diz respeito ao acompanhamento conjunto do desenvolvimento dos filhos, uma vez que isso implica que haja contato com o par parental.

Nesse sentido, apesar de já não ser tratado como um acontecimento excepcional, o divórcio marca um dos períodos mais desafiantes, já que é considerado um dos maiores rompimentos que pode ocorrer ao longo do ciclo de vida familiar, aumentando a complexidade das tarefas desenvolvimentais que a família está experienciando quando de seu acontecimento (STERN-PACK, MANOCHERIAN, 1995). Portanto, as consequências do divórcio para o sistema familiar não podem ser abordadas de forma simples e linear, uma vez que são influenciadas por uma multiplicidade de fatores que determinam a resposta da família a tal situação.

Especialmente em relação ao ajustamento infantil/adolescente, acredita-se que também haja grande variabilidade no modo como reagem e enfrentam essa situação, que vai depender da interação entre as características individuais, familiares e extrafamiliares, sem relegar as idiossincrasias de cada núcleo familiar para examinar a possível repercussão do divórcio para o ajustamento dos filhos. Entretanto, é consenso o tempo da transição, ou seja, se foi um processo longo ou curto; o estágio desenvolvimental em que se encontra a família e cada membro; as características de personalidade e possível psicopatologia parental; o nível socioeconômico da família; a rede social de apoio (amigos, colegas de trabalho, vizinhos); os níveis de conflito conjugal e as características das práticas parentais; a qualidade do exercício coparental; a idade, o gênero e o temperamento dos filhos se constituem em fatores de risco ou proteção durante o processo e ao longo de seu desenvolvimento (AMATO, 2014; AMATO, 2010; FERGUSON, McLEOD & GERALDINE, 2014).

Contudo, parece haver um período de crise, que costuma durar até cerca de dois anos (HETHERINGTON & KELLY, 2002), durante o qual poderão emergir algumas alterações comportamentais e prejuízo no rendimento acadêmico das crianças, mas que tendem a se estabilizar. Na verdade, o que parece ser fundamental para o ajustamento das crianças e dos adolescentes que vivenciam uma situação de divórcio é a manutenção do bem-estar financeiro da família, o ajustamento psicológico dos pais, a coparentalidade positiva e a resolução construtiva de conflitos interparentais (RAPOSO et al., 2011).

Destaca-se que este capítulo não esgota todas as questões que envolvem o divórcio e suas implicações no ajustamento dos filhos, considerando a vasta literatura nacional e internacional sobre o tema. Contudo, buscou-se apresentar um entendimento sistêmico sobre o assunto, abordando algumas das principais questões que têm sido investigadas e discutidas entre estudiosos da área. Certamente, esse é um tema que segue sendo importante de ser investigado, especialmente diante das mudanças legais que têm ocorrido no Brasil e do impacto social que já vem provocando.

Dicas!

- O sofrimento de crianças e adolescentes decorrente do divórcio dos pais pode se expressar de formas distintas. É muito importante que progenitores e a escola estejam atentos, não somente para problemas de comportamento, dificuldades de aprendizagem, mas também para o isolamento e o retraimento. Crianças "quietinhas" e que "não dão trabalho" também podem estar comunicando um importante sofrimento!
- Quando os pais e a escola identificarem expressões de desajustamento, seja emocional, seja social, seja acadêmico, que se manifestem persistentes e intensas, é importante buscar ajuda de um profissional da Psicologia.
- Em situações de divórcio, a Terapia Familiar pode ser um recurso extremamente relevante, uma vez que auxiliará a família como um todo a enfrentar de forma adaptativa esse processo de transição.

Referências

ACHENBACH, T. M. **Manual for the child behavior checklist/4-18 e 1991 profile**. Burlington, VT: University of Vermont.1991.

ACHENBACH, T. M.; EDELBROCK, C. S. The child behavior profile: II. Boys aged 12-16 and girls aged 6-11 and 12-16. **Journal of Consulting and Clinical Psychology,** v. 47, n. 2, p. 223-233, 1979.

ACUÑA-COLLADO, V. Familia y escuela: Crisis de participación en contextos de vulnerabilidad. **Revista Brasileira de Estudos Pedagógicos,** v. 97, n. 246, p. 255-272, 2016. doi 10.1590/S2176-6681/267830331

AHRONS, C. R. Redefining the divorced family: A conceptual framework for post divorce family system reorganization. **Social Work,** v. 25, p. 437-441, 1980.

AHRONS, C. R. The continuing coparental relationship between divorced spouses. **American Journal of Orthopsychiatry,** v. 51, p. 315-328, 1981.

ALVARENGA, A. R.; CLARISMAR, J. Sistemas de guarda no direito brasileiro. **Revista do Curso Direito UNIFOR,** v. 6, n. 1, p. 12-27, 2015.

AMATO P. R. Children of divorce in the 1990s: An update of the Amato and Keith (1991) meta-analysis. **Journal of Family Psychology,** v. 15, n. 3, p. 355-370, 2001.

AMATO P. R. Research on divorce: Continuing trends and new developments. **Journal of Marriage and Family,** v. 72, n. 3, p. 650-666, 2010.

AMATO P. R. The consequences of divorce for adults and children: an update. **Drus. Istraz. Zagreb.God,** v. 23, n. 1, p. 5-24, 2014.

AMATO P. R. The impact of family formation change on the cognitive, social, and emotional well-being of the next generation. **Future Children,** v. 15, p. 75-96, 2005.

AMATO P. R.; AFIFI, T. D. Feeling caught between parents: adult children's relations with parents and subjective well-being. **Journal of Marriage and Family,** v. 68, n. 1, p. 222-235, 2006.

AMATO P. R.; ANTHONY, C. J. The long reach of divorce: Divorce and child well-being across three generations. **Estimating the effects of parental divorce and death with fixed effects models,** v. 76, p. 370-38, 2014.

AMATO P. R.; CHEADLE, J. The long reach of divorce: Divorce and child well-being across three generations. **Journal of Marriage and Family,** v. 67, n. 1, p. 191-206, 2005.

AMATO P. R.; KEITH B. Parental divorce and the well-being of children: A meta-analysis. **Psychological Bulletin,** v. 110, p. 26-46, 1991.

AMERICAN Psychiatric Association. **Manual Diagnóstico e Estatístico de Transtornos Mentais – DSM-5.** Porto Alegre: Artmed, 2014.

BARBOSA, V. R. L.; MARTURANO, E. M. Preditores de comportamentos e competência acadêmica de crianças de famílias nucleares, monoparentais e recasadas. **Psicologia: Reflexão e Crítica,** v. 27, n. 1, p. 153-162, 2014.

BAKER, A. J. L.; BURKHARD, B.; ALBERTSON-KELLY, J. Differentiating alienated from not alienated children: A pilot study. **Journal of Divorce & Remarriage,** v. 53, n. 3, p. 178-193, 2012. doi: 10.1080/10502556.2012.663266

BERNET, W.; BAKER, A. J. L. Parental alienation, DSM-5, and ICD-11: Response to critics. **The Journal of the American Academy of Psychiatry and the Law,** v. 41, n. 1, p. 98-104, 2013.

BERTRAM, A. **The relationship of parent involvement and post-divorce adjustment to the academic achievement and achievement motivation of school-aged children [tese].** Stillwater: Oklahoma State University. 2006.

BLECHMAN, E. A. Are children with one parent at psychiatric risk? A methodological review. **Journal of Marriage and the Family,** v. 44, p. 179-195, 1982.

BRASIL. **Lei n. 13.058, de 22 de dezembro de 2014.** Altera os arts. 1.583, 1.584, 1.585 e 1.634 da Lei n. 10.406, de 10 de janeiro de 2002 (Código Civil), para estabelecer o signi cado da expressão "guarda compartilhada" e dispor sobre sua aplicação. Diário O cial da União, Brasília, DF, ano 151, n. 248, 23 dez. 2014. Seção 1, p. 2-3. Retificada no Diário, 24 dez. 2014, Seção 1, p. 1. Disponível em: www.planalto.gov.br/ccivil_03/_ato2011-2014/2014/lei/l13058.htm Acesso em: out. 2017

BRASIL. **Lei n. 6.515, de 26 de dezembro de 1977.** Regula os casos de dissolução da sociedade conjugal e do casamento, seus efeitos e respectivos processos, e dá outras providências. Diário O cial [da] República Federativa do Brasil, Brasília, DF, ano 115, n. 248, 27 dez. 1977. Seção 1, p. 17953-17957. Reti cada no Diário, 11 abr. 1978, Seção 1, p. 5073. Disponível em: www.planalto.gov.br/ccivil_03/leis/l6515.htm Acesso em: out. 2017

BRASIL. **Código Civil. Lei nº 10.406, de 10 de janeiro de 2002.** Disponível em: <http://www.planalto.gov.br/ccivil_03/leis/2002/l10406.htm> Acesso em: out. 2017.

BRASIL. **Congresso Nacional. Lei nº 12.318, de 26 de agosto de 2010.** Dispõe sobre a alienação parental e altera o art. 236 da Lei nº 8.069, de 13 de julho de 1990. Diário Oficial da União, nº 165, de 27 de agosto de 2010, Seção 01, p. 03. ISSN 1677-7042. Disponível em: <http://www.planalto.gov.br/ccivil_03/_Ato2007-2010/2010/Lei/L12318.htm> Acesso em: 27 ago. 2010.

CABRERA, N.; SHANNON, J.D.; LA TAILLADE, J.J. Predictors of coparenting in Mexican American families and direct effects on parenting and child social emotional development. **Infant Mental Health Journal,** v. 30, n. 5, p. 523-548, 2010.

CANEZIN, C. C. Da guarda compartilhada em oposição à guarda unilateral. **Revista Brasileira de Direito das Famílias e Sucessões**, v. 28, n. 6, p. 5-25, 2005.

CARLSUND Å; ERIKSSON U; SELLSTRÖM E. Shared physical custody after family split-up: implications for health and well-being in Swedish schoolchildren. **Acta Paediatrica**, v. 102, n. 3, p. 318-323, 2013.

CARTER, B.; MCGOLDRICK, M. **As mudanças no ciclo de vida familiar: Uma estrutura para a terapia familiar**. Porto Alegre: Artmed.1995.

COSTA, A. L. F. A morte inventada: depoimentos e análise sobre a alienação parental e sua síndrome. **Estudos de Psicologia**, v. 28, n. 2, p. 279-281, 2011.

CÚNICO, S. D.; ARPINI, D. M. O afastamento paterno após o fim do relacionamento amoroso: um estudo qualitativo. **Interação Psicologia**, v. 17, n. 1, p. 99-108, 2013.

DESSEN, M. A.; POLÔNIA, A. C. A família e a escola como contextos de desenvolvimento humano. **Paidéia**, v. 17, n. 36, p. 21-32, 2007. doi: 10.1590/S0103-863X2007000100003

ESMAEILI N, Yaacob S.; JUHARI R.; MARIANI M. Post-divorce parental conflict, economic hardship and academic achievement among adolescents of divorced families. **Asian Social Science**, v. 7, n. 12, p. 119-124, 2011.

FAGAN, J.; PALKOVTIZ, R. Coparenting and relationship quality effects on father engagement: Variations by residence, romance. **Journal of Marriage and the Family**, v. 73, p. 637-653, 2011. doi:10.1111/j.1741-3737.2011 .00834.x

FEINBERG, M. E. The internal structure and ecological context of coparenting: A framework for research and intervention. **Parenting: Science and Practice**, v. 3, n. 4, p. 95-131, 2003.

FERGUSSON, D.M.; MCLEOD, G.F.H.; HORWOOD, L.J. Parental separation/divorce in childhood and partnership outcomes at age 30. **Journal of Child Psychology and Psychiatry**, v. 55, n. 4, p. 352-360, 2014. doi:10.1111/jcpp.12107

FERREIRA, C. S. G. A síndrome da alienação parental (SAP) sob a perspectiva dos regimes de guardo de menores. **Revista do Instituto Brasileiro de Direito da Faculdade de Direito da Universidade de Lisboa**, v. 1, n. 1, p. 245-279, 2012.

GARDNER, R. A. Parental alienation syndrome vs. parental alienation: Which diagnosis should evaluators use in child custody disputes? **The American Journal of Family Therapy**, v. 30, n. 2, p. 93-115, 2002.

GARDNER, R. A. Recent trends in divorce and custody litigation. **Academy Forum**, v. 29, n. 2, p. 3-7, 1985.

GERARD, J.M.; KRISHNAKUMAR, A.; BUHELER, C. Marital conflict, parent-child relations, and youth maladjustment: A longitudinal investigation of spillover effects. **Journal of Family Issues**, v. 27, n. 7, p. 951-975, 2006.

HETHERINGTON, E. Intimate pathways: Changing patterns in close personal relationships across time. **Family Relations: An Interdisciplinary Journal of Applied Family Studies**, v. 52, p. 318-331, 2003. doi: 10.1111/j.1741-3729.2003.00318.x

HETHERINGTON, E. Should we stay together for the sake of the children? In Hetherington E.M. **Coping with divorce, single-parenting and remarriage: A risk and resiliency perspective**, Hillsdale, NJ: Erlbaum. 2003. p. 93-116.

HETHERINGTON, E.; STANLEY-HAGAN, M. The adjustment of children with divorced parents: A risk and resiliency perspective. **Journal of Child Psychology and Psychiatry**, v. 40, p. 129-140, 1999. doi: 10.1111/1469-7610.00427

HETHERINGTON, E.; COX, M.; COX, R. Effects of divorce on parents and children. In: LAMB M.E. **Nontraditional families: Parenting and child development**, Hillsdale: Lawrence Erlbaum. 1982. p. 233-288.

HETHERINGTON, E.; KELLY, J. **For better or for worse: Divorce reconsidered**. New York: Norton. 2002.

HOMEM, T. C.; CANAVARRO, M. C.; PEREIRA, A. I. L. de F. Factores protectores e de vulnerabilidade na adaptação emocional e académica dos filhos ao divórcio dos pais. **Psicologia**, v. 23, n.1, p. 7-25, 2009. doi: 10.17575/rpsicol.v23i1.315

JIA, R.; SCHOPPE-SULLIVAN, S. J. Relations between coparenting and father involvement in families with preschool-age children. **Developmental Psychology**, v. 47, n.1, p. 106-118, 2011. doi: 10.1037/a0020802

KACZYNSKI, K. J. et al. Marital conflict, maternal and paternal parenting, and child adjustment: A test of mediation and moderation. **Journal of Family Psychology**, v. 20, n.2, p. 199-208, 2006.

KELLY, J. B.; EMERY, R. E. Children's adjustment following divorce: Risk and resilience perspectives. **Family Relations**, v. 52, n.4, p. 352-362, 2003.

KOPETSKI, L. M. Identifying cases of parent alienation syndrome – Part I. **The Colorado Lawyer**, v. 27, n.2, p. 65-68, 1998.

KRUMREI, E. J.; MAHONEY, A.; PARGAMENT, K. I. Demonization of divorce: Prevalence rates and links to post-divorce adjustment. **Family Relations**, v. 60, p. 90-103, 2011.

LEME, V. B. R.; MARTURANO, E. M. Preditores de comportamentos e competência acadêmica de crianças de famílias nucleares, monoparentais e recasadas. **Psicologia: Reflexão e Crítica**, v. 27, n. 1, p. 153-162, 2014. doi: 10.1590/S0102-79722014000100017

LEVITIN, T. E. Children of divorce. **Journal of Social Issues**, v. 35, p. 1-25, 1979.

LUHMANN, M. et al. Subjective well-being and adaptation to life events: A metaanalysis. **Journal of Personality and Social Psychology**, v. 7, p. 592-615, 2012. doi: 10.1037/a0025948

MACHADO, M. R. **Relações entre regulação emocional, coparentalidade e sintomas emocionais e comportamentais em adolescentes**. 2016. Dissertação (Mestrado) - Universidade do Vale do Rio dos Sinos, São Leopoldo, RS. 2016.

MACHADO, M. R. **Aspectos da nova Guarda Compartilhada: (Lei nº 13.058, 22.12.2014)**. Passos, MG: Gráfica e Editora São Paulo.2015.

MCGOLDRICK, M.; SHIBUSAWA, T. O ciclo vital familiar. In: WALSH F. **Processos normativos da família: diversidade e complexidade**. Porto Alegre: Artmed. 2016. p. 375-395.

MCHALE, J. P. et al. Coparenting. In: BALTER, L. **Parenthood in America: An Encyclopedia**. New York: ABC-CLIO. 2001.

MCHALE, J.; ROTMAN, T. Is seeing believing? Expectant parents' outlooks on coparenting and later coparenting solidarity. **Infant Behavior & Development**, v. 30, p. 63-81, 2007.

MCHALE, J. et al. Coparenting in diverse family systems. In: BORNSTEIN, M. H. **Handbook of Parenting. Volume 3: Being and Becoming a Parent**. 2 ed. New Jersey: Erlbaum. 2002. p. 75-107.

MELO, O.; MOTA, C.P. Interparental conflicts and the development of psychopathology in adolescents and young adults. **Paidéia**, v. 24, n. 59, p. 283-293, 2014. doi: 10.1590/1982-43272459201402

MINUCHIN, S. **Famílias: Funcionamento e Tratamento**. Porto Alegre: Artes Médicas.1990.

MINUCHIN, S.; NICHOLS, M.P.; LEE, W. **Famílias e casais: do sintoma ao sistema**. Porto Alegre: Artmed.2009.

MOSMANN, C.P. et al. Conjugalidade, parentalidade e coparentalidade: Associações com sintomas externalizantes e internalizantes em crianças e adolescentes. **Estudos de Psicologia**, PUCCampinas, (no prelo).

MOSMANN, C.; ZORDAN, E. P.; WAGNER, A qualidade conjugal como fator de proteção do ambiente familiar. In: WAGNER, A. **Desafios psicossociais da família contemporânea**. Porto Alegre: Artmed. 2011. p. 58-71.

MOURA, O.; MATOS, P. M. Vinculação aos pais, divórcio e conflito interparental em adolescentes. **Psicologia**, v. 22, n. 1, p. 127-152, 2008.

NAZARETH, E. R. Família e divórcio. In: CERVENY, C. M. O. **Família e divórcio**. São Paulo: Casa do Psicólogo.2004. p. 25-37.

NUNES-COSTA, R. A.; LAMELA, J. P. V.; FIGUEIREDO, B. F. C. Adaptação psicossocial e saúde física em crianças de pais separados. **Revista de Pediatria**, v. 85, p. 385-96, 2009.

RAPOSO, H. S. et al. Ajustamento da criança à separação ou divórcio dos pais. **Archives of Clinical Psychiatry**, v. 38, n. 1, p. 29-33, 2011. doi: 10.1590/S0101-60832011000100007

RÍOS-GONZÁLEZ, J. A. **Los ciclos vitales de la familia y la pareja**. Madrid: CCS. 2005.

ROSA, C. P. **Nova Lei da Guarda Compartilhada**. São Paulo: Saraiva. 2015.

ROSENFELD, M. J. Who wants the breakup? gender and breakup in heterosexual couples. In: ALWIN, D.; FELMLEE D.; KREAGER, D. **Social networks and the life course**. New York: Springs Press. 2017.

SANTOS, P. G. **A viabilidade da guarda compartilhada no processo litigioso**. 2012. Monografia - UniCEUB, Brasília, DF. 2012.

SGANZERLA, I. M; LEVANDOWSKI, D. C. Ausência paterna e suas repercussões para o adolescente: revisando a literatura. **Psicologia em Revista**, v. 16, n. 2, p. 295-309, 2010.

SILVA, D. M. P. Pais, escola e alienação parental. **Âmbito Jurídico**, v. 15, n. 6, 2010. Disponível em: <http://www.ambitojuridico.com.br/site/?n_link=revista_artigos_leitura&artigo_id=12042>. Acesso em: out. 2017.

SOTTOMAYOR, M. C. Uma análise crítica da síndrome de alienação parental e os riscos da sua utilização nos tribunais de família. **Julgar**, v. 13, n. 1, p. 73-107, 2011.

SOUZA, A. M.; TORRACA, L. M. B. Síndrome de alienação parental: Da teoria Norte-Americana à Nova Lei Brasileira. **Psicologia Ciência e Profissão**, v. 31, n. 2, p. 268-283, 2011.

SOUZA, F. Notas sobre a relação família-escola na contemporaneidade. **Revista de Ciências Humanas**, v. 51, n. 1, p. 124-143, 2017. doi:10.5007/2178-4582.2017v51n1p124

STERN-PACK, J.S.; MANOCHERIAN, J. O divórcio nas mudanças do ciclo de vida familiar. In: CARTER, B.; McGOLDRICK M. **As mudanças no ciclo de vida familiar**. Porto Alegre: Artes Médicas. 1995. p. 291-315.

STØRKSEN, I. et al. Adolescent adjustment and well-being: Effects of parental divorce and distress. **Scandinavian Journal of Psychology**, v. 47, n. 1, p. 75-84, 2006. doi: 10.1111/j.1467-9450.2006.00494.x

SUN, Y.; LI, Y. Marital disruption, parental investment and children's academic achievement: A prospective analysis. **Journal of Family Issues**, v. 22, p. 27-62, 2001.

SUN, Y.; LI, Y. Parental divorce, sibship size, family resources, and children's academic performance. **Social Science Research**, v. 38, n. 3, p. 622-634, 2009. doi: 10.1016/j.ssresearch.2009.03.007

WAGNER, A.; MOSMANN, C. Familia reconstituida, situación y perspectivas. In: GONZÁLEZ, J. A. R. **Personalidad, madurez humana y contexto familiar – Vol 1**. 1 ed. Madrid: CCS. 2009. p. 847-861.

WALLER, M. R. Cooperation, conflict, or disengagement? coparenting styles and father involvement in fragile families. **Family Process**, v. 51, p. 325-342, 2012. doi:10.1111/j.1545-5300.2012.01403.x

WARPECHOWSKI, A.; MOSMANN, C. A experiência da paternidade frente à separação conjugal: sentimentos e percepções. **Temas em Psicologia**, v. 20, n. 1, p. 247-260, 2012.

YÁRNOZ, S.; COMINO, P. El CAD-S, un instrumento para la evaluación de la adaptación al divorcio-separación. **Psicothema**, v. 22, n. 2, p. 157-162, 2010.

ZORDAN, E. P.; WAGNER, A.; MOSMANN, C. O perfil de casais que vivenciam divórcios consensuais e litigiosos: uma análise das demandas judiciais. **Psico-USF**, v. 17, n. 2, p. 185-194, 2012.

PARTE 2.

DESENVOLVENDO HABILIDADES E HÁBITOS SAUDÁVEIS NOS FILHOS

Se pudéssemos ter uma receita para desenvolver apenas aquilo que julgamos importante e saudável, criar filhos seria muito mais fácil. Os próximos capítulos, consideram questões possíveis e fundamentais de serem desenvolvidas com os filhos desde o início dessa complexa tarefa de cuidar e educar.

CAPÍTULO 6
Empatia, compaixão e moralidade em crianças

*Eliane Falcone, Evlyn Rodrigues Oliveira,
Stèphanie Krieger, Monique Plácido Viegas,
Angela Donato Oliva*

A percepção e a sensibilidade para reagir emocionalmente perante o sofrimento físico ou mental de alguém fazem parte da capacidade ancestral, presente em todos os mamíferos (DE WAAL, 2010). Na espécie humana, essas características evoluíram para além dos propósitos de sobrevivência, tornando-se essenciais para a formação e a manutenção de vínculos afetivos e cuidados parentais (DECETY & SVETLOVA, 2012). Dotados com esses atributos, os seres humanos se tornaram capazes, não somente de perceber e sentir o que os outros sentem, mas também de inferir com precisão os desejos e as necessidades de seus semelhantes (PRESTON & DE WAAL, 2002). Essa capacidade é reconhecida como empatia e encontra-se na base de relações interpessoais gratificantes.

Empatia é uma capacidade biológica voltada para as necessidades dos outros que ocorre em situações de interação social e com ativação dos vínculos afetivos (DECETY & JACKSON, 2004). Está presente na maioria das espécies que vivem em grupos e se aprimora nos contextos sociais (DECETY & SVELTOVA, 2012).

O comportamento social possui forte componente aprendido (BANDURA, 1979; CABALLO, 2003; MATOS, 1997), e o contato com os pais ou cuidadores constitui o principal contexto na primeira infância para o desenvolvimento de habilidades e valores transmitidos socialmente. É por intermédio dos pais que são transmitidas as primeiras noções sobre valores e crenças de um grupo cultural. Essa aprendizagem estender-se-á no contexto escolar, no qual a criança poderá avaliar as próprias habilidades e valores, bem como a sua aceitação no grupo, ao se comparar com os pares (FALCONE, 1998).

Uma ideia básica do evolucionismo é a de que os indivíduos são diferentes desde o nascimento em relação às suas características. Uma vez que as crianças com pouca idade já se diferenciam quanto as suas respostas empáticas

(BARNETT, 1992), os primeiros anos de vida podem ser críticos para que os pais e o ambiente escolar estimulem ou inibam a experiência e a expressão de empatia no início da vida. Assim, a empatia parental revelada por meio de simpatia, compreensão, cuidado, aceitação e sensibilidade, produz efeitos positivos nas crianças. Prestar atenção aos sinais e ao comportamento do bebê; acalentar quando esse chora, tentando entender as suas necessidades; encorajar a criança quando ela se sente insegura, assim como validar os seus medos, são exemplo de empatia parental.

Por outro lado, a ausência desses atributos parentais pode ser responsável pela fragmentação do *self* e de outras formas de psicopatologia infantil (FESHBACH, 1992). Ignorar ou não prestar atenção às necessidades da criança pode interferir negativamente no florescimento da capacidade de essa se colocar no lugar do outro.

Self: refere-se ao conceito que a pessoa constrói sobre si mesma.

Serão apresentados neste capítulo os padrões parentais que favorecem ou dificultam o desenvolvimento da empatia em crianças, após uma revisão sobre o que é a empatia, como ela se revela nas diferentes fases do desenvolvimento infantil e quais as habilidades necessárias para que os pais possam comunicar-se de maneira empática com seus filhos.

Empatia e os seus efeitos sociais

A literatura recente tem considerado a empatia como um fenômeno multidimensional, abrangendo elementos cognitivos, afetivos (PRESTON & DE WAAL, 2002) e comportamentais (FALCONE, 1998, 2012; ICKES, MARANGONI & GARCIA, 1997). De acordo com essa perspectiva, a empatia envolve perceber, compreender (componente cognitivo) e compartilhar sentimentos e pensamentos de alguém (componente afetivo), além de expressar esse entendimento (componente comportamental), de forma verbal ou não verbal (FALCONE, 1998, 2012). A empatia como uma habilidade de comunicação inclui necessariamente esses três componentes.

A capacidade para perceber e compreender os sentimentos e a perspectiva de uma pessoa-alvo em determinado contexto, como se fosse essa pessoa, deixando de lado temporariamente os próprios julgamentos para assumir os julgamentos do outro, tem sido referida como tomada de perspectiva (DECETY

& LAMM, 2009). Em linguagem metafórica, corresponde a "calçar os sapatos" ou "entrar na pele" do outro. No entanto, tomar a perspectiva de alguém não é condição suficiente para a experiência da empatia. Indivíduos **sociopatas** são capazes de perceber acuradamente o que uma pessoa pensa, sente e deseja, usando isso em benefício próprio, podendo até trapacear ou prejudicar a vítima (DECETY & JACKSON, 2004).

> Sociopatas: indivíduos que identificam os pensamentos, sentimentos e necessidades das pessoas (dimensão cognitiva da empatia), contudo sem experimentar sentimentos genuínos, como, por exemplo, compaixão (dimensão afetiva da empatia). Esses utilizam tais conhecimentos acerca do outro para provocar prejuízos aos demais e benefícios para si.

Compartilhar sentimentos reflete um interesse genuíno pelo bem-estar da outra pessoa. Isso pode incluir: um contágio emocional, ao testemunhar a dor (emocional ou física) de alguém; um sentimento que pode ser congruente com o do outro (sentir pelo outro); um sentimento de experimentar compaixão ou consideração pelo estado de uma pessoa-alvo (FALCONE, GIL & FERREIRA, 2007; THOMPSON, 1992). Esse estado afetivo também não é considerado suficiente para a experiência da empatia. Compartilhar sentimentos sem a tomada de perspectiva pode representar o que é chamado de "simpatia", levando o indivíduo a ver a pessoa-alvo como mais vulnerável ou necessitada do que realmente é (FALCONE, 2012).

Finalmente, algumas pessoas podem ser capazes de compreender acuradamente o estado interno de alguém e de sentir verdadeiro interesse em ajudar, porém não manifestam essa compreensão de forma empática (por ex., demonstrar compreensão sem julgar ou sem dar conselhos). A habilidade empática consiste também em transmitir um reconhecimento explícito e uma elaboração dos sentimentos e da perspectiva da outra pessoa, de tal maneira que ela se sinta compreendida e que isso lhe ajude a obter maior entendimento acerca de seus sentimentos (FALCONE, 1998). Pela expressão empática, é possível inferir a acuidade da percepção daquele que experimenta a empatia (ICKES, MARANGONI & GARCÍA, 1997).

Os três componentes envolvidos na experiência da empatia (cognitivo, afetivo e comportamental) não ocorrem de forma independente. Ao contrário disso, eles se encontram interligados, e a ativação de cada um deles pode variar de intensidade, de acordo com a idade e as características pessoais daquele que experimenta a empatia, além do contexto situacional (FESCHBACH & FESCHBACH,

2009). Por exemplo, testemunhar uma pessoa idosa atravessando a rua com dificuldade pode demandar mais compartilhamento emocional e ação de ajuda, requerendo menos esforço cognitivo para compreender o estado interno do outro. Por outro lado, o esforço mental empregado para compreender, mediante a tomada de perspectiva, por que o cônjuge chegou bem mais tarde para jantar, é mais exigido a fim de que ocorra compartilhamento emocional e expressão empática.

A experiência da empatia pode se dar de forma automática ou intencional. Em ambos os casos, os três componentes (cognitivo, afetivo e comportamental) funcionam de forma interligada (DE WAAL, 2010; FESCHBACH & FESCHBACH, 2009) e são necessariamente requeridos para que essa ocorra.

A empatia ativada de forma automática ou não consciente sucede pelo reconhecimento da situação de uma pessoa que está experimentando sofrimento físico ou emocional, ou de uma situação adversa. Neste caso, a experiência empática daquele que testemunha a dor do outro envolve compartilhamento de emoções através de contágio, com posterior ativação da tomada de perspectiva e de ações adequadas de ajuda. A empatia automática está mais vinculada a um mecanismo ancestral, surge no início do desenvolvimento e depende menos de aprendizagem (FALCONE, 2012; PRESTON & DE WAAL, 2002).

A empatia ativada de forma intencional e consciente reflete um esforço mental do indivíduo para inibir a própria perspectiva e o egocentrismo, a fim de compreender a perspectiva da outra pessoa, sem a interferência de julgamento pessoal. Esse esforço consciente para compreender genuinamente a situação do outro é o que permitirá, por meio da tomada de perspectiva, a ativação do componente afetivo da empatia (sentimentos de compaixão e de consideração pela pessoa-alvo) e as ações em prol do outro (FALCONE, 2012).

A empatia intencional constitui uma habilidade de comunicação fundamental para as relações sociais, especialmente nas situações que envolvam solução de conflitos, além de depender mais de aprendizagem (DECETY & JACKSON, 2004; FALCONE, 2012). Em revisão sistemática que avaliou intervenções efetivas para promover o perdão interpessoal (PINHO & FALCONE, 2015), verificou-se que, quando a vítima toma a perspectiva do ofensor, a mágoa é reduzida, possibilitando o surgimento da compaixão. Em estudo anterior que avaliou as relações entre empatia e perdão (PINHO & FALCONE, 2012), a tomada de perspectiva usada em situações de mágoas muito intensas foi a dimensão da empatia que mais se associou ao perdão. A tomada de perspectiva é também apontada como preditiva de manejo funcional da raiva (FALCONE, BUSSAB & FERREIRA, 2009; MOHR, HOWELLS, GERACE, DAY & WHARTON, 2007).

Em síntese, o esforço consciente em tomar a perspectiva de alguém facilita o vínculo, evita ou soluciona conflitos interpessoais e reduz sentimentos de raiva ou de mágoa. Cognições negativas prévias, baseadas na própria perspectiva, sobre o ofensor podem se modificar a partir da tomada de perspectiva desse, favorecendo uma compreensão mais acurada das intenções do outro, da situação e da própria participação no conflito, permitindo sentimentos de compaixão e de ações pró-sociais (FALCONE, 2012). Nesse sentido, a empatia intencional será de especial interesse para este capítulo.

Efeitos sociais positivos da empatia são apontados em vários estudos, dentre os quais se incluem: satisfação conjugal (CRAMER & JOWETT, 2010; OLIVEIRA, FALCONE & RIBAS JR., 2009; SARDINHA, FALCONE & FERREIRA, 2009), resolução de conflitos (Epstein & Schlesinger, 2004), bem-estar coletivo e saúde (FALCONE, 2012). Burleson (1985) refere que pessoas empáticas despertam afeto e simpatia, são mais populares e ajudam a desenvolver habilidades de enfrentamento, bem como contribuem para reduzir problemas emocionais e psicossomáticos que atingem amigos e familiares. Por outro lado, deficiências em empatia constituem a base de problemas nas relações pessoais, profissionais (GOLEMAN, 1985) e conjugais (EPSTEIN & SCHLESINGER, 2004), além de estarem relacionadas a níveis elevados de ansiedade e de estilo cognitivo disfuncional (DAVIS & KRAUSS, 1997).

> Considerando a sua relevância psicossocial, a empatia representa um importante tema de pesquisa e de intervenção, através da criação de estratégias que visem a promover essa habilidade. Para tanto, é necessário conhecer como ela se manifesta ao longo do desenvolvimento e quais os padrões parentais que a potencializam ou a prejudicam.

Desenvolvimento da empatia

Desde o nascimento, somos predispostos a responder aos sinais emocionais dos outros. Essa característica é extremamente importante para a nossa sobrevivência e serve de base para a avaliação rápida dos outros, tão necessária para o convívio social (DE WAAL, 2010; THOMPSON, 1992). Os organismos podem aprimorar o uso dessas capacidades de comunicação, de base inata, em contextos sociais. A perspectiva ecológica do desenvolvimento propõe que o indivíduo é predisposto, desde o nascimento, a emitir e a responder a sinais socioemocionais a fim de assegurar a sobrevivência. Tais sinais constituem fontes primitivas importantes de informação social e promovem consequências motivacionais para as crianças, regulando as suas reações perante os diversos aspectos do convívio social (FALCONE, 2000; THOMPSON, 1992). No início da vida, essas manifestações são consideradas pré-empáticas e são ativadas a partir de contágio emocional. Posteriormente, com a maturação do córtex pré-frontal, mudanças qualitativas na experiência da empatia, que ocorrem ao longo do tempo, levam as crianças a manifestar reações empáticas mais semelhantes às dos adultos, alcançando alto estágio de desenvolvimento no final da adolescência (DECETY, BARTAL, UZEFOVSKY & KNAFO-NOAM, 2016; FALCONE, 2000; THOMPSON, 1992; TSUJIMOTO, 2008).

Bebês recém-nascidos são reativos ao choro de outros bebês, além de serem capazes de imitar expressões faciais, manter contato ocular e de regular emoções nas interações. Essa sincronização constitui a base da empatia e serve para inspirar cuidados, além de influenciar no desenvolvimento da linguagem e de ser essencial para as relações sociais positivas (DENHAM et al., 2003; EISENBERG, SPINRAD & CUMBERLAND, 1998).

Entre aproximadamente **dois a cinco meses**, os bebês já discriminam expressões emocionais básicas (raiva, medo, alegria e surpresa, por exemplo). Em torno de dois a três meses, eles se tornam atentos ao jogo facial com sua mãe, o que contribui para o desenvolvimento da empatia (THOMPSON, 1992). A associação frequente entre o sorriso da mãe e a excitação própria do bebê é considerada como uma forma de condicionamento clássico (coincidência de expressões prazerosas mãe-bebê) que vai proporcionar uma base importante para o surgimento de outras formas mais sofisticadas de empatia mãe-filho em fases posteriores do primeiro ano de vida (THOMPSON, 1992).

Em torno de **seis meses**, os bebês passam a atribuir significado às diferentes emoções (THOMPSON, 1992). Com cerca de 18 meses a criança já está consciente da diferença entre o "eu" e o "outro" (DECETY, 2010), embora ainda considere os estados internos do outro como iguais aos seus (HOFFMAN, 1992). O mal-estar diante do choro de outra pessoa se reduz, na medida em que a criança vai buscar soluções para o sofrimento dessa, como, por exemplo, oferecer a um adulto que chora o seu ursinho de pelúcia como consolo (HOFFMAN, 1992). É nessa fase que a conduta egocêntrica começa a dar lugar a uma preocupação mais genuína com o outro, motivando a conduta pró-social no início da vida. Segundo Hoffman (1992) e Thompson (1992), a tendência crescente das crianças pequenas de combinar a sua atenção interessada com iniciativas pró-sociais constitui a prova da base empática da reação emocional ressonante da criança.

Entre os **dois e três anos**, as respostas autenticamente empáticas passam a se manifestar, já que a criança começa a usar, cada vez mais, a expressão emocional dos outros como fonte de informação para si mesma. Ela se conscientiza de que os outros possuem estados internos e subjetivos diferentes dos seus, os quais merecem atenção na interação social (HOFFMAN, 1992; THOMPSON, 1992). Tal capacidade surge com a "descoberta" da teoria da mente (entendimento de que as pessoas "habitam em cabeças diferentes" e que possuem perspectivas diferentes da sua), a qual constitui um dos principais componentes cognitivos da empatia (BELSKY, 2010).

Diferenças individuais estáveis e tipificadas nas respostas empáticas de crianças de um a dois anos, as quais se mantiveram até os sete anos, foram identificadas quanto à intensidade, à complexidade e à modalidade dessa manifestação das crianças às emoções dos outros. Verificou-se que os componentes cognitivos e afetivos da empatia se revelaram de forma diferente entre elas. Algumas mostravam interações pró-sociais intensamente emocionais, ao passo que outras reagiam em face do mal-estar alheio de forma analítica e não emocional (por ex., inspecionando, explorando, fazendo perguntas), ou de maneira agressiva (por ex., pegando a pessoa que provocou o mal-estar), ou ainda de maneira ansiosa e fugidia, sugerindo aflição diante do mal-estar dos outros (voltando-se e seguindo adiante) (BARNETT, 1992).

Entre **quatro e cinco anos**, as crianças começam a rotular com precisão as emoções mais básicas das outras pessoas, retratadas em expressões faciais apresentadas em fotos ou *slides*, mesmo antes da aquisição de habilidades de linguagem para entender e usar rótulos emocionais. Melhoram marcantemente o entendimento do desejo dos outros, reconhecendo que a crença das outras pessoas pode ser diferente da delas e explica o comportamento dos outros com base na inferência de seu estado mental (EISENBERG, MURPHY & SHEPARD, 1997).

Entre **seis e oito anos** de idade, a capacidade das crianças de assumir a perspectiva dos outros tende a se desenvolver em um ritmo mais rápido, sendo praticamente consolidado em torno de 10 anos, especialmente para as meninas (SAMPAIO, 2017). Entre os nove e 11 anos, as crianças já são capazes de reconhecer a comunicação não verbal enganosa (quando as pessoas simulam ou tentam esconder as próprias emoções), embora ainda não consigam inferir, de forma acurada, o pensamento e o sentimento verdadeiro da pessoa que está simulando. Entretanto, mesmo entre adultos, essa inferência acurada é difícil quando as pistas são apenas não verbais (EISENBERG, MURPHY & SHEPARD, 1997).

A capacidade para formar conceitos sociais sobre as dificuldades de um grupo ou classe emerge na **adolescência**. Os jovens estimulados na infância a se preocupar com os outros apresentam motivação para o desenvolvimento de ideologias morais ou políticas, que buscam reduzir as dificuldades de grupos carentes (HOFFMAN, 1992).

Estilos parentais e empatia

Existe um consenso na literatura de que a maturação da empatia é influenciada pelas relações de apego em fases precoces de desenvolvimento, quando a criança aprende a identificar e a expressar emoções, a partir da interação com a mãe. O contato físico e emocional contínuo e coordenado entre a mãe e o bebê promove a organização das habilidades de regulação da emoção da criança, determinando a sua competência emocional. A partir das trocas de olhares, do aconchego e da proximidade física que se estabelece entre eles com as atividades de cuidado, o bebê vai entendendo de alguma maneira o comportamento de sua mãe e regulando suas emoções valendo-se da atividade coordenada da díade (FALCONE, 2009; PRESTON & DE WAAL, 2002).

O estilo de apego começa a se desenvolver nos primeiros estágios da vida, através da interação com os primeiros cuidadores. Com essas experiências interpessoais, a criança, que nasce com necessidades específicas de recebimento de afeto, desenvolve expectativas sobre a disponibilidade de seus cuidadores, que basearão a construção de modelos internos de apego. De modo geral, apego se refere à ansiedade e ao desconforto das crianças pequenas em relação à separação ou ao afastamento de seus cuidadores primários. Quando as experiências infantis levam a expectativa de que os cuidadores serão amáveis e responsivos, há maior tendência de a criança adquirir um modelo de *self* que indica que ela é amada e valorizada, e um modelo do outro como caloroso e amoroso. Se recebe sistematicamente o afeto de que necessita nessas interações, é provável que a criança desenvolva durante a primeira infância um estilo de apego seguro. Tal estilo de apego permite que a criança explore o mundo e, quando fica estressada, busca segurança e proteção nas figuras de apego (MURIS, MEESTERS, MORREN & MOORMAN, 2004). Para uma leitura aprofundada sobre o desenvolvimento do apego, visite o capítulo 2 desta obra.

As relações entre a qualidade do apego inicial e os níveis de empatia em criança foram corroboradas em revisão de Feschbach (1992). Os resultados do estudo indicaram que crianças com apego seguro entre 12 e 18 meses mostraram-se mais cooperativas, entusiastas, persistentes e eficientes aos dois anos de idade, do que aquelas classificadas como de apego inseguro. Tais diferenças se mantiveram quando observadas em idade pré-escolar, três anos mais tarde. Verificou-se também que a sensibilidade materna aos sentimentos e às necessidades da criança se mostrou positivamente relacionada com a adaptação delas. Além disso, condutas pró-sociais e empáticas em crianças entre 18 e 30 meses mostraram-se associadas à empatia materna, manifestada por responder prontamente e nutritivamente às caídas da criança, bem como por antecipar perigos e dificuldades.

> **São exemplos de condutas pró-sociais empáticas de crianças:** compartilhar os brinquedos; aproximar-se de alguém triste e perguntar o que aconteceu para poder ajudar; explicar uma matéria para um colega que apresenta dificuldades; oferecer-se para carregar algo que uma criança sozinha não conseguiria; auxiliar os pais nas pequenas atividades do dia a dia; doar algo para uma pessoa em dificuldade; e buscar integrar ao grupo uma criança que estava isolada.
>
> **E exemplos de sensibilidade parental aos sentimentos da criança:**
>
> Estarem atentos ao estado emocional do filho; buscarem entender as possíveis causas das mudanças emocionais (ex.: sinalizar à criança que percebeu que ela chegou triste da escola e gostaria de compreender o que pode ter provocado tal emoção); validarem as emoções, mostrando que elas são naturais e que não há emoções certas ou erradas; não rotularem o filho, mas sim corrigir comportamentos inadequados; mostrarem-se verdadeiramente disponíveis para conversas, afastando-se de recursos tecnológicos que comprometam a atenção; e demonstrarem afeto e carinho, de forma verbal e não verbal.

O trabalho de Mikulincer, Shaver, Gillath e Nitzberg (2005) evidenciou que a tendência experimentalmente aumentada de estilos de apego seguro facilita a abertura cognitiva e a empatia, fortalecendo valores autotranscendentes, tolerância e motivação altruísta. Em cinco estudos que investigaram a hipótese de que elevação na segurança aumenta a compaixão e o altruísmo, os autores encontraram que estilos de apego ansioso e evitativo influenciaram negativamente a empatia. Além disso, o apego seguro provê fundamentos para sentimentos orientados a comportamentos de cuidar, enquanto várias formas de insegurança suprimem ou interferem com cuidados e compaixão.

> **Abertura cognitiva:** refere-se à flexibilidade para aceitar diferentes pontos de vista.

Os pais mais empáticos contribuem para o bem-estar de seus filhos, e a empatia é uma habilidade que pode ser treinada em qualquer idade. A empatia parental pode influenciar no desenvolvimento e no ajustamento infantil por meio da validação e do reforço das experiências da criança, facilitando uma vinculação segura com a figura parental. Pais que carecem de empatia são menos sensíveis aos sentimentos e às necessidades de seus filhos, os quais, por sua vez, tendem a ser não empáticos. Por outro lado, pais empáticos, além de modelar empatia nos filhos, tendem a ser mais receptivos aos sentimentos desses e a reforçar suas respostas empáticas (FESCHBACH, 1992).

Os filhos podem repetir o modelo dos seus pais, tanto no que concerne a comportamentos desejados como a indesejados. As manias, a forma de se expressar, os trejeitos e os hábitos que as crianças repetem dos pais refletem o processo que Bandura (1965) define como modelação, isto é, aprendizagem social, programada ou incidental, que fornece a aquisição de outros comportamentos por meio de modelos. **Uma criança que vive em um lar no qual os genitores gritam de forma agressiva quando contrariados pode adquirir o comportamento de responder com gritos diante de uma negativa. Por outro lado, uma criança cujos pais são atentos às suas manifestações emocionais e acolhedores pode se tornar mais sensível ao estado emocional dos outros e apresentar comportamento pró-social.** No período da infância, é fundamental a aprendizagem, o desenvolvimento e o aprimoramento da empatia, sendo os pais importantes modelos (OLIVEIRA & VIEGAS, no prelo).

A influência dos pais como modelo de empatia para os seus filhos tem sido confirmada em estudos científicos. Em trabalho que avaliou a empatia de adolescentes, verificou-se que as mães de filhos adolescentes muito empáticos foram descritas por eles como mais carinhosas do que as mães de adolescentes menos empáticos (EISENBERG-BERG & MUSSEN, 1978). Em outro estudo, estudantes avaliados como muito empáticos descreveram seus pais como mais carinhosos durante a infância do que os pais dos estudantes menos empáticos (BARNETT, HOWARD, KING & DINO, 1980).

Em outro estudo, Falcone (2000) encontrou que: 1) pais que respondem com simpatia e preocupação aos sentimentos de impotência e mal-estar da criança estão ensinando os filhos a expressar mal-estar sem inibição e a responder empaticamente ao mal-estar dos outros; 2) além dos pais, os mestres, os irmãos ou os pares podem ser modelo sensível; 3) as crianças também imitam personagens televisivos que se comportam de modo pró-social, demonstrando mais simpatia e disponibilidade para ajudar.

> **Atenção!**
>
> Cabe ressaltar a importância de os pais estarem atentos aos desenhos, aos programas e aos filmes assistidos por seus filhos, haja vista que os personagens podem atuar como modelo a ser imitado pelas crianças. Dessa forma, são desejáveis programas que auxiliem no desenvolvimento de valores, como a amizade e a solidariedade, nos quais os personagens ilustram e incentivam comportamentos pró-sociais, transmitindo de forma direta ou indireta a importância de compreender as diferenças, colocar-se no lugar do outro e ajudar as

> outras pessoas. Por outro lado, personagens que apresentam comportamentos agressivos e egoístas podem ensejar modelos indesejados. Diante do aumento da facilidade de acesso a diversos tipos de material a partir do advento da internet, sugerimos que os pais estejam atentos aos conteúdos assistidos por seus filhos, restringindo programas que estejam fora da faixa etária recomendada e que conversem sobre as mensagens transmitidas na programação assistida pela criança. Usar situações vivenciadas pelos personagens pode ensejar um enriquecedor momento para conhecer a forma como a criança pensa e também transmitir valores.

Em estudo que avaliou a relação entre práticas educativas e os níveis de empatia em crianças que viviam com seus familiares e crianças criadas em abrigo de longa e de curta permanência (MOTTA, FALCONE, CLARK & MANHÃES, 2006), os resultados sugerem que as práticas educativas, expressas por afetividade, sensibilidade e responsividade dos educadores, favoreçam o desenvolvimento da empatia em crianças, entretanto as práticas punitivas e o uso de prêmios para orientar o comportamento infantil podem ser prejudiciais.

Em um estudo realizado por Tyszler, Oliva e Andrade (2012), o estilo parental autoritário apresentou relação negativa com a empatia, ao passo que o estilo parental participativo se relacionou positivamente com a empatia. Assim como os estilos parentais estão relacionados à empatia dos pais, o mesmo ocorre na relação entre estilos parentais e a habilidade empática dos filhos. Hastings, Zahn-Waxler, Robinson, Usher e Bridges (2000) desenvolveram uma pesquisa longitudinal, na qual acompanharam crianças dos quatro aos dez anos de idade e verificaram que os filhos de mães autoritárias demonstravam menor consideração com os outros, enquanto os filhos de mães com o estilo parental participativo apresentaram mais empatia, responsabilidade interpessoal e comportamento pró-social.

Gottman (1997, 2001) destaca que a forma como a criança percebe as próprias emoções e as emoções de outros e lida com elas está muito relacionada às atitudes e ao comportamento de seus pais, de modo que **os pais podem impactar positiva ou negativamente a capacidade empática dos filhos. O manejo das emoções é o melhor presente que se pode oferecer às crianças, visto que as emoções estarão presentes por toda a vida** (RODRIGUES, 2015).

Algumas sugestões e dicas são apresentadas no sentido de orientar os pais e os professores a interagir empaticamente com as crianças, favorecendo o aprimoramento de empatia nelas. Gottman e Declaire (1997) apresentam **cinco passos que poderão ajudar os pais a auxiliar os seus filhos na regulação emocional:**

> 1) identificar as emoções da criança;
> 2) reconhecer que essa experiência emocional reflete uma oportunidade de maior aproximação com o filho e de transmissão de conhecimento sobre formas saudáveis de regular a emoção;
> 3) escutar com empatia, validando os sentimentos da criança;
> 4) auxiliar a identificação e a nomeação da emoção;
> 5) colaborar com a criança na resolução do problema.

Embora haja tendência de as pessoas perceberem as emoções difíceis como problemas a ser eliminados, essas foram projetadas pela evolução para nos defender e sinalizam algo para o qual precisamos de atenção (GILBERT, 2010). Dessa forma, a criança precisa aprender a manejar as emoções, e não tentar eliminá-las a todo custo. Para isso, a modelação parental será de grande relevância, tanto na forma como os pais lidam com a própria emoção quanto como esses lidam com a emoção de seus filhos.

A compaixão, dimensão afetiva da empatia, é compreendida como a sensibilidade ao próprio sofrimento ou de outrem com o desejo de tentar aliviar ou prevenir (GILBERT, 2014). Essa pode ser vista como um fluxo, no qual há a compaixão que sentimos pelas outras pessoas, a compaixão que estamos abertos para receber dos outros e a autocompaixão (CARONA, RIJO, SALVADOR, CASTILHO & GILBERT, 2017). Portanto, podemos falar da compaixão e da autocompaixão, sendo a primeira mais frequentemente associada ao estado emocional desencadeada pelo outro, e a segunda voltada para si mesmo, como uma postura de abertura e não julgamento (LUTZ, BREFCZYNSKI-LEWIS, JOHNSTONE & DAVIDSON, 2008).

> **Uma atividade prática para auxiliar no desenvolvimento da compaixão:**
> Reservar um momento do dia para ficar em um lugar calmo e se imaginar uma pessoa a mais compassiva possível. Em seguida, ter pensamentos voltados para o bem-estar de uma pessoa que desperte cuidados. Talvez seja possível até mesmo imaginar essa pessoa sorrindo. O foco desse exercício é endereçar a própria compaixão ao outro.
> Sugerimos que tal exercício possa ser adaptado para crianças, de forma lúdica, tanto no setting terapêutico quanto em um momento de interação pais-filhos. Os pais poderiam combinar com as crianças, as quais reservariam um momento na semana para desejar coisas boas a uma pessoa, e, ao final, cada um faria um desenho de como foi a experiência. Por exemplo, ilustrar a pessoa escolhida e os desejados endereçados a ela. É importante a participação de adultos para promover maior interação, enquanto também servem de modelo à criança.
> Fonte: Gilbert (2010)

Dica para desenvolver empatia aproveitando uma situação cotidiana:

A família se configura como uma matriz da aprendizagem humana (Vilalva, 2017), e os pais também podem aproveitar situações no dia a dia, filmes ou mesmo matérias exibidas na televisão para exercitarem a empatia e a compaixão com os seus filhos. Diante de uma dificuldade vivenciada por outra pessoa, fazer perguntas como: Que emoção você acha que esta pessoa está sentindo? Que tipo de ajuda ela gostaria de receber? Há algo que possamos fazer para ajudar? De forma natural, a empatia pode ser desenvolvida com o auxílio parental. O mesmo pode ser feito com base em livros infantis, haja vista que a leitura também pode favorecer a aprendizagem de valores por meio das experiências dos personagens (Oliveira & Viegas, no prelo).

Dica para desenvolver empatia por meio da brincadeira:

Uma brincadeira bastante conhecida é a mímica, na qual uma pessoa, sem falar, faz gestos para que o outro adivinhe do que se trata. Essa prática também pode ser empregada no exercício da empatia. Uma possibilidade é combinar previamente com a criança que, na brincadeira, será necessário adivinhar a situação e a emoção. Caso ela acerte ambas, ganhará dois pontos. Se acertar apenas uma, receberá um ponto. Algumas combinações possíveis são: encontrei um amigo e fiquei alegre; vi uma barata e tive medo; perdi um brinquedo e me senti triste, etc. Na segunda parte da brincadeira, pode ser proposto o desafio de como a criança poderia colaborar em cada situação, estimulando o comportamento pró-social. Tendo em vista que na infância a criança aprende bastante no contexto de brincadeiras, o ensino da empatia de forma lúdica pode ser bastante agradável e divertido para a criança.

Dica de comportamento empático para que os pais ajudem os filhos a lidar com sentimentos negativos

Azrak (2010) narra uma situação com a qual muitos pais podem se identificar. Alice, após um dia de trabalho bastante corrido e estressante, atrasa-se para buscar sua filha Mariana no colégio. Durante o trajeto, relembra atrasos anteriores e imagina possíveis pensamentos críticos da sua filha e da professora que com ela aguarda. Já no carro com a mãe, a criança demonstra certa irritação, visível através do retrovisor. Diante dessa constatação, Alice desata a falar do terrível dia que teve e que a filha deveria se sentir grata por ainda assim ela ter condição de buscá-la no colégio. Ao final, ordena que Mariana deixe de sentir raiva. A autora destaca que, se a mãe houvesse se colocado no lugar da filha, o desfecho poderia ser diferente, uma vez que ela perceberia que a criança passou o dia no colégio, estava cansada, com fome, chateada por isso ter acontecido outras vezes e envergonhada pela professora, que também precisava esperar por ela. A empatia auxiliaria a compreensão do estado emocional da filha e favoreceria uma conversa menos autoritária e conflituosa.

Dica de comportamento empático para que os pais ajudem os filhos a enfrentar as perdas.

Faber e Mazlish (2003) usam uma situação vivenciada por muitas crianças, a perda de um animal de estimação, para comparar uma resposta parental não empática com outra empática. Diante do desabafo da filha, que demonstra tristeza pela perda, o pai responde com frases como "é só um animal", "não chore" e depois compraremos outro", olhando para a televisão e já se afastando. Em contraste, na mesma situação, o pai poderia, abaixando-se para falar com a criança, verbalizar algo semelhante a "dói muito perder um bichinho de estimação", "sei que vocês se divertiam muito" e "percebo que ela era muito importante para você", dando-lhe um abraço ao final. Perante o sofrimento da filha, a primeira resposta paterna configuraria uma reação não empática, visto que a morte do animal é encarada como algo injustificável para o sofrimento, a criança foi incentivada a mudar os seus sentimentos e houve a sugestão da compra de um novo animal, a fim de resolver a situação e diminuir a impaciência do pai, expressa de forma não verbal. Já a segunda reação refletiria uma resposta empática por reconhecer a significância de uma perda, validar a dor emocional da filha e expressar compreensão e acolhimento com sinais não verbais.

Considerações finais

Diante da violência que tem crescido no mundo, de aumento de comportamentos voltados para satisfazer as próprias necessidades ou a dos membros de seu grupo, a empatia se constitui como uma capacidade fundamental para fomentar compaixão e colaboração entre os indivíduos. Como visto neste capítulo, estudos mostram que as pessoas empáticas são mais propensas a uma vida mais gratificante, provavelmente porque lidam melhor com a raiva, perdoam mais facilmente, estabelecem mais trocas afetivas e possuem mais amigos. Por outro lado, indivíduos com deficiência em empatia tendem a viver mais em conflito com os outros, são mais solitários e sofrem mais ansiedade e depressão.

Uma vez que os padrões parentais empáticos influenciam positivamente na maturação da empatia e que podem ser treinados e aprendidos, entendemos que ajudar os pais a se comportar de forma empática e compassiva com os seus filhos pode representar um recurso útil de prevenção de problemas ao longo do ciclo de vida. Esperamos que a revisão apresentada neste capítulo possa contribuir nesse sentido.

Referências

AZRAK, D. **A linguagem da empatia: métodos simples e eficazes para lidar com seu filho**. São Paulo: Summus. 2010.

BANDURA, A. **Modificação do Comportamento**. Rio de Janeiro: Interamericana. 1979.

BANDURA, A. Modificação do comportamento através de procedimentos de modelação. In: KRASNER, L.; ULLMANN, L. P. **Pesquisas sobre modificação de comportamento**. São Paulo: Herder. 1965.

BARNETT, M. A. Empatía y respuestas afines en los niños. In: EISENBERG, N.; STRAYER, J. **La empatía y su desarrollo**. Bilbao: Desclée de Brower. 1992. p. 163-180.

BARNETT, M. A. et al. Antecedents of empathy: Retrospective accounts of early socialization. **Personality and Social Psychology Bulletin**, v. 6, n. 3, p. 361-365, 1980. doi: http://dx.doi.org/10.1177/014616728063004

BARON-COHEN, S. **A diferença essencial: a verdade sobre o cérebro de homens e de mulheres**. Rio de Janeiro: Objetiva. 2004.

BECK, A. T.; FREEMAN, A.; DAVIS, D. D. **Terapia cognitiva dos transtornos de personalidade**. 2 ed. Porto Alegre: Artmed. 2005.

BELSKY, J. **Desenvolvimento humano: experienciando o ciclo da vida**. Porto Alegre: Artmed. 2010.

CABALLO, V. E. **Manual de avaliação e treinamento das habilidades sociais**. São Paulo: Livraria Santos Editora. 2003.

CARONA, C. et al. Compassion-focused therapy with children and adolescents. **BJ Psych Advances**, v. 23, n. 4, p. 240-252, 2017. doi: 10.1192/apt.bp.115.015420

CRAMER, D.; JOWETT, S. Perceived empathy, accurate empathy and relationship satisfaction in heterosexual couples. **Journal of Social and Personal Relationships**, v. 27, n. 3, p. 327-349, 2010. doi: 10.1177/0265407509348384

DAVIS, M. H.; KRAUS, L. A. Personality and empathic accuracy. In: ICKES, W. **Empathic accuracy**. New York: Guilford. 1997. p. 144-168.

DECETY, J. et al. Empathy as a driver of prosocial behaviour: highly conserved neuro behavior al mechanisms across species. **Phil. Trans. R. Soc. B,** v. 371, n. 1686, 2016. doi: 10.1098/rstb.2015.0077

DECETY, J.; JACKSON, P. L. The functional architecture of human empathy. **Behavioral and Cognitive Neuroscience Reviews,** v. 3, n. 2, p. 71-100, 2004.

DECETY, J.; LAMM, C. Empathy versus personal distress: recent evidence from social neuroscience. In: DECETY, J.; ICKES, W. **Empathy versus personal distress: recent evidence from social neuroscience.** Massachusetts: A Bradford Book. 2009. p. 199-213.

DECETY, J. The neuro development of empathy in humans. **Dev. Neurosci,** v. 32, p. 257-267, 2010. doi: 10.1159/000317771

DECETY, J.; SVETLOVA, M. Putting together phylogenetic and ontogenetic perspectives onempathy. **Developmental cognitive neuroscience,** v. 2, n. 1, p. 1-24, 2012. doi: 10.1016/j.dcn.2011.05.003

DENHAM, S. A. et al. Preschool emotional competence: Pathway to social competence? **Child development,** v. 74, n. 1, p. 238-256, 2003. doi:10.1111/1467-8624.00533

DE WALL, F. **A era da empatia: lições da natureza para uma sociedade mais gentil.** São Paulo: Companhia das Letras. 2010.

EISENBERG, N.; MURPHY, B. C.; SHEPARD, S. The development of empathic accuracy. In: ICKES, W. **Empathic accuracy.** New York: Guilford. 1997. p. 73-116.

EISENBERG, N.; SPINRAD, T. L.; CUMBERLAND, A. The socialization of emotion: Reply to commentaries. **Psychological Inquiry,** v. 9, n. 4, p. 317-333, 1998. doi:10.1207/s15327965pli0904_17

EISENBERG-BERG, N.; MUSSEN, P. Empathyand moral development in adolescence. **Developmental Psychology,** v. 14, n. 2, p. 185-186, 1978. doi: 10.1037/0012-1649.14.2.185

EPSTEIN, N. B.; SCHLESINGER, S. E. Casais em crise. In: DATTILIO, F. M.; FREEMAN, A. **Estratégias cognitivo-comportamentais de intervenção em situações de crise.** 2 ed. Porto Alegre: Artmed. 2004.

FABER, A.; MAZLISH, E. **Como falar para seu filho ouvir e como ouvir para seu filho falar.** São Paulo: Sammus. 2003.

FALCONE, E. M. O. **A avaliação de um programa de treinamento da empatia com universitários.** 1998. Tese de Doutorado (não publicada) - Instituto de Psicologia, Universidade de São Paulo. São Paulo. 1998.

FALCONE, E. M. O. A evolução das habilidades sociais e o comportamento empático. In: SILVARES, E. F. M. **Estudos de caso em psicologia clínica comportamental infantil.** Campinas: Papirus. 2000. p. 49-77.

FALCONE, E. M. O. Empatia. A sabedoria do vínculo e das relações sociais. Trabalho completo. **Anais do II Seminário Internacional de Habilidades Sociais,** p. 5-14, 2009.

FALCONE, E. M. O. O papel da tomada de perspectiva na experiência da empatia. In: FALCONE, E. M. O.; OLIVA, A. D.; FIGUEIREDO, C. **Produções em terapia cognitivo-comportamental.** São Paulo: Casa do Psicólogo. 2012. p. 61-69.

FALCONE, E. M. O.; BUSSAB, V. S. R.; FERREIRA, M. C. A evolução e as relações entre os estilos de vinculação, a empatia e a raiva. **Anais do II Seminário Internacional de Habilidades Sociais,** p. 79, Rio de Janeiro: UERJ, 2009.

FALCONE, E. M. O.; GIL, D. B.; FERREIRA, M. C. Um estudo comparativo da frequência de verbalização empática entre psicoterapeutas de diferentes abordagens teóricas. **Estudos de Psicologia,** v. 24, n. 4, p. 451-461, 2007. doi: http://dx.doi.org/10.1590/S0103-166X2007000400005

FESHBACH, N. D. Empatía parental y ajuste/desajuste infantil. In: EISENBERG, N.; STRAYER, J. **La empatia y su desarrollo.** Bilbao: Desclée de Brouwer. 1992. p. 299-320.

FESHBACH, N. D.; FESHBACH, S. Empathy and education. In: DECETY, J.; ICKES, W. **The social neuroscience of empathy.** Massachusetts: A Bradford Book. 2009. p. 85-97.

FREY, K. S.; HIRSCHSTEIN, M. K.; GUZZO, B. A. Second step: preventing aggression by promoting social competence. **Journal of Emotional and Behavioral Disorders,** v. 8, p. 102-112, 2000.

GILBERT, P. **The Compassionate Mind: A New Approach to Life's Challenges.** London: Constable-Robinson. 2010.

GILBERT, P. The origins and nature of compassion focused therapy. **British Journal of Clinical Psychology,** v. 53, n. 1, p. 6-41, 2014. doi: 10.1111/bjc.12043

GOTTMAN, J. Meta-emotion, children's emotional intelligence, and buffering children from marital conflict. In: RYFF, C, D.; SINGER, B. H. **Emotion, social relationships, and health.** New York: Oxford University Press. 2001. p. 23-40.

GOTTMAN, J.; DECLAIRE, J. **Inteligência emocional e a arte de educar nossos filhos: como aplicar os conceitos revolucionários da inteligência emocional para uma nova compreensão da relação entre pais e filhos.** Rio de Janeiro: Objetiva. 1997.

HASTINGS, P. D. et al. The development of concern for others in children with behavior problems. **Developmental psychology,** v. 36, n. 5, p. 531, 2014. doi: 10.1037//OO12-1649.36.5.531

HOFFMAN, M. L. La aportacipón de la empatia a lajusticia y al juicio moral. In: EISENBERG, N.; STRAYER, J. **La empatia y sudesarrollo.** Bilbao: Desclée de Brower. 1992. p. 59-93.

ICKES, W.; MARANGONI, C.; GARCÍA, S. Studying empathic accuracy in a clinically relevant context. In: ICKES, W. **Empathic accuracy.** New York: Guilford. 1997. p. 282-310.

LUTZ, A. et al. Regulation of the neural circuitry of emotion by compassion meditation: effects of meditative expertise. **PloSone,** v. 3, n. 3, p. 1897, 2008. doi: 10.1371/journal.pone.0001897

MATOS, M. G. **Comunicação e gestão de conflitos na escola.** Lisboa: Edições FMH. 1997.

MIKULINCER, M. Adult attachment style and individual differences in functional versus dysfunctional experiences of anger. **Journal of personality and social psychology,** v. 74, n. 2, p. 513, 1998. doi: 10.1037//0022-3514.74.2.513

MOHR, P. et al. The role of perspective taking in anger arousal. **Personality and Individual Differences,** v. 43, p. 507-517, 2007. doi: 10.1016/j.paid.2006.12.019

MOTTA, D. C. et al. Práticas educativas positivas favorecem o desenvolvimento da empatia em crianças. **Psicologia em Estudo,** v. 11, n. 3, p. 523-532, 2006. doi: 10.1590/S1413-73722006000300008

MURIS, P. et al. Anger and hostility in adolescents: Relationships with self-reported attachment style and perceived parental rearing styles. **Journal of Psychosomatic Research,** v. 57, n. 3, p. 257-264, 2004.

OLIVA, A. D. Desenvolvimento cognitivo e socioemocional. In: FAVA, D. **A prática da psicologia na escola: introduzindo a abordagem cognitivo-comportamental.** Belo Horizonte: Artesã. 2016. p. 67-94.

OLIVEIRA, M. G. S.; FALCONE, E. M. O.; RIBAS JR., R. C. A avaliação das relações entre a empatia e a satisfação conjugal: um estudo preliminar. **Interação em Psicologia,** v. 13, n. 2, p. 287-298, 2009.

OLIVEIRA, E. R.; VIEGAS, M. P. **Calçando os sapatos do outro: descobrindo os caminhos da empatia.** Rio de Janeiro: Editora Cognitiva. No prelo.

PINHO, V. D.; FALCONE, E. M. O. Intervenciones para la promoción del perdón y la inserción de la empatía: revisión de la literatura. **Revista Argentina de Clínica Psicologica,** v. 24, n. 2, p. 111-120, 2015. doi: http://dx.doi.org/10.9788/TP2016.4-17

PINHO, V. D.; FALCONE, E. M. O. O perdão interpessoal em mágoas muito e pouco intensas e suas relações com a habilidade empática. In: FALCONE, E. M. O.; OLIVA, A. D.; FIGUEIREDO, C. **Produções em terapia cognitivo-comportamental.** São Paulo: Casa do Psicólogo. 2012. p. 359-368.

PRESTON, S. D.; DE WAAL, F. B. M. Empathy: its ultimate and proximate bases. **Behavioral and Brain Sciences,** v. 25, n. 1, p. 1-72, 2002.

RODRIGUES, M. **Educação emocional positiva: saber lidar com as emoções é uma importante lição na saúde e na doença.** Novo Hamburgo: Sinopsys. 2015.

SAMPAIO, L. L. A cross-cultural study: Empathyand role-taking in Brazilian and American children. **Universitas Psychologica,** v. 16, n. 1, 2017. doi:http://dx.doi.org/10.11144/Javeriana.upsy15-1.efci

SARDINHA, A.; FALCONE, E. M. O.; FERREIRA, M. C. As relações entre a satisfação conjugal e as habilidades sociais percebidas no cônjuge. **Psicologia: Teoria e Pesquisa,** v. 25, n. 3, p. 395-402, 2009. doi: 10.1590/S0102-37722009000300013

THOMPSON, R. A. Empatía y comprensión emocional el desarrollo temprano de la empatía. In: EISENBERG, N.; STRAYER, J. **La empatia y su desarrollo.** Bilbao: Desclée de Brouwer. 1992. p. 133-161.

TSUJIMOTO, S. The prefrontal cortex: functional neural development during early childhood. **Neuroscientist,** v. 14, p. 345-358, 2008. doi: 10.1177/1073858408 316002

TYSZLER, P. T.; OLIVA, A. D.; ANDRADE, J. M A relação da empatia com estilos parentais: um estudo exploratório. In: FALCONE, E. M. O.; OLIVA, A. D.; FIGUEIREDO, C. **Produções em terapia cognitivo-comportamental.** São Paulo: Casa do Psicólogo. 2012. p. 51-59.

VILALVA, S. **Comportamento altruísta em crianças de dois a cinco anos.** 2017. Tese de Doutorado – Universidade Federal do Paraná. Curitiba. 2017.

CAPÍTULO 7
Responsabilidades: orientações sobre funções executivas

Caroline de Oliveira Cardoso
Leslie Holmer

É na infância que a criança deve encontrar oportunidades de aprendizagem para desenvolver habilidades cognitivas importantes como capacidade de planejamento, organização, automonitoramento, controle inibitório, iniciação comportamental, flexibilidade cognitiva e memória operacional. O conjunto dessas habilidades cognitivas é chamado de funções executivas (FE) e refere-se a uma variabilidade de habilidades envolvidas no gerenciamento e na regulação do comportamento para atingir um objetivo específico, sendo especialmente importantes em situações novas e complexas (BLAIR, 2002; DIAMOND, 2002, DIAMOND, 2013). As FE podem ser comparadas ao sistema de controle de tráfego aéreo em um aeroporto movimentado. Como o controle de tráfego aéreo que precisa gerenciar os aviões que pousam e decolam em várias pistas, as FE têm a função de gerenciar diversos processos cognitivos e o comportamento, permitindo, com isso, que o indivíduo possa focar diante de múltiplas informações, criar prioridades e planejar, inibir um comportamento inadequado e se adaptar diante de mudanças ou imprevistos (CENTER ON THE DEVELOPING CHILD AT HARVARD UNIVERSITY, 2011).

A fim de conceituar o quão importante são essas habilidades em nossa vida, vamos apresentar diversas situações diárias na fase adulta em que elas são recrutadas. Pense em um dia típico para você. Inicialmente, você planeja o seu dia: vou levantar, tirar as crianças da cama, preparar o café da manhã, depois vou ao trabalho, terei uma reunião às 8h; após o trabalho, buscarei as crianças no colégio e as levarei para as suas atividades (planejamento e organização).

No caminho para o trabalho, há um acidente grave, e você deve buscar rotas alternativas para conseguir chegar (flexibilidade cognitiva), já que tem uma reunião agendada. Diante desse imprevisto, você se sente muito agitado e com dificuldade para se concentrar, mas precisa controlar as emoções e sua atenção para continuar trabalhando (controle inibitório). Como você chega atrasado ao trabalho, precisou criar uma lista de tarefas para o dia e decidir quanto tempo cada tarefa vai levar (planejamento e gerenciamento de tempo). Você inicia uma tarefa (iniciação) e, enquanto está digitando um e-mail, você é interrompido com um telefonema e, quando a ligação é concluída, você precisa lembrar e retornar a escrever o e-mail do ponto em que parou (memória de trabalho). Após o trabalho, você percebe que suas filhas têm atividades diferentes no mesmo horário, enquanto uma tem inglês, a outra tem balé. Então, para que possa resolver esse problema, decide pedir ajuda para o(a) seu(sua) companheiro(a) (flexibilidade cognitiva e resolução de problemas). Em situações simples no cotidiano, veja a frequência que utilizamos as FE com o objetivo de completar tarefas diárias.

Agora, vamos pensar em diferentes situações diárias que seus filhos também precisam dessas habilidades para finalizar suas tarefas. Por exemplo, (1) para priorizar ou iniciar um comportamento, como fazer uma lição de casa; (2) inibir uma resposta automatizada, como levantar a mão ou esperar a sua vez quando alguém está falando; (3) manter a informação relevante na mente para finalizar uma tarefa, quando necessita lembrar-se da instrução fornecida pelos pais que primeiro precisa deixar o material do quarto, depois lavar as mãos e por fim, sentar-se à mesa para almoçar; (4) resistir à distração ou a estímulos irrelevantes, como ouvir a professora em sala de aula, em vez de prestar atenção na conversa dos colegas; (5) criar alternativas para resolver os problemas, como um tema de casa que não recorda o que precisa fazer, pensar em estratégias para conseguir finalizar (Cardoso et al., 2015; Jacob & Parkinson, 2015). Com base nesses exemplos, fica evidente a importância das FE para o contexto de vida diária das crianças. Em suma, sempre que a criança é demandada por seu ambiente ou por necessidades internas a sair de seu "piloto automático", um conjunto de FE é recrutado em busca de soluções e de recursos/estratégias para alcançá-las (Cardoso, Dias, Seabra & Fonseca, 2016).

Diamond (2013), em seu modelo teórico, propõe que fazem parte das FE os componentes: memória de trabalho (capacidade de manter e manipular informações mentalmente, possibilitando relacionar e integrar informações, lembrar sequências ou ordens), controle inibitório (capacidade de inibir um comportamento em detrimento de outro, assim como habilidade de filtrar pensamentos, controlar os impulsos e resistir às distrações) e flexibilidade cognitiva (capacidade de mudar o foco atencional, considerar diferentes perspectivas, prioridades ou regras e adaptar-se às demandas do ambiente). Para a autora, essas habilidades seriam componentes básicos ou centrais, cuja interação colaboraria para a emergência de funções mais complexas, como raciocínio, resolução de problemas e planejamento. Na Tabela 1, são apresentados exemplos de comportamento que crianças com dificuldade em determinado componente executivo podem apresentar. Ao final do capítulo, também serão apresentadas algumas dicas e orientação aos pais sobre como estimular cada uma dessas habilidades em seus filhos.

Tabela 1 – Controle inibitório, memória de trabalho e flexibilidade cognitiva exemplos de comportamento (com base em Diamond, 2013, e em Cardoso et al., 2016).

Controle inibitório
• Interrompe os pais quando estão falando, fala fora de hora e impulsivamente; • Não pensa antes de agir ou falar; • Fornece respostas impulsivas, sem pensar antes em outras opções; • Mesmo sabendo a resposta, erra questões por descuido, impulso ou desatenção; • Distrai-se com facilidade, não consegue controlar o foco de sua atenção; • Tem dificuldade para controlar as emoções (grita, bate, chora).
Memória de trabalho
• Não segue corretamente as instruções das tarefas; • Não consegue manter as informações em mente, por tempo suficiente, para usá-las em seguida; • Tem dificuldade para fazer cálculos ou solucionar problemas matemáticos mentalmente; • Durante a leitura, apresenta dificuldade em conectar a informação de um parágrafo com o outro e, geralmente, não compreende o que lê;
Flexibilidade cognitiva
• Tem dificuldade em lidar com mudanças de planos ou de rotina; • Não demonstra criatividade para resolver problemas; • Não consegue pensar em diferentes formas de solucionar um problema; • Mesmo diante de erros, não consegue mudar a forma como executa uma tarefa, empregando sempre a mesma estratégia ou solução; • Fica preso a partes de tarefas e não consegue ir adiante; • Tem dificuldade de passar de uma atividade para outra; • Tem dificuldade em mudar a forma como se comporta ou faz qualquer atividade; • Pode ter dificuldade em entender metáforas e abstrair a informação para além do sentido literal; • Pode ter dificuldade em entender perspectivas ou pontos de vista diferentes do seu.

As FE iniciam seu desenvolvimento muito precocemente, desde os primeiros anos de idade, com percurso até o final da adolescência e início da vida adulta (BEST & MILLER, 2010; CENTER ON THE DEVELOPING CHILD AT HARVARD UNIVERSITY, 2011; DAWSON & GUARE, 2010). Apesar de tão essencial para diversas atividades diárias, os indivíduos não nascem com essas habilidades prontas. Todo indivíduo nasce com o potencial para desenvolver, porém, dependerá tanto dos aspectos maturacionais, principalmente da estrutura e de circuitos pré-frontais do sistema nervoso central, como também, e muito, dos aspectos ambientais e das experiências desde a primeira infância (DAWSON & GUARE, 2010; ENGEL DE ABREU, CONWAY, & GATHERCOLE, 2015).

Considerando os fatores ambientais importantes para a construção dessa habilidade na infância, destaca-se o ambiente familiar e o estilo de interação entre pais e filhos (BERNIER, WHIPPLE & CARLSON, 2010; BERNIER et al., 2012). Os pais, diante de suas características e práticas, auxiliam a criança a desenvolver suas habilidades executivas além do que ela poderia conseguir sozinha (BINDMAN et al., 2013; MARTINS, LEÓN & SEABRA, 2016). Assim, fornecer apoio e estímulos para que as crianças possam construir essas habilidades é fundamental para o desenvolvimento saudável.

Muitas vezes, a partir de tarefas simples do cotidiano, como escolher a roupa, preparar a mesa para as refeições, servir-se, realizar tarefas escolares e arrumar o material, organizar o quarto e seus pertences, já é possível ajudar as crianças e os adolescentes no desenvolvimento dessas habilidades. Para isso, é importante o ensino e a promoção da autonomia dos nossos filhos na execução de tais atividades. A Tabela 2 descreve algumas atividades diárias que são esperadas considerando o período escolar da criança, que podem servir como uma referência. A seguir, serão apresentadas algumas dicas e reflexões sobre como podemos estimular as habilidades executivas em crianças por meio de atividades do cotidiano.

Tabela 2 – Descrição de atividades esperadas considerando o período escolar (com base na cartilha dos pais do Método Glia – ARRUDA & MATA, 2014)

Idade	Tarefas diárias
Pré-escola – a partir dos 4 anos	Tarefas de uma etapa. Preparar um lanche e realizar um lanche com autonomia. Recolher a sua louça e levar na pia ou na lava-louça. Atividades diárias: se alimentar, tomar banho, escovar os dentes, vestir-se. Inibição rudimentar de comportamento – não correr na rua, não colocar a mão na panela quente.

Idade	Tarefas diárias
Educação Infantil	Tarefas de 2 a 4 etapas. Organizar o quarto e arrumar a cama (pode necessitar ser lembrado). Atividades diárias: alimentar-se, tomar banho sozinho, escovar os dentes, vestir-se sozinho inclusive com botões e fechos antes dos 4 anos. Recados escola-casa. Tarefas de casa no máximo de 20 minutos. Usar a faca para cortar, ajudar a colocar a mesa e colocar sua louça na pia após a refeição. Comportamentos inibitórios: seguir regras de segurança, levantar a mão para pedir a palavra.
Ensino Fundamental I	Tarefas de múltiplas etapas envolvendo mais tempo e ausência de monitoria. Organizar e limpar o quarto. Tarefas domésticas de 20-30 minutos de duração. Cuidar de seus pertences quando está fora de casa. Tarefas escolares de 1 hora. Planejar projetos escolares simples (selecionar, ler e resumir pequenos livros). Atividades extracurriculares. Comportamento inibitório autônomo na escola, sem supervisão.
Ensino Fundamental II	Tarefas de múltiplas etapas envolvendo tempo mais longo. Tarefas domésticas de 60-90 minutos de duração. Cuidar dos irmãos menores. Utilizar métodos de organização em agendas, computadores. Planejar e conduzir projetos longos, em tempo hábil, múltiplos. Planejar tempo: tarefas, atividades extracurriculares, lazer, responsabilidades. Comportamento inibitório autônomo na escola, sem supervisão.
Ensino Médio	Administrar as tarefas escolares diárias, preparação para provas, problemas longos, capaz de modular esforço/dedicação conforme a demanda e o *feedback* de professores. Estabelecer objetivos de longo prazo e estabelecer metas para atingir objetivos. Preparar-se e conduzir o processo de aprendizagem ou de profissionalização. Inibir comportamentos de risco.

Por que e como promover as funções executivas na infância?

As FE têm se mostrado fundamental para diversas facetas da vida humana, desde a aprendizagem escolar em crianças até a diversos desfechos de longo prazo, como saúde física (Falkowski, Atchison, DeButte-Smith, Weiner & O'Bryant, 2014), saúde mental (Snyder, 2013) e melhor qualidade de vida (Moffitt et al., 2011, Moffitt, 2012). Além disso, estudos apontam que essas funções são muito relevantes para o sucesso nos anos escolares desde a pré-escola até a universidade, muitas vezes mais do que o próprio QI (Alloway & Alloway, 2010).

Como ressaltado anteriormente, por intermédio de atividades do cotidiano, é possível estimular as FE em crianças. Por exemplo, no momento em que pedimos aos nossos filhos que arrumem a mochila para a escola, estamos estimulando a habilidade de planejamento e organização, bem como proporcionando a eles maior autonomia. Contudo, apesar da importância dessas habilidades, na prática clínica observamos a dificuldade que os pais encontram em auxiliar seus filhos nesse processo por diversos motivos. A falta de tempo talvez seja o principal deles, e de fato, precisamos de tempo para ensinar tais tarefas aos filhos. É muito comum ouvir o relato dos pais de que não têm tempo para esperar as crianças se vestirem sozinhas ou servirem o próprio alimento, pois despendem de mais tempo e, em função de uma agenda cheia de compromissos e horários apertados, eles acabam fazendo por conta própria.

Algumas dicas:

- Estabeleça metas que respeitem cada faixa etária, podendo utilizar a Tabela 2 como referência.
- Priorize de acordo com uma hierarquia.
- Não sobrecarregue seu filho com muitas mudanças ao mesmo tempo.
- Não deixe a rotina entrar em uma "zona de conforto"; as crianças precisam de desafios e aprender outros repertórios comportamentais e cognitivos.
- Planeje as próximas intervenções.
- Atente-se para isto: o tempo para a aprendizagem de nova tarefa precisa respeitar o ritmo da criança; então, calcule o tempo necessário previamente.

Por exemplo, quando vamos ensinar as crianças a cortar alimentos com faca ou a preparar seu lanche, precisamos de um tempo maior. Serão várias tentativas até consolidar a aprendizagem. Por isso, uma estratégia é iniciarmos alguns treinos no fim de semana, quando teremos mais tempo para respeitar esse processo. Visando a ensinar outros comportamentos, primeiro devemos dar o modelo, ou seja, mostrar e explicar o que e como se faz, depois podemos orientar verbalmente e supervisionar todo o processo. Após um tempo, quando o comportamento já foi assimilado, devemos permitir que a criança passe a executar a tarefa de forma totalmente independente. Cabe aos pais oferecer oportunidades para que seus filhos possam desenvolver suas FE, sendo que, a partir dessa atividade do cotidiano, já é possível estimular tais habilidades.

Outro aspecto a se destacar é que, quando estamos orientando ou dando alguma instrução nova, é importante que façamos isso de forma direta, objetiva e clara, evitando ordens complexas e longas. A criança precisa entender o que é e como deve fazer determinada tarefa e o que é esperado que ela faça. Por exemplo, a frase "você precisa se comportar na casa dos teus amigos" não deixa claro para a criança os comportamentos que são esperados dela. Em um segundo momento é que podemos orientar e atuar como mediadores. Por exemplo, na hora em que a criança está guardando os brinquedos, em vez de dizer "coloque os brinquedos aqui, você não pode misturar os jogos", prefira "como podemos organizar melhor os brinquedos? Quem sabe separamos assim? Você lembra quando conversamos sobre isso? Você acha que está seguindo aquilo que havíamos combinado?". No segundo exemplo, os pais produzem um momento de reflexão, atribuindo a responsabilidade à criança, diferentemente do primeiro exemplo, em que os pais impõem o que precisa ser feito, e o filho segue a ordem. Valendo-nos de questionamentos, estamos estimulando as habilidades executivas e não apenas submetendo-o a uma regra imposta.

Além da falta de tempo, outro fator importante que prejudica os pais na promoção das habilidades executivas e da autonomia dos filhos é a dificuldade em tolerar as frustrações dos filhos. Com frequência, na prática clínica, escutamos argumentações como "ele acorda muito cedo e fico com pena, por isso visto a roupa nele", "se eu não fizer agora enquanto é pequeno, quando crescer não vou mais poder fazer". Os argumentos são muito compreensíveis. Contudo, também é responsabilidade dos pais e dos educadores mostrarem para a criança os desafios que encontrarão logo ali, na adolescência e no início da idade adulta. Podemos encontrar inúmeras alternativas para darmos atenção, carinho e desfrutarmos de momentos agradáveis com nossos filhos, não precisando utilizar de tarefas do dia a dia para isso. A seguir, serão apresentadas algumas dicas.

> - Planeje uma atividade lúdica semanal com seu filho, como assistir a um filme ou ler um livro divertido juntos.
> - Se seu filho estuda no turno da manhã, é importante acordá-lo com tempo suficiente para que ele possa realizar a rotina com autonomia.
> - Lembre-se: a criança precisa de mais tempo para realizar tarefas do cotidiano do que os adultos que já automatizaram sua rotina.
> - Se seu filho tem dificuldade para acordar cedo, é importante avaliar se o horário em que ele está indo dormir está adequado.

Na vida acadêmica, aplica-se o mesmo manejo sugerido para as outras atividades de rotina. Cada vez mais, as crianças têm compromissos acadêmicos e atividades extracurriculares, como curso de línguas, esportes, aulas de reforço, dentre outras tarefas. Mas o momento mais difícil de manejo para os pais talvez seja a hora da tarefa escolar. É muito difícil imaginar o filho indo para a escola sem os temas feitos, incompletos ou errados. Muitos cuidadores, especialmente as mães, procuram encontrar solução para que seus filhos não sofram com as consequências, como tirar notas baixas ou deixar de aprender o conteúdo. Após o surgimento das redes sociais e principalmente do WhatsApp, os pais comunicam-se com maior facilidade e se informam, através de grupos, sobre as tarefas escolares. Aliás, tem sido comum as próprias mães realizarem as tarefas escolares, discutindo nos grupos sobre as questões que estavam difíceis, resolvendo as tarefas pelos filhos. Como falamos anteriormente, é fundamental que a criança desenvolva estratégias de planejamento, flexibilidade cognitiva, resolução de problemas. Nesse sentido, o tema pode ser um instrumento importante para desenvolver tais habilidades. Além disso, poder utilizar alguns comportamentos de enfrentamento, tais como perguntar dúvidas no dia seguinte para a professora ou para outros colegas, é uma forma de desenvolver um repertório comportamental assertivo no grupo social.

A consequência da falta de oportunidades de aprendizagem nas tarefas cotidianas resulta na dificuldade que as crianças e os adolescentes encontram na capacidade para resolver problemas e no planejamento, afetando assim sua autonomia. Por exemplo, crianças com alto potencial intelectual podem encontrar dificuldades na solução de tarefas e problemas simples, além do desenvolvimento de baixa capacidade de iniciativa. Não é incomum observar adultos jovens com dificuldades no ensino superior. Trocas de curso por não gostarem dos professores, dificuldades para solucionar problemas, dificuldade com o gerenciamento do tempo e para cumprir prazo, falta de organização e planejamento. Ou seja, é fundamental que essas habilidades sejam desenvolvidas ainda durante a vida escolar da criança para que ela não tenha prejuízos futuros. A falta de iniciativa, que pode ser reforçada por pais que resolvem sempre as dificuldades pelos filhos, também prejudica o futuro relacionamento com os professores da faculdade, com os futuros chefes nos estágios e empregos, além de impactar no futuro relacionamento conjugal.

O quadro, a seguir, fornece algumas dicas para ajudar os pais a promover as FE e com o objetivo de dar maior autonomia ao filho na realização das tarefas escolares:

- Não realize tarefas escolares pelo seu filho.
- Caso ele tenha dúvidas, em vez de responder, incentive-o a pensar de que forma poderá resolver suas dúvidas, pensando estratégias. Com isso, você também estará estimulando a capacidade de flexibilidade cognitiva.
- Tenha sempre um horário adequado para a realização das tarefas escolares, de preferência em horário que ele não esteja tão cansado, como logo em seguida da volta da escola ou tarde da noite.
- O local para a realização das tarefas deve ser silencioso, bem iluminado e sem estímulos concorrentes (TV, *tablet*, brinquedos, etc.). Estímulos visuais e auditivos podem ser fatores de distração e dificultarem a capacidade atencional e de controle inibitório da criança.
- A mesa de atividades deve estar somente com o material necessário para a realização da tarefa. Fazer o tema na mesa de jantar enquanto a família prepara a refeição não é uma boa escolha.
- Tenha no mural do quarto uma lista de passos para que a criança aprenda a organizar sua mochila sozinha. No início ajude seu filho, mas aos poucos deixe que ele realize essa tarefa com autonomia. Com isso, você estará estimulando sua capacidade de planejamento e organização.

Agora que você já entendeu o que são e qual é a importância das FE, vamos apresentar algumas estratégias de como estimular cada componente executivo. Ou seja, considerando as FE em relação às quais seu filho tem mais facilidade e dificuldade, você pode proporcionar um ambiente adequado em casa para estimular tais habilidades.

Flexibilidade cognitiva

A habilidade de flexibilidade cognitiva normalmente é recrutada em situações novas ou que imponham a necessidade de mudança de regras ou de resposta. Está relacionada à capacidade de gerar outras estratégias e alternativas para resolver um problema ou para se adaptar a algo inesperado (DIAMOND, 2013). Assim, pensar de forma flexível e mudar suas estratégias é uma FE essencial para que a criança aprenda e tenha sucesso na escola e na vida. Crianças com prejuízos ou dificuldades de flexibilidade cognitiva muitas vezes reagem mal às mudanças de rotina ou de planos, permanecem rígidas em seus padrões de pensamento e não tentam diferentes abordagens para solucionar um problema. Muitas vezes, são consideradas crianças teimosas, rígidas, intolerantes e podem ficar ansiosas com mudanças de planos. Na Tabela 1, foram exibidos alguns comportamentos que normalmente crianças com prejuízos de flexibilidade cognitiva podem apresentar. A seguir, são mostradas algumas estratégias que podem ser usadas para estimular ou potencializar essa habilidade:

- Diante de uma situação de resolução de algum problema, em vez de fornecer uma solução, incentive que seu filho possa pensar em diferentes alternativas. Se preferir, pode pedir a ele que anote todas as alternativas que pensou e só após decidir o que fazer.

- Forneça uma situação de vida diária ou problema social e incentive-o a refletir sobre como poderia resolver ou lidar com aquela situação, pensando diferentes soluções para o mesmo problema. Por exemplo, no momento de pensar em organizar o guarda-roupa, mostre que não existe apenas uma opção. É possível organizar as roupas considerando a estação do ano, ou pela cor, ou separar aquelas roupas que mais usa, deixando mais à vista. Outro exemplo seria apresentar uma situação social, por exemplo, a falta de água no local em que moram, estimulando-o a refletir sobre como pode ajudar a combater a falta dela, pensando em diferentes soluções.

- Tente promover mudanças e programações que tornem a rotina e os programas de lazer menos rígidos. Por exemplo, ir almoçar em outro restaurante que não seja o mesmo frequentado todos os sábados; assim, as crianças precisarão ser mais flexíveis em suas escolhas. Se a experiência for prazerosa, ficará uma mensagem de que "mudar" ou "modificar" os planos nem sempre é ruim.

- Quando há mudança de rotina ou surge algum imprevisto, é importante validar as emoções sentidas pelo seu filho (irritação, tristeza, raiva). Quando estiver mais calmo, é importante propor-lhe um espaço para que ele possa pensar diferentes maneiras de como lidar com tal imprevisto.

- É importante também, a partir de situações que possam surgir na vida da criança, mostrar que nem sempre uma situação está certa ou errada, que nem tudo é 8 ou 80, mas que existe uma série de situações intermediárias a ser analisadas ou que há diferentes perspectivas.

- Estimule a criança a se colocar no lugar do outro, ver de diferentes perspectivas uma mesma situação. Pode apresentar exemplos ou mostrar isso por meio de histórias infantis.

- Proponha atividades que envolvam palavras com múltiplos significados, por exemplo, rede, bala, ou até mesmo metáforas, piadas, charadas, trocadilhos, para que possa estimular a criança a pensar sobre as diferentes maneiras de entender a mesma palavra ou frase.

Controle inibitório

Controle inibitório é a capacidade de parar e pensar antes de agir. Ou seja, é a capacidade de inibir um comportamento inadequado ou inapropriado em prol de outro (inibição comportamental), assim como a habilidade de resistir às distrações tanto de estímulos externos (barulhos, ruídos) quanto de internos (pensamentos não relacionados) (controle de interferência) (DIAMOND, 2013; CARDOSO et al., 2016). Prejuízos no controle inibitório podem gerar comportamentos caracterizados por birras frequentes. Muitas vezes, essas crianças falam e agem antes de pensar e refletir. Crianças com tal prejuízo podem, costumeiramente, dar respostas impulsivas sem considerar o efeito das próprias palavras, como também ter dificuldade em esperar sua vez para falar ou agir. Nas atividades escolares, frequentemente tentam adivinhar o que está escrito com base nas primeiras letras ou, em questões de múltipla escolha, consideram muitas vezes as primeiras alternativas. Com frequência, são consideradas crianças intrometidas, insensíveis ou impulsivas (CARDOSO et al., 2015). A seguir, são apresentadas algumas estratégias que podem ser usadas a fim de estimular ou potencializar essa habilidade:

- Estimule o seu filho a pensar antes de agir. Para isso, diante de alguma situação em que ele foi mais impulsivo, proporcione inicialmente um espaço para que ele possa refletir sobre o que aconteceu e o impacto do seu comportamento; em seguida, como um modelo, explique e mostre como poderia ou poderá agir, fornecendo exemplos.

- Uma das formas para explicar ou ilustrar pode ser mediante imagens ou metáforas. Considerando o controle inibitório, pode ser apresentada a imagem de um semáforo, sendo que cada cor representa um ato ou uma ação. A cor VERMELHA significa PARE!, a AMARELA, PENSE!, e a cor VERDE, SIGA! Com base na visualização dessa imagem, explique que, quando vem um impulso, uma vontade, precisamos nos lembrar do semáforo para que possamos ter autocontrole, isto é, pensar em cada uma das cores antes de agir.

- Quando seu filho errar alguma questão por descuido, impulso ou desatenção, mesmo sabendo a resposta, retome com ele toda questão, repassando cada uma das alternativas e fazendo com que ele possa refletir sobre o quanto a sua desatenção pode ter contribuído para prejudicá-lo.

- Se seu filho se distrai com facilidade e não consegue controlar o foco de sua atenção, é importante proporcionar-lhe um ambiente livre de estímulos distratores, principalmente quando se exige concentração. Quando for fazer os temas, o ideal é estar em um ambiente sem muito ruído, com boa iluminação, sem a presença de estímulos que podem distraí-lo, como televisão, tablet, celular, jogos, brinquedos.

- Jogos ou brincadeiras podem ser úteis para estimular o controlar inibitório. Exemplo de jogos em envolvem controle inibitório: Mãozinha Bate-Bate; FOCO; Lince; Dança das Cadeiras; Morto-Vivo; O Mestre Mandou.

Memória de trabalho

A memória de trabalho é uma habilidade que permite que a informação seja mantida e manipulada mentalmente, possibilitando relacionar e integrar informações, lembrar sequências ou ordens (DIAMOND, 2013). Essa habilidade é muito importante para a aprendizagem e para o desempenho escolar (CRAGG & GILMORE, 2014; BLAIR & RAZZA, 2007). Crianças com dificuldade na memória de trabalho podem apresentar prejuízo escolar, por exemplo, não são capazes de realizar cálculos mentais, embora não tenham dificuldade em relação ao raciocínio matemático. Isso ocorre porque não conseguem manter as informações numéricas na memória enquanto realizam o cálculo. É frequente também crianças com prejuízos na memória operacional não seguirem corretamente as instruções das tarefas e, consequentemente, cometerem erros ou gastarem mais tempo para realizar as lições (CARDOSO et al., 2015). Apresentaremos algumas dicas de como estimular essa habilidade em seu filho:

- Quando fornecer a ele alguma instrução, proponha pistas ou dicas verbais (exemplo: "Agora você precisa") e visuais (exemplo: recursos visuais com cores), uma vez que essas auxiliam na memorização e na consolidação da informação;

- Antes de executar a tarefa ou a instrução, faça um ensaio e uma revisão, solicitando a ele que repita o que foi dito ou falado ou que possa visualizar mentalmente o que foi dito.

- Incentive seu filho a agregar informações, ou seja, combinar ideias ou itens de modo a compor menor número de unidades de dados. Quando é necessário fazer mais de uma atividade ao mesmo tempo ou quando há muitas informações para memorizar, muitas vezes é possível organizar melhor as informações. Para isso, incentive-o a organizar e a manipular os estímulos mentalmente. Por exemplo, você solicita que seu filho vá até seu quarto e que pegue um lápis, uma bola, um caderno e um carrinho. Para não esquecer, ele pode organizar os objetos mentalmente, memorizando primeiro o material escolar e depois os brinquedos: lápis, caderno, bola e carrinho.

- Transmita a seu filho que o mais importante é fazer as tarefas com calma, com tranquilidade, dando ênfase à qualidade.

- Se seu filho apresenta dificuldade de memória de trabalho, procure fornecer instruções mais claras e objetivas, sem muitas informações ao mesmo tempo. Recomende-o também que não faça muitas coisas simultaneamente; por exemplo, fazer os temas de casa enquanto mexe no celular e assiste à televisão. Oriente-o a manter o foco em uma tarefa de cada vez.

Planejamento

Planejamento refere-se à habilidade de elaborar e executar um Plano de Ação. Ou seja, de "pensar antes" e de estipular quais seriam os passos necessários para se atingir um objetivo (DIAMOND, 2013). Esse processo também inclui a organização, isto é, competência de sistematizar informações ou material necessário para a execução da tarefa (DAWSON & GUARE, 2010; DIAS & SEABRA, 2013; MELTZER, 2010). Para que uma atividade seja realizada com sucesso, é necessário inicialmente planejar. Ou melhor, pensar antes de iniciar uma atividade o que fazer, elaborar um plano e analisar os recursos necessários para implementá-la. Em seguida, é fundamental que se verifique se o plano estabelecido foi colocado em prática ou também pensar durante a realização da tarefa, com o intuito de monitorar os passos e confirmar se esses estão ocorrendo conforme o previsto. Por fim, é importante pensar depois da realização da tarefa, avaliando se foi cumprido o que havia sido planejado, se as tarefas foram realizadas como previsto e se o resultado corresponde ao plano (ROSÁRIO et al., 2007). Crianças com dificuldades de planejamento, muitas vezes, não conseguem realizar as tarefas, mesmo tendo boas ideias. Essas dificuldades podem acontecer, visto que elas não estão aptas para ordenar as suas ideias ou não são capazes de estabelecer prioridades e o passo a passo para finalizar as tarefas. Por uma falha no planejamento, não estimam quanto tempo será necessário para realizá-las. Tais crianças podem ser vistas como desleixadas, preguiçosas e/ou pouco interessadas. A falta de organização e planejamento também é evidenciada na redação de textos, em que as ideias aparecem desconectadas, sem lógica, sem respeito à cronologia dos eventos, dificultando a compreensão. Outra dificuldade geralmente observada nessas crianças é em relação à pontualidade para entregar as lições. Algumas dicas de como estimular tal habilidade em seu filho:

- Antes de iniciar uma tarefa ou rotina, incentive que seu filho possa primeiro planejar, depois executar e, por fim, avaliar se o que planejou foi concretizado. Durante o planejamento, incentive o seu filho a refletir sobre o que deseja fazer, qual o material precisará usar e como a atividade pode ser distribuída em pequenas tarefas. Na execução da atividade, estimule o seu filho a pensar durante a realização daquela atividade, com o intuito de monitorar os passos e confirmar se tudo está ocorrendo conforme o previsto. Por fim, na avaliação, faça com que ele possa refletir se foi cumprido o que havia planejado, comparando o produto final com a ideia criada no planejamento.

- Você pode apresentar a proposta de realizar uma receita gastronômica, envolvendo seu filho em todos os passos do processo. Ou seja, primeiro planejar a receita, desde a lista do supermercado, até estabelecer as etapas para a sua execução. Em seguida, fazer a receita e, por fim, avaliar se o que haviam planejado foi alcançado.

- Também pode utilizar essa mesma estratégia quando for viajar com seu filho. Precisará planejar como vai arrumar a mala, os itens necessários e finalmente avaliar se o produto final corresponde ao planejamento.

- Nas atividades do dia a dia, como arrumar a mochila, organizar o quarto, preparar um lanche, arrumar a mesa, separar a roupa e artigos necessários para o banho, você também pode incentivar e estimular essa habilidade em seu filho, seguindo essas etapas.

- No planejamento de vestir-se, ensine seu filho a verificar a previsão do tempo (em algum aplicativo no celular ou no tablet) antes de escolher a roupa.

- Quando uma tarefa não for bem planejada, aproveite essa oportunidade para retomar e refletir em conjunto com o seu filho o que aconteceu. Essa reflexão pode fazer com que ele tome consciência e esteja motivado a planejar as próximas atividades.

- Diante de muitas atividades, é importante ensinar ao seu filho a <u>priorizar as tarefas</u>. Para isso, pode sugerir que ele categorize as atividades com base em sua importância. Por exemplo, inicialmente solicite que ele liste todas as atividades as quais pretende realizar. Em seguida, oriente-o para que ele possa grifar de vermelho as atividades obrigatórias; em amarelo as tarefas agradáveis e interessantes importantes, mas não obrigatórias; em verde, as atividades mais flexíveis, considerando o tempo.

- No que diz respeito ao <u>planejamento e à organização da rotina,</u> sugere-se que esses possam ser realizados em conjunto com seu filho. Para isso, dependendo da idade, indica-se que imagens visuais, como calendários, possam ser utilizadas para anotar as atividades, datas importantes e trabalhos escolares. A partir dos 7, 8 anos de idade, é possível substituí-las por palavras, visto que os recursos visuais podem parecer infantis. A quantidade de informações também tem de estar "resumida", uma vez que dificilmente uma criança consegue prestar atenção a elas e focar em estímulos com excesso de conteúdo. É importante que diariamente o calendário seja revisado e que se faça um "X" no dia que já passou.

- Organização do quarto e dos materiais. Inicialmente propor ao filho um espaço de reflexão e definição sobre a organização do seu quarto. Estabelecer onde ficará o material de sala de aula, os brinquedos, os livros, bem como o material que será fixado, como calendário, ações de rotina, relógio.

Considerações finais

Conforme se pode verificar ao longo deste capítulo, as FE, habilidades cognitivas responsáveis pela regulação do comportamento e dos outros processos cognitivos (DIAMOND, 2002, 2013), têm papel crucial para diversos desfechos em curto e longo prazo (MOFFITT et al., 2011, MOFFITT, 2012), assim como estão relacionados a uma maior competência escolar, social e emocional na infância (BIERMAN, NIX, GREENBERG & DOMITROVICH, 2008; BLAIR & RAZZA, 2007; CARLSON, MOSES & CLAXTON, 2004). Estudos apontam ainda para a infância como um momento importante para o desenvolvimento das FE. Desse modo, a estimulação por parte dos pais ou dos cuidadores é fundamental para o desenvolvimento saudável dessas habilidades. O ambiente familiar, o estilo de interação entre pais e filhos, o ensino e a promoção da autonomia são considerados experiências extremamente relevantes para a construção dessas habilidades (MARTINS, LÉON & SEABRA, 2016).

As habilidades executivas podem ser ensinadas e estimuladas a partir de tarefas e atividades do próprio cotidiano da criança, sendo que, ao longo do capítulo, diversas orientações e dicas foram fornecidas para melhor auxiliar os pais nesse processo. Apesar das dificuldades que muitos pais podem encontrar em proporcionar essas oportunidades práticas, é fundamental que essas habilidades sejam ainda desenvolvidas na infância. Alguns estudos apontam que crianças com prejuízos executivos podem apresentar muitos problemas escolares, sociais, aumentando o risco de desenvolver algum transtorno de aprendizagem ou psicológico na vida adulta (BLAIR, 2013; SNYDER, MIYAKE & HANKIN, 2015).

Caso a criança já apresente algum déficit executivo, podendo ser, por exemplo, em decorrência de algum transtorno do neurodesenvolvimento, como transtorno de déficit de atenção e hiperatividade (TDAH), transtorno de aprendizagem específica ou transtorno neurológico, como traumatismo cranioencefálico, é fundamental também a observação do comportamento em casa, bem como a realização de uma avaliação informal por parte dos pais e dos professores, já que muitas vezes esses são os primeiros passos para um possível diagnóstico (Cardoso et al., 2015).

Para isso, pais ou cuidadores precisam estar informados sobre o que são e como identificar os prejuízos executivos em seus filhos, possibilitando assim um encaminhamento para a avaliação formal. Na avaliação neuropsicológica formal, é possível descrever o funcionamento cognitivo e executivo dos indivíduos, ressaltando as suas habilidades deficitárias, como também as habilidades preservadas (Fonseca et al., 2012). Valendo-se dessa avaliação, há a possibilidade de estabelecer um prognóstico, oferecer orientação e esclarecimento para familiares, bem como auxiliar no planejamento e na execução de um processo de reabilitação neuropsicológica (Hebben & Milberg, 2009; Lezak et al., 2012).

Independentemente se há presença ou não de déficit executivo, os pais ou os cuidadores podem e devem estimular tais habilidades, ou para potencializar ou fortalecer as FE, quando se trata de criança com desenvolvimento típico, ou para remediar ou melhorar, quando se trata de criança com algum déficit identificado. Por fim, é importante ressaltar que esses repertórios comportamentais funcionais e assertivos devem ser desenvolvidos na infância, e isso terá impacto nas escolhas futuras, no desempenho profissional e relacional.

Referências

ALLOWAY, T. P.; ALLOWAY, R. G. Investigating the predictive roles of working memory and IQ in academic attainment. **Journal of Experimental Child Psychology,** v. 106, n. 1, p. 20-9, 2010.

ARRUDA, M. A.; MATA, M. F. **Projeto Escola da Diversidade: Cartilha dos Pais e do Professor.** Ribeirão Preto: Ed. Instituto Glia. 2014.

BERNIER, A. et al. Social factors in the development of early executive functioning: a closer look at the caregiving environment. **Developmental Science,** v. 15, n. 1, p. 12-24, 2012.

BERNIER, A.; WHIPPLE, N.; CARLSON, S. M. From external regulation to self- regulation: early parenting precursors of young children's executive functioning. **Child Development,** v. 81, n. 1, p. 326-339, 2010.

BEST, J. R.; MILLER, P. H. A developmental perspective on executive function. **Child Development,** v. 81, n. 6, p. 1641-1660, 2010.

BINDMAN, S. W. et al. The contributions of parental management language to executive function in preschool children. **Early Childhood Research Quarterly,** v. 28, n. 3, p. 529-539, 2013.

BLAIR, C. School readiness: Integrating cognition and emotion in a neurobiological conceptualization of children's functioning at school entry. **American Psychologist,** v. 57, n. 2, p. 111-127, 2002.

BLAIR, C. As funções executivas na sala de aula. In: TREMBLAY, R. E.; BOIVIN, M.; PETERS, R. V. **Enciclopédia sobre o Desenvolvimento na Primeira Infância [on-line].** Montreal: Centre of Excellence for Early Childhood Development e Strategic Knowledge Cluster on Early Child Development. 2013. p. 1-8.

BLAIR, C.; RAZZA, R. P. Relating effortful control, executive function, and false belief understanding to emerging math and literacy ability in kindergar. **Child Development,** v. 78, n. 2, p. 647-63, 2007.

CARDOSO, C. O. et al. Intervenções no contexto escolar. In: DIAS, N. M.; MECCA, T. P. **Contribuições da neuropsicologia e da psicologia para intervenções no contexto escolar.** São Paulo: Memnon. 2015. p. 63-81.

CARDOSO, C. O. et al. Funções Executivas: O que são? É possível estimular o desenvolvimento dessas habilidades. In: CARDOSO, C. O.; FONSECA, R. P. **Programa de Estimulação Neuropsicológica da Cognição em Escolares: ênfase nas Funções Executivas.** Ribeirão Preto: BookToy. 2016. p. 17-33.

CARDOSO, C. O.; FONSECA, R. P. **Programa de Estimulação Neuropsicológica da Cognição em Escolares: ênfase nas Funções Executivas.** Ribeirão Preto: BookToy. 2016.

CARLSON, S. M.; MOSES, L. J.; CLAXTON, L. J. Individual differences in executive functioning and theory of mind: An investigation of inhibitory control and planning ability. **Journal Experimental Child Psychology,** v. 87, n. 4, p. 299-319, 2004.

CENTER, on Development Child at Harvard University. Building the Brain's "Air Traffic Control" System: How Early Experiences Shape the Development of Executive Function. **Contract,** v. 11, 2011.

CRAGG, L.; GILMORE, C. Skills underlying mathematics: The role of executive function in the development of mathematics proficiency. **Trends in Neuroscience and Education,** v. 3, n. 2, p. 63-68, 2014.

DAWSON, P.; GUERE, R. **Executive Skills in Children and Adolescents: A Practical Guide to Assessment and Intervention.** New York: Guilford Press. 2010.

DIAMOND, A. Normal development of prefrontal cortex from birth to young adulthood: Cognitive functions, anatomy, and biochemistry. In: STUSS, D.; KNIGHT, R. **Principles of frontal lobe function**. New York: Oxford University Press. 2002. p. 466-503.

DIAMOND, A. Executive functions. **Annual Review of Psychology,** v. 64, p. 135-168, 2013.

DIAS, N. M.; SEABRA, A. G. **Programa de Intervenção sobre a Autorregulação e Funções Executivas – PIAFEX**. São Paulo: Memnon. 2013.

ENGEL DE ABREU, P. M. J.; CONWAY, A.; GATHERCOLE, S. E. Working memory and fluid intelligence in young children. **Intelligence,** v. 38, n. 6, p. 552-561, 2010.

FALKOWSKI, J. et al. Executive functioning and the metabolic syndrome: a project FRONTIER study. **Arch. Clin. Neuropsychol,** v. 29, n. 1, p. 47-53, 2014.

HEBBEN, N.; MILBERG, W. **Essentials of Neuropsychological Assessment**. Hoboken, NJ: John Wiley and Sons. 2009.

JACOB, R.; PARKINSON, J. The Potential for School-Based Interventions That Target Executive Function to Improve Academic Achievement: A Review. **Review of Educational Research,** v. 85, n. 4, p. 512-552, 2015.

LEZAK, M. D. et al. **Neuropsychological Assessment**. 5 ed. New York: Oxford University Press. 2012.

MARTINS, G. L. L.; LEÓN, C. B. R.; SEABRA, A. G. Estilos parentais e desenvolvimento das funções executivas: estudo com crianças de 3 a 6 anos. **Psico,** v. 47, n. 3, p. 216-227, 2016.

MELTZER, L. **Promoting executive functions in the classroom**. New York: The Guilford Press. 2010.

MOFFITT, T. E. et al. A gradient of childhood self-control predicts health, wealth, and public safety. **Proceedings of the National Academy of Sciences,** v. 108, n. 7, p. 2693-2698, 2011.

MOFFITT, T. E. **Childhood self-control predicts adult health, wealth, and crime. Multi-Discipl. Symp. Improv. Well-Being Children Youth**. Copenhagen, Denmark. 2012.

ROSÁRIO, P.; NÚNEZ, J. C.; GONZÁLEZ-PIENDA, J. **Auto¬regulação em crianças sub 10: Projecto sarilhos do amarelo**. Porto, Portugal: Porto Editora. 2007.

SNYDER, H. R. Major depressive disorder is associated with broad impairments on neuropsychological measures of executive function: a meta-analysis and review. **Psychological Bulletin,** v. 13, n. 9, p. 81-132, 2013.

SNYDER, H. R.; MIYAKE, A.; HANKIN, B. L. Advancing understanding of executive function impairments and psychopathology: bridging the gap between clinical and cognitive approaches. **Frontiers in Psychology,** v. 6, p. 328, 2015.

CAPÍTULO 8
Regulação do sono do nascimento à adolescência

Camila Morelatto de Souza
Alicia Carissimi

1. A importância do sono e os efeitos da privação

As queixas relacionadas ao sono são frequentes entre crianças e adolescentes. Se não são isoladamente o motivo da busca por atendimento médico ou psicológico, comumente contribuem como parte da manifestação de outros diagnósticos, como, por exemplo, dos transtornos afetivos ou ansiosos, das dificuldades de aprendizado e de conduta. Dessa forma, torna-se indispensável ao clínico e de grande utilidade aos pais e aos cuidadores terem informação sobre como o sono acontece, quais as características e os padrões esperados para cada faixa etária e quais intervenções estão disponíveis para facilitá-lo.

Tabela 1 – Prevalência das queixas relacionadas ao sono em crianças e adolescentes.

Distúrbios	Prevalência
Insônia	20%-30%
Parassonias	25%
Distúrbios do ritmo circadiano	7%
Distúrbios respiratórios do sono	2%-3%
Distúrbios do movimento relacionado ao sono	1%-2%
Hipersonia	0,01%-0,2%

Fonte: Adaptada de Nunes e Bruni, 2015.

Embora não se tenha total clareza sobre todas as funções do sono, já se sabe que não se trata de um simples "desligar", mas sim de um período em que o cérebro está ativo e se estabelece uma série de eventos fisiológicos de forma organizada. Além disso, o fato de ser um comportamento presente na maioria das espécies e persistir com a evolução dessas, mesmo quando as coloca em risco de extinção, já que enquanto dormimos, não nos alimentamos ou procriamos, indica que sua função se iguala em importância a essas e estaria ligada à sobrevivência (During, 2017; Joiner, 2016).

Os efeitos agudos e crônicos da privação do sono e a evidente necessidade de recuperá-lo reforçam a ideia de que não é possível viver sem ele. Quando privados do sono, crianças e adolescentes estão em maior risco de desenvolver alterações metabólicas (Cespedes et al., 2014) e obesidade (Fatima et al., 2015; Ruan, Xun, Cai, He & Tang, 2015; Rutters, Gerver, Nieuwenhuizen, Verhoef & Westerterp-Plantenga, 2010), alterações comportamentais, como fadiga e irritabilidade, e cognitivas, como prejuízo no planejamento e execução de tarefas e na consolidação do aprendizado e da memória (Cho et al., 2015; Touchette et al., 2007). Um estudo realizado no Brasil, na cidade de Pelotas-RS, que avaliou 4.231 crianças ao longo do seu desenvolvimento, identificou que aquelas que apresentavam duração diária de sono menor do que 10 horas, entre a idade de 1 e 4 anos (10,1%), tinham risco aumentado para desenvolver sobrepeso ou obesidade aos 4 anos (Halal et al., 2016).

Um apanhado de estudos científicos sobre o tema, realizado em 2011, confirmou a hipótese de que a privação de sono entre nossas crianças e adolescentes é sinal de nossos tempos. Nessa revisão, foram incluídos estudos realizados entre 1905 e 2008, em 20 diferentes países, que avaliaram a duração do sono de indivíduos entre 5 e 18 anos de idade. Ao longo desse período, houve redução em torno de 1 hora de sono por dia. Essa mudança foi demonstrada nos estudos a partir da década de 1940, para os Estados Unidos, o Canadá, a Europa e os países asiáticos (e não para a Austrália, a Escandinávia e o Reino Unido) e entre os adolescentes (embora todas as faixas etárias tenham apresentado redução). A hipótese que se levantou é de que o acesso à energia elétrica, às novas tecnologias e a mudanças de estilo de vida advindas da industrialização e urbanização possa ter contribuído para esse fenômeno (Matricciani, Olds & Petkov, 2012).

> Faça um exercício agora! Lembre-se de sua infância e do tempo envolvido com telas de televisão, computador ou celulares e compare com as crianças de sua família. Se quisermos deixar essa mudança ainda mais clara, basta perguntar aos seus pais. Além da presença mais frequente desses dispositivos, uma série de rituais relacionados ao final do dia, como reunião da família, refeição, conversa e contação de histórias, perdeu-se. Para além do tempo de sono, o que será que estamos perdendo com isso?

Tais mudanças parecem estar acarretando prejuízo a essa população em desenvolvimento e preocupação em suas famílias e na sociedade como um todo. Nesse contexto, insere-se um grande volume de publicações com recomendações para lidar com as dificuldades relacionadas ao sono. Também é sinal de nossos tempos o acesso à informação. Se por um lado é possível adquirir conhecimentos acessando à rede ou com a leitura de livros de autoajuda, por outro, as pessoas se enchem de dúvidas diante de um acúmulo de informações, às vezes, conflitantes e sem necessariamente terem sido avaliadas por meio de estudos com rigor científico. Nessa ocasião, o clínico tem o papel de, mediante uma avaliação abrangente, informar aos pacientes e aos responsáveis as alternativas terapêuticas disponíveis e seus níveis de evidência de eficácia e aplicabilidade. Contudo, as manifestações costumam ser muito diversificadas e podem ser afetadas pela quantidade e qualidade do sono, características individuais, como idade e sexo, e por seu ambiente, não havendo, portanto, uma recomendação única para todos os pacientes (OLIVIERO BRUNI & BRAMBILLA, 2017).

2. A fisiologia do sono e sua regulação

O sono é um evento fisiológico presente em todos os animais vertebrados que se caracteriza por uma mudança no estado de alerta, na diminuição da responsividade a estímulos externos, em modificações motoras e posturais, além de autonômicas (padrão respiratório, por exemplo). Apresenta-se com um padrão cíclico diário, alternando-se com períodos de alerta, e um padrão cíclico intrínseco, aproximadamente a cada 90 minutos, que inclui os episódios de sono REM (*Rapid Eye Movement*) e NREM (*Non- Rapid Eye Movement*). (Figura 1) (CARSKADON & DEMENT, 2011; GOMES, QUINHONES & ENGELHARDT, 2010; MIGNOT, 2008).

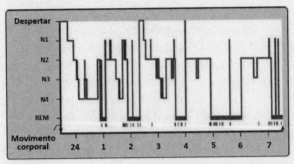

Figura 1 – Histograma dos ciclos de uma noite de sono de um adulto jovem. N1 e N2 representam sono mais superficial, e N3 e N4, o sono profundo de um episódio de sono NREM. Fonte: Adaptada de Carskadon e Dement, 2011.

O fator que mais resulta em variação desse padrão é a idade. Os recém-nascidos (RNs), durante seu primeiro ano de vida, começam o sono por episódios de sono REM (ou sono ativo), e os ciclos REM-NREM tem duração menor, em torno de 60 minutos. Imaginem um bebê dormindo tranquilamente, com uma respiração regular, seus olhos relaxados e sem nenhuma movimentação. Esse é seu sono tranquilo que virá a ser o sono NREM. Em outro momento, o bebê poderá movimentar-se, choramingar, mas não chegará a despertar; terá a respiração mais irregular, e os olhos tensos, com movimento. Esse é o sono ativo, que se tornará seu sono REM. Crianças pequenas são dificilmente despertas em seu primeiro ciclo de sono NREM; é possível movê-las do sofá para a sala sem que nem percebam. Na adolescência, ocorre uma evidente diminuição na frequência das fases N3 e N4 do NREM, aproximando-se ao padrão de sono encontrado nos adultos (CARSKADON & DEMENT, 2011). A Figura 2 descreve essas mudanças ao longo da vida.

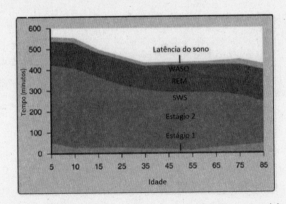

Figura 2 – Mudanças na arquitetura do sono com a idade – tempo (minutos) X idade. Fonte: Adaptada de Carskadon e Dement, 2011.

O tempo total diário de sono é outra característica independente dessa organização e que também varia com a idade. Um estudo de revisão que pesquisou hábitos de sono apontou que lactentes de até 2 meses podem acordar até três vezes durante a noite e que esse número se reduz para até duas vezes, entre 1 e 2 anos. O tempo médio que crianças entre 3 e 6 anos levaram para adormecer foi de 19 minutos. Bebês com 2 meses podem ter por volta de três sonecas diurnas, caindo para duas, por volta de 1 ano, e para uma, por volta de 2 anos (GALLAND, TAYLOR, ELDER & HERBISON, 2012). Na Figura 3, demonstramos a variabilidade do tempo total de sono para cada faixa etária.

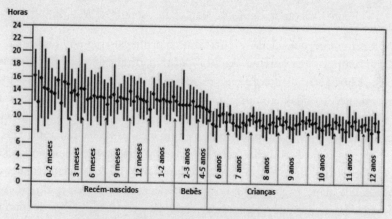

Figura 3 – Tempo total médio de sono X idade.
Fonte: Adaptada de Galland et al., 2012.

A quantidade, a arquitetura e o momento do dia em que o sono acontece são regulados por dois processos independentes, mas que interagem de forma aditiva, em alguns momentos, e oposta, em outros. O modelo denominado S (*sleep pressure* ou pressão de sono) propõe que, quanto mais tempo passamos acordados, maior a probabilidade de dormirmos O segundo processo, denominado C (circadiano) é regulado pela variação ambiental do dia-noite, claro-escuro (BORBÉLY, DAAN, WIRZ-JUSTICE & DEBOER, 2016; WATERHOUSE, FUKUDA & MORITA, 2012).

O processo C é regulado por um sistema temporizador que capta a luz no ambiente e transforma isso em informação para todo o corpo. Assim sendo, todo o nosso organismo sabe se é dia ou noite e o momento para realizar determinadas funções como adormecer ou despertar (ROSENWASSER & TUREK, 2017). Na Figura 4, uma representação esquemática desse sistema e seu alcance no organismo.

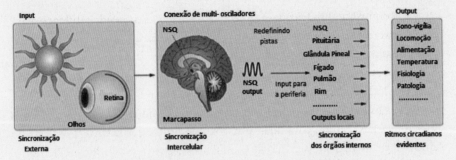

Figura 4 – Representação do sistema temporizador circadiano.
Abreviações: NSQ, Núcleo Supraquiasmático.
Fonte: Adaptada de Koch, Nagtegaal, Kerkhof e Wee, 2009

Atualmente, considera-se a luz como o principal *zeitgeber* (do alemão, que indica o tempo) desse sistema. Embora a luz natural seja mais eficiente nessa função, as luzes artificiais com temperatura de cor azulada ou esverdeada (com comprimento de onda mais curto) também são capazes de influenciar esse sistema. Outros fatores como alimentação, atividade física ou rotinas sociais, como trabalho ou escola, também podem exercer um efeito, mas seu tamanho é menor.

Nos recém-nascidos e lactentes, o processo S não assume desde o início sua função. De forma semelhante, o processo C ainda não está consolidado até por volta de 3 meses de idade. Isso resulta no comportamento normal e esperado para os recém-nascidos: ausência de diferenciação entre dia e noite e episódios de sono mais curtos distribuídos ao longo das 24 horas do dia (Jenni, Deboer & Achermann, 2006; Waterhouse et al., 2012). Na Figura 5, demonstramos o registro de um actígrafo (aparato que mede os movimentos) em um RN e a mudança no padrão diário de atividade e repouso passados quatro meses. No RN, vemos que a atividade se distribui ao longo de todo o dia e, com o tempo, períodos de atividade e repouso vão se diferenciando e sincronizando-se com as fases de claro e escuro do dia.

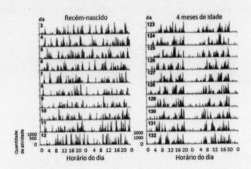

Figura 5 – Registros actigráficos de um RN e o mesmo bebê
aos 4 meses de idade. As linhas em preto representam atividade.
Fonte: Adaptada de Jenni et al., 2006.

A chegada de um recém-nascido implica uma série de modificações na rotina familiar, em especial na da mãe, quando esta é a principal cuidadora (NISHIHARA, HORIUCHI, ETO & UCHIDA, 2002). Mesmo mulheres que tinham períodos claros de sono e vigília regulados com a noite e o dia, com a chegada do bebê passam a apresentar um sono noturno inicialmente interrompido pelas necessidades do bebê e momentos de sono também durante o dia. Após alguns meses, inclusive na ausência dos bebês, o padrão pode-se manter, isto é, despertam, mesmo sem terem que atendê-los. Em contrapartida, o bebê vai entrando em contato com o ritmo de sua mãe, de sua família. Enquanto estão todos acordados, o bebê ganha o olhar e a conversa de todos, é alimentado e passeia ao ar livre, expondo-se à luz. Esses estímulos são fundamentais para que gradualmente tanto o processo S quanto o C sejam regulados (JENNI et al., 2006).

Na adolescência, pode-se observar um atraso de fase do sono. Esse grupo tenderá a preferir dormir mais tarde e, se houver a possibilidade, dormir até mais tarde também. Essa mudança está relacionada às alterações hormonais que acompanham a puberdade. Além disso, sabe-se que os adolescentes parecem tolerar uma quantidade crescente de pressão de sono, contribuindo adicionalmente para o adiamento do seu início. Para além dos fatores biológicos, é sabido que o maior acesso a eletrônicos e maior autonomia para definir seu horário para dormir podem contribuir para esse fenômeno (Figura 6) (CARSKADON, 2011; CROWLEY et al., 2014; HAGENAUER & LEE, 2012; WATERHOUSE et al., 2012).

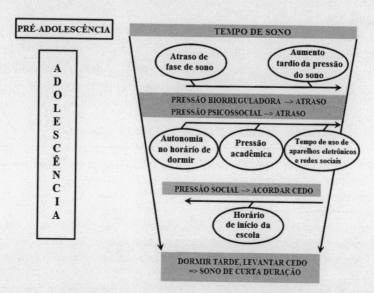

Figura 6 – Fatores que contribuem para o atraso de fase na adolescência.
Fonte: Adaptada de Carskadon, 2011.

Além das variações observadas no decorrer da vida, existe uma variabilidade normal dos horários para dormir e acordar entre as pessoas no geral. A essa característica individual damos o nome de cronotipo.

> Você já deve saber qual é seu cronotipo, embora nunca tenha parado para pensar sobre isso. Se perguntarmos se você se reconhece como alguém mais "do dia" ou "da noite", e você souber responder, já estará aí a resposta. O cronotipo nada mais é do que nossa tendência ou preferência para estarmos despertos e ativos em determinados momentos do dia. Trata-se de algo que é biologicamente programado e reforçado pelo ambiente. Há pessoas que, na ausência de compromissos sociais como horários de trabalho ou escola, tendem a dormir e acordar mais cedo – os matutinos – ou, dormir e acordar mais tarde – os vespertinos, ou ainda em horários intermediários – os intermediários. A maioria das pessoas apresenta-se como intermediário e parcelas menores e iguais de matutinos e vespertinos. Fatores como sexo, idade e estágio de maturação sexual podem influenciar a expressão do cronotipo. Sabe-se que o sexo feminino e crianças bem novas tendem a matutinidade.

3. Avaliação dos problemas de sono ao longo do desenvolvimento

3.1. Anamnese

A avaliação deve iniciar por uma completa anamnese que inclui a caracterização dos sintomas e do contexto em que os problemas de sono acontecem. Na Tabela 3, listamos alguns aspectos que devem fazer parte dessa investigação.

Tabela 3 – Aspectos a ser abordados na anamnese.

1. Avaliar a presença de doenças agudas como infecções das vias áreas, exacerbação de asma, ou crônicas como refluxo gastroesofágico, intolerância alimentar e dificuldade respiratória.
2. Avaliar a presença de condições neurológicas/psiquiátricas, como autismo, atraso do desenvolvimento psicomotor, transtorno de déficit de atenção e hiperatividade, transtornos alimentares, enurese noturna, pesadelos, transtornos de humor e de ansiedade.
3. Verificar o uso de medicações com efeito estimulante.

4. Detalhar o ambiente do quarto, como seu nível de iluminação, temperatura, presença de estímulos, como brinquedos, televisão e compartilhamento do quarto.
5. Investigar se existem e caracterizar as rotinas familiares e/ou individuais praticadas na hora de dormir. Por exemplo, como o bebê costuma adormecer (mamando, com chupeta, embalado, com música, etc.), quem o coloca para dormir e onde, e se há regularidade nos horários.
6. Investigar o uso de substâncias estimulantes ou drogas (lícitas e ilícitas).
7. Detalhar os horários e tempo de uso de dispositivos eletrônicos antes de ir para a cama (TV, computador, celular).
8. Investigar o nível de prejuízo social e comportamental relacionado aos problemas de sono.

3.2. Instrumentos para avaliação dos transtornos de sono

Adicionalmente, alguns instrumentos podem contribuir para ampliar a investigação e determinar de forma mais objetiva o prejuízo associado às queixas. A seguir, estão descritos os mais utilizados e de maior aplicabilidade na clínica.

3.2.1 BEARS

É uma triagem abrangente para os principais transtornos de sono que afetam crianças e adolescentes, com idade entre 2 e 18 anos (SHAHID, WILKINSON, MARCU E SHAPIRO, 2011), que investiga os seguintes domínios (OWENS & DALZELL, 2005):

1. *Bedtime problems* (problemas na hora de dormir)
2. *Excessive daytime sleepiness* (sonolência excessiva diurna)
3. *Awakenings during the night* (despertares durante a noite)
4. *Regularity and duration of sleep* (regularidade e duração do sono)
5. *Snoring* (ronco)

Tabela 4 – Exemplos de perguntas desencadeantes apropriadas ao desenvolvimento.

	Lactentes/crianças na pré-escola (2-5 anos)	Crianças em idade escolar (6-12 anos)	Adolescentes (13-18 anos)
1. Problemas na hora de dormir	O seu filho tem algum problema para ir para a cama? Adormecer?	O seu filho tem algum problema na hora de ir para a cama? (P) Você tem algum problema em ir para a cama? (C)	Você tem algum problema para adormecer na hora de dormir? (C)
2. Sonolência excessiva diurna	O seu filho parece cansado demais ou sonolento durante o dia? Ele ainda tira sonecas?	Seu filho tem dificuldades para acordar de manhã, parece sonolento durante o dia ou tira sonecas? (P) Você se sente muito cansado? (C)	Você sente muito sono durante o dia? Na escola? Enquanto dirige? (C)
3. Despertares durante a noite	O seu filho acorda muito à noite?	Seu filho parece acordar muito à noite? Algum episódio de sonambulismo ou pesadelo? (P) Você acorda muito à noite? Você tem dificuldades para voltar a dormir? (C)	Você acorda muito à noite? Você tem dificuldades para voltar a dormir? (C)
4. Regularidade e duração do sono	O seu filho tem horários regulares para dormir e acordar? Quais são?	A que horas seu filho vai para a cama e a que horas levanta nos dias de aula? E nos fins de semana? Você acha que ele está dormindo o suficiente? (P)	A que horas você costuma dormir durante a semana? E nos fins de semana? Quantas horas você geralmente dorme? (C)
5. Ronco	O seu filho ronca muito ou tem dificuldades para respirar à noite?	Seu filho ronca alto ou apresenta alguma dificuldade para respirar à noite? (P)	Seu filho adolescente ronca alto e todas as noites? (P)

Abreviações: P, Pais; C, crianças/adolescentes.
Fonte: Tabela traduzida de Owens & Dalzell, 2005.

3.2.2 Diário do sono

O diário do sono fornece uma boa indicação da percepção dos hábitos de sono nos dias de escola e fins de semana. Com base no registro de cada dia, é possível identificar o ritmo circadiano, os despertares noturnos e seus motivos, a disposição após acordar, os cochilos durante o dia e o uso de eletrônicos. Ele deve ser preenchido pelos pais, na avaliação de bebês e crianças menores, e pelo próprio paciente em se tratando de crianças ou adolescentes com capacidade de compreensão.

Diário do Sono

Instruções para o preenchimento:

Preencha o diário diariamente ao despertar. No espaço correspondente ao horário em que se deitou e iniciou o processo de adormecer, desenhe uma seta para baixo (↓). No espaço correspondente ao horário em que se levantou, desenhe uma seta para cima (↑). Caso tenha levantado e retornado para a cama, coloque uma seta para baixo (↓). Indique o tempo dormindo pintando os quadradinhos s . Indique os momentos de despertar deixando quadradinhos em branco . Indique com um X se assistiu à TV ou usou computador, celular ou *tablet* próximo ao horário de dormir. Confira o exemplo na primeira linha.

Observações												
Fui ao banheiro	X											
Acordou disposto (a) (S/N)	S											
11												
10												
09												
08												
07												
06	█											
05												
04	█											
03	█											
02	█											
01	█											
Meia-noite												
23	█											
22												
21												
20												
19												
18												
17												
16												
15												
14												
13												
Meio-dia												
Escola/ dias livres	Escola											
Dia da semana	5ª feira											
Data	24/8											

4. Problemas de sono mais comuns e seus manejos

4.1 O sono nos bebês e sua família

Um bebê que dorme a noite inteira é algo bastante improvável. Espera-se que despertem por volta de três vezes durante a noite quando têm até 6 meses e pelo menos uma até completarem um ano. Com frequência, as gestantes que ainda não passaram por essa experiência são alertadas por outras mães e as que já passaram recordam-se dessa dura realidade (McBean & Montgomery-Downs, 2015). Intervenções dirigidas à mãe e aos que estarão envolvidos no cuidado com o bebê tornam-se fundamentais. Alguns estudos indicam que a possibilidade de a mãe e de sua família estarem mais bem informados e preparados sobre o que esperar do sono de seus bebês pode promover o estabelecimento de uma rede de apoio mais eficiente no que tange aos cuidados à puérpera, permitindo, por exemplo, que essa recupere o sono noturno perdido, e ao recém-nascido (Doering & Durfor, 2011; Hiscock et al., 2014).

Além disso, o reconhecimento da presença de sintomas ansiosos e/ou depressivos nas gestantes/puérperas é comum e pedem intervenção precoce, uma vez que podem interferir de forma significativa nas expectativas e disponibilidade da mãe. Existe uma clara associação entre a presença dessas dificuldades e o surgimento de problemas de regulação no bebê (Jover et al., 2014). As mães deprimidas tenderão a ter dificuldade para organizar seu dia e a estabelecer rotinas de cuidados, ao passo que as mais ansiosas correm o risco de não conseguirem interpretar de forma mais adequada as reais necessidades do recém-nascido (Muscat, Obst, Cockshaw & Thorpe, 2014; Petzoldt, Wittchen, Einsle & Martini, 2016; Teti & Crosby, 2012; Tikotzky & Sadeh, 2009). Um importante estudo de seguimento realizado no Sul do Brasil identificou que as mães que sofriam de transtornos depressivos mais crônicos e possuíam sintomas mais graves tinham maior chance de terem bebês com queixas de sono (Pinheiro et al., 2011). Portanto, nessas situações, o encaminhamento da mãe para avaliação psicológica/psiquiátrica deve ser feito tão logo essas condições forem identificadas.

> **Vinheta clínica 1**
>
> *Marília e Ana têm dois meses de convivência e já algumas preocupações. Marília tem 32 anos, é engenheira e ganhou Ana, sua primeira filha, após uma gestação planejada e que transcorreu tranquilamente. Também o parto por cesariana, por escolha da mãe, ocorreu conforme esperado. Ana era um lindo bebê, muito amada por sua família. O pai, Felipe, 31 anos, arquiteto, deixava os principais*

> *cuidados para a mãe, pois se sentia não convidado a ajudar. Ausentava-se por alguns dias da semana, enquanto viajava a trabalho. Nessas noites, Marília ficava sozinha com Ana, o que a deixava insegura. Marília estava visivelmente cansada, muito sensível, chorava com frequência. Havia emagrecido bastante, embora dissesse que seu apetite ainda era o mesmo, quando tinha chance de se alimentar, preferia, só ficar quieta, sentada no sofá. Ana despertava a cada hora, à noite. Durante o dia, Marília envolvia-se com a arrumação da casa e com as refeições. Tinha a sensação que sobrava pouco tempo para brincar com Ana. Geralmente, estava ocupada amamentando, trocando fraldas, dando banho. Percebia que já não conseguia ficar relaxada e conectar-se com seu bebê. Por isso também se sentia culpada.*
>
> *Marília foi encaminhada para uma avaliação psiquiátrica e foi diagnosticada com episódio depressivo moderado e transtorno de ansiedade generalizada, sendo iniciado tratamento com Sertralina 50mg/dia. Alem disso, foi organizada uma rede de apoio para ajudá-la em relação aos compromissos com a casa, colocando-a mais disponível para a Ana. Embora inicialmente resistente, pois entendia que a vigiariam e criticariam no seu manejo com a Ana, conseguiu chamar sua mãe e sua sogra para que ela pudesse ter alguma hora no dia em que poderia tomar banho e fazer uma refeição completa com tranquilidade. Ana era levada para passear ao ar livre diariamente, na parte da manhã. Toda a família recebeu informação acerca dos padrões de sono normais esperados para um RN. Um ritual para iniciar o sono da noite foi estabelecido. Após um mês, Marília sentia-se melhor, satisfeita em estar mais disponível para a sua filha. Ana começou a fazer períodos crescentes de sono noturno, embora ainda despertasse umas duas ou três vezes.*

Em razão das características desenvolvimentais previamente descritas no capítulo, não há diagnóstico de insônia antes dos 6 meses de idade. Nesse período precoce de vida, os diferentes padrões de despertar à noite entre os bebês podem relacionar-se à forma como os pais percebem e reagem às necessidades de seu bebê e dessa maneira estabelecem o apego. Por exemplo, observou-se que crianças com padrão de apego mais resistente tendem a acordar mais vezes, e as com apego evitativo, com menor frequência (BEIJERS, JANSEN, RIKSEN-WALRAVEN & DE WEERTH, 2011). Além disso, a tentativa de intervenção comportamental para o manejo de dificuldades relacionadas ao sono antes dos 6 meses não se mostrou benéfica e ainda colocou em risco a relação mãe-bebê e o aleitamento (DOUGLAS & HILL, 2013)

De toda forma, alguns hábitos são recomendados com o objetivo de promoção da saúde do sono e prevenção de transtornos. Um resumo dessas recomendações está na Tabela 6 (Bathory & Tomopoulos, 2017; Mindell et al., 2010; Thorpe et al., 2015; Brown & Harries, 2015; Butler, Moore & Mindell, 2016; Goldman, 2013; Sexton & Natale, 2009).

Tabela 5 – Hábitos de higiene do sono em bebês.

Pistas ambientais sobre o dia e a noite devem ser claras. Durante o dia, expor à luz natural a rotina de cuidados mais frequentes (trocas de fraldas, banhos, alimentação) e, à noite, reduzir a iluminação do ambiente, falar baixo, atividades mais tranquilas.
À medida que o bebê passa a demonstrar a presença de um ritmo dia-noite (por volta de 2-3 meses), assim como um ritmo individual para iniciar e terminar seus episódios de sono, rotinas de sono podem ser implementadas. Um banho morno, uma música tranquila, contato físico com a mãe, alimentação podem fazer parte desse ritual.
Estimular o aprendizado do autorrelaxamento e do adormecimento independentemente da presença dos pais ou de outros comportamentos. Isso faz com que o bebê possa voltar a adormecer após cada pequeno despertar noturno.
Não esperar que o bebê esteja extremamente cansado. Ficar atento aos sinais de cansaço: olhos vermelhos, pálpebras caídas, levar as mãos aos olhos.
A oferta de maior aporte calórico imediatamente antes de dormir não está recomendada, pois não há evidência de que diminui o número de despertares à noite.
O uso do bico/chupeta não interfere no início, na manutenção ou no padrão de sono. Não é um hábito a ser estimulado, mas algumas crianças se interessam e podem se beneficiar. Há que se estar atento para que esse hábito não interfira no aleitamento, mas não há contraindicação formal. Recomenda-se que o hábito se estenda no máximo até os 4 anos, sob o risco de provocar alteração na arcada dentária.

4.1.1. Síndrome da Morte Súbita do Lactente (SMSL)

A SMSL define-se pela morte súbita e inesperada do lactente para a qual não se identifica causa mesmo após extensa investigação. Nos países desenvolvidos, é a principal causa de morte no primeiro ano de vida. Em estudo realizado no Sul do Brasil, contou com 6,3% entre os óbitos no primeiro ano. Alguns fatores estão claramente associados com maior risco, e recomendações devem ser feitas com base nesses achados (Tabela 6).

Tabela 6 – Recomendações da Associação Americana de Pediatria para a prevenção da Síndrome de Morte Súbito do Lactente (SMSL).

Principais
1. O bebê deve ser colocado para dormir de barriga para cima em seu berço ou algum local semelhante e com os lençóis firmemente atados.
2. Evitar o uso de cobertores, protetores de berço, travesseiros, almofadas ou brinquedos estofados.
3. Compartilhar o mesmo quarto com os pais pelo menos até os 6 meses e preferencialmente até 1 ano de idade.
4. Evitar expor o bebê à fumaça de cigarro, ao álcool ou a drogas ilícitas.

Fonte: Adaptada de Syndrome, 2016.

4.2 Insônia comportamental da infância

> **Vinheta clínica 2**
>
> *Arthur é um menino saudável de 3 anos. No entanto, os pais estão preocupados, pois ele ainda desperta várias vezes à noite e só volta a dormir se pode acariciar os cabelos da mãe. Quando o pai vai atendê-lo, ele chora e grita até que seja confortado pelo colo da mãe. Ambos trabalham durante o dia e estão cansados. Desde bebê, a mãe o fazia dormir em seu colo, embalando-o e só o colocava no berço após estar adormecido. Durante o dia, o Arthur brinca, faz uma soneca de uma 1h30 antes do almoço e, depois do almoço, vai à escolinha. Brinca muito bem com outras crianças. A rotina do dia transcorre bem, inclusive a hora de dormir quando a mãe o embala. Após aproximadamente a primeira hora de sono, ele desperta gritando e só se acalma com a mãe. A primeira intervenção foi tornar claro para os pais o padrão de comportamento que se repetia. Para o sono do Arthur, era condição que a mãe o embalasse. Dessa forma, foi pensado juntamente com os pais quais outros rituais que poderiam ser estabelecidos e que fossem acessíveis para o Arthur durante a noite. Os pais lembraram que, quando cansado, ele gostava de ter consigo um paninho em forma de bicho. Arthur também gostava de ouvir histórias. Dessa forma, a mãe e o pai em dias intercalados, colocavam Arthur em sua cama e iniciavam um novo ritual. A mãe sempre lhe dava um beijo de boa-noite e saía rapidamente do quarto nos dias do pai. A cada despertar, o responsável pelo dia ia até ao encontro de Arthur e o tranquilizava, dizia-lhe que esperasse um pouco o sono chegar e lhe entregava o bichinho. Quando o percebia já na iminência de adormecer novamente, o cuidador se retirava. Após alguns meses, a rotina foi sendo solicitada pelo Arthur, e os despertares diminuíram significativamente.*

> **Vinheta clínica 3**
>
> Luiza é uma menina de 5 anos com quem os pais têm travado uma batalha para fazê-la dormir às 22h. Ela vai à escola no turno integral, que se inicia às 8h, portanto precisa despertar por volta de 7h para arrumar-se e tomar seu café. À tarde, fica aos cuidados da babá ou dos avós até que os pais cheguem em casa, por volta de 20h. Nesse momento, Luiza vai tomar banho e após assiste a desenhos na TV. Enquanto isso, os pais jantam. Quando chega a hora de dormir, Luiza começa a fazer uma série de solicitações: dor de barriga, fome, quer ver só mais um episódio do desenho, quer ainda brincar com o pai. Estão todos muito cansados e acabam brigando. Luiza se apresenta cansada durante o dia, geralmente quando chega da escola por volta das 18h, quando, algumas vezes, adormece no caminho. Foram propostas modificações na rotina da família toda. Luiza não mais dormiria ao chegar da escola, faria um pequeno lanche assim que retornasse a casa e tomaria banho para aguardar os pais. O jantar seria de todos juntos e, em seguida, todos envolver-se-iam em uma atividade lúdica tranquila como montar um quebra-cabeça, um jogo de tabuleiro ou a leitura de livros. A partir das 18h, a iluminação da casa seria reduzida. Foi trabalhado com Luiza a importância do sono e mostrou-se a ela que dormir muito pouco a deixava cansada. Já deitada na cama, Luiza fazia um exercício de relaxamento, quando era orientada a espreguiçar-se bastante e após inspirar como se estivesse cheirando uma flor e expirar como se fosse apagar uma vela de forma bem lenta. Para as noites em que se encaminhava para a cama no horário combinado, Luiza ganhava uma estrela em quadro e, ao contabilizar 5 estrelas na semana, poderia propor uma atividade prazerosa com os pais no fim de semana.

O diagnóstico de insônia comportamental da infância refere-se à dificuldade da criança em adormecer ou manter o sono e pode ser classificado como distúrbio de associação ou distúrbio da falta de limites (Tabela 7).

Tabela 7 – Insônia comportamental da infância - critérios diagnósticos.

Os sintomas da criança preenchem critérios para insônia com base no relato dos pais ou de outro cuidador.
A criança demonstra um padrão consistente com um dos dois tipos de insônia descritos a seguir:
O tipo "dificuldade de associação para o início do sono" inclui cada um dos seguintes critérios:
Adormecer é um processo demorado que requer condições especiais;

As associações para o início do sono são altamente problemáticas ou desgastantes;
Na ausência das condições associadas, o início do sono é significativamente atrasado ou o sono é interrompido;
Despertares noturnos requerem intervenções do cuidador para que a criança reconcilie o sono.
O tipo "dificuldade para estabelecer limites para dormir" inclui cada um dos seguintes critérios:
A criança tem dificuldade de iniciar ou manter o sono;
A criança se recusa a ir para a cama no horário adequado ou reluta em retornar ao leito após um despertar noturno;
O cuidador demonstra incapacidade de impor limites comportamentais para o estabelecimento de um sono adequado.
O transtorno do sono não é mais bem explicado por outro transtorno do sono, condição clínica ou neurológica, transtorno mental ou uso de medicação.

Fonte: Reproduzida de Associação Brasileira do Sono, 2013.

Para definirmos o grau de impacto desse comportamento, a observação do nível de descanso e funcionalidade da criança é o melhor marcador do que simplesmente a duração total do sono. Embora existam recomendações (Tabela 8) quanto ao tempo diário de sono, deve-se atentar ao fato de que existe grande variabilidade de um indivíduo para outro e que tais recomendações podem ter sofrido uma série de vieses socioculturais e geográficos (BATHORY & TOMOPOULOS, 2017).

Tabela 8 – Recomendação do tempo de duração de sono da Associação Americana de Medicina do Sono (2015).

Faixa etária	Horas ideais de sono (mínimo-máximo)
até 3 meses	14h-17h (11-19)
3-6 meses	12h-15h (10-18)
6-9 meses	12h-15h (10-18)
9-12 meses	12h-15h (10-18)

Faixa etária	Horas ideais de sono (mínimo-máximo)
1-2 anos	11h-14h (10-16)
3-5 anos	10h-13h (8-14)
6-13 anos	9h-11 (7-12)
14-17 anos	8h-10 (7-11)

Fonte: Adaptada de Nunes e Bruni, 2015.

Entre os lactentes, a busca por atendimento vem com a queixa de múltiplos e prolongados despertares à noite ou de que o início do sono só ocorre sob certas condições, por exemplo, quando embalado no colo da mãe. Em um grande estudo multicultural que investigou aproximadamente 30 mil bebês e crianças de até 3 anos, observou-se que a maioria não era capaz de adormecer sozinha. Ainda que tenham sido identificadas variações culturais, embalar, cantar, dar mamadeira ou amamentar foram os hábitos que acompanhavam o início do sono ou o retornar das crianças a sua cama (MINDELL et al., 2010). Hábitos como o uso da chupeta ou ter um bicho de pelúcia, isto é, que podem ser por eles provida ou mantida, são chamados de "associações positivas". As "associações negativas" dependem da presença de outra pessoa, como embalar, ou estímulos externos, como estar em movimento no carro.

Uma vez que essas associações são estabelecidas precocemente, a tendência é que persistam ao longo da vida. Dentre crianças pré-escolares e escolares, além do diagnóstico de insônia por associação, a insônia por falta de rotina surge como queixa. As crianças sistematicamente tentam adiar seu horário para dormir, e uma série de justificativas podem ser dadas, como ter fome, sede, por exemplo, e em resposta os pais cedem (ASSOCIAÇÃO BRASILEIRA DO SONO, 2013).

Uma vez estabelecido o diagnóstico de insônia comportamental, algumas intervenções estão disponíveis, e a escolha de cada uma delas depende do tipo de dificuldade, das características da criança e de sua família (NUNES & BRUNI, 2015).

Técnicas comportamentais

Rotinas positivas: São as rotinas diárias que se dão de forma consistente e geralmente no mesmo horário. A criança pode e deve estar envolvida diretamente. Brincadeiras tranquilas no final do dia, um banho morno, colocar os pijamas, escovar dentes, ouvir uma história. Ainda podem ser oferecidos prêmios, na manhã seguinte, por conseguirem adormecer sozinhos e por toda a noite..

Extinção com a presença dos pais ou sem ela: O bebê é colocado no berço com sua segurança garantida, e suas atitudes de chamar a atenção dos pais (chamar, chorar, fazer birra) são ignoradas até a manhã seguinte.

Extinção gradual: O bebê é colocado no berço e aguarda-se inicialmente 5 minutos para atendê-lo em sua primeira solicitação. O tempo até a resposta vai sendo aumentado em 5 minutos a cada solicitação.

Ainda que haja muitas controvérsias quanto ao uso dessas técnicas de extinção, alguns estudos indicam sua eficácia e também apontam que não há aumento do estresse ou prejuízo para a relação de pais e filhos. Entretanto, a decisão deve ser em conjunto com pacientes e seus familiares (GRADISAR et al., 2016)

Hora de dormir planejada: Identificar o horário em que a criança naturalmente dormiria e adiar o início do sono em 15-30 minutos para que a criança vá para a cama apenas quando realmente já estiver com sono. De forma gradual, esse horário vai sendo antecipado também gradualmente, em 15-30 minutos/dia, até que o horário mais adequado seja atingido.

Reestruturação cognitiva: Com as dificuldades para dormir, o momento dedicado a adormecer torna-se gradualmente associado a ideias negativas como *"hoje tudo de novo"*, *"não vou conseguir"*, *"vai me dar trabalho"*. Gradualmente, visualiza-se o horário de dormir como um momento de descanso importante para a recuperação da força e a possibilidade de voltar a brincar assim que o dia chegue novamente e que pode ser diferente de outras vezes em que não foi bom. A seguir, um trecho de um livro-poema sobre esse tema.

Dia e Noite (Mary França e Eliardo França)

Não sei se gosto do dia.
Não sei se gosto da noite.
De dia, eu posso brincar.
Mas de noite, eu posso sonhar.
De dia, eu posso balançar.
Vou alto, bem alto, no meu balanço.
Mas, de noite, eu posso sonhar.
De dia, eu posso ler.
Mas, de noite, ah!...
de noite, eu posso sonhar.
Não sei se gosto mais do dia.
Não sei se gosto mais da noite.

Técnicas de relaxamento: Podem fazer parte do ritual noturno, auxiliam à medida que indicam o início de outro momento no dia em que é necessário estar com o corpo e mente mais tranquilos. Podem ser usadas técnicas de prestar atenção à respiração, visualização de imagens positivas e calmantes.

4.3. Insônia por atraso de fase da adolescência

> **Vinheta clínica 4**
>
> *Fernando tem 15 anos e está muito incomodado com seu mau aproveitamento na escola. Sempre teve um bom desempenho, mas vem tendo dificuldades em se manter acordado nas primeiras aulas da manhã e com atenção durante toda a aula. Tem amigos e gosta de jogar futebol e andar de skate, mas mesmo essas atividades de lazer tem feito com dificuldade, pois se sente cansado. Fez uma avaliação física e psiquiátrica e não foi identificada nenhuma condição que pudesse estar produzindo essas queixas. Nos fins de semana, quando não tem compromisso, dorme até a hora do almoço e, quando possível, também volta a dormir depois. Nos dias de escola, precisa despertar as 6h30, já que sua aula começa às 7h30. À noite, sente-se muito desperto após às 19h e se, não fosse combinado ir para sua cama, às 23h, não o faria. Tem acesso a tablets e a smartphones no período da noite. A família, assim como Fernando, recebeu informações acerca do atraso de fase da adolescência. Claramente, Fernando tinha muita dificuldade em sentir sono na hora habitual de dormir, o que vinha acumulando um débito compensando no fim de semana. Uma vez informados, foram sugeridas técnicas para auxiliá-lo a melhor sincronizar seu ritmo interno ao ritmo de seus compromissos sociais. Uma delas foi de que Fernando iria a pé para a escola, que era próxima de sua casa, visto que a atividade física e a exposição à luz do dia são bons reforçadores do ritmo. Também cuidado foi tomado à noite para que ele não se expusesse à iluminação, em especial, às com componentes azulados. Também no fim de semana houve uma combinação de que Fernando não poderia dormir além das 10h da manhã, com o intuito de que o ritmo não se perdesse por completo. Gradualmente, Fernando passou a ter sono um pouco mais cedo e a não se sentir tão cansado durante o dia. Sua autoestima também melhorou à medida que a família compreendeu de que não se trata apenas de preguiça.*

A síndrome de atraso da fase de sono em adolescentes tem prevalência que varia de 7%-16% (MIANO, 2017). Os horários de início da escola podem acentuar o problema, uma vez que se associam a um débito crônico de sono, sonolência excessiva diurna e dificuldades de atenção e aprendizagem

(ADOLESCENT SLEEP WORKING GROUP, COMMITTEE ON ADOLESCENCE & COUNCIL ON SCHOOL HEALTH, 2014; CARISSIMI et al., 2016; WHEATON, CHAPMAN & CROFT, 2016). Além disso, as demandas acadêmicas, o uso de computadores, *tablets* e celulares e atividades sociais, como relacionamentos e saídas a festas, também interferem na chegada do sono à noite. Conforme descrito na Tabela 8, a recomendação de duração do sono dos adolescentes é entre 8 e 10 horas. Idealmente, para suprir a necessidade de sono associada aos compromissos sociais, o adolescente deveria iniciar o seu sono por volta das 22h e acordar em torno das 7h, nos dias de escola.

Os horários sociais (por exemplo, escola e trabalho) interferem consideravelmente com as preferências individuais do sono na maioria da população. Nos adolescentes, as atividades sociais e os hábitos tendem a se deslocar para mais tarde, sendo que o cronotipo inclina-se a se tornar mais vespertino. A discrepância entre o relógio biológico e o social do indivíduo, ou seja, em adolescentes entre os dias de escola e os dias livre, é definida como *jetlag* social (WITTMANN, DINICH, MERROW & ROENNEBERG, 2006). O *jetlag* social permanente vivido por um grande número de adolescentes deve ser considerado como uma questão de saúde pública (TOUITOU, 2013).

Alguns desfechos de saúde e comportamentais estão associados ao *jetlag* social, como sintomas psiquiátricos menores, agressão e problemas de conduta, distúrbios do humor, prejuízo cognitivo (por exemplo, desempenho profissional e escolar), uso de substâncias, risco de doenças cardíacas e obesidade (BEAUVALET et al., 2017).

Tabela 9 – Hábitos de higiene do sono para adolescentes.

Dormir antes das 23h e acordar por volta das 8h, mantendo horários regulares entre a semana e o fim de semana.
Expor-se à luz do sol pela manhã.
Evitar o uso de substâncias estimulantes ou drogas (lícitas e ilícitas). Ex.: excesso de cafeína no final da tarde ou à noite.
Estabelecer um ambiente favorável ao sono, diminuindo a exposição à iluminação próximo ao horário de dormir, ambiente tranquilo, sem ruídos e temperatura agradável.
Evitar o uso de dispositivos eletrônicos antes de ir para a cama (TV, computador, celular, *tablet*).
Estabelecer uma prática regular de exercícios físicos e terminá-la preferencialmente à tardinha.

> Ingerir alimentos leves à noite. Além de jantar cedo, é fundamental limitar a quantidade de ingestão de água ou líquidos durante a noite.
>
> Realizar atividades relaxantes antes de dormir, como um banho morno ou exercícios de relaxamento.

4.4. Parassonias

São eventos físicos indesejáveis ou experiências que ocorrem durante ou nas transições para o sono. Sucedem mais frequentemente na infância e tendem a desaparecer na adolescência. Embora em sua maioria tenham um curso benigno, são foco de atenção, já que estão associadas a grande apreensão por parte dos pais e, quando frequentes, podem causar prejuízo à continuidade do sono, levando à fadiga diurna e à sonolência (LABERGE, TREMBLAY, VITARO & MONTPLAISIR, 2000).

O diagnóstico é feito essencialmente por meio da história clínica. De acordo com a Classificação Internacional dos Transtornos do Sono (AMERICAN ACADEMY OF SLEEP MEDICINE, 2014), elas são classificadas com base no estágio do sono (Tabela 10).

Tabela 10 – Classificação das parassonias.

Parassonias relacionadas ao NREM	Parassonias relacionadas ao REM	Outras parassonias
Despertar confusional Sonambulismo Terror noturno Transtorno alimentar relacionado ao sono	Transtorno comportamental do sono REM Paralisia do sono isolada recorrente Transtorno de pesadelo	Síndrome da cabeça explosiva Síndrome de alucinações relacionadas ao sono Enurese do sono

Fonte: Adaptada de American Academy of Sleep Medicine, 2014.

Contudo, sempre que houver a ocorrência de parassonias, é importante ampliar a investigação com exames complementares como o EEG, para diferenciarmos de episódios noturnos de convulsão. Maior variabilidade no momento do sono, em que acontecem, mais vezes à noite, incontinência, mordedura de língua, salivação ou movimentos estereotipados, aumenta essa suspeita (BATHORY & TOMOPOULOS, 2017).

A seguir, descreveremos as parassonias mais comuns e suas recomendações de manejo.

4.4.1. Terror noturno e pesadelo

> **Vinheta clínica 5**
>
> *Lucas tem 7 anos e está muito feliz porque iniciou o 1º ano da escola e começa a ler e a escrever. Também, no ano que passou, ganhou um irmãozinho. Há dois meses, contudo, começou a apresentar episódios de despertar durante à noite aos gritos, com movimentos como se estivesse desperto e enxergando bichos. Os pais chegam a ficar muito preocupados, mas informá-los sobre o diagnóstico já os ajudou muito. Gostaram de saber que seu filho não estava sofrendo e que não se tratava de sinal de alguma doença mais grave e que, com alguma paciência, veriam aliviar esses sintomas. Foram dadas orientações gerais de higiene do sono, em especial, diminuição de estímulos e melhora da percepção do cansaço do Lucas para que o sono fosse adiado para além do momento em que precisava ser encaminhado à cama.*

Tal situação ocorre com aproximadamente 15% das crianças entre 3 e 10 anos (PETIT et al., 2015). Caracterizam-se por episódios agudos de expressão de medo, agitação e confusão. Duram alguns minutos até no máximo uma hora e são acompanhados por sintomas como taquicardia, aumento da frequência respiratória e suor excessivo. As crianças não estão despertas, não reagem ao ambiente e não têm lembrança dos episódios. Contudo, para o observador, pode ser extremamente angustiante, já que ele fica com a impressão de sofrimento. Crianças extremamente cansadas estão mais propensas a apresentar esses comportamentos, pois terão prolongados os seu períodos de sono NREM. Dessa forma, um esclarecimento aos pais sobre a benignidade da situação e recomendações de uma boa higiene do sono é fundamental no manejo (BATHORY & TOMOPOULOS, 2017).

Os pesadelos também são bastante comuns, sendo que a ocorrência de pesadelo crônico aumenta com a idade. Schredl e colaboradores (SCHREDL, FRICKE-OERKERMANN, MITSCHKE, WIATER & LEHMKUHL, 2009) demonstraram a prevalência de 30%-40% de crianças com pesadelos por pelo menos uma vez; e, em geral, de 2,5% (estimativa dos pais) a 3,5% (autorrelato das crianças). Na idade mais jovem, não há diferenças de gênero, mas, após os 12 anos, os pesadelos são mais comuns em meninas. Embora as vezes similar ao terror noturno, algumas características de diagnóstico diferencial os distinguem (Tabela 11).

Tabela 11 – Diagnóstico diferencial entre terror do sono e pesadelos.

	Terror do sono	Pesadelo
Horário de pico de ocorrência	Primeiro terço da noite (sono NREM, fases N3 e N4)	Último período da noite (sono REM)
Sexo	Masculino > feminino	Masculino = feminino
Idade	4–12 anos (pico: 5–7)	Qualquer idade (frequente: 3-6)
Prevalência	3%–4% em crianças	10%–20% em crianças
Comportamento	Choro desolador, gritos	Despertar assustador
Consciência	Desorientado, confuso	Totalmente alerta após o despertar
Vocalização	Comum	Incomum
Atividade autonômica	Intensa	Baixa/Média
Amnésia	Frequente	Ausente
Lembrança de sonhos	Ausente	Presente (sonho assustador e vívido)
História familiar	Presente	Ausente
Complicações	Potencialmente prejudicial e violento	Raramente prejudicial ou violento
Fatores predisponentes	Privação do sono, doença febril	Estresse, eventos traumáticos, transtorno de personalidade
Tratamento	Segurança, evitar fatores predisponentes, benzodiazepínicos	Nenhum, psicoterapia comportamental

Fonte: Adaptada de Proserpio e Nobili, 2017.

Eles ocorrem durante o sono REM, geralmente nas horas finais do sono, no início da manhã. Os fatores de risco incluem a existência anterior de pesadelos e sonhos ruins, estresse ou eventos traumáticos, ansiedade, privação de sono, insônia e medicação para melhorar o sono REM (Schredl et al., 2009).

A família deve ser orientada de que se trata de algo benigno e passageiro a aprender a identificar que fatores ou eventos no dia da criança podem se associar a maior ocorrência dos pesadelos. Pode-se evitar que a criança seja exposta a filmes ou a livros com conteúdo emocional intenso ou inapropriado para a idade (Bathory & Tomopoulos, 2017).

4.4.2. Sonambulismo

> **Vinheta clínica 6**
>
> *Laura é uma menina de 10 anos, muito arteira, brinca muito o dia inteiro. À noite, adormece sem maiores dificuldades. Contudo, no último ano, vem apresentando episódios, pelo menos uma vez ao mês, em que sai de sua cama, dirige-se até à porta e gira a maçaneta. Parece estar desperta, com os olhos abertos, mas, ao ser chamada, não reage ou muda seu comportamento. Certa vez, os pais não haviam trancado a porta, e Laura seguiu até o elevador de seu prédio, quando, por fim, despertou confusa, sem entender por que estava ali. Isso a tem incomodado muito, já que recebe convites para dormir na casa de colegas amigas, mas acaba evitando por medo de que o comportamento se repita também nesses lugares. Fez avaliação neurológica, que resultou normal. O pai conta que também, na sua infância, tinha comportamentos semelhantes. A família foi, então, informada sobre o diagnóstico e a benignidade do quadro. Foram orientados a garantir que Laura estivesse segura com janelas e portas trancadas. Caso os eventos se tornassem muito frequentes ou a colocassem em risco, os pais poderiam buscar o atendimento de um neurologista ou de um psiquiatra da infância para a prescrição de algum tratamento farmacológico.*

Um estudo sistemático que agrupou o resultado de outros 51 estudos, contando com uma amostra total de 100.490 indivíduos estudados, encontrou uma prevalência de 6,9% de sonâmbulos. O sonambulismo consiste em uma série de comportamentos complexos, iniciados durante o sono, de ondas lentas, que podem variar desde sentar-se na cama até uma aparente tentativa de escapar (Laberge et al., 2000). Embora não seja por si algo perigoso, quando a criança se envolve em comportamentos mais complexos, como abrir portas e janelas e subir/descer escadas, essa atitude passa a representar risco. Os pais não devem tentar obstruir os movimentos, pois com isso podem prolongar o evento. O quarto deve ficar desobstruído, e as janelas, firmemente fechadas.

5. Fobias específicas

5.1. Medo do escuro e medo de ficar sozinho

Vivenciar medo e ansiedade é normal e saudável ao longo do desenvolvimento infantil e do crescimento emocional. O medo é uma emoção adaptativa e essencial para a sobrevivência, definido como um estado emocional negativo, desencadeado pela presença de um estímulo que pode causar danos. No entanto, quando esses medos se prolongam e se tornam mais intensos, outro tipo de evento de desenvolvimento pode ser sinalizado, ou seja, o desenvolvimento de uma fobia específica (DAVIS, OLLENDICK & ÖST, 2009). Neste transtorno, o medo, a ansiedade ou a esquiva são persistentes, geralmente com duração mínima de seis meses. Em crianças, o medo ou a ansiedade pode ser expresso por choro, ataques de raiva, imobilidade ou comportamento de agarrar-se (AMERICAN PSYCHIATRIC & ASSOCIATION, 2014).

O medo do escuro é um dos mais comuns entre as crianças, com um pico entre quatro e seis anos. A partir dos nove anos, ele começa a diminuir na maioria das crianças. Em alguns casos, persiste e se desenvolve em uma fobia específica. A fobia da escuridão manifesta-se por reclamações na hora de dormir e por não querer dormir com a luz apagada (ORGILÉS, ESPADA & MÉNDEZ, 2008). Recente estudo demonstrou que o sentimento intenso de medo de escuro foi observado em 15% de crianças e adolescentes brasileiras (LAPORTE et al., 2017).

Em casos de dificuldade muito alta e quando as consequências da fobia prejudicam o desenvolvimento da criança e a dinâmica familiar, recomenda-se o tratamento. Para o manejo quando a criança sente medo de dormir sozinha, o principal objetivo é identificar a causa e removê-la, seguido de fazer a criança retornar gradativamente a dormir sozinha. Postergar o horário de dormir para o momento em que a criança fica sonolenta também pode resolver esse problema (NUNES, 2002). Algumas estratégias para o gerenciamento do medo de escuro estão descritas na Tabela 13.

Tabela 13 – Gerenciamento do medo em crianças.

Evitar a associação de castigo com a criança ser deixada no escuro.
Evitar causar temores desnecessários e incoerências, como "a bruxa, o lobo mau...". Quando é dito que lobo mau não existe e que não há necessidade de temê-lo, não se deve ameaçar a criança em uma situação de desobediência, dizendo que ele virá pegá-la.

Evitar assistir a filmes, programas de TV e contato com a literatura que descrevam horror, sangue, fantasmas, monstros e outras atividades que normalmente ocorrem na ausência de luz do dia.
Desenvolver confiança entre cuidadores e criança, observando o comportamento da criança e procurando entendê-la.
Desenvolver um reforço positivo para o horário de dormir, incluindo elogio verbal, modulação da voz, expressão facial e demonstração física de afeição ou incentivos não sociais, como adesivos, lápis, figurinhas, etc.
Desenvolver um ritual para o horário de dormir, acompanhado de presença, leitura de histórias, podendo-se incluir algum bicho de pelúcia como companheiro da criança, que servirá de conforto na hora do medo.
O uso de luz noturna suave, usualmente conectada na tomada e com modelos variados de personagens infantis, também pode auxiliar. Observar a qualidade dessa luz, com preferência para tons amarelos ou alaranjados, mimetizando a luz solar.

6. Considerações finais

O sono é um dos comportamentos humanos fundamentais para a manutenção da vida, assim como respirar, beber e comer. Os psicólogos, os psiquiatrias, os cientistas do sono e os profissionais de saúde precisam estar atentos para garantir que os adolescentes, seus pais e professores percebam o quanto o sono é importante para auxiliar no crescimento, na saúde, no desenvolvimento cognitivo e na aprendizagem, em vez de algo que é, em grande parte, opcional e que pode ser sacrificado para suprir as exigências de um estilo de vida com funcionamento 24 horas por dia, 7 dias por semana (24/7) (COLRAIN & BAKER, 2011).

Referências

ADOLESCENT, Sleep Working Group; COMMITTEE, on Adolescent; COUNCIL, on School Health. School start times for adolescents. **Pediatrics**, v. 143, n. 3, p. 642-649, 2014.

AMERICAN, Academy of Sleep Medicine. **International Classification of Sleep Disorders**. 3 ed. IL: Darien. 2014.

AMERICAN, Psychiatric & Association. **Manual Diagnóstico e estatístico de transtornos mentais: DSM-5**. Porto Alegre: Artmed. 2014.

ANDRADE, M. M.; BENEDITO-SILVA, A. A.; MENNA-BARRETO. Correlations between morningness-eveningness character, sleep habits and temperature rhythm in adolescents. **Revista Brasileira de Pesquisas Médicas e Biológicas**, v. 25, n. 8, p. 835-839, 1992.

ASSOCIAÇÃO, Brasileira do Sono; BACELAR, A.; PINTO JR., L. R. e Colaboradores. **Insônia: do diagnóstico ao tratamento: III Consenso Brasileiro de Insônia: 2013**. São Paulo: Omnifarma. 2013.

BADIN, E.; HADDAD, C.; SHATKIN, J. P. Insomnia: the Sleeping Giant of Pediatric Public Health. **Current Psychiatry Reports**, v. 18, n. 5, p. 47, 2016.

BATHORY, E.; TOMOPOULOS, S. Sleep Regulation, Physiology and Development, Sleep Duration and Patterns, and Sleep Hygiene in Infants, Toddlers, and Preschool-Age Children. **Current Problems in Pediatric and Adolescent Health Care**, v. 47, n. 2, p. 29-42, 2017.

BEAUVALET, J. C. et al. **Social jetlag in health and behavioral research: a systematic review**. v. 7, p. 19-31. 2017.

BEIJERS, R. et al. Attachment and infant night waking: a longitudinal study from birth through the first year of life. **Journal of Developmental and Behavioral Pediatrics: JDBP**, v. 32, n. 9, p. 653-643, 2011.

BORBÉLY, A. A. et al. The two-process model of sleep regulation: a reappraisal. **Journal of Sleep Research**, v. 25, n. 2, p. 131-143, 2016.

BROWN, A.; HARRIES, V. Infant sleep and night feeding patterns during later infancy: association with breastfeeding frequency, daytime complementary food intake, and infant weight. **Breastfeeding Medicine: The Official Journal of the Academy of Breastfeeding Medicine**, v. 10, n. 5, p. 246-252, 2015.

BRUNI, O.; BRAMBILLA, P. Impact of different recommendations on adequacy rate for sleep duration in children. **Italian Journal of Pediatrics**, v. 43, n. 1, p. 14, 2017.

BRUNI, O. et al. The Sleep Disturbance Scale for Children (SDSC). Construction and validation of an instrument to evaluate sleep disturbances in childhood and adolescence. **Journal of Sleep Research**, v. 5, n. 4, p. 251-261, 1996.

CARISSIMI, A. et al. The influence of school time on sleep patterns of children and adolescents. **Sleep Medicine**, v. 19, p. 33-39, 2016.

CARSKADON, M. A. Sleep in adolescents: the perfect storm. **Pediatric Clinics of North America**, v. 58, n. 3, p. 637-647, 2011.

CARSKADON, M. A.; DEMENT, W. C. **Monitoring and staging human sleep**. 5 ed. St Louis: Elsevier. 2011. p. 16-26.

CESPEDES, E. M. et al. Longitudinal associations of sleep curtailment with metabolic risk in mid-childhood. **Obesity (Silver Spring, Md.)**, v. 22, n. 12, p. 2586-2592, 2014.

CHO, M. et al. Poor sleep and lower working memory in grade 1 children: cross-sectional, population-based study. **Academic Pediatrics**, v. 15, n. 1, p. 111-116, 2015.

COLRAIN, I. M.; BAKER, F. C. Changes in sleep as a function of adolescent development. **Neuropsychology Review**, v. 21, n. 1, p. 5-21, 2011.

CROWLEY, S. J. et al. A longitudinal assessment of sleep timing, circadian phase, and phase angle of entrainment across human adolescence. **PloS One**, v. 9, n. 11, e112199, 2014.

CURCIO, G.; FERRARA, M.; DE GENNARO, L. Sleep loss, learning capacity and academic performance. **Sleep Medicine Reviews**, v. 10, n. 5, p. 323-337, 2006.

DAVIS, T. E.; OLLENDICK, T. H.; OST, L. G. Intensive Treatment of Specific Phobias in Children and Adolescents. **Cognitive and Behavioral Practice**, v. 16, n. 3, p. 294-303, 2009.

DOERING, J.; DURFOR, S. L. The process of "persevering toward normalcy" after childbirth. **MCN. The American Journal of Maternal Child Nursing**, v. 36, n. 4, p. 258-265, 2011.

DOI, Y.; ISHIHARA, K.; UCHIYAMA, M. Associations of chronotype with social jetlag and behavioral problems in preschool children. **Chronobiology International**, v. 32, n. 8, p. 1101-1108, 2015.

DOUGLAS, P. S.; HILL, P. S. Behavioral sleep interventions in the first six months of life do not improve outcomes for mothers or infants: a systematic review. **Journal of Developmental and Behavioral Pediatrics: JDBP**, v. 34, n. 7, p. 497-507, 2013.

DURING, E. H. K. M. The Functions of Sleep and the Effects of Sleep Deprivation. In: **Sleep and Neurologic Disease**. Elsevier Inc. 2017. p. 55-72.

FALLONE, G. et al. Effects of acute sleep restriction on behavior, sustained attention, and response inhibition in children. **Perceptual and Motor Skills**, v. 93, n. 1, p. 213-229, 2001.

FATIMA, Y.; DOI, S. A. R.; MAMUN, A. A. Longitudinal impact of sleep on overweight and obesity in children and adolescents: a systematic review and bias-adjusted meta-analysis. **Obesity Reviews: An Official Journal of the International Association for the Study of Obesity**, v. 16, n. 2, p. 137-149, 2015.

FERREIRA, V. R. et al. Sleep disturbance scale for children: translation, cultural adaptation, and validation. **Sleep Medicine**, v. 10, n. 4, p. 457-463, 2009.

GALLAND, B. C. et al. Normal sleep patterns in infants and children: a systematic review of observational studies. **Sleep Medicine Reviews**, v. 16, n. 3, p. 213-222, 2012.

GOMES, M. da M.; QUINHONES, M. S.; ENGELHARDT, E. Neurofisiologia do sono e aspectos farmacoterapêuticos dos seus transtornos: [revisão]. **Rev. Bras. Neurol,** v. 46, n. 1, 2010.

GONÇALVES, B. S. B. et al. A fresh look at the use of nonparametric analysis in actimetry. **Sleep Medicine Reviews,** v. 20, p. 84-91, 2015.

GRADISAR, M.; CROWLEY, S. J. Delayed Sleep Phase Disorder in Youth. **Current Opinion in Psychiatry,** v. 26, n. 6, p. 580-585, 2013.

GRADISAR, M. et al. Behavioral Interventions for Infant Sleep Problems: A Randomized Controlled Trial. **Pediatrics,** v. 137, n. 6, e20151486, 2016.

HAGENAUER, M. H.; LEE, T. M. The neuroendocrine control of the circadian system: adolescent chronotype. **Frontiers in Neuroendocrinology,** v. 33, n. 3, p. 211-229, 2012.

HALAL, C. S. E. et al. Short Sleep Duration in the First Years of Life and Obesity / Overweight at Age 4 Years: A Birth Cohort Study. **The Journal of Pediatrics,** v. 168, p. 99-103, 2016.

HISCOCK, H. et al. Preventing early infant sleep and crying problems and postnatal depression: a randomized trial. **Pediatrics,** v. 133, n. 2, p. 346-354, 2014.

HORNE, J. A.; OSTBERG, O. A self-assessment questionnaire to determine morningness-eveningness in human circadian rhythms. **International Journal of Chronobiology,** v. 4, n. 2, p. 97-110, 1976.

JENNI, O. G.; DEBOER, T.; ACHERMANN, P. Development of the 24-h rest-activity pattern in human infants. **Infant Behavior & Development,** v. 29, n. 2, p. 143-152, 2006.

JOINER, W. J. Unraveling the Evolutionary Determinants of Sleep. **Current Biology: CB,** v. 26, n. 20, p. 1073-1087, 2016.

JOVER, M. et al. Maternal anxiety following delivery, early infant temperament and mother's confidence in caregiving. **The Spanish Journal of Psychology,** v. 17, 2014.

KOCH, B. C. et al. Circadian sleep-wake rhythm disturbances in end-stage renal disease. **Nature Reviews Nephrology,** v. 5, n. 7, p. 407-416, 2009.

LABERGE, L. et al. Development of parasomnias from childhood to early adolescence. **Pediatrics,** v. 106, n. 1, p. 67-74, 2000.

LACK, L. C.; WRIGHT, H. R.; BOOTZIN, R. R. Delayed Sleep-Phase Disorder. **Sleep Medicine Clinics,** v. 4, n. 2, p. 229-239, 2009.

LAPORTE, P. P. et al. Specific and social fears in children and adolescents: separating normative fears from problem indicators and phobias. **Revista Brasileira de Psiquiatria,** v. 39, n. 2, p. 118-125, 2017.

LEVANDOVSKI. R. et al. Depression scores associate with chronotype and social jetlag in a rural population. **Chronobiology International**, v. 28, n. 9, p. 771-778, 2011.

MATRICCIANI, L.; OLDS, T.; PETKOY, J. In search of lost sleep: secular trends in the sleep time of school-aged children and adolescents. **Sleep Medicine Reviews**, v. 16, n. 3, p. 203-211, 2012.

McBEAN, A. L.; MONTGOMERY-DOWNS, H. E. What are postpartum women doing while the rest of the world is asleep? **Journal of Sleep Research**, v. 24, n. 3, p. 270-278, 2015.

MIANO, S. Circadian Rhythm Disorders in Childhood. In: NEVŠÍMALOVÁ, S. BRUNI, O. **Sleep Disorders in Children**. Springer International Publishing. 2017. p. 253-280.

MIGNOT, E. Why we sleep: the temporal organization of recovery. **PLoS Biology**, v. 6, n. 4, p. 106, 2008.

MINDELL, J. A. et al. Parental behaviors and sleep outcomes in infants and toddlers: a cross-cultural comparison. **Sleep Medicine**, v. 11, n. 4, p. 393-399, 2010.

MORGENTHALER, T. et al. Practice parameters for the use of actigraphy in the assessment of sleep and sleep disorders: an update for 2007. **Sleep**, v. 30, n. 4, p. 519-529, 2007.

MUSCAT, T. et al. Beliefs about infant regulation, early infant behaviors and maternal postnatal depressive symptoms. **Birth (Berkeley, Calif.)**, v. 41, n. 2, p. 206-213, 2014.

NISHIHARA, K. et al. The development of infants' circadian rest-activity rhythm and mothers' rhythm. **Physiology & Behavior**, v. 77, n. 1, p. 91-98, 2002.

NOBILI, L. et al. Local aspects of sleep: observations from intracerebral recordings in humans. **Progress in Brain Research**, v. 199, p. 219-232, 2012.

NUNES, M. L. [Sleep disorders]. **Jornal de Pediatria**, v. 78, p. 63-72, 2002.

NUNES, M. L.; BRUNI, O. Insomnia in childhood and adolescence: clinical aspects, diagnosis, and therapeutic approach. **Jornal de Pediatria**, v. 91, n. 6, p. 26-35, 2015.

OKAWA, M.; UCHIYAMA, M. Circadian rhythm sleep disorders: characteristics and entrainment pathology in delayed sleep phase and non-24-h sleep-wake syndrome. **Sleep Medicine Reviews**, v. 11, n. 6, p. 485-496, 2007.

ORGILÉS, M.; ESPADA, J. P.; MÉNDEZ, X. Assessment instruments of darkness phobia in children and adolescents: A descriptive review. **International Journal of Clinical Health & Psychology**, v. 8, n. 1, p. 315-333, 2008.

OWENS, J. A.; DALZELL, V. Use of the "BEARS" sleep screening tool in a pediatric residents' continuity clinic: a pilot study. **Sleep Medicine**, v. 6, n. 1, p. 63-69, 2005.

PETIT, D. et al. Childhood Sleepwalking and Sleep Terrors: A Longitudinal Study of Prevalence and Familial Aggregation. **JAMA Pediatrics,** v. 169, n. 7, p. 653-658, 2015.

PETZOLDT, J. et al. Maternal anxiety versus depressive disorders: specific relations to infants' crying, feeding and sleeping problems. **Child: Care, Health and Development,** v. 42, n. 2, p. 231-245, 2016.

PINHEIRO, K. A. T. et al. Chronicity and severity of maternal postpartum depression and infant sleep disorders: a population-based cohort study in southern Brazil. **Infant Behavior & Development,** v. 34, n. 2, p. 371-373, 2011.

PROSERPIO, P.; NOBILI, L. Parasomnias in Children. In: **Sleep Disorders in Children.** Springer, Cham. 2017.

ROSENWASSER, A. M; TUREK, F. W. Physiology of the Mammalian Circadian System. In: **Principles and Practice of Sleep Medicine.** 6 ed. Elsevier. 2017. p. 351-361.

RUAN, H. et al. Habitual Sleep Duration and Risk of Childhood Obesity: Systematic Review and Dose-response Meta-analysis of Prospective Cohort Studies. **Scientific Reports,** v. 5, 16160, 2015.

RUTTERS, F. et al. Sleep duration and body-weight development during puberty in a Dutch children cohort. **International Journal of Obesity,** v. 34, n. 10, p. 1508-1514, 2010.

RUTTERS, F. et al. Is social jetlag associated with an adverse endocrine, behavioral, and cardiovascular risk profile? **Journal of Biological Rhythms,** v. 29, n. 5, p. 377-383, 2014.

SCHREDL, M. et al. Longitudinal study of nightmares in children: stability and effect of emotional symptoms. **Child Psychiatry and Human Development,** v. 40, n. 3, p. 439-449, 2009.

SHAHID, A. et al. BEARS Sleep Screening Tool. In STOP, THAT and One Hundred Other Sleep Scales. New York: Springer. 2011.

SYNDROME, T. F. SIDS and Other Sleep-Related Infant Deaths: Updated 2016 Recommendations for a Safe Infant Sleeping Environment. **Pediatrics,** v. 138, n. 5, e20162938, 2016.

TETI, D. M.; CROSBY, B. Maternal depressive symptoms, dysfunctional cognitions, and infant night waking: the role of maternal nighttime behavior. **Child Development,** v. 83, n. 3, p. 939-953, 2012.

THORPE, K. et al. Napping, development and health from 0 to 5 years: a systematic review. **Archives of Disease in Childhood,** v. 100, n. 7, p. 615-622, 2015.

TIKOTZKY, L.; SADEH, A. Maternal sleep-related cognitions and infant sleep: a longitudinal study from pregnancy through the 1st year. **Child Development,** v. 80, n. 3, p. 860-874, 2009.

TONETTI, L. et al. Measures of circadian preference in childhood and adolescence: A review. **European Psychiatry: The Journal of the Association of European Psychiatrists,** v. 30, n. 5, p. 576-582, 2015.

TONETTI, L. et al. Effects of sleep timing, sleep quality and sleep duration on school achievement in adolescents. **Sleep Medicine,** v. 16, n. 8, p. 936-940, 2015.

TOUCHETTE, E. et al. Associations between sleep duration patterns and behavioral/cognitive functioning at school entry. **Sleep,** v. 30, n. 9, p. 1213-1219, 2007.

TOUITOU, Y. Adolescent sleep misalignment: a chronic jet lag and a matter of public health. **Journal of Physiology,** Paris, v. 107, n. 4, p. 323-326, 2013.

VALDEZ, P.; RAMIRÉZ, C.; GARCÍA, A. Delaying and extending sleep during weekends: sleep recovery or circadian effect? **Chronobiology International,** v. 13, n. 3, p. 191-198, 1996.

VAN MAANEN, A. et al. Effects of Melatonin and Bright Light Treatment in Childhood Chronic Sleep Onset Insomnia With Late Melatonin Onset: A Randomized Controlled Study. **Sleep,** v. 40, n. 2, zsw038, 2017.

WATERHOUSE, J.; FUKUDA, Y.; MORITA, T. Daily rhythms of the sleep-wake cycle. **Journal of Physiological Anthropology,** v. 31, n. 1, p. 5, 2012.

WHEATON, A. G.; CHAPMAN, D. P.; CROFT, J. B. School Start Times, Sleep, Behavioral, Health, and Academic Outcomes: a Review of the Literature. **The Journal of School Health,** v. 86, n. 5, p. 363-381, 2016.

WITTMANN, M. et al. Social jetlag: misalignment of biological and social time. **Chronobiology International,** v. 23, n. 1-2, p. 497-509, 2006.

CAPÍTULO 9
Alimentação e comportamento alimentar

Giovanna Nunes Cauduro
Janaína Thais Barbosa Pacheco

Introdução

Você já parou para pensar quantas vezes por dia você come ou pensa em comer? Quantas horas diárias você gasta planejando suas refeições ou pensando em alimentos que você gostaria de consumir? Ainda: quantas vezes por dia você fala sobre alimentação com outras pessoas? Respondendo a essas três simples perguntas, podemos nos dar conta de quanto a alimentação é presente em nossa vida. Quando não estamos comendo, estamos pensando em comer, combinando de ir jantar com um amigo, assistindo a vídeos de receitas na internet, falando sobre receitas com colegas, dentre outras tantas coisas.

Temos acesso constante às mais variadas informações sobre alimentação (sejam elas saudáveis ou não). Na internet ou fora dela, alimentação é um assunto que rende. Quando não vemos uma notícia anunciando mais uma descoberta inovadora, vemos uma capa de revista divulgando a nova dieta que promete fazer um seguidor perder cinco quilos. Conhecimentos antes restritos aos médicos e aos nutricionistas agora estão a alguns cliques de distância. Mas isso não é necessariamente ruim. Por um lado, esse maior acesso abre espaço para a discussão crítica do assunto. Por outro, facilita a disseminação de informações equivocadas que podem ser altamente prejudiciais à saúde.

A crescente preocupação com a saúde e o bem-estar tem influenciado diretamente esse aumento das informações às quais temos acesso. O interesse em saber o que devemos comer em prol de melhorarmos nossa saúde e aparência tem direcionado nossa atenção a esses assuntos e permitido às indústrias que divulguem mais informações a fim de sanar nossas dúvidas. Cada vez mais, temos noção das regras básicas da alimentação balanceada e, aparentemente, a receita de como perder peso e conquistar a saúde desejada.

Essa enxurrada de novos conhecimentos acerca do comer pode ser particularmente contraproducente para os pais de crianças pequenas. Em geral, cuidadores de primeira viagem apresentam particular preocupação com a alimentação das crianças, recorrendo a diversas fontes de informação para além dos profissionais. Receitas de internet, amigos ou parentes e programas de televisão parecem ser frequentemente utilizados para sanar dúvidas com relação à temática. Além disso, o conhecimento dos pais a respeito de alimentação tem respaldo nos próprios hábitos alimentares deles, oportunizando escolhas equivocadas.

Este capítulo tem como objetivo abordar a alimentação da perspectiva da Psicologia; para isso, falaremos principalmente sobre os aspectos comportamentais, sociais e emocionais da alimentação. A linha condutora do texto pautar-se-á no papel dos pais para o desenvolvimento do comportamento alimentar da criança. O capítulo será dividido em duas partes principais: revisão teórica sobre a Psicologia da Alimentação e uma parte sobre aplicações práticas desses conhecimentos em casos específicos de comportamento alimentar infantil.

Breve história da alimentação

Podemos definir alimentação como a ingestão de alimentos cuja finalidade é nutrir, desenvolver e manter nosso organismo funcionando. Baseada principalmente nos aspectos nutricionais e biológicos, essa definição é amplamente usada para explicar esse processo fundamental na nossa vida. A alimentação é, antes de tudo, a principal responsável por nos manter funcionando ao longo do dia, e, de diversas maneiras, é a qualidade dela que definirá diversos aspectos da nossa saúde física e mental (LIMA, NETO & FARIAS, 2015).

Achados relacionados à alimentação humana datam do surgimento da nossa espécie, de mais de milhares anos atrás. Isso porque a obtenção e a ingestão de alimentos foram essenciais para a nossa sobrevivência. Naquela época, o consumo de grandes quantidades de alimento era necessário em razão da escassez e da incerteza de quando seriam consumidos de novo. Para isso, nosso organismo desenvolveu diversos mecanismos para que o alimento consumido fosse mais bem aproveitado e permitisse a sobrevivência nos períodos de baixa. Ainda que esses mecanismos tenham se adaptado e sofrido modificações ao longo do tempo, nós ainda apresentamos algumas características semelhantes aos nossos antepassados (LOGUE, 2015).

As adaptações do nosso organismo em prol da sobrevivência ainda estão presentes em nossas funções mais corriqueiras. O corpo humano é "programado" para tolerar adversidades contextuais e biológicas. Isso possibilita ao nosso organismo reter ou liberar energia armazenada pelos alimentos consumidos em situações que requeiram um ou outro. A tendência a reter energia perante a escassez, por exemplo, ainda é um mecanismo presente em nosso funcionamento biológico, embora a disponibilidade de comida seja consideravelmente diferente nos dias de hoje (SMITH & ROBBINS, 2013).

Hábitos ou comportamentos alimentares

O primeiro contato que temos com a alimentação ocorre antes mesmo do nosso nascimento, ainda dentro do ventre da mãe: é através dos alimentos ingeridos por ela que teremos acesso aos nutrientes necessários para o nosso desenvolvimento intrauterino. A absorção desses nutrientes influenciará no desenvolvimento dos órgãos, do sistema nervoso e do físico do feto. Ainda, os nutrientes absorvidos pelo feto durante a gestação podem até mesmo determinar se a criança terá doenças crônicas ou problemas comportamentais ao longo da vida (STEENWEG-DE GRAAFF et al., 2014).

Nos primeiros meses após o nascimento, a alimentação do recém-nascido é composta basicamente de leite materno ou fórmulas de leite, dependendo da disponibilidade do primeiro. Os nutrientes ingeridos pela mãe ainda desempenham papéis cruciais para o desenvolvimento da criança, uma vez que ela terá acesso a essas substâncias através do consumo do leite materno. Algumas restrições alimentares por parte da mãe são importantes durante essa etapa por causa da vulnerabilidade do feto às toxinas (THOMPSON et al., 2010; ENGLUND-ÖGGE et al., 2014).

Durante esse período, os fatores biológicos atuam como os principais balizadores do comportamento alimentar infantil, já que os bebês "pedem" por alimento quando sentem alguma sensação de desconforto físico (que, mais tarde, aprenderemos a chamar de "fome"). Desde muito cedo, as crianças são capazes de identificar pistas internas de saciedade (e.g. sensação física de fome) e conseguem entender o momento de interromper a ingesta alimentar. No entanto, isso pode ser modificado ao longo do tempo, caso os pais ou os cuidadores ensinem os filhos a respeitar pistas externas (e.g., limpar o prato) (LARSEN et al., 2015).

Ao longo do tempo e conforme nos desenvolvemos, somos apresentados a novos tipos de alimentos, que serão escolhidos de acordo com o conhecimento prévio dos nossos cuidadores, com as próprias preferências alimentares deles e com a disponibilidade desses alimentos. É nessa etapa que começamos a formar o que são chamados de "hábitos ou comportamentos alimentares", ou seja, tudo aquilo que está envolvido no processo de alimentar-se: das preferências alimentares ao horário no qual nos alimentamos, por exemplo (BIRCH & FISHER, 1998).

O processo de formação dos hábitos é permeado por diversos fatores: predileção alimentar, predisposição genética de tolerância a sabores amargos; aspectos biológicos (e.g. alergia, intolerância) e sociais e inicia no desmame. Nesse contexto, as preferências alimentares desempenham papel especialmente importante durante a primeira infância, visto que é a partir delas que as crianças aceitarão ou rejeitarão os alimentos oferecidos pelos pais. Essas predileções tendem a ser semelhantes entre crianças de diferentes culturas, indicando, portanto, certa predisposição biológica a preferir alimentos ricos em açúcar, que indicariam alto valor energético – e ajudariam na sobrevivência da espécie. A preterição a alimentos amargos, por outro lado, pode estar relacionada ao mecanismo que identifica presença de toxinas na comida, função essencial para que nossos antepassados não morressem envenenados, por exemplo. (CARNELL, HAWORTH, PLOMIN & WARDLE, 2008).

Nossas preferências alimentares são influenciadas sobretudo por uma combinação de fatores genéticos e ambientais (SCAGLIONI, ARRIZZA, VECCHI & TEDESCHI, 2011). Esses aspectos estão intrinsecamente relacionados, manifestando-se simultaneamente. Pesquisas que investigam fatores hereditários da obesidade têm dificuldade em estabelecer uma distinção entre o que é influência do ambiente e o que é geneticamente herdado (BENTON, 2004). Questões como preferência por comidas doces ou salgadas e sensações físicas de saciedade são exemplos da tênue limitação estabelecida entre a genética e o aprendido.

Filhos de pais obesos, por exemplo, crescem em ambientes que tendem a facilitar a escolha por alimentos ricos em calorias e gordura, em parte pela predisposição genética a preferir tais gostos, em parte pela disponibilidade desses alimentos e dos hábitos ensinados pelos pais. O número de células de gordura herdado também desempenha papel importante no desenvolvimento de obesidade, por exemplo. No entanto, é a aprendizagem que a criança tem sobre o comer no decorrer da vida que determinará desfechos significativos na forma como ela se relaciona com o alimento (BENTON, 2004; MEISEL & WARDLE, 2014).

Entende-se, portanto, os pais como facilitadores de comportamentos da criança. Essa "facilitação" se dá com base nos valores e nas expectativas dos pais em relação à criança, influenciando principalmente o comportamento alimentar. Tais valores e expectativas moldam a maneira com a qual os pais lidam com os filhos e determinam quais comportamentos da criança serão mantidos e quais não. Durante o período de desmame, por exemplo, cabe aos pais apresentar novos alimentos à criança, encorajando-as a experimentá-los (Philips, Sioen, Michels, Sleddens & De Henauw, 2014).

> **Você sabia?**
>
> Começamos a formar nossos hábitos alimentares ainda no período de desmame. Por isso, é importante que nessa etapa sejam apresentadas variedades de alimentos e que comece a se estabelecer uma rotina de alimentação do bebê.

A reação da criança à apresentação de novos alimentos determinará se o cuidador voltará a oferecer esse tipo de alimento ou o evitará em próximas oportunidades. Devido ao paladar ainda não completamente desenvolvido, as crianças tendem a preferir alimentos doces em detrimento dos salgados ou azedos. Como mencionado anteriormente, essa preferência parece ser inata. Isso influenciará no quanto uma criança aceitará bem ou não a apresentação de vegetais – geralmente mais amargos –, por exemplo. Essa sensibilidade a sabores amargos varia entre indivíduos, sendo alguns mais sensíveis e outros menos. Apesar de ser determinada em grande parte por aspectos hereditários, essa preferência pode ser modificada através de exposição adequada a esses alimentos (Harris, 2008). Enquanto aspectos genéticos direcionam a preferência ou a tolerância a alimentos amargos, é a disponibilidade que influenciará a preferência por comidas ricas em açúcar e gordura. Ainda que tenhamos aprendido em nossa história evolutiva a preferir alimentos doces por indicarem alta energia, a hereditariedade não desempenha papel central na escolha de alimentos doces ou gordurosos. A genética parece influenciar a preferência por proteínas e vegetais, enquanto a opção por doces e gorduras tende a ser suscetível ao acesso que temos a esses alimentos (Harris, 2008; Scaglioni et al., 2011).

> **Pesquisas apontam:**
>
> Em razão do paladar ainda não completamente desenvolvido, as crianças tendem a preferir alimentos doces ao invés dos salgados ou amargos. Isso influenciará no quanto uma criança aceitará bem ou não a apresentação de vegetais, exemplificando.

Além das preferências alimentares e das características biológicas de cada indivíduo, o período de desmame é fortemente influenciado por aspectos sociais, como cultura, dando-se de maneira diferente entre sociedades distintas. Um estudo realizado com mães de comunidades alemãs e francesas indicou que as diferenças de valores entre os grupos de mães influenciavam diretamente na escolha dos alimentos que seriam oferecidos aos seus filhos. Enquanto na comunidade alemã as mães priorizavam oferecer alimentos que fortaleceriam a imunidade dos bebês, as mães da comunidade francesa davam preferência ao desenvolvimento do paladar através do oferecimento de diferentes vegetais (HARRIS, 2008).

Essa distinção não se restringe às culturas. Podemos encontrar diferentes valores entre diferentes famílias de uma mesma cultura. Isso porque alguns hábitos alimentares e práticas utilizadas pelos pais são transmitidos de geração para geração, ocasionando na individualização do comer. Tradições como almoços em família aos domingos ou receitas que já eram preparadas por nossas bisavós são exemplos palpáveis de hábitos alimentares, ao passo que negociar com a criança para que ela coma todos os vegetais do prato pode ser exemplo de práticas parentais (BIRCH & FISHER, 1997; SLEDDENS, 2014).

A ação conjunta de todos os fatores citados até o momento atua como a base do comportamento alimentar. São diversas as variáveis que podem afetar a maneira como nos alimentamos, propiciando o desenvolvimento de hábitos não necessariamente saudáveis (BRYANT-WAUGH, 2013). Em particular, os pais parecem ser os maiores influenciadores do comportamento alimentar da criança, direcionando-o de diversas maneiras. Isso é explicado pelo fato de exercerem duas funções centrais ao desenvolvimento dos padrões de alimentação das crianças: são responsáveis por estruturar o ambiente da criança (quando, o que e quanto) e de servirem de modelo dietético (LARSEN et al., 2015).

Principais fatores que influenciam o comportamento alimentar:

Fatores biológicos:

- Predisposições genéticas de tolerância a sabores amargos
- Predisposição genética a preferir alimentos ricos em gordura e açúcar
- Alergias ou intolerâncias

Fatores sociais:

- Conhecimento dos pais sobre alimentação
- Cultura e hábitos familiares
- Função da alimentação para a família
- Disponibilidade dos alimentos no ambiente

Importante!

Os pais parecem ser os maiores influenciadores do comportamento alimentar da criança, uma vez que exercem duas funções importantes: são responsáveis por estruturar o ambiente alimentar da criança (quando, o que e quanto) e servem como modelo dietético.

Comportamentos alimentares prejudiciais

Devido aos múltiplos fatores que influenciam o comportamento alimentar, as possibilidades de algo "não sair conforme o planejado" são maiores. Características dos pais, das crianças e do ambiente no qual estão inseridos contribuirão de maneira significativa para o desenvolvimento de patologias relacionadas ao comer. Nesse sentido, psicopatologias maternas vêm sendo apontadas como principais catalisadores de problemas no comportamento alimentar (CAMPBEL, 2014).

Um estudo de revisão da literatura indicou que mães com transtornos alimentares podem afetar diretamente o comportamento alimentar dos filhos (BANDEIRA & GABRIEL, 2016). Isso ocorre porque os próprios padrões alimentares e a relação com a comida são disfuncionais. Essa influência não necessariamente resultará em transtornos alimentares como anorexia ou bulimia, mas pode prejudicar a relação que a criança estabelecerá com a comida. Utilizar a comida como forma de conforto ou como forma de punição é uma maneira de influenciar negativamente essa relação (BLISSETT & HAYCRAFT, 2011). Por exemplo, uma mãe que ingere uma dieta muito restritiva e apresenta excessiva preocupação com a imagem corporal ou excessiva preocupação com o "estar magra" (perfis comumente encontrados em pacientes com anorexia) pode estender aos filhos a mesma dieta restritiva e pode impedir, de forma inadequada, o acesso dos filhos a determinados alimentos. Além disso, esse padrão comportamental materno ensina aos filhos várias regras com relação à alimentação e à percepção da imagem corporal, como, por exemplo, "deve-se comer pouco", "determinados alimentos são perigosos à saúde", "a perfeição está na magreza" ou "para gostarem de mim, preciso ser magro(a)".

Alimentação emocional

Dentre as manifestações mais comuns dessa influência negativa, o chamado "comer emocional" é o mais comum, ainda que menos identificado. Aparece ainda na infância e pode se manter ao longo da vida da criança. O comer emocional altera a relação da criança com a comida, uma vez que ela passa a se alimentar não somente quando está com fome, mas também quando se sente triste ou estressada. Alguns autores vêm demonstrando que o comer emocional também pode apresentar-se em situações nas quais a criança sente emoções positivas, como estar feliz com algo ou entusiasmada (BRADEN et al., 2014).

Modelo cognitivo-comportamental da compulsão alimentar/comer emocional

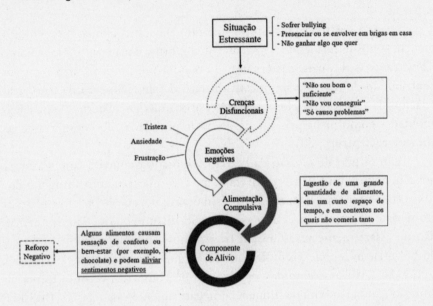

> **Você sabia?**
>
> O comer emocional altera a relação da criança com a comida, uma vez que ela passa a se alimentar não somente quando está com fome, mas também quando se sente triste ou estressada.

Um dos maiores prejuízos relacionados ao comer emocional não está necessariamente relacionado ao peso, mas sim à dificuldade da criança em identificar as próprias emoções. Uma criança que recebe alimentos em momentos que está se sentindo mal tende a não vivenciar aquele sentimento de maneira adequada, visto que substituirá a sensação desconfortável pelo alívio gerado pela comida. Essa substituição facilita que a criança apresente dificuldades futuras em identificar diferentes tipos de emoções e possa até mesmo desenvolver algum tipo de transtorno do humor, como a depressão, por exemplo (STEINSBEKK, BARKER, LLEWELLYN, FILDES & WICHSTRØM, 2016).

Sobrepeso e obesidade infantil

Apesar de o sobrepeso infantil não ser o principal desfecho negativo do comer emocional, achados de pesquisas recentes têm indicado um estreitamento na relação desses dois fatores (FARROW, HAYCRAFT & BLISSETT, 2015; VANDEWALLE, MOENS & BRAET, 2014). No entanto, o sobrepeso não se apresenta somente em crianças com alimentação emocional. Ele é uma condição que ocorre por causa do desequilíbrio entre quantidade de energia (calorias) ingerida e quantidade de energia gasta (SAHOO, 2017). O sobrepeso pode ser difícil de ser identificado tanto em crianças menores, que não aparentam tão claramente o ganho de gordura, quanto em crianças maiores. Apesar disso, índices de sobrepeso são alarmantes já em crianças a partir dos dois anos de idade (JONES, JEWELL, SAKSENA, SALAS & BREDA, 2017). Quando não tratada, essa condição pode evoluir para um quadro de obesidade infantil, gerando consequências graves à saúde da criança.

Assim como no sobrepeso, a obesidade se dá pelo acúmulo de gordura maior do que o gasto de energia, gerando um peso significativamente acima do esperado para a sua idade e altura (PULGARÓN, 2013). A obesidade está relacionada a outras doenças não transmissíveis como diabetes e aumento na pressão arterial, que podem surgir ainda durante a infância. Dados recentes publicados pela Organização Mundial da Saúde (WORLD HEALTH ORGANIZATION [OMS], 2017) apontam que mais de 41 milhões de crianças com menos de 5 anos sofrem com obesidade no mundo todo, número que indica uma epidemia global da doença. No Brasil, estima-se que 7,3% das crianças dessa faixa etária são afetadas pelo excesso de peso (OMS, 2017).

> **Para saber mais:**
>
> O site da Associação Brasileira para o Estudo da Obesidade e Síndrome Metabólica (ABESO) conta com um "Mapa da Obesidade" interativo, no qual podemos encontrar dados sobre excesso de peso em todos os Estados do Brasil. Acesse: http://www.abeso.org.br/atitude-saudavel/mapa-obesidade

Além das consequências físicas e de saúde, a obesidade afeta aspectos psicológicos das crianças. Crianças obesas de ambos os sexos têm mais chances de apresentar sintomas depressivos, baixa autoestima, sofrer mais *bullying* em ambiente escolar e desenvolver transtornos alimentares na adolescência do que crianças com peso esperado (GIBSON et al., 2017). Ainda, exclusão social e estigmatização da condição clínica colocam as crianças obesas em constante discriminação e marginalização nas atividades mais comuns da infância. Crianças obesas frequentemente não são escolhidas para atividades em grupo que requeiram condicionamento físico, por exemplo, levando a indicá-las para atividades individuais que não exijam muito movimento (SAHOO et al., 2017).

> **Pesquisas apontam:**
>
> Crianças obesas de ambos os sexos têm mais chances de apresentar sintomas depressivos, baixa autoestima, sofrer mais bullying em ambiente escolar e desenvolver transtornos alimentares na adolescência do que crianças com peso esperado.

Transtornos alimentares na infância

Em alguns casos extremos, predisposições biológicas e práticas parentais inadequadas podem ocasionar o desenvolvimento de patologias alimentares como anorexia nervosa (AN) e bulimia nervosa (BN). Ambas as condições são debilitantes e afetam diretamente o desenvolvimento sadio da criança. No entanto, são patologias difíceis de ser identificadas ainda na infância, quando os primeiros sintomas começam a aparecer (LOTH, MACLEHOSE, FULKERSON, CROW & NEUMARK-SZTAINER, 2014).

Os transtornos alimentares parecem estar intrinsecamente relacionados com doenças de mesma ordem na mãe, mas ainda não está claro se devido a características genéticas ou a aspectos ambientais – como crenças da mãe em relação à comida, preocupação excessiva com peso ou imagem corporal, por exemplo. Nesse contexto, o transtorno alimentar materno parece exercer maior influência nos comportamentos alimentares de filhas do sexo feminino, contribuindo para maior incidência desses transtornos entre meninas (BOULD et al., 2015).

Em ambos os transtornos, a preocupação excessiva com o peso e a forma corporal está presente, apresentando-se de maneira branda durante a infância, mas agravando ao longo do desenvolvimento. Tal preocupação afeta diretamente a maneira como as crianças vão se relacionar com a comida no decorrer do tempo. Evitar ganhar peso ou esforçar-se para perdê-lo são estratégias utilizadas principalmente no final da infância/início da pré-adolescência, a fim de amenizar os sentimentos causados pela preocupação. Em crianças mais novas, a apresentação de sintomas não se dá tão tipicamente, ocorrendo através do não ganho do peso ou altura esperado para a idade, e comportamentos alimentares restritivos ou estranhos (CAMPBEL & PEEBLES, 2014).

> **Atenção!**
>
> Os transtornos alimentares parecem estar intrinsecamente relacionados com doenças de mesma ordem na mãe, mas ainda não está claro se devido a características genéticas ou a aspectos ambientais – como crenças da mãe em relação à comida, preocupação excessiva com peso ou imagem corporal, por exemplo.

As principais características que diferenciam a anorexia da bulimia são, no caso da primeira, a restrição alimentar, e, na segunda, a compulsão seguida de comportamentos compensatórios. Ou seja: uma criança que apresenta restrições alimentares rígidas cedo no desenvolvimento, seguida do não ganho de peso esperado, pode ter maior tendência a desenvolver anorexia. Por outro lado, uma criança com descontrole alimentar que tenha aprendido, ao longo da vida, que ter sobrepeso é negativo pode ter chances de desenvolver bulimia (Mairs & Nicholls, 2016).

Os desfechos negativos relacionados à alimentação não se dão apenas por causas únicas ou simples. Eles têm em sua etiologia diversos fatores que se inter-relacionam e que facilitam o aparecimento de disfuncionalidades no comer. Em geral, causam sofrimento àqueles que o apresentam, sendo necessário buscar ajuda profissional para que o melhor tratamento seja aplicado. No entanto, é possível prevenir o aparecimento de tais desfechos negativos principalmente a partir de mudanças no ambiente da criança. Nesse contexto, mudanças significativas nas práticas utilizadas pelos pais no momento da alimentação podem ser benéficas e evitar o desenvolvimento de patologias alimentares.

Práticas e estilos parentais na alimentação infantil

A interação dos pais com os filhos tem sido estudada com base em conceitos distintos, dentre eles as práticas educativas e os estilos parentais. As práticas educativas parentais consistem nas estratégias específicas utilizadas para ensinar e modificar repertórios comportamentais nos filhos (Grusec & Kuczynski, 1980; Huppert, Abbott, Ploibidis, Richards & Kuh, 2009). O modelo de classificação das práticas educativas proposto por Hoffman (Hoffman, 1975, 1979, 1994) ainda é amplamente citado. O autor divide as práticas educativas parentais em *técnicas indutivas* e *técnicas coercitivas*.

Práticas parentais: técnicas indutivas e técnicas coercitivas

As técnicas indutivas pretendem ensinar comportamentos ou modificá-los por meio da descrição de regras ou das consequências físicas e emocionais de seu comportamento para as outras pessoas. Trabalhos que investigam os efeitos de técnicas educativas têm indicado que a indução, em sua diversidade, facilita o processo de internalização das normas morais e sociais (Moilanen, Shaws & Fitzpatrick, 2009).

A técnica coercitiva, por outro lado, objetiva forçar a criança a comportar-se de forma apropriada ou a parar um comportamento considerado inadequado, o que pode ser feito verbalmente, por ordens e comandos, ou fisicamente. Essas estratégias estão associadas a prejuízos comportamentais e ao ajustamento psicológico de crianças e de adolescentes.

Estilos parentais

Os estilos parentais incluem aspectos globais da interação entre pais e filhos, considerando o contexto afetivo no qual as estratégias ocorrem e envolvem questões de hierarquia, de disciplina, de afeição, de controle e das atitudes subjacentes dos pais quanto à educação e à socialização dos filhos (BAUMRIND, 1997; PACHECO, 2004). Os estilos parentais são definidos valendo-se da combinação de duas dimensões: responsividade e exigência, descritas no capítulo três deste livro. Este capítulo abordará os estilos e as práticas parentais exclusivamente com relação ao comportamento alimentar.

Retomando:

Responsividade	Sincronicidade do comportamento de filhos e cuidadores Reciprocidade Comunicação Afetividade Apoio e valorização das atividades da criança Reconhecimento e respeito à individualidade do filho
Exigência	Supervisão Monitoramento do comportamento dos filhos Estabelecimento de expectativas de desempenho Disciplina consistente e contingente

Práticas parentais na alimentação infantil

Especificamente com relação à alimentação, as práticas parentais se referem ao que os pais fazem para influenciar o comportamento de comer dos filhos (por exemplo, limitando o consumo de alguns alimentos ou reforçando o comer adequado) (BRADEN et al., 2014). Por outro lado, os estilos parentais descrevem o contexto de interação no qual o comportamento de comer será aprendido, envolvendo níveis de afetividade, aceitação e controle; alguns autores utilizam a expressão "estilos de alimentação" ("*feedingstyles*" ou "*parentfeeding*") (HUGHES et al., 2012; VAN DER HORST; SLEDDENS, 2017).

Os pais podem usar uma variedade de práticas ou estratégias para controlar a alimentação de seus filhos. É importante identificar quais práticas contribuem positivamente para estabelecer hábitos alimentares saudáveis em crianças e quais práticas devem ser evitadas.

A relação entre as estratégias parentais e o comportamento alimentar de crianças e adolescentes tem sido amplamente estudada na literatura, dado o aumento da prevalência de obesidade nessa população. O comportamento alimentar é analisado por meio de desfechos relacionados a sobrepeso e à obesidade; no entanto, é possível observar ainda um padrão que Braden et al. (2014) denominam de "comer emocional". O "comer emocional" ou o "comer em resposta" a emoções negativas tem sido identificado como um fator que contribui para o ganho de peso e a obesidade infantil (BRADEN et al., 2014). Além disso, a parentalidade caracterizada por baixo suporte afetivo, baixo controle do comportamento e alto controle psicológico tem sido relacionada ao desenvolvimento do comer emocional (RHEE et al., 2015).

Os pais são os principais agentes socializadores das crianças, e há indicativos de que aspectos relacionados ao comportamento parental estão ligados ao comer emocional, ao peso corporal infantil, a escolhas alimentares e à prática de atividade física, além de fatores genéticos que o influenciam (BRADEN et al., 2014). Algumas vezes, inadvertidamente, os pais utilizam estratégias relacionadas à alimentação que favorecem a aprendizagem do comer emocional e o ganho de peso.

É importante observar que o comportamento alimentar da criança não deve ser analisado somente pela qualidade dos alimentos que ela ingere. Alimentar-se pode ser considerada uma classe de respostas mais ampla e que envolve aspectos desenvolvimentais e relacionais. Dessa forma, sugere-se que sejam considerados: 1) a aquisição de autonomia própria para a idade da criança com relação à escolha, ao preparo e à ingestão dos alimentos; 2) a aprendizagem de autorregulação no ato de servir e ingerir alimentos, que deve ocorrer ao longo do desenvolvimento; 3) a interação estabelecida durante o preparo dos alimentos e da refeição, visto que contemporaneamente a refeição pode ser um importante momento de interação dos filhos com os pais. As estratégias usadas pelos pais podem favorecer a aprendizagem desses aspectos relacionados à alimentação.

Importante!

O comportamento alimentar da criança não deve ser analisado somente pela qualidade dos alimentos que ela ingere, mas também:

1) pela aquisição de autonomia própria para a idade da criança com relação à escolha, ao preparo e à ingestão dos alimentos;

2) pela aprendizagem de autorregulação no ato de servir e ingerir alimentos, que deve ocorrer ao longo do desenvolvimento;

3) pela interação estabelecida durante o preparo dos alimentos e da refeição

Com base em uma revisão da literatura (Braden et al., 2014; Hurley, Cross, Hughes, 2011; Rodgers et al., 2013), serão descritos a seguir práticas parentais que contribuem para o comportamento alimentar adequado e para práticas parentais que devem ser evitadas.

Práticas parentais desfavoráveis

1) <u>Práticas muito restritivas</u>: As práticas parentais de alimentação restritiva envolvem forte regulação do tipo e quantidade de alimentos que podem ser consumidos por crianças. Embora os pais possam tentar restringir a ingestão de alimentos de seus filhos para reduzir o peso e manter a saúde, os estudos têm indicado que essa restrição pode levar ao efeito oposto, ou seja, encorajar as crianças a procurar os alimentos restritos (por curiosidade ou por privação), e prejudicar a aprendizagem da autorregulação da criança com base na percepção de saciedade.

2) <u>Pressionar a criança a comer ou "empurrar" o alimento</u>: Em geral, essa estratégia é utilizada por pais preocupados com a pouca ingestão de alimentos ou o baixo peso dos filhos. No entanto, pressionar a criança para comer não tem sido associado ao ganho de peso ou a maior ingestão de alimentos. Além disso, essa prática pode criar um ambiente aversivo tanto para os pais quanto para a criança, estabelecendo uma relação entre "hora de comer" ou "comer" com brigas e sentimentos negativos.

3) <u>Usar o alimento como reforçador</u>: Os pais podem utilizar o alimento como forma de recompensar comportamentos dos filhos relacionados ou não ao comer. Por exemplo, oferecer um doce ou um sorvete se a criança se comportar bem ou se comer toda a comida do prato. Quanto à regulação emocional, os pais podem ensinar os filhos a comer para se acalmar ou a ter de parar de chorar para ter acesso a algum alimento. A literatura tem indicado que as práticas parentais que utilizam o alimento como recompensa ou como regulação emocional têm sido associadas ao aumento de peso, à má qualidade dos alimentos ingeridos (em geral, mais calóricos) e à ingestão de maior quantidade de lanches (*snacks*) entre as refeições principais. Além disso, famílias que usam os alimentos como forma de regulação emocional também ensinam a criança a "precisar" comer para se acalmar e a comer "para ter prazer", e não por questões nutricionais ou por sentir fome.

4) <u>Estilo parental indulgente</u>: O estilo parental indulgente envolve pais que possuem altos níveis de responsividade e baixos níveis de exigência. No caso da alimentação, podem ser pais responsivos à privação e à saciação dos filhos, mas que gerenciam pouco os alimentos ingeridos, ou os horários das

refeições, deixando os filhos mais livres e se autogerenciando sobre o que e quando comer. Esse estilo tem sido relacionado a uma baixa ingestão de alimentos saudáveis.

Práticas parentais favoráveis

1) Ser responsivo às necessidades da criança: A responsividade parental no comportamento alimentar refere-se a estar atento e a responder aos sinais de fome ou de saciação da criança, além das preferências que a criança manifesta. Algumas famílias têm mais controle e supervisão sobre o que ou como a criança deve ou não comer e se tornam insensíveis às manifestações que a própria criança apresenta com relação ao alimentar-se. A responsividade deve estar presente desde o nascimento, na amamentação, quando os cuidadores aprendem a reconhecer os sinais que o bebê fornece sobre ter fome ou estar saciado e conseguem diferenciar os sinais que indicam fome daqueles que se referem a outras necessidades da criança, como dor ou sono.

2) Oferecer modelos positivos com relação ao alimentar-se: A observação que a criança faz do comportamento dos pais (modelação) é uma importante forma de aprendizagem. Portanto, é fundamental que os pais observem o seu comportamento ou as regras que emitem sobre o comer. Pais que dizem "vou comer esse doce porque eu estou triste" ou pais que dizem ter nojo de um determinado alimento podem estar inadvertidamente ensinando esse tipo de resposta aos filhos. Por outro lado, pais que experimentam alimentos diferentes, comem com tranquilidade, sentados à mesa, e mostram autorregulação na alimentação estão ensinando comportamentos mais desejáveis.

3) Monitorar a alimentação: Monitorar a alimentação da criança está relacionado a estar atento ao que, como e quando a criança come de forma tranquila, sem agregar elementos aversivos, como punição, brigas e cobranças. Os estudos sugerem que o monitoramento contribui para o desenvolvimento de comportamentos alimentares saudáveis, a aprendizagem de autorregulação e a transmissão da ideia de que os alimentos "pouco saudáveis" podem ser apreciados e não precisam ser consumidos em grandes quantidades ou podem ser substituídos por alimentos mais saudáveis. O monitoramento tem papel mais importante na infância quando os pais têm maior gerenciamento os filhos.

4) Reforçamento positivo: Reforçar positivamente um comportamento significa apresentar uma consequência reforçadora para um comportamento desejável da criança, e essa consequência aumenta a probabilidade de o comportamento ocorrer no futuro (SKINNER, 1953). A consequência, nesse caso, pode ser um elogio, um carinho, uma atenção, etc. O reforçamento positivo

é uma estratégia muito importante e eficaz para ensinar um comportamento desejável e funcional. Dessa forma, na alimentação, elogiar quando a criança come os alimentos escolhidos, senta à mesa durante a refeição, mostra autorregulação alimentar pode contribuir para que esses padrões se fortaleçam. Um aspecto importante aqui é reforçar a experimentação de alimentos novos. Em alguns contextos, a criança experimentar um novo alimento pode ser mais importante do que ela gostar do alimento. A ausência de comportamentos de experimentação pode estar relacionada a maior restrição alimentar.

Com relação ao controle parental sobre a alimentação, a literatura diverge (Rodgers et al., 2013). Os autores propõem uma distinção entre controlar o consumo de alimentos, sendo firmes sobre o que a criança deve ou não comer e utilizando uma abordagem restritiva, e um controle no sentido de gerenciar a alimentação, disponibilizando alimentos saudáveis, incentivando a alimentação em determinados horários e conversando sobre a importância da alimentação. O primeiro tipo de controle está relacionado a um aumento de peso de crianças de até 12 meses. O segundo tipo, considerado um controle menos intrusivo, está associado com menor consumo de lanches não saudáveis e maior consumo de frutas e vegetais em crianças (Van der Horst & Sleddens, 2017).

Evitar	Apostar
1. Restringir excessivamente.	1. Responder às necessidades.
2. Pressionar a criança a comer.	2. Ser um modelo positivo de alimentação.
3. Usar alimento como recompensa.	3. Monitorar a alimentação da criança.
4. Deixar a criança se "autogerenciar" (quanto a horários ou tipo de alimentos).	4. Reforçar quando a criança se alimentar de maneira correta.

Considerações finais

Iniciamos o capítulo abordando a importância que a alimentação tem em nosso dia a dia. Presentes em conversas corriqueiras, a comida e o comer aparentam ser o cerne de nossa socialização. Isso se dá em grande parte pela universalidade do comer. Podemos não ingerir os mesmos alimentos que nossos amigos, por exemplo, mas somos igualmente dependentes deles para sobreviver e funcionar diariamente, além de outras diversas funções. Na nossa cultura, aprendemos que comer não somente é um ato de sobrevivência, mas também uma maneira de demonstrar carinho ou de obter conforto.

Nossos hábitos alimentares serão definidos muito cedo em nossa história de vida. Começam a ser formados ainda no período de desmame e seguem durante toda a nossa infância, tornando esse período tão crucial para o desenvolvimento de hábitos saudáveis. Diante da epidemia de obesidade infantil e adulta e da crescente incidência de transtornos de alimentação já em crianças, podemos perceber que algo anda indo mal na formação dos hábitos alimentares das nossas crianças. Fatores genéticos são altamente relacionados ao desenvolvimento dessas patologias, mas dependem em grande parte do ambiente no qual a criança está inserida para se manifestarem através da instalação de quadros patológicos.

Nesse sentido, cabe aos pais a função de oferecer um ambiente sadio para a criança desenvolver seus hábitos alimentares, livre de fatores estressantes e com regras adequadas sobre o alimentar-se. Atuando como guias das crianças, os pais devem oferecer um ambiente com opções de alimentos saudáveis, educação sobre nutrientes e benefícios dos alimentos aos pequenos, e boas condições para que as crianças explorem esses alimentos. Acima de tudo, os pais são responsáveis por modelar a relação que a criança estabelecerá com a comida, priorizando que essa seja utilizada para saciar sensações de fome ou sede, não para encobrir ou lidar com sentimentos desconfortáveis, por exemplo.

No entanto, temos plena noção de que o processo de educação alimentar infantil é complicado. Por isso, é necessário ter paciência e dividir a tarefa da alimentação com outras pessoas que possam ajudar nesse sentido. A relação da criança com o alimento e com o desenvolvimento de hábitos alimentares saudáveis é longo, constante e, às vezes, difícil. Muitos desafios são colocados para os pais, desde escolher o alimento, aprender a perceber as necessidades e as preferências dos filhos, até a lidar com a sujeira e a bagunça que a criança faz quando está nesse processo de aprendizagem. Por isso, é importante ter paciência, entender o processo e contar com a ajuda de alguém para dividir a tarefa. Além disso, muitas informações são divulgadas o tempo todo sobre a alimentação infantil, o certo e o errado. Por isso, na dúvida, é importante que os pais busquem o auxílio de profissionais de confiança.

Referências

BANDEIRA, A. G.; GABRIEL, J. E. Impactos dos transtornos alimentares maternos sobre o desenvolvimento físico e psicossocial dos filhos. **Revista de Ciências Médicas e Biológicas**, v. 15, n. 1, p. 88-94, 2016.

BENTON, D. Role of parents in the determination of the food preferences of children and the development of obesity. **International journal of obesity**, v. 28, n. 7, p. 858-869, 2004.

BIRCH, L. L.; FISHER, J.O. Development of eating behaviors among children and adolescents. **Pediatrics,** v. 101, n. 2, p. 539-549, 1998.

BRADEN, A. et al. Associations between child emotional eating and general parenting style, feeding practices, and parent psychopathology. **Appetite,** v. 80, p. 35-40, 2014.

BRYANT-WAUGH, R. Feeding and eating disorders in children. **Currentopinion in psychiatry,** v. 26, n. 6, p. 537-542, 2013.

BOULD, H. et al. Do eating disorders in parents predict eating disorders in children? Evidencefrom a Swedishcohort. **Acta Psychiatrica Scandinavica,** v. 132, n. 1, p. 51-59, 2015.

CARNELL, S. et al. Genetic influence on appetite in children. **International Journal of Obesity,** v. 32, p. 1468-1473, 2008.

ENGLUND-ÖGGE, L. et al. Maternal dietary patterns and preterm delivery: results from large prospective cohort study. **Bmj,** v. 348, p. 1446, 2014.

FARROW, C. V.; HAYCRAFT, E.; BLISSET, J. M. Teaching our children when to eat: how parental feeding practices inform the development of emotional eating – a longitudinal experimental design. **The American Journal of Clinical Nutrition,** v. 101, n. 5, p. 908-913, 2015.

GIBSON, L. Y. et al. The psychosocial burden of childhood overweight and obesity: evidence for persisting difficulties in boys and girls. **European Journal of Pediatrics,** p. 1-9, 2017.

GRUSEC, J. E.; KUCZYNSKI, L. Direction of effect in socialization: A comparison of the parent's versus the child's behavior as determinants of disciplinary techniques. **Developmental Psychology,** v. 16, p. 1-9, 1980.

HARRIS, G. Development of taste and food preferences in children. **Current Opinion in Clinical Nutrition & Metabolic Care,** v. 11, n. 3, p. 315-319, 2008.

HOFFMAN, M. Moral Internalization, parental power, and the nature of parent-child interaction. **Developmental Psychology,** v. 11, p. 228-239, 1975.

HOFFMAN, M. Development of moral thought, feeling and behavior. **American Psychologist,** v. 34, p. 959-966, 1979.

HOFFMAN, M. Discipline and Internalization. **Developmental Psychology,** v. 30, p. 26-28, 1994.

HUGHES, S. O. et al. Caregiver's Feeding Styles Questionnaire: Establishing Cutoff Points. **Appetite,** v. 58, n.1, p. 393-395, fev. 2012.

HUPPERT, F. A. et al. Parental practices predict psychological weelbeing in midlife: life-course associations among women in the 1946 British birth cohort. **Psychological Medicine,** v. 9, p. 1-12, 2009.

HURLEY, K. M.; CROSS, M. B.; HUGHES, S. O. A systematic review of responsive feeding and child obesity in high-income countries. **The Journal of Nutrition,** v. 110, 2011.

JONES, R. E. et al. Overweight and Obesity in Children under 5 Years: Surveillance Opportunities and Challenges for the wHOeuropean Region. **Frontiers in public health,** v. 5, 2017.

KELLY, N. R. et al. Emotion dysregulation and loss-of-control eating in children and adolescents. **Health Psychology,** v. 35, n. 10, p. 1110-1119, 2016.

LARSEN, J. K. et al. How parental dietary behavior and food parenting practices affect children's dietary behavior. Interacting sources of influence? **Appetite,** v. 89, p. 246-257, 2015.

LIMA, R.; NETO, J. A. F.; FARIAS, R. C. P. Alimentação, comida e cultura: o exercício da comensalidade. **DEMETRA: Alimentação, Nutrição & Saúde,** v. 10, n. 3, p. 507-522, 2015.

LOTH, K. A. et al. Are food restriction and pressure-to-eat parenting practices associated with adolescent disordered eating behaviors? **International Journal of Eating Disorders,** v. 47, n. 3, p. 310-314, 2014.

MEISEL, S. F.; WARDLE, J. 'Battling my biology': psychological effects of genetic testing for risk of weight gain. **Journal of Genetic Counseling,** v. 23, n. 2, p. 179-186, 2014.

MOILANEM, K. L.; SHAW, D. S.; FITZPATRICK, A. Self-Regulation in Early Adolescence: Relations with Mother-Son relationship Quality and Maternal Regulatory Support and Antagonism. **Journal of Youth and Adolescence,** v. 4, Iin press, 2009.

PACHECO, J. **A construção do comportamento antissocial em adolescentes autores de atos infracionais: Uma análise a partir das práticas educativas e dos estilos parentais.** 2004. Tese de Doutorado (não publicada) - Curso de Pós-Graduação em Psicologia do Desenvolvimento, Universidade Federal do Rio Grande do Sul. Porto Alegre. 2004.

PHILIPS, N. et al. The influence of parenting style on health related behavior of children: findings from the ChiBS study. **International Journal of Behavioral Nutrition and Physical Activity,** v. 11, n. 1, p. 95, 2014.

PULGARÓN, E. R. Childhood obesity: a review of increased risk for physical and psychological comorbidities. **Clinical therapeutics,** v. 35, n. 1, p. A18-A32, 2013.

RHEE, K. E. et al. Firm maternal parenting associated with decreased risk of excessive snacking in overweight children. **Eating and Weight Disorders-Studies on Anorexia, Bulimia and Obesity,** v. 20, n. 2, p. 195-203, 2015.

RODGERS, R. F. et al. Maternal feeding practices predict weight gain and obesogenic eating behaviors in young children: a prospective study. **International Journal of Behavioral Nutrition and Physical Activity,** v. 10, n. 1, p. 24, 2013.

SAHOO, K. et al. Childhood obesity: causes and consequences. **Journal of Family Medicine and Primary Care,** v. 4, n. 2, p. 187, 2015.

SCAGLIONI, S. et al. Determinants of children's eating behavior. **The American Journal of Clinical Nutrition,** v. 94, n. 6, p. 2006S-2011S, 2011.

SKINNER, B. F. **Ciência e comportamento humano.** São Paulo: Editora Martins Fontes.1953.

SLEDDENS, E. F. et al. Food parenting practices and child dietary behavior. Prospective relations and the moderating role of general parenting. **Appetite,** v. 79, p. 42-50, 2014.

SMITH, D. G.; ROBBINS, T. W. The neurobiological underpinnings of obesity and binge eating: a rationale for adopting the food addiction model. **Biological Psychiatry,** v. 73, n. 9, p. 804-810, 2013.

STEINSBEKK, S. et al. Emotional Feeding and Emotional Eating: Reciprocal Processes and the Influence of Negative Affectivity. **Child Development,** 2016.

STEENWEG-DE GRAAFF, J. et al. Maternal dietary patterns during pregnancy and child internalising and externalising problems. The Generation R Study. **Clinical Nutrition,** v. 33, n. 1, p. 115-121, 2014.

THOMPSON, J. M. et al. Maternal dietary patterns in pregnancy and the association with small-for-gestational-age infants. **British Journal of Nutrition,** v. 103, n. 11, p. 1665-1673, 2010.

VAN DER HORST, K.; SLEDDENS, E. F. Parenting styles, feeding styles and food-related parenting practices in relation to toddlers' eating styles: A cluster-analytic approach. **PloS one,** v. 12, n. 5, 2017.

VANDEWALLE, J.; MOENS, E.; BRAET, C. Comprehending emotional eating in obese youngsters: the role of parental rejection and emotion regulation. **International Journal of Obesity,** v. 38, n. 4, p. 525-530, 2014.

WHO, World Health Organization. **Guideline: Assessing and managing children at primary health-care facilities to prevent overweight and obesity in the context of the double burden of malnutrition.** (Updates for the Integrated Management of Childhood Illness [IMCI]). Geneva, Switzerland. 2017.

CAPÍTULO 10
Atividade física e cuidados com a saúde

Lucas Elias Rosito
Raísa da Silva do Nascimento
Marina Azzi Bertotto

Introdução

Este capítulo vai trabalhar questões associadas à estimulação de crianças e adolescentes para a realização de atividades físicas voltadas ao desenvolvimento e à saúde durante as duas primeiras décadas de vida. Dentre as influências que acabam por incentivar a prática de tais atividades em jovens, está a participação de pais e cuidadores, que são os responsáveis por propiciar um ambiente adequado para a formação desses padrões de cuidado com a saúde física e mental. A aquisição de hábitos voltados à prática sistemática de atividade física nos primeiros anos de vida é um bom indicador do que se pode esperar em termos de saúde na idade adulta.

Como fio condutor do capítulo, utilizaremos a perspectiva da abordagem cognitivo-comportamental, que será utilizada como referência à orientação de pais e dos cuidadores. Começaremos por definir a atividade física e a relacionaremos com as etapas de desenvolvimento humano. Ao longo de todo o texto, serão apontadas dicas e referências úteis que possam ser empregadas no trabalho com crianças e adolescentes. Também serão apontadas maneiras de trabalhar a motivação e a importância da relação entre pais e filhos para esse processo.

Este é um capítulo voltado para pais, cuidadores e profissionais da área da saúde mental que sabem da importância da estimulação precoce de crianças e adolescentes para a aquisição de hábitos saudáveis desde os primeiros anos de vida. As referências usadas são uma compilação de autores e pesquisas recentes que permite uma introdução a tais temas na mesma medida que oferece conhecimento baseado em evidências científicas acuradas.

Vamos começar a nos mexer?

Atividade física

A expressão *atividade física* pode nos remeter, em princípio, a atividades específicas realizadas para a aquisição de massa muscular, perda de peso ou ganho de habilidade psicomotora. Na nossa cabeça, a imagem que construímos é de alguém em uma academia de ginástica ou numa pista de atletismo, fazendo um esforço considerável para alcançar um objetivo que, na maioria das vezes, requer sacrifícios. Mas será que isso é sinônimo de atividade física? Quais os limites de um movimento para que ele seja considerado uma atividade física? Uma pessoa que precisa passar o fim de semana arrumando a sua casa, tendo de limpar o chão, lavar a roupa, arrumar a cama e os armários está realizando uma atividade física?

Para definirmos os limites de tais ações, vamos usar como referência o que sugere a World Health Organization (WHO). A WHO define atividade física como qualquer atividade que produza movimento corporal do músculo esquelético e que, para tanto, requeira gasto de energia. Assim, a pessoa que arruma sua casa ou passeia com o cachorro está praticando atividade física, tanto quanto aquela que vai semanalmente a uma academia de ginástica. A WHO ainda destaca que a inatividade física está diretamente relacionada a uma série de prejuízos de saúde, sendo considerada um elemento fundamental para riscos aumentados de câncer de pulmão e de cólon, diabetes e doença isquêmica do coração (WHO, 2010).

Mas, se podemos considerar a ação de lavar louça uma atividade física, como devemos distinguir as diferentes ações que são consideradas atividades? A intensidade da atividade física é calculada pela magnitude de esforço envolvido em uma determinada atividade ou exercício, considerando, para isso, aspectos como idade do praticante, sua experiência com exercícios e sua condição física, variando consideravelmente de indivíduo para indivíduo. No Quadro 1 estão alguns exemplos de atividades classificadas pela WHO, dentre atividades físicas moderadas e atividades físicas vigorosas (WHO, 2010).

Quadro 1 – Atividades físicas moderadas e vigorosas

Atividades físicas moderadas Exigem esforço moderado e perceptível aumento do ritmo cardíaco.	Atividades físicas vigorosas Exigem grande esforço e causam respiração acelerada e aumento considerável do ritmo cardíaco.
Caminhada leve (passeio). Dançar. Jardinagem. Trabalhos domésticos. Atividades que envolvem brincadeira e jogos com crianças. Carregar peso (20<).	Correr. Caminhar acelerado. Ciclismo acelerado. Exercícios aeróbios (academia). Nadar acelerado. Participar de jogos competitivos (esportes). Carregar peso (20>).

Nota: WHO (2010).

Na vida adulta, a realização de níveis adequados de atividade física se relaciona diretamente com um menor risco de hipertensão, doenças coronarianas e depressão e está associada a investimentos públicos ligados ao tratamento e à prevenção dessas doenças. Por conta disso, a atividade física é vista como uma questão de saúde coletiva e não apenas individual. E, para tanto, o incentivo à prática de atividades físicas requer esforço multidisciplinar e cultural (WHO, 2010).

Quadro 2

Curiosidade
Você sabia que o exercício é uma subcategoria da atividade física? É considerado exercício aquela atividade física que requer planejamento, estrutura, é realizada repetidamente e que tem como objetivo aprimorar ou manter padrões de condicionamento físico. Já a atividade física, além do exercício, inclui atividades cotidianas, tais como: trabalhar, deslocar-se, realizar tarefas domésticas e demais atividades recreativas.

Nota: WHO (2010).

Atividade física para crianças e adolescentes

Se a atividade física na vida adulta está relacionada à melhoria de indicadores de saúde globais, podemos esperar que, na infância e na adolescência, tenhamos os mesmos benefícios? Sim! Em realidade, as atividades físicas nos primeiros anos de vida são ainda mais cruciais para a saúde. Além dos indicadores observados na vida adulta, a criança vai se beneficiar dessas atividades para o desenvolvimento das suas habilidades psicomotoras, sociais e sua percepção de autoestima.

Atualmente as atividades físicas nos primeiros anos de vida são consideradas ações de saúde e prevenção. Em muitos países, existem políticas específicas para o incentivo dessas práticas como promotoras de saúde (Okely & Janssen, 2015). No quando abaixo, temos algumas demonstrações de diretrizes de saúde no que se refere às atividades em alguns países.

Quadro 3

Diretrizes para a prática de atividades físicas			
Muitos países adotam diretrizes a respeito da prática de atividade física. Abaixo, alguns exemplos das orientações contidas em tais diretrizes:			
Estados Unidos	Canadá	Reino Unido	Austrália
Institute of Medicine	Canadian Society for Exercise Physiology	Departament of Health	Australian Government Departament of Health and Ageing
Idade até 5 anos	Idade até 4 anos	Idade até 5 anos	Idade até 5 anos
Crianças devem receber as condições necessárias diariamente para explorar o meio onde vivem, com oportunidade para atividades leves, moderadas e vigorosas.	Menores de 1 ano – devem realizar diariamente atividades; Entre 1 e 4 anos – devem acumular ao menos 180 minutos diários (3h) em qualquer intensidade, incluindo: diversidade de ambientes e tarefas, que trabalhem habilidades motoras e que possam realizar ao menos 60 minutos de atividade física intensa por volta dos 5 anos.	Crianças devem ser encorajadas a realizar atividade física desde o nascimento, incluindo o período de aquisição da marcha. Sugere-se um mínimo de 3 horas diárias de atividades físicas nessa etapa do desenvolvimento.	Para o desenvolvimento saudável na infância, crianças do nascimento até a idade pré-escolar devem realizar ao menos 3 horas diárias de atividade física, em ambiente monitorado por adulto.

Nota: Okely e Janssen (2015).

No Brasil, a Sociedade Brasileira de Pediatria (SBP) divulgou um Manual de Orientação para a Promoção da Atividade Física na Infância e na Adolescência em 2017, no qual sugere diretrizes para a estimulação das atividades físicas para crianças e adolescentes (Barros et al., 2017).

Quadro 4

Recomendações da Sociedade Brasileira de Pediatria sobre atividade física para crianças e adolescentes.
Crianças de até 2 anos
• Bebês devem ser estimulados a ser ativos, mesmo que por breves períodos, todos os dias, em ambiente supervisionado por um adulto. • Crianças que conseguem caminhar devem acumular pelo menos 180 minutos diários de atividades físicas – ex. ficar de pé, mover-se, brincar, pular, etc. • Crianças dessa faixa etária devem evitar comportamentos sedentários quando estiverem acordadas – ex. passear de carro ou ficar no carrinho. • A SBP não recomenda que a criança nessa faixa tenha tempo destinado a equipamentos digitais – ex. TV, celular, tablet, etc.
Crianças de 3 a 5 anos
• Devem acumular 180 minutos de qualquer intensidade ao longo de um dia, dando preferência para atividades que desenvolvam coordenação motora. • O mais recomendado são atividades lúdicas – ex. pega-pega, bicicleta, jogos com bola. Podendo ser acrescentadas atividades estruturadas – ex. aulas de natação, dança, lutas, etc. • Limitado tempo destinado a equipamentos digitais – máximo de 2 horas diárias.
Crianças e adolescentes entre 6 e 19 anos
• Pelo menos 60 minutos diários de atividades físicas de moderadas a vigorosas. • Pelo menos três vezes por semana, realizar atividades vigorosas. Também acrescentar três vezes por semana atividades que incluam flexibilidade. • Devem ser encorajados a participar de diferentes atividades de forma a ter os maiores benefícios tanto no aspecto físico quanto nos aspectos emocionais e sociais. • Evitar comportamentos sedentários. Restringir a 2 horas diárias o tempo destinado a equipamentos digitais – sem considerar o tempo para a realização de atividades escolares.

Nota: Barros et al. (2017).

Segundo relatório da WHO (2010) referente aos cuidados com a saúde de crianças e adolescentes entre cinco e 17 anos, existe suficiente suporte científico para destacar a importância da atividade física regular como elemento-chave para o desenvolvimento saudável. A prática de atividades nessa etapa do desenvolvimento está associada diretamente à saúde dos tecidos musculoesqueléticos, do sistema cardiovascular, da tomada de uma consciência neuromuscular por parte dos jovens e da manutenção de peso saudável. Do ponto de vista da saúde mental, a atividade física praticada entre cinco e 17 anos se relaciona de forma benéfica com o controle de sintomas de ansiedade e depressão. Além disso, promove desenvolvimento por meio de interação e integração social, criando espaços de autoexpressão, fundamentais para o surgimento da autoconfiança (WHO, 2010).

A recomendação para a atividade física e a saúde, segundo a WHO (2010), sugere que os benefícios associados à atividade física em crianças e adolescentes entre cinco e 17 anos são:

- Crianças e jovens nessa faixa etária devem realizar pelo menos 60 minutos de atividade física de grau moderado a vigoroso no decorrer de um dia.
- Períodos diários maiores estão associados a maiores benefícios.
- A quantidade de tempo mínima pode ser realizada em intervalos, como, por exemplo, dois momentos de 30 minutos.
- Para mais benefícios, é recomendado que a maior parte das atividades físicas seja aeróbias.
- É indicado que atividades de intensidade vigorosa sejam incorporadas pelo menos três vezes por semana.

Quadro 5

Benefícios da atividade física na infância
- Aumento do volume de ejeção cardíaca.
- Aumento dos parâmetros ventilatórios funcionais e do consumo de oxigênio.
- Redução da pressão arterial.
- Aumento da sensibilidade à insulina e da tolerância à glicose.
- Melhora do perfil lipídico.
- Aumento da mineralização óssea.
- Melhora global da cognição.
- Aumento da autoestima.
- Aumento da sensação de bem-estar.
- Diminuição dos sintomas de ansiedade e depressão.
- Melhora na socialização.

Nota: Barros et al. (2017).

É recomendado que pais e cuidadores em geral se preocupem em oferecer às crianças um ambiente adequado para a prática de atividades físicas. Tanto ambientes fechados, como residenciais e escolares, quanto ambientes com maior amplitude de espaço, como parques e espaços abertos. A disponibilidade de ambiente adequado é um fator determinante no engajamento de crianças em atividades que reduzam o comportamento sedentário na infância (OKELY & JANSSEN, 2015).

O não engajamento em atividade física por vezes é explicado por uma série de argumentos que podem ser considerados mitos a respeito da prática. São ideias superficiais que descaracterizam a facilidade de acesso a tais atividades. No Quadro 6 temos alguns dos *mitos* acompanhados de *fatos* que contradizem tais argumentos (WHO, 2010).

Quadro 6

Mitos	Fatos
• Atividades físicas precisam de muito tempo.	• Com apenas 30 minutos de atividade física de moderada a intensa (ex. caminhada) diariamente, já é possível ter benefício em termos de saúde. Se necessário, esse tempo diário pode ser dividido em intervalos menores (ex. 3x de 10 minutos).
• Atividade física é para jovens.	• Os benefícios da atividade física são evidentes e altamente recomendados para adultos acima dos 65 anos de idade. Estão associados à melhora dos indicadores de doenças silenciosas (ex. pressão alta, diabetes), muito prevalentes nesse grupo etário.
• Manter atividades físicas envolve investimento financeiro.	• A maior parte das atividades físicas pode ser realizada em qualquer lugar e sem a necessidade de material específico. Carregar as compras do supermercado ou utilizar escada em vez de elevador é exemplo da facilidade de se associar atividades físicas à rotina diária.
• Crianças e jovens são naturalmente cheios de energia, não sendo necessário estimulá-los à prática de atividades físicas.	• Os indicadores de saúde pública global indicam um decréscimo da atividade física em jovens associado a padrões de vida sedentários, principalmente em zonas urbanas de países em desenvolvimento.

Nota: WHO (2010).

Embora as atividades físicas façam parte da rotina de qualquer criança e adolescente e estejam relacionadas com indicadores de saúde, é importante estar atento a eventuais desconfortos manifestados pelos jovens. A suspeita em relação ao benefício da prática da atividade deve ser relatada a um agente de saúde, e, se necessário, devem ser avaliadas as condições gerais da pessoa.

Quadro 7

Quando avaliar uma criança antes de estimular a atividade física
• Quando a <u>história pessoal da criança</u> sugerir dor torácica ao esforço físico, quando houver aumento da pressão arterial ou já tiver sido diagnosticada alguma condição especial – ex. dispneia, sincope sem causa conhecida, sopro cardíaco, cardiopatia congênita, etc. • Quando, na <u>história familiar,</u> houver registro de morte prematura ou incapacidade por doença cardíaca antes dos 50 anos, para parentes de primeiro grau. • Quando um exame físico da criança identificar presença de sopro cardíaco, alteração dos pulsos femurais, características de síndrome de Mafran ou alteração na aferição da pressão arterial.

Nota: Barros et al. (2017).

A estimulação para a atividade física com crianças e adolescentes é uma tarefa combinada que deve ser pensada estrategicamente, relacionando os esforços da família e dos cuidadores com a participação da escola. Os maiores benefícios são percebidos quando o sistema que cerca esses jovens funciona de forma integrada. Assim, sugere-se que os pais estejam próximos da escola e dos educadores, interagindo com as atividades e participando sempre que possível delas (Barros et al., 2017).

Nas últimas duas décadas, a evolução da tecnologia e sua disponibilidade global tem tido efeito na cultura da adolescência e consequentemente nos padrões de comportamento esperados para essa etapa da vida. Isso parece ser particularmente perceptível quando se observam os padrões referentes ao engajamento em atividades físicas. Estudos que procuram considerar a tendência de padrões seculares de comportamento sedentário apontam diminuição significativa das atividades físicas moderadas e vigorosas entre os adolescentes, em especial quando relacionada ao aumento do acesso aos meios digitais, em particular pelo uso de computadores. A diminuição dessas atividades parece estar diretamente relacionada com o aumento do número de obesos (Nelson, Stzainer, Hannan, Sirard & Story, 2006).

Atividade física, sobrepeso infantil e obesidade

Para a WHO (2016), a obesidade infantil é um dos maiores desafios da saúde pública para o século XXI, tendo sua prevalência aumentada de forma preocupante. Tal problema é global e afeta em particular países com desenvolvimento moderado, geralmente nos centros urbanos. O sobrepeso na infância está associado à obesidade também na vida adulta e é um indicador importante para doenças silenciosas, tais como o diabetes e a pressão alta, mesmo em idades precoces (WHO, 2016).

Dentre os elementos que participam do número crescente de crianças e adolescentes obesas, destaca-se a alimentação. Nutrições baseadas em alimentos altamente calóricos, com grande quantidade de açúcares e/ou grande quantidade de sal contribuem decisivamente para os quadros de obesidade. Não obstante, a participação na escolha da alimentação de crianças e adolescentes é importante, uma vez que o hábito alimentar e suas preferências são estabelecidos nos primeiros anos (WHO, 2016).

A questão alimentar se associa a um aumento da urbanização e da digitalização que acabam por diminuir as oportunidades para a prática regular de atividades físicas, tendência observada em especial nas populações jovens. Existe propensão à facilitação das rotinas domésticas e laborais, que por um lado facilitam as atividades diárias e por outro aumentam a inatividade das pessoas (ANDRADE, BISCHOFF, BONETTO, DIAS & RONCADA, 2015). Estar com sobrepeso ou obesidade também reduz a participação dos jovens em atividades grupais que se relacionem com atividades físicas, desencadeando um movimento circular e contínuo de aumento de peso e prejuízo de saúde física, mental e relacional (WHO, 2012).

Para a WHO (2012), a escolha alimentar e o engajamento em atividades físicas são as ferramentas mais apropriadas para a prevenção do sobrepeso e da obesidade, principalmente no tocante a crianças e a adolescentes. Neste particular, a participação das famílias e da escola é fundamental para a estimulação saudável desses jovens (WHO, 2016).

Quadro 8

Consequências da obesidade na infância
Doenças cardiovasculares.
Resistência à insulina – sinal preditor para diabetes.
Doenças musculoesqueléticas – ex. osteoartrite.
Alguns tipos de cânceres – ex. endometrial, pulmão e cólon.
Dificuldades de socialização.
Baixa autoestima.

Nota: WHO (2016).

Um estudo apontou que dois terços dos jovens de cinco países europeus têm feito em média a quantidade de atividade física sugerida para a manutenção dos indicadores de saúde. Entretanto, isso ainda não é suficiente para conter o aumento na taxa de obesidade entre crianças e adolescentes. O estudo sugere que a realização de atividades físicas vigorosas por aproximadamente 15 a 20 minutos diários poderia ser uma medida suficiente para o controle de peso entre os mais jovens (Schwarzfisher et al., 2017).

Quadro 9

Fique atento!

Devemos realmente nos preocupar com o aumento da obesidade de crianças muito pequenas? SIM! O aumento dos casos de obesidade infantil, até os 5 anos, é um fato! Em 1990, nessa faixa etária, o número global de casos de obesidade era de aproximadamente 32 milhões. Em 2016, esse número chegou a 41 milhões! Caso tal tendência se mantenha, poderemos chegar a 70 milhões no ano de 2025. E, em países em desenvolvimento, como no Brasil, está concentrada a maioria dos casos (WHO, 2016).

No Brasil, a taxa de obesidade entre crianças e adolescentes cresce de forma exagerada, principalmente nas últimas duas décadas. Tanto quanto em outros países, junto às questões referentes à alimentação, a atividade física tem sido relacionada como forma de evitar o crescimento desse indicador (Andrade et al., 2015). Alguns estudos sugerem que a prática de atividades deveria ser recomendada e orientada nas escolas para todas as faixas etárias (Vargas, Sichieri, Sandre-Pereira & Veiga, 2011; Vásquez et al., 2013).

De acordo com Barros et al. (2017), a atividade física é uma forma efetiva de lidar com a pandemia de obesidade instalada globalmente. E a prática da atividade física contribui para o enfrentamento da doença de três maneiras:

- Auxilia no equilíbrio do balanço energético de crianças e adolescentes, prevenindo o sobrepeso nessa etapa do desenvolvimento.
- Jovens mais ativos têm tendência maior a se tornar adultos ativos e, consequentemente, menos propensos à obesidade na vida adulta.
- Jovens ativos têm chances diminuídas para o desenvolvimento de doenças relacionadas à obesidade na vida adulta.

A saúde de crianças e dos adolescentes influencia o desenvolvimento sadio e consequentemente os padrões de saúde e doença que vão prevalecer na vida adulta. Cada etapa do desenvolvimento tem suas características próprias, e, para o progresso esperado nessas etapas, a atividade física desempenha papel crucial. Uma revisão sistemática realizada por Condello et al. (2017) é enfática ao afirmar que, desde jovem, é necessária a aquisição de comportamentos ativos, com a prática de diferentes atividades físicas. Os pesquisadores sugerem que, ao longo da infância e da adolescência, é importante que os jovens continuem a aumentar o tempo destinado às atividades comportamentais. Refletem sobre a importância de atividades como o deslocamento dos jovens durante sua rotina e indicam que é importante que tais ações sejam realizadas de forma autônoma, sem a necessidade do monitoramento de adultos. Apontam também para os riscos inerentes a uma geração acostumada a utilizar a tecnologia como forma de lazer (CONDELLO et al., 2017).

Quadro 10

Curiosidade!
Em um estudo clássico realizado na Finlândia, entre 1980 e 2001, foi feito um acompanhamento de 21 anos em sujeitos de ambos os sexos que, nesse período, passaram da infância à idade adulta. O objetivo do estudo foi analisar se havia influência dos níveis de atividade física praticados na infância e na adolescência em relação ao comportamento ativo desses mesmos sujeitos na vida adulta (TELAMA, YANG, VIIKARI, VÄLIMAKI, WANNE & RAITAKARI, 2005). Alguns achados desse estudo são descritos a seguir: • A intensidade da atividade física praticada na vida adulta não depende do tipo de atividade física realizada na infância e na juventude. • A participação em intensas atividades físicas na idade escolar está mais relacionada com a prática da atividade física na vida adulta. • A atividade física quando presente na vida de crianças e adolescentes entre nove e 18 anos é um preditor poderoso para a atividade física na vida adulta. • Atividades de Educação Física na escola, a prática de esportes em clubes e as atividades físicas planejadas são importantes complementos para a estimulação de crianças e adolescentes. • Muitos outros fatores influenciam a atividade física na vida adulta, dentre os quais se destacam: educação, ocupação, ambiente, estar casado, ter filhos, a condição física e o peso.

Etapas do desenvolvimento

Em cada etapa do desenvolvimento, existem atividades que devemos praticar para desenvolvermos as nossas potencialidades físicas e cognitivas. Os pais podem auxiliar nesse processo orientando e estimulando os filhos de acordo com a capacidade física correspondente para a sua faixa etária. Para maior aproveitamento da interação entre pais e filhos, no que se refere à prática de atividades físicas, pais e cuidadores podem recorrer à orientação profissional, sendo o psicólogo uma referência importante nesses casos.

Desde o nascimento, as crianças já podem ser estimuladas à prática de atividades físicas com o intuito de oferecer as condições necessárias para o seu desenvolvimento saudável. A seguir, as etapas do desenvolvimento serão apresentadas com as respectivas atividades sugeridas para cada momento. Em geral, são comportamentos que podem ser praticados com a participação dos pais, reforçando também o estabelecimento da relação parental.

Quadro 11

Etapas do desenvolvimento e atividade física
até 6 meses
Um bebê de até três meses tem atitude reflexa e responde à maioria dos estímulos sem intenção, comunica-se com o mundo por meio do choro, utiliza principalmente sensações olfativas, táteis, visuais, auditivas e prospectivas. Para essa faixa etária, não é recomendada nenhuma atividade física que não seja estimulação através de brincadeiras. Como exemplo de possíveis estímulos para essas crianças, sugerimos: oferecer chocalho, bater palmas ou movimentar objetos perto da criança. De três a seis meses, o bebê já inicia o interesse pela busca do objeto escondido, começa a seguir com o olhar objetos que caem; uma das atividades físicas recomendadas para se realizar com o auxílio dos cuidadores é a natação.
6 a 9 meses
Entrando no período de seis a nove meses, o bebê passa a arrastar-se pelo chão ou pela cama. Por volta dos oito meses, já engatinha, o que permite brincadeiras e maior interação física entre cuidadores e bebê. Nessa faixa etária, é sugerida uma série de atividades em que os pais podem construir sons, explorar o corpo e desenvolver brincadeiras lúdicas. Essa fase inicial antes de iniciar a caminhada é essencial para o desenvolvimento de marcadores fisiológicos na motricidade, como força, agilidade, velocidade, ritmo e coordenação.
9 a 12 meses
Dos nove aos 12 meses, temos ganhos de maturação cognitiva importantes como a chegada do pensamento funcional. Agora a criança mostra a função do objeto pela ação, utilizando a intenção. Próximo aos 12 meses, ela começa a ensaiar os primeiros passos. Assim que a caminhada já estiver inserida em sua rotina, a criança passa a ter uma gama maior de atividades físicas possíveis de ser realizadas. A família tem papel importante nesse momento, incentivando e monitorando a estimulação saudável da criança.

1 a 2 anos

De 1 a 2 anos, a função de erguer-se, aliada ao equilíbrio, auxilia o processo de descoberta do corpo, do espaço e de como se relacionar e interagir com os objetos. Nessa etapa, a criança caminha sozinha, amplia gradativamente a sua capacidade de subir e descer escadas, de correr e pular. É nesse momento do desenvolvimento que já podemos observar a evidência da predileção por uma das mãos, e se intensifica o desenvolvimento da lateralidade. A lateralidade auxilia bastante nas atividades físicas. Nesse período, a criança começa a atirar e a chutar bolas, brincar de correr e se esconder, e já obedece a algumas regras simples. Nessa faixa etária, são indicadas atividades físicas lúdicas, como brincadeiras com bola, de forma que a criança explore as habilidades de rolar, deixar cair e chutar.

2 a 3 anos

Entre os 2 e 3 anos, a criança locomove-se com desenvoltura, já começa a correr bem sem cair, consegue chutar uma bola grande com direção, sobe e desce escadas sozinhas, salta sobre uma corda estendida no chão com os pés juntos e é capaz de tomar impulso. É também nessa faixa etária que a criança cria a noção de: em cima e embaixo; dentro e fora. Uma atividade necessária para o desenvolvimento é estimular que a criança faça movimentos preparatórios para o salto, ou seja, brincar de flexão e extensão das pernas, brincadeiras de agachar e levantar. Outra atividade física pertinente nesse período é brincar com a criança de saltar no mesmo lugar, segurando-a pela mão. Brincadeiras como a do "saci-pererê" e a "amarelinha" também beneficiam o desenvolvimento, uma vez que a desafia a ficar equilibrada com uma perna só, por alguns segundos.

3 a 5 anos

De 3 a 4 anos, a criança é capaz de alternar os pés para subir escada, parar por alguns momentos em um pé, andar de triciclo, pular do degrau mais baixo, andar em linha reta, correr controlando obstáculos, marchar com ritmo e já entende ordens contrárias. Atividades físicas como a dança já podem ser inseridas de forma lenta após os 3 anos de idade.

A partir dos 4 anos, o corpo se beneficia cada vez mais com a inserção das atividades físicas na rotina das crianças. Aos 4 anos de idade, a criança começa a dar passos alternados, salta de uma altura de aproximadamente 25 centímetros, alternando os pés.

5 a 6 anos

Com a chegada dos 5 anos, a criança salta usando os pés alternadamente, já se ajusta aos ritmos lento, moderado e rápido. Atividades esportivas praticadas coletivamente, como jogar futebol ou caçador, já podem começar a ser experimentadas. Aos 5 anos, a criança já reúne condições de intensificar as atividades físicas, como, por exemplo, o balé, a ginástica artística e a rítmica.

Próximo aos 6 anos, a criança permanece em pé, encostando o calcanhar de um pé na ponta do outro, com lados fechados. Já consegue pular em um pé só (aproximadamente uns 5 centímetros), está apta também para fazer corrida controlada, jogar e receber bola, deitar e sentar sem o apoio dos braços. É capaz de entender e diferenciar o lado esquerdo do lado direito do corpo. Consegue compreender e verificar à frente, de frente, dentro, atrás, de costas, fora, ao lado, ao redor, perto, mais perto, longe e tão longe quanto. Esse ganho cognitivo auxilia na prática de inserção de atividades físicas como corrida do bastão, dança das cadeiras e a inserção em esportes coletivos com regras mais complexas, como o vôlei.

6 a 20 anos

Até a etapa final da infância, crianças podem e devem explorar todas as atividades físicas apresentadas na escola, em clubes ou em casa pelos pais. São exemplos dessas atividades, lutas marciais, dança, ginástica olímpica, caminhada, corrida, saltos, jogos coletivos, tênis, vela, dentre outros.

A adolescência (dos 12 aos 20 anos) é uma etapa do desenvolvimento na qual é esperado o interesse por desafios que testem os limites físicos. Interesse por esportes com velocidade ou altura pode ser iniciado com acompanhamento de profissionais especializados, da mesma maneira que as atividades físicas regulares em academias de ginástica.

Nota: Piaget (1987), Herren (1988) e Papalia (2013).

Ao longo dos últimos 15 anos, alguns estudos têm se debruçado sobre a importância da atividade física nos primeiros anos de vida e seus benefícios para a saúde global da criança. Segundo uma revisão sistemática conduzida por Jones, Hinkley, Okel e Salmon (2013), a prática de atividade física, quando estimulada na primeira infância, até os cinco anos, é altamente recomendável como ação preventiva de comportamentos sedentários durante os anos de desenvolvimento da infância e da adolescência. Uma das razões é o fato de que, nesse período, as crianças são mais receptivas à informação e ao encorajamento das figuras parentais. Em particular, a autoeficácia por orientação materna até os cinco anos parece mais efetiva para a aquisição de comportamentos saudáveis. A revisão sugere que dar suporte à atividade física nessa etapa está diretamente relacionada com ganhos de saúde, desenvolvimento e benefícios acadêmicos ao longo dos anos seguintes. Os autores são enfáticos ao relacionar a promoção da atividade física na primeira infância com uma perspectiva positiva de desenvolvimento e a limitação de padrões sedentários ao longo da vida (Jones et al., 2013).

Recentemente, outro estudo conduzido por Bingham et al. (2016) enfatizou a importância da atividade física a partir dos primeiros anos, até os seis, colocando tal situação como vital para o desenvolvimento saudável. Esse estudo revisou mais de 22 mil estudos relacionados ao tema e 130 artigos. Em apenas nove estudos, os autores identificaram elevados padrões de rigor científico. Existem algumas evidências possíveis de ser apontadas para a compreensão de quais determinantes melhor se relacionam com a prática dessas atividades nos primeiros anos de vida. De forma geral, meninos nessa faixa etária estão mais envolvidos do que meninas em atividades físicas, o que também se observa quando se acompanha a prática de tais atividades em adultos. Os autores recomendam a necessidade de se estudar estratégias específicas para o engajamento de meninas nas atividades físicas e apontam que tal diferença está entre as razões para um número maior de casos de obesidade infantil em meninas do que em meninos (BINGHAM et al., 2016).

Atividades realizadas em ambientes externos estão positivamente relacionadas com um aumento total das atividades físicas praticadas por crianças até os seis anos. Essa informação é sugestiva de que atividades externas podem ser mais efetivas para o engajamento de crianças em atividades físicas. Quando se trata de atividades de maior intensidade, as crianças de até seis anos precisam de supervisão e orientação dos pais ou de outros adultos. Sintomas depressivos maternos e o tempo despendido pelos pais em atividades com crianças também são relevantes para o engajamento desses em atividades físicas regulares (BINGHAM et al., 2016).

Quadro 12

Fique atento!
A prática regular de atividade física para crianças e adolescentes não exige nada que não seja compatível com o ritmo de vida de qualquer família! Nessa etapa da vida, atividades físicas incluem: jogos, esportes, deslocamentos e atividades domésticas, como arrumar a cama ou ajudar na limpeza da casa. Além disso, os exercícios organizados em família, ou durante as atividades escolares, são fundamentais para o desenvolvimento saudável. Atividade física previne doenças, ajuda no desenvolvimento e fornece as condições para um crescimento saudável.

Nota: WHO (2010).

A influência dos pais na atividade física dos filhos

Existem diferentes maneiras de os pais se vincularem às práticas de seus filhos. O mais comum é entendermos a participação dos cuidadores como modelos que vão ser observados pelas crianças, servindo de incentivo e motivação para a aquisição de hábitos saudáveis. Além disso, a participação dos pais se dá à medida que oferecem os recursos necessários e a disponibilidade de tempo para acompanhar a criança na prática diária de uma atividade física. Vale ressaltar que a qualidade da relação parental também serve como gatilho para o desenvolvimento de comportamentos por parte dos filhos. Além do tempo disponível para atividades entre pais e filhos ser fundamental, deve haver interação e atenção entre ambos para que haja maior aproveitamento da atividade (Reis, Ferreira & Moraes, 2016).

Durante o desenvolvimento, muito dos ensinamentos passados de pais para filhos ocorrem por meio da modelagem. Modelagem se refere a uma aprendizagem a partir da observação de modelos. A criança desde cedo, ao observar o seu ambiente, depara-se com a presença de adultos que vão servir como referência. Tipicamente pais e cuidadores são figuras modelares para tais crianças, que tendem a repetir comportamentos por meio da imitação, sem que tenham percepção consciente disso... Assim, toda criança acaba herdando muitos hábitos praticados pelas suas figuras de referência. A aquisição de comportamentos por modelagem é poderosa e reflete em grande parte o repertório de habilidades que será empregado na adolescência e na vida adulta (Friedberg & McClure, 2004).

Quadro 13

Fique atento!
"Faça o que eu faço" – Pais e cuidadores não devem se contentar em apenas reforçar verbalmente o desejo de que os filhos tenham uma vida ativa. Pais ativos servem como modelos para que seus filhos ingressem em atividade! Esse processo de modelagem pode se dar como forma de lazer, no tempo livre dos pais e das crianças, servindo também para aumentar o vínculo dessa relação e a aliança dos membros da família.

Nota: Reis, Ferreira e Moraes (2016).

Os modelos que inspiram a aquisição de comportamentos podem influenciar positiva ou negativamente uma criança ou um adolescente. A influência positiva se refere a hábitos desejáveis socialmente e que estejam em acordo com a promoção de saúde. Negativo seriam os comportamentos que incentivam ações indesejáveis para as relações sociais ou que sejam prejudiciais à saúde. De forma geral, a exposição de jovens a modelos pode resultar em três respostas diferentes: modelar, instigar ou inibir/desinibir (Bandura, Azzi & Polydoro, 2008).

Quadro 14

Modelagem – pais e filhos		
Modelar	Quando uma criança adiciona ao seu repertório um comportamento empregado sistematicamente por um dos pais.	Ex.: Quando uma criança imita um exercício físico realizado por um dos pais.
Instigar	Quando a criança desenvolve comportamentos similares a de um modelo.	Ex.: Quando um adolescente filho de pais ativos se interessa por atividades físicas diversas.
Inibir/ Desinibir	Quando a criança tem um comportamento seu afetado pelo modelo, de maneira a modificar a apresentação desse comportamento.	Ex.: Quando a criança passa a realizar mais atividades físicas em função do limite de tempo imposto pelos pais para o uso de aparelhos eletrônicos.

Por conta disso, é importante que pais e cuidadores estejam informados e assessorados em como proceder para ajudar nas etapas de desenvolvimento dos filhos, identificando o que é esperado para cada fase e o que deve receber maior atenção. Acompanhar o crescimento dos filhos é uma tarefa que exige tempo, disponibilidade e energia (FRIEDBERG & MCCLURE, 2004).

Quadro 15

Papel dos pais em relação às atividades físicas dos filhos	
Primeira infância (até 3 anos) e Segunda infância (3 a 6 anos)	Nessas fases, pais e cuidadores devem estimular que a criança busque explorar o próprio corpo. Podem estimular o contato com atividades planejadas, como jogos e esportes, de acordo com a capacidade de entendimento e a condição física da criança. Nesse período, os adultos servem de modelo para as crianças, que tendem a aprender por observação. Assim, é muito importante que as atividades sejam compartilhadas entre pais e filhos.
Terceira infância (6 a 12 anos)	Nessa etapa, a criança já desenvolveu a capacidade física e cognitiva refinadas, estando apta a ser inserida no mundo das práticas esportivas. Os pais podem incentivar a participação das crianças na prática de qualquer esporte, desde que a sua saúde não seja colocada em risco. O incentivo dos pais é um fator fundamental para o engajamento dos filhos, seja reforçando, seja participando.

Adolescência (12 a 18)	Nesta etapa, o adolescente procura praticar o esporte com o qual mais se identifica e inicia atividades físicas específicas, como ir à academia de ginástica. Agora, o papel do adulto é o de orientar e monitorar as atividades. A realização compartilhada da atividade pode ser um elemento muito reforçador, desde que com o aceite dos filhos.

Nota: Souza (2012).

A relação entre pais e filhos é uma das mais importantes para o desenvolvimento de crianças saudáveis, e isso é algo já comprovado. O que poucos estudos avaliam é o quanto os comportamentos dos pais podem influenciar seus filhos a obterem comportamentos semelhantes, sejam eles para um âmbito saudável ou não. Assim como falávamos anteriormente, os padrões estabelecidos na infância tendem a se perpetuar para a vida adulta e isso se repete quando nos referimos à prática de atividades físicas. Uma criança que desenvolve o hábito saudável de praticar esportes tende a se tornar um adulto igualmente adepto à tal prática (FERNANDES et al., 2011).

A motivação de crianças e adolescentes para as atividades físicas

Incentivar a atividade física entre crianças e adolescentes é uma tarefa que exige despertar a motivação desses para a prática regular de atividades que promovam o desenvolvimento saudável. A fim de trabalharmos a estimulação desses jovens para a prática das atividades, é necessário entendermos um pouco mais sobre como funciona a nossa motivação.

A motivação está presente em diferentes âmbitos do nosso dia a dia e influencia diretamente a forma como enfrentamos desafios e obstáculos ao longo do nosso desenvolvimento. Entender a motivação nem sempre é uma tarefa fácil, posto que há uma série de perspectivas que podem ser enfocadas. Algumas ideias sugerem que a motivação se dá a partir de *feedbacks* positivos e reforçadores. Como já vimos, existe também a influência das pessoas que admiramos e observamos, os nossos modelos. E nem sempre as variáveis que motivam uma pessoa são as mesmas que motivam outra (WEINBERG & GOULD, 2015).

Para enfocar a motivação de crianças e adolescentes no que se refere à prática regular de atividades físicas, podemos utilizar a visão de Sage sobre motivação. Para o autor, a motivação pode ser explicada com base em dois vetores – direção e intensidade –, que se relacionam para o alcance de um propósito

(SAGE, 1977, como citado em WEINBERG & GOULD, 2015). A direção diz respeito à forma como nos atraímos a certas situações e às escolhas que realizamos nesse sentido. Por exemplo, podemos pensar no caso de um menino que se atrai por jogar futebol, ou em uma menina que se aproxima da prática de esportes aquáticos. Sempre que nos referimos a essa "busca por", já estamos relacionando essa vontade, uma direção à motivação. Já a intensidade é a quantidade de esforço que se dedica ao alcance de um propósito. Tal intensidade torna-se muito visível ao pensarmos como dois jovens diferentes, por exemplo, encaram um mesmo jogo de basquete. Um deles se dedica ao máximo, faz tudo o que pode, enquanto o outro se preocupa puramente em cumprir a tarefa pensada para ele. O propósito é a razão na qual o sujeito acredita valer a pena investir tempo e energia (WEINBERG & GOULD, 2015).

A motivação, então, exige uma disposição da pessoa para tomar decisões e investir energia na prática que deseja. As razões para isso são as mais variadas. Uma criança pode se apresentar motivada ao procurar a mãe para uma atividade em conjunto, agindo na direção do seu propósito, e ser reforçada pelo engajamento dessa. Assim como um adolescente pode demonstrar mais vigor e intensidade na prática de um esporte quando observado pelos amigos. Seja como for, a motivação será mais constante sempre que o propósito for algo que fizer sentido para a criança e o adolescente (WEINBERG & GOULD, 2015).

No trabalho com jovens atletas, psicólogos esportivos lançam mão com frequência de um entendimento sobre motivação para a prática esportiva que considera uma relação entre fatores pessoais, intrínsecos, e fatores situacionais, extrínsecos. O engajamento dos jovens é uma resultante da relação entre esses dois fatores. Assim, para incentivar ou manter o empenho de um atleta, faz-se necessário relacionar e entender quais fatores pessoais são importantes para ele e como o contexto do momento pode potencializá-los (DECI, KOESTNER & RYAN, 1999).

Na Figura 1, segue o Modelo de Motivação Interacional de Indivíduo e Situação.

Figura 1 – Weinberg, Gould (2015) e Ryan, Deci (2000).

Quando pensamos em motivação intrínseca, devemos relacionar as ações despertadas por propósitos pessoais e particulares, ligadas a metas, objetivos, busca por novas habilidades e desenvolvimento próprio. Diz respeito a questões do sujeito com ele mesmo. Ao falarmos de motivação extrínseca, referimo-nos àquelas ações despertadas por fatores presentes no meio, externos à pessoa. A motivação extrínseca está diretamente ligada a recompensas, como a atenção recebida, ou o ganhar uma distinção como medalhas ou troféus. A maioria das ações relaciona aspectos intrínsecos e extrínsecos (DECI, KOESTNER & RYAN, 1999; RYAN & DECI, 2000).

Hoje em dia, acredita-se que a melhor forma de manter uma criança ou um adolescente motivado em uma atividade física regular é saber se a orientação dessa motivação é de origem intrínseca (BALBINOTTI, BARBOSA, BALBINOTTI & SALDANHA, 2011). Ou seja, aqueles que se ligam à atividade buscando realização pessoal, divertindo-se e conquistando um espaço para se ligar com as próprias metas, são os que se mantêm engajados por mais tempo, tendo com isso os maiores benefícios (RYAN & DECI, 2000).

Quadro 16

Fique atento!
E como aumentar a motivação de alguém?
Depois de entendermos o que é motivação, você deve estar se perguntando: "E, agora? O que eu faço para motivar meu filho?". Então, daremos a você algumas dicas sobre como favorecer e aumentar esforços.
Ao tentar aumentar a motivação de alguém, cuide para não focar somente em um aspecto, seja ele pessoal, seja ele ambiental. Como mencionamos anteriormente, a motivação resulta da interação desses. Por vezes, pode ser mais fácil mudar algo referente ao ambiente do que alguma necessidade ou interesse do sujeito. A dica então seria: prestar atenção na interação desses fatores, e não somente na personalidade da criança ou na situação.
A segunda dica está ligada a conhecermos a criança ou o adolescente com quem estamos lidando, observá-los e pedir feedbacks com frequência. Conhecer seus objetivos e os motivos que os levam a querer praticar tal atividade. Por mais simples que possa parecer, às vezes não valorizamos os jovens.
Estruturar o ambiente e a proposta da prática esportiva a partir das necessidades de quem for praticá-la, visando satisfazê-lo.
Você! Sim, você mesmo. Você também é uma fonte de motivação para seus filhos. Muitas vezes, inconsciente e indiretamente, motivamos as pessoas a nossa volta, simplesmente por estarmos engajados e motivados.

> A motivação fraca pode ser explicada por um motivo, um objetivo ligado à realização da atividade física, que não é desejado ou compatível ao meio em que está inserido. Podemos pensar em diferentes mudanças que podem ser feitas no nosso comportamento, que influenciam diretamente essa pessoa. Por exemplo, conversas que reforçam o comportamento desejado e punições, acompanhadas de discussões que as sustentem.

Nota: Weinberg e Gould (2015).

Ao longo das etapas de desenvolvimento, podemos perceber diferentes estágios motivacionais. As crianças e os adolescentes consideram seus pares, ou seja, as crianças e os adolescentes da mesma idade que a sua, com diferentes níveis de importância no decorrer desse processo de amadurecimento. Em certa idade, o foco principal de padrão volta-se para a idealização dos pais; em outros momentos, para um terceiro distante, um famoso ou algum ícone, mas acredita-se também em um período em que o padrão de ideal estabelece-se a partir da imagem que a criança tem de si mesma (PICCOLOTO, WAINER & PICCOLOTO, 2008).

Relacionamos o momento de autocomparação da criança a uma etapa inicial do seu desenvolvimento, até em torno de 4 anos, isto é, a mesma etapa que é marcada pela circunstância em que a criança se torna capaz de se ver como diferente do outro. Nessa conjuntura, ela desenvolve competências de forma autônoma, sem se comparar aos outros, seguindo o próprio ritmo. O segundo momento da motivação está ligado à comparação social, à etapa na qual a criança não quer ser boa, ela quer ser melhor que o amigo. A transição da segunda etapa para a terceira se dá de forma menos clara, uma vez que o jovem pode desenvolvê-la ou não. A terceira etapa é, então, marcada por um estágio integrado, no qual os dois momentos anteriores comunicam-se de forma saudável, fazendo com que a pessoa saiba o momento de competição e comparação social e o momento de autorreferenciar-se (WEINBERG & GOULD, 2015).

Considerações finais

A estimulação saudável e os cuidados com a saúde de crianças e adolescentes passam necessariamente pela aquisição de hábitos de atividade física periódicos. A ativação orgânica, o aumento das habilidades psicomotoras, os ganhos com atividades interativas e a relação desses comportamentos com outras medidas de saúde, como alimentação e higiene do sono, deixam claro a necessidade da promoção de comportamentos ativos desde a primeira infância.

As atividades físicas podem variar na sua intensidade, mas de forma geral são acessíveis em padrões diários e respondem em grande parte pelos níveis de saúde física e mental. Além disso, são preditoras importantes dos padrões de cuidado e saúde na vida adulta.

Ao se pensar no engajamento de jovens para as atividades, a figura de pais e dos cuidadores se ressalta. Faz-se necessária uma interação entre crianças e adultos responsáveis para que os maiores benefícios sejam alcançados. Além de servirem como primeiro modelo e exemplo para seus filhos, os pais exercem o papel de acompanhá-los ao longo do seu desenvolvimento, estimulando hábitos saudáveis e promovendo a saúde. Após o amadurecimento dos filhos e um natural afastamento da preferência dos pais, percebe-se, às vezes de forma ainda mais clara, a perpetuação de hábitos, costumes, crenças e padrões da sua família de origem. Ou seja, muitas das características que se mostram predominantes na infância tendem a manter-se com as crianças até que se estabeleçam como padrões, vários anos mais tarde (FRIEDBERG & MCCLURE, 2004).

Quadro 17

O que posso fazer para manter minhas crianças ativas?

- Organize-se para dedicar diariamente ao menos 1 hora de atenção e participação em atividade física com suas crianças.
- Mantenha você mesmo um padrão ativo, de forma a servir como exemplo para as crianças – o modelo é um fator poderoso de aprendizagem.
- Procure oferecer um ambiente onde a criança possa explorar locais abertos que sejam mais estimulantes para as atividades físicas.
- Organize atividades com a família, como caminhadas, trilhas ou jogos.
- Envolva-se com a criança e a encoraje a desenvolver ou a praticar atividades do interesse dela, promovendo sua autonomia.
- Quando possível, ofereça material específico para que a criança possa desenvolver uma atividade esportiva.
- Organize atividades divertidas, lúdicas e que promovam a interação familiar e social.
- Divirta-se, já que a infância e a adolescência passam rápido!

Os psicólogos clínicos e escolares podem ser ricos coadjuvantes dos agentes de saúde física ao oferecer orientação a pais e a responsáveis, ajudando-os a identificar o esperado para cada etapa do desenvolvimento da criança e do adolescente, no que se refere à saúde física e à prática de atividades saudáveis. Agora se levante, convide suas crianças e façam uma caminhada!

Referências

ANDRADE, J. et al. Intervenções Escolares para a Redução da Obesidade Infantil: Uma revisão sistemática. **Ciência & Saúde,** v. 8, n. 2, p. 72-78, 2015.

BALBINOTTI, M. L. A. et al. Motivação à prática regular de atividade física: um estudo exploratório. **Estudos de Psicologia,** v. 16, n. 1, p. 99-106, 2011.

BANDURA, A.; AZZI, R. G.; POLYDORO, S. **Teoria social cognitiva: conceitos básicos.** São Paulo: Artmed. 2008.

BARROS, R. R. et al. **Promoção de atividade física na Infância e Adolescência. Manual de Orientação.** Rio de Janeiro: Sociedade Brasileira de Pediatria. 2017.

BINGHAM, D. D. et al. Phusical activity during the early years: A systematic rewiew of correlates and determinants. **American Journal of Preventive Medicine,** v. 51, n. 3, p. 384-402, 2016.

CONDELLO, G. et al. Behavioral determinants of physical activity across the life course: a "DEterminants of DIet and Physical ACtivity" (DEDIPAC) umbrella systematic literature review. **International Journal of Behavioral Nutrition and Physical Activity,** v. 14, n. 58, 2017.

DECI, E. L.; KOESTNER, R.; RYAN, R. M. A Meta-Analytic Review of Experiments Examining the Effects of Extrinsic Rewards on Intrinsic Motivation. **Psychological Bulletin,** v. 125, n. 6, p. 627-68, 1999.

FERNANDES, R. A. et al. Physical activity: rate, related factors, and association between parents and children. **Revista Paulista de Pediatria,** v. 29, n. 1, p. 54-59, 2011.

FRIEDBERG, R. D..; McCLURE, J. M. **A prática clínica de terapia cognitiva com crianças e adolescentes.** São Paulo: Artmed. 2004.

HERREN, F. **Estimulação psicomotora precoce.** Porto Alegre: Artes Médicas. 1998.

JONES. A. et al. Tracking physical activity and sedentary behavior in childhood: a systematic review. **American Journal of Preventive Medicine,** v. 44, n. 6, p. 651-658, 2013.

NELSON, M. C. et al. Longitudinal and Secular Trends in Physical Activity and Sedentary Behavior During Adolescence. **Pediatrics,** v. 118, n. 6, p. 1627-34, 2006.

OKELY, A. D.; JANSSEN, X. Early physical activity and sedentary behaviours. In: STEWART, L.; THOMPSON, J. **Early years nutrition and healthy weight.** Hoboken: John Wiley & Sons. 2015.

PIAGET, J. **O nascimento da inteligência na criança.** 4 ed. São Paulo: Zahar. 1987.

PICCOLOTO, N. M. **Tópicos especiais em terapia cognitivo-comportamental.** Porto Alegre: Casa do Psicólogo. 2004.

REIS, C. P.; FERREIRA, M. C. C.; MORAES, L. C. C. A. O apoio dos pais ao desenvolvimento da carreira de atletas masculinos de basquetebol. **Revista Brasileira de Ciências do Esporte,** v. 38, n. 2, p. 149-155, 2016.

RYAN, R. M.; DECI, E. L. Self-Determination Theory and the Facilitation of Intrinsic Motivation, Social Development, and Well-Being. **American Psychologist,** v. 55, n. 1, p. 58-78, 2000.

SILVA, A. et al. Equilíbrio, coordenação e agilidade de idosos submetidos à prática de exercícios físicos resistidos. **Revista Brasileira de Medicina do Esporte,** v. 14, n. 2, p. 88-93, 2008.

SOUZA, V. F. M. **Desenvolvimento Psicomotor na Infância.** Maringá: Centro Universitário de Maringá. 2012.

TELAMA, R. et al. Physical Activity from Childhood to Adulthood. A 21-Year Tracking Study. **American Journal Preventional Medicine,** v. 28, n. 3, p. 267-73, 2005.

VARGAS, I. C. S. et al. Avaliação de programa de prevenção de obesidade em adolescentes de escolas públicas. **Revista de Saúde Pública,** v. 45, n. 1, p. 59-68, 2011.

VÁSQUEZ, F. et al. Impacto del ejercicio de fuerza muscular en la prevención secundaria de la obesidad infantil; intervención al interior del sistema escolar. **Nutr Hosp,** v. 28, n. 2, p. 347-56, 2013.

WEINBERG, R. S.; GOULD, D. **Foundations of Sport and Exercise Psychology.** 6 ed. Champaign: Human Kinetics. 2015.

WHO, World Health Organization. **Global recommendations on physical activity for health.** Geneva: WHO Press. 2010.

WHO, World Health Organization. **Population-based approaches to childhood obesity prevention.** Geneva: WHO Press. 2012.

WHO, World Health Organization. **Report of the commission on ending childhood obesity.** Geneva: WHO Press. 2016.

CAPÍTULO 11
A Psicologia Positiva no dia a dia da família

Juliana da Rosa Pureza
Daniele Lindern
Agliani Osório Ribeiro

Desde o seu surgimento conquanto ciência, a Psicologia tem se direcionado para a investigação e a intervenção sob aspectos negativos do ser humano, como suas dificuldades, sofrimentos e padrões de adoecimento, com o objetivo de desenvolver intervenções efetivas para o tratamento das mais diversas disfuncionalidades psicológicas das pessoas (PALUDO & KOLLER, 2007). Uma das razões para isso refere-se ao fato de que, desta maneira, as pessoas que sofrem podem ser ajudadas com prioridade perante as que estão bem ou que não apresentam sofrimento clinicamente significativo (GABLE & HAIDT, 2005). Ainda, outro motivo para esse foco da Psicologia no sofrimento e na psicopatologia diz respeito ao fato de que o sofrimento e a psicopatologia causam maior impacto na vida das pessoas, dificultando-as de funcionar normalmente nos âmbitos social e ocupacional. O resultado disso foi que, em meados do século 20, a Psicologia havia desenvolvido muito conhecimento sobre depressão, ansiedade e outros males que acompanham o ser humano. Em compensação, havia muito pouco conhecimento sobre os aspectos positivos do ser humano, suas forças e virtudes, sobre o bem-estar e a felicidade (GABLE & HAIDT, 2005; PALUDO & KOLLER, 2007).

Esse panorama da Psicologia começou a mudar a partir da década de 1990, com a consolidação da Psicologia Positiva (Quadro 1). A Psicologia Positiva é uma área da Psicologia que tem buscado desenvolver intervenções com foco na promoção de saúde (ROFFEY, 2012; SELIGMAN, 2011; DEL PRETTE & DEL PRETTE, 2005; SEGRIN & TAYLOR, 2007), que estuda os fundamentos psicológicos do bem-estar e da felicidade, bem como os pontos fortes e as virtudes humanas (PALUDO & KOLLER, 2007; SELIGMAN, 2011). Uma das grandes novidades que a Psicologia Positiva trouxe para a área da Psicologia foi a conclusão de que a felicidade pode ser aprendida pelos indivíduos. Diferentemente do consenso que havia na Psicologia até o momento, baseado em ensinamentos da Psicologia Cognitiva, que enfatiza os mecanismos cognitivos que determinam como as pessoas vão experienciar as situações, a Psicologia Positiva considera de forma significativa a vontade do indivíduo em querer ser feliz e o comportamento que utiliza para atingir esse objetivo, afirmando que grande parte dessa busca é intrínseca ao próprio sujeito (PINHEIRO, 2011).

Quadro 1 – Curiosidades sobre a Psicologia Positiva.
Fonte: Elaborado pelos autores.

Você sabia que...?
Existe uma área da Psicologia que tem como foco principal o bem-estar e a felicidade do ser humano? A Psicologia Positiva surgiu na década de 1990 para desenvolver intervenções com foco em ajudar as pessoas a aprender a ser mais felizes.

Justamente por seu foco no bem-estar e na felicidade, percebe-se um interesse da Psicologia Positiva no estudo e na intervenção com crianças e adolescentes. De fato, há atualmente na Psicologia uma quantidade expressiva de estudos com foco na população infantil que têm como objetivo gerar subsídios para estratégias de prevenção de saúde mental. A lógica aqui é muito simples: em termos de saúde, principalmente de saúde mental, "é melhor prevenir do que remediar". A racionalidade econômica da prevenção estima que os gastos de controle e assistência social com a saúde mental seriam muito menores se investidos na promoção do desenvolvimento interpessoal da criança, reforçando a relevância de tais estudos e intervenções (DEL PRETTE & DEL PRETTE, 2005). Dessa forma, o acompanhamento psicológico de crianças passa a ser não apenas uma medida terapêutica, mas também uma forma de prevenção de doenças mentais e de promoção de saúde (PETERSEN & WAINER, 2011). Quando se trata da infância e da adolescência, destaca-se que uma criança que cresce em um ambiente saudável, seja familiar, seja escolar, terá menores chances de ter dificuldades no seu desenvolvimento ou de apresentar transtorno psicológico ao longo da vida (CARREA & MANDIL, 2011).

Outro assunto que contribuiu para o interesse da Psicologia Positiva na infância diz respeito aos estudos sobe resiliência infantil. Atualmente, sabe-se que pessoas resilientes são aquelas que resistem e superam, melhor que outras, as dificuldades da vida. Durante muito tempo, pensou-se na resiliência como uma característica inata do indivíduo, mas hoje se compreende essa como fruto da interação do indivíduo com sua família, ambiente social e condições de vida, além de componentes biológicos (MANCIAUX, VANISTENDAEL, LECOMTE & CYRULNIK, 2005). Novamente, no estudo da resiliência, as crianças e os adolescentes assumem um protagonismo importante, já que se busca estudar o papel da infância como fator de proteção para o desenvolvimento saudável ao longo da vida.

Dessa forma, fica evidente a importância da infância para a Psicologia Positiva. Nesse sentido, com o intuito de poder abarcar as estratégias de prevenção e promoção de saúde na infância, a Psicologia Positiva busca intervir não apenas individualmente, como também em níveis institucionais. Quando se fala de prevenção de psicopatologias e promoção do bem-estar, é fundamental pensar nas principais instituições em que as crianças estão inseridas no seu dia a dia, que envolvem basicamente dois âmbitos principais: em casa, através dos cuidadores, e na escola (Quadro 2). Esses ambientes são considerados extremamente importantes tendo em vista o tempo expressivo que as crianças e os adolescentes se encontram inseridos neles no decorrer da vida (CARREA & MANDIL, 2011). É durante as experiências infantis, no convívio com os cuidadores, professores e colegas, que começam a se formar o estilo pessoal e os padrões importantes de funcionamento da criança.

Quadro 2 – Curiosidades sobre a Psicologia Positiva na infância.
Fonte: Elaborado pelos autores.

Você sabia que...?

As intervenções embasadas na Psicologia Positiva com foco nas crianças envolvem dois âmbitos principais: em casa, através dos cuidadores, e na escola. Esses ambientes são considerados extremamente importantes tendo em vista o tempo expressivo que as crianças e os adolescentes se encontram inseridos neles.

Os programas escolares e as intervenções baseadas na Psicologia Positiva na escola que adotam o trabalho de prevenção costumam utilizar diferentes estratégias para tais objetivos, como a identificação e a regulação das emoções, o treinamento em habilidades sociais, o treinamento em resolução de problemas e o desenvolvimento de forças pessoais e virtudes, dentre outras, todas realizadas dentro do contexto escolar (CARREA & MANDIL, 2011). Ainda, busca-se trabalhar com todos os profissionais envolvidos na escola, desde dirigentes e diretores, professores, funcionários, pais, comunidade e, é claro, os próprios alunos. Todavia, o foco deste capítulo é abordar como a Psicologia Positiva pode auxiliar os cuidadores no cotidiano da família. Dessa forma, serão detalhados, a partir deste ponto, alguns princípios teóricos e estratégias da Psicologia Positiva que podem gerar subsídio aos pais e aos cuidadores na educação de crianças.

Como utilizar a Psicologia Positiva como recurso para a educação de seus filhos? Há algumas atitudes que, quando mantidas no dia a dia da família, podem promover bem-estar, segurança e autoconfiança para as crianças e os jovens, auxiliando na promoção de um desenvolvimento saudável. Manter uma comunicação positiva, estabelecer um relacionamento positivo e estimular as forças pessoais são exemplo de práticas parentais positivas que propiciam que a criança não apenas vivencie uma educação positiva, mas também estabeleça e mantenha bons vínculos de amizade para além do ambiente familiar. Abaixo serão descritas algumas das principais intervenções e práticas sugeridas pela Psicologia Positiva que podem ser aplicadas ao contexto da família e da educação das crianças.

Práticas parentais baseadas na Psicologia Positiva

Elogie seu filho

Quando uma criança tem dificuldade para apresentar um comportamento desejado, por exemplo, fazer os temas da escola, geralmente a tendência dos pais e dos cuidadores costuma ser desaprovar o comportamento da criança (para mais detalhes sobre princípios comportamentais, ver capítulo 3). E, por outro lado, quando a criança muda seu comportamento positivamente (o que, no caso do exemplo anterior, seria fazer os temas da escola), há um pensamento recorrente entre pais e professores de que "é melhor não elogiar, se não estraga". No entanto, o comportamento de não elogiar a criança pode ser interpretado por ela como um ato de ignorar que ela está apresentando o comportamento desejado, e nesse sentido, ela não compreenderá que tal atitude é esperada e desejada pelos pais e pelos professores. Atualmente, sabe-se que ignorar um comportamento diminui a chance de esse ocorrer novamente; no entanto, elogiar o comportamento aumenta significativamente as chances de a criança apresentar novamente o comportamento desejado posteriormente na mesma situação ou em outras situações semelhantes (Rodrigues, 2015).

Nesse sentido, é importante salientar que o elogio deve ser condicional e específico, ou seja, relacionado às habilidades e ao esforço da criança. Elogiar incondicionalmente, de forma genérica, supõe demonstrar uma opinião positiva sobre a atitude da criança, independentemente se seu comportamento é bom ou ruim. O elogio condicional e específico, por sua vez, origina emoções positivas na criança, que a levam a explorar mais seu comportamento elogiado – seja ele bom, seja ele ruim. Quando os elogios são muito frequentes e ocorrem independentemente do comportamento da criança, ela pode aprender que não importa o que fizer, sempre será elogiada. Ainda, ela pode acabar tendo dificuldade de reconhecer quando o elogio é sincero, sendo incapaz de aprender com seus erros e acertos. Importante salientar que o afeto, o entusiasmo e o amor devem sempre ser oferecidos de forma incondicional para a criança, pois possibilitam que ela se sinta segura e valorizada dentro do contexto da família – e quanto mais segura e valorizada ela se sente, mais tende a explorar suas habilidades (SELIGMAN, 2009).

A "receita", neste caso, seria sempre valorizar e validar as emoções da criança, mas não necessariamente seu comportamento. Por exemplo, se a criança briga e diz que não vai fazer sua tarefa de casa, pode-se dizer a ela: "Eu entendo que você está chateado com isso... Você está com raiva. Às vezes também me sinto assim, todas as pessoas sentem essas coisas. Mas, mesmo quando eu estou com raiva, no trabalho, por exemplo, eu não posso deixar de trabalhar". Assim, não se deve recriminar a emoção da criança, mas seu comportamento de não querer fazer o tema. Ainda, é fundamental compreender por que a criança sente raiva; pode ser, por exemplo, que ela esteja com dificuldades no conteúdo ensinado na aula e não acredite que seja capaz de aprender. Brigar e deixar de castigo não vão ajudá-la a superar o problema. No entanto, se se sentir compreendida e perceber que pode assimilar o conteúdo, ela vai mostrar maior disponibilidade para fazer a tarefa, e sua raiva vai diminuir, além de ter a chance de generalizar essa atitude para futuras situações.

Há outras razões para elogiar a criança desde cedo no seu desenvolvimento. O ser humano, por ser social por natureza, gosta de ser percebido pelos membros de sua família e de seus grupos; assim, ignorar uma pessoa pode acarretar uma sensação de desamparo social. Por outro lado, o elogio é uma maneira de perceber o outro de forma construtiva. É mais comum os pais perceberem os filhos pelo mau comportamento do que pelo bom comportamento. O motivo para que isso ocorra não é intencional e também tem a ver com a natureza do ser humano: o mau comportamento, normalmente, desperta nos pais uma sensação de raiva, medo e preocupação, o que os deixa hipervigilantes e prontos para agir de modo a reverter a situação. Todavia, o bom comportamento costuma despertar nos pais sensação de segurança e tranquilidade, o que pode acabar deixando-os mais disponíveis para focar em outras atividades. Por exemplo, se a criança chega em casa e conta que teve um bom dia na escola, brincou com as outras crianças e ajudou a professora, pode acabar não recebendo muita atenção por esse comportamento e ser ignorada. No entanto, se a criança brigar com o irmão, os pais poderão ficar com raiva, medo ou preocupação, e provavelmente agirão de forma ativa para que isso não se repita, fazendo com que a criança acabe recebendo atenção (Rodrigues, 2015). Assim, o objetivo de elogiar a criança é dar atenção ao bom comportamento, para aumentar as chances de esse continuar ocorrendo, e servindo como uma atitude preventiva ao mau comportamento. No Quadro 3, há algumas dicas de como você pode elogiar a criança.

Quadro 3 – Dicas para elogiar a criança.
Fonte: Baseado em Rodrigues (2015).

Dicas para elogiar a criança

Elogie o esforço da criança. O elogio deve ser voltado sempre à determinação que a criança tem em buscar o melhor naquilo que faz – sem passar por cima das outras pessoas. Por exemplo, em vez de dizer que o cabelo é bonito, diga que esse fica lindo quando ela o penteia, que ela sabe pentear bem, com capricho. A diferença entre elogiar o cabelo e o ato de pentear bem reside no fato de que, no primeiro caso, você está elogiando uma característica inata, já, no segundo caso, você elogia o esforço da criança em cuidar do cabelo, e é pelo cuidado que seu cabelo é elogiado. Elogiar o cabelo pode gerar na criança a ideia de que o cabelo das outras crianças tem de ser feio para o seu ser bonito; elogiar a maneira como escova o cabelo dá a ela a ideia de que ela tem habilidade para fazer isso, e esse pensamento pode se generalizar para outras áreas da vida, gerando aprendizagem e autoconfiança.

Pontue a maneira como a criança executou a tarefa. Elogie o que a criança fez de melhor ao executar a tarefa, para que ela aprenda e entenda por que teve sucesso. Se você faz uma palestra e recebe um *feedback*, gostaria que lhe dissessem apenas que se saiu muito bem, ou preferiria que lhe apontassem onde se destacou? Provavelmente, gostaria de saber o que tornou sua atividade tão interessante para quem a assistia, para utilizar as mesmas estratégias em palestras futuras. A criança, da mesma forma, precisa aprender os passos para que continue tendo sucesso nas suas atitudes. Se a criança, no entanto, não se saiu bem em alguma tarefa, nesse mesmo sentido, você deve ajudá-la a entender por que razão não se saiu bem e descobrir como pode melhorar.

Reconheça a força pessoal da criança. Se você conhece a força pessoal e os pontos fortes de seu filho, essa tarefa se torna mais fácil. No entanto, ainda que você não saiba, talvez perceba determinadas características positivas que geralmente a criança apresenta em seu comportamento, como, por exemplo, bom humor, coragem, determinação, perseverança, curiosidade, criatividade, bondade, perdão, consideradas também forças pessoais. Elogie essas características para que elas possam ser fortalecidas no cotidiano da criança.

Estimule a gratidão e a compaixão

As sensações de alegria, entusiasmo e felicidade, dentre outras emoções positivas, são produzidas por meio da ativação de uma área do cérebro chamada giro mediano frontal esquerdo. E, por meio de exercícios intencionais, podemos ativar essa área, propiciando o bem-estar. Dessa forma, pode-se dizer que somos capazes de modificar nosso cérebro para sermos mais felizes (Rodrigues, 2015). A gratidão estimula a intensidade e a frequência das boas lembranças do passado. Quando recordamos as coisas boas que aconteceram, nossa consciência é frequentemente tomada por pensamentos positivos sobre tais lembranças. Dessa forma, sentir gratidão é considerado uma boa maneira de estar mais feliz no presente (Seligman, 2009). Abaixo, serão apresentados alguns exercícios que podem ser realizados para auxiliar os cuidadores e as crianças a ter mais experiências de gratidão e compaixão no deu dia a dia:

<u>Exercício das três coisas boas:</u> Este é um exercício que consiste em monitorar diariamente as coisas boas que acontecem no seu cotidiano, de modo a treinar de forma ativa o sentimento de gratidão. A realização do exercício é muito simples: consiste em anotar em um papel três coisas boas que ocorreram naquele dia, com o intuito de estimular hábitos mentais mais otimistas. De acordo com Seligman (2011, p. 44),

> Nós pensamos demais nas coisas que dão errado e não o suficiente nas que dão certo em nossas vidas. Claro, às vezes faz sentido analisar os acontecimentos ruins para que possamos aprender com eles e evitá-los no futuro. No entanto, as pessoas tendem a passar mais tempo pensando no que é ruim na vida do que no que é útil. Pior ainda, este foco nos acontecimentos negativos nos predispõe à ansiedade e à depressão. Uma forma de evitar que isso aconteça é começar a pensar e saborear o que ocorreu bem.

Assim, o objetivo dessa tarefa é que você reserve dez minutos, todas as noites antes de dormir, junto à criança. Durante esses dez minutos, você deve auxiliar a criança para que ela pense e escreva três coisas que deram certo no dia e por que deram certo. Essas três coisas não precisam ser nada de espetacular (Ex.: "Quando eu cheguei à escola, minha amiga me deu um abraço apertado"), mas podem ser importantes (Ex.: "Minha avó estava muito doente no hospital e agora saiu e está se recuperando bem"). Ao lado de cada evento positivo, a criança deve responder à pergunta: "Por que isso aconteceu?". Por exemplo, se tiver escrito que quando chegou à escola recebeu um abraço apertado da amiga, a criança pode escrever "porque ela gosta muito de mim e fica feliz em me ver e ser minha amiga" (Seligman, 2011).

É importante salientar que os pais também podem manter um caderninho de suas três coisas boas e preencher junto à criança como uma tarefa familiar para incentivar a atividade dela e reforçar sua importância, servindo de modelo positivo para estimular a gratidão. Como uma alternativa lúdica, essa atividade pode também ser realizada utilizando uma caixinha ou um pote, em vez do caderninho, onde a criança vai depositando bilhetinhos todos os dias com suas três coisas boas (Rodrigues, 2015). A família pode até mesmo desenvolver uma tradição de, de tempos em tempos, abrir a caixa ou o pote de cada membro da família e juntos relerem o que aconteceu de bom em sua vida naquele mês, naquele semestre ou naquele ano.

Exercício da visita da gratidão: Quando sentimos gratidão, somos beneficiados com uma lembrança positiva de uma situação prazerosa em nossa vida. A gratidão pode proporcionar uma vida mais satisfatória e feliz. Ainda, quando expressamos nossa gratidão a alguém, além de nos beneficiarmos, estamos fortalecendo o relacionamento com a pessoa. No entanto, na maior parte do tempo, expressamos a gratidão de forma bastante superficial, ou muitas vezes nem demonstramos aos outros o quanto somos gratos, o que leva, de certa maneira, à perda de sentido da intenção de agradecer. Dessa forma, o exercício da visita de gratidão dá a oportunidade de expressar e experimentar a gratidão de maneira intencional e atenciosa (Seligman, 2011).

A criança deve ser instruída a fazer uma carta ou um desenho que expresse gratidão a alguém que não teve coragem de agradecer apropriadamente. A tarefa deve contemplar o motivo pelo qual a criança se sente grata àquela pessoa. Posteriormente, sem aviso prévio, a criança entrega a carta ou o desenho para a pessoa escolhida, que terá uma surpresa agradável e estimulará emoções e relacionamentos positivos na criança, reforçando a importância da gratidão (Rodrigues, 2015; Seligman, 2011). Da mesma forma que no exercício anterior, os pais também podem fazer o exercício, tornando a gratidão um hábito familiar e servindo de modelo positivo para a criança.

Exercício de compartilhar e doar brinquedos e roupas: O compartilhamento e a doação de pertences propiciam para a criança maior desapego e senso de compaixão com os outros, quando a criança compreende o motivo da doação. Esse tipo de ação pode ser um fator protetivo para que, na vida adulta, ela seja uma pessoa mais compassiva e com menos mágoas e ressentimentos (Rodrigues, 2015). Como referido nos exercícios anteriores, é fundamental que os pais também apresentem tal comportamento para estimular os filhos a ser mais compassivos com os outros.

Estimule o perdão

O perdão é capaz de transformar a tristeza em neutralidade, ou até mesmo em emoções positivas, podendo, assim como a gratidão, levar a uma vida mais feliz no presente. "Não perdoando, você não atinge o culpado, mas perdoando, você se liberta" (SELIGMAN, 2009, p. 128). Dessa forma, o rancor é inversamente proporcional à satisfação com a vida (SELIGMAN, 2009). Importante ressaltar que, para que essa relação ocorra, o perdão deve ser genuíno, não tendo relação com maior satisfação com a vida se o perdão ocorre "da boca para fora". Portanto, é um exercício que deve ser estimulado, mas sempre respeitando o tempo da criança; do contrário, não terá o efeito desejado. Abaixo serão apresentados alguns exercícios que podem ser realizados para auxiliar os cuidadores a estimular o perdão nas crianças:

Exercício da carta de perdão: a criança deve escrever uma carta ou fazer um desenho onde possa ser retratada a transgressão ocorrida pelo outro e as emoções relacionadas a ela. Todavia, a essência da carta deve ser a descrição do comprometimento da criança em perdoar o transgressor (apenas se for apropriado). É importante ressaltar que a carta não deve ser entregue às pessoas envolvidas; ela serve como um exercício para a criança estimular em si mesma a experiência do perdão (SELIGMAN, 2011). Como dito, é fundamental que os pais também encorajem seu filho através de suas atitudes e comportamentos visando a estimular a experiência do perdão.

Uso de metáforas: Miriam Rodrigues (2015), que trabalha com educação positiva na infância, recomenda também o uso de duas metáforas que podem exercitar o perdão, descritas nos Quadros 4 e 5.

Quadro 4 – Metáfora "Jogue fora suas batatas".
Fonte: Disponível em <http://metaforas.com.br/jogue-fora-suas-batatas.

"O professor pediu que os alunos levassem batatas e uma bolsa de plástico para a aula. Ele orientou que eles separassem uma batata para cada pessoa de quem sentiam mágoas, escrevessem o nome delas nas batatas e colocassem essas dentro da bolsa. Algumas das bolsas ficaram muito pesadas. A tarefa consistia em, durante uma semana, levar a todos os lados a bolsa com batatas. Naturalmente, a condição das batatas foi se deteriorando com o tempo. O incômodo de carregar a bolsa, a cada momento, mostrava-lhes o tamanho do peso espiritual diário que a mágoa ocasiona, bem como o fato de que, ao colocar a atenção na bolsa, para não esquecê-la em nenhum lugar, os alunos deixavam de prestar atenção em outras coisas importantes para eles.

Essa é uma grande metáfora do preço que se paga, todos os dias, para manter a dor, a bronca e a negatividade. Quando damos importância aos problemas não resolvidos ou às promessas não cumpridas, nossos pensamentos enchem-se de mágoa, aumentando o estresse e roubando nossa alegria. Perdoar e deixar esses sentimentos ir embora é a única forma de trazer de volta a paz e a calma."

Quadro 5 – Metáfora do "Urso faminto".
Fonte: Disponível em <http://metaforas.com.br/o-urso-faminto.

"Certa vez, um urso faminto perambulava pela floresta em busca de alimento. A época era de escassez, porém, seu faro aguçado sentiu o cheiro de comida, que o conduziu a um acampamento de caçadores. Ao chegar lá, o urso, percebendo que o acampamento estava vazio, foi até a fogueira, ardendo em brasas, e dela tirou um panelão de comida. Quando a tina já estava fora da fogueira, o urso a abraçou com toda sua força e enfiou a cabeça dentro dela, devorando tudo. Enquanto abraçava a panela, começou a perceber algo lhe atingindo. Na verdade, era o calor da tina... Ele estava sendo queimado nas patas, no peito e por onde mais a panela encostava. O urso nunca havia experimentado aquela sensação e, então, interpretou as queimaduras pelo corpo como uma coisa que queria lhe tirar a comida.

Começou a urrar muito alto. E, quanto mais alto rugia, mais apertava a panela quente contra seu imenso corpo. Quanto mais a tina quente lhe queimava, mais ele a apertava contra o corpo e mais alto ainda rugia. Quando os caçadores chegaram ao acampamento, encontraram o urso recostado a uma árvore próxima à fogueira, segurando a tina de comida. O urso tinha tantas queimaduras, que o fizeram grudar na panela, e, o imenso corpo, mesmo morto, ainda mantinha a expressão de estar rugindo.

Em nossa vida, por muitas vezes, abraçamos certas coisas que julgamos ser importantes. Algumas delas nos fazem gemer de dor, queimam-nos por fora e por dentro, e mesmo assim ainda as julgamos importantes. Temos medo de abandoná-las, e esse medo nos coloca numa situação de sofrimento, de desespero. Apertamos essas coisas contra o coração e terminamos derrotados por algo que tanto protegemos, acreditamos e defendemos. Para que tudo dê certo em sua vida, é necessário reconhecer, em certos momentos, que nem sempre o que parece salvação vai lhe dar condições de prosseguir. Tenha a coragem e a visão que o urso não teve. Tire de seu caminho tudo aquilo que faz seu coração arder. Solte a panela!"

Estimule a resiliência de seu filho

A resiliência pode ser definida como o conjunto de processos de enfrentamento e superação do indivíduo diante de crises e adversidades (RUTTER, 1985; RUTTER, 1987; YUNES & SZYMANSKI, 2001). Esse processo de enfrentamento e superação da resiliência ocorre interna e externamente, combinado com características próprias do indivíduo, do ambiente social e cultural e da família em que convive (RUTTER, 1999). Assim, a resiliência é composta de um conjunto de processos sociais e intrapsíquicos que propiciam um desenvolvimento sadio – ainda que o indivíduo viva em um ambiente não sadio –, sendo considerada uma resposta única e individual ao risco, variável em diferentes situações e por diferentes indivíduos, não podendo, desta forma, ser considerada como uma característica fixa do indivíduo, mas como um processo de desenvolvimento (RUTTER, 1987). A boa notícia é que a resiliência pode ser estimulada de forma ativa nas crianças e nos adolescentes (RODRIGUES, 2015). Abaixo, serão apresentados alguns exercícios que podem ser realizados para auxiliar os pais ou cuidadores a estimular a resiliência de seus filhos:

Exercício da atenção plena: A atenção plena consiste no treino da mente para prestar atenção somente no momento presente, como na meditação (para mais detalhes sobre atenção plena, ver capítulo 12). Há várias formas de praticar a atenção plena; no entanto, focar no ritmo da respiração é uma das maneiras mais simples para fazer este exercício com crianças. Dessa maneira, a criança deve ser guiada a prestar atenção na sua respiração, para perceber as sensações do momento, e a observar seus pensamentos, mas sem julgá-los. A atitude da criança nesta atividade deve ser de curiosidade e abertura à experiência – pode-se usar a metáfora de um cientista, que está explorando e observando a experiência de forma mais neutra possível. É importante salientar que o objetivo da prática da atenção plena não é relaxar ou se "livrar" de todos os pensamentos, mesmo os negativos, pois isso é impossível. Todavia, quando algum pensamento ou um sentimento vier à tona durante a prática, deve-se gentilmente voltar a focar a atenção na respiração, e fazer isso novamente quando perceber que outros pensamentos aparecem (LEAHY, TIRCH & NAPOLITANO, 2013; RODRIGUES, 2015).

O exercício da atenção plena na infância permite o aumento da aceitação da experiência, no momento em que a criança aprende a não reagir de forma tão automática ou impulsiva e também a não julgar a experiência, possibilitado que ela sinta menos culpa e crítica ante as emoções e os pensamentos, bem como a compreensão de que as emoções não precisam ser suprimidas ou controladas, e sim toleradas e experimentadas (LEAHY et al., 2013). Relembre da "receita" mencionada anteriormente neste capítulo: valide sempre as emoções da criança, mas não necessariamente seu comportamento. Cabe ressaltar que o treino da atenção plena é uma prática complexa mesmo para os adultos – talvez seja interessante procurar um profissional especialista nesse assunto para a família aprender junto como pode se beneficiar deste exercício.

Exercício de cultivar amizades: Compartilhar momentos e conviver entre pares (grupos de iguais) leva a um senso de pertencimento, emoções positivas e acolhimento (RODRIGUES, 2015). Da mesma forma, os relacionamentos positivos podem ser reforçados por intermédio das experiências de amizade, o que aumenta o círculo social da criança e melhora o seu repertório de habilidades sociais. É bastante significativo aprender com um amigo como ele lida com algumas situações, uma vez que a criança pode aprender por meio de um modelo de seu grupo de iguais, que é diferente do modelo adulto, sendo um fator de proteção que pode fortalecê-la para lidar com futuras dificuldades. Dessa forma, deve-se buscar investigar e compreender como estão as relações da criança e se ela está conseguindo cultivar amizades nos ambientes em que está inserida. Normalmente, a maioria das crianças desenvolve suas primeiras relações de amizade no contexto da família (com primos e irmãos) e da escola (com os colegas). Isso ocorre porque é através da convivência e da identificação que as relações de amizade são formadas na infância. Todavia, caso a criança não esteja conseguindo cultivar amizade nesses contextos mais formais, talvez seja interessante investigar o porquê disso ocorrer, e até avaliar a possibilidade de ampliar esse espectro de ambientes. Muitas vezes, buscar atividades extraclasse como esportes, danças, música, línguas, escotismo, atividades religiosas, dentre outras, pode dar à criança mais oportunidade para que cultive amizades.

Fomente as emoções positivas

Existem três justificativas básicas da Psicologia Positiva para a criação e educação dos filhos com base no desenvolvimento de emoções positivas (SELIGMAN, 2009). O primeiro deles é que as emoções positivas desenvolvem e aumentam os recursos cognitivos e sociais das crianças, o que se torna um elemento decisivo do crescimento. Elas costumam existir em grande quantidade em crianças menores em fase de produção desses recursos. O segundo princípio diz que uma crescente de emoções positivas em crianças faz com elas entrem em um ciclo de emoções positivas. E o último princípio fala que se deve dar a mesma importância para as emoções positivas das crianças, assim como se dá para as emoções negativas (SELIGMAN, 2009).

O medo e a ansiedade são exemplo de emoção que se compreende como negativas ou desagradáveis e têm a função evolutiva de nos alertar sobre algum perigo presente (medo) ou futuro (ansiedade). Graças a essas emoções, sobrevivemos, por nos preocuparmos com nosso futuro, e agimos rapidamente em situações que apresentam elevado risco (LEAHY, 2011). No entanto, é preciso cultivar as emoções positivas e nos treinarmos para intencionalmente buscá-las. Elogiar e estimular a gratidão, a compaixão, o perdão e a resiliência, por si só, é uma maneira de estimular emoções positivas. Todavia, abaixo serão apresentadas mais algumas atividades que têm o poder de potencializar esse tipo de emoção.

Exercícios de jogos cooperativos: Os jogos cooperativos são considerados aqueles em que todos os jogadores ganham, diferentemente dos jogos competitivos, nos quais há uma disputa para decidir quem será o vencedor. Há muitos jogos cooperativos, como peteca, frescobol, e até mesmo jogos de tabuleiro. Outro exemplo de jogo cooperativo é uma versão alternativa da dança das cadeiras, em que, em vez de sair da brincadeira a criança que ficou sem cadeira, sai apenas a cadeira, e as crianças precisam se adaptar e sentarem juntas toda vez que a música é interrompida. Se alguém fica de fora, todos perdem o jogo. Ao final da brincadeira, quando resta apenas uma cadeira, todas as crianças precisam dar um jeito de dividir o assento para que o grupo vença a tarefa. Em algum nível, esse jogo cooperativo também pode estimular a resiliência, uma vez que o grupo necessita usar da sua criatividade e resolução de problemas para superar o desafio.

Em um primeiro momento, pode-se pensar que tais jogos cooperativos podem não ensinar a criança a tolerar frustrações, já que ela nunca perderá o jogo. Lembre que estimular as experiências de cooperação social da criança não precisa substituir as experiências competitivas – estas também são parte da natureza humana e necessárias para o desenvolvimento da criança. Por outro lado, assim como as emoções negativas nos ensinaram a sobreviver, a cooperação entre grupos foi fundamental no processo da evolução humana. Muitas psicopatologias são decorrentes do isolamento e da alienação; a própria depressão e a ansiedade são condições que podem estar relacionadas a essas características (RODRIGUES, 2015). Dessa forma, estimular a cooperação na infância, além de propiciar emoções positivas, pode ser um fator protetivo para problemas emocionais e de convivência no futuro.

Exercício de enumerar as metas emocionais: por vezes, sentimos que nada do que fizermos nos levará para longe de um estado emocional perturbador (LEAHY et al., 2013; RODRIGUES, 2015). Todavia, sabe-se que a utilização intencional de determinados recursos cognitivos e comportamentais pode auxiliar a criança a lidar com determinados estados emocionais negativos. Para enfrentar esse tipo de situação, podemos enumerar algumas metas emocionais com as seguintes perguntas:

- Qual emoção positiva quero sentir?
- Que pensamentos, experiências e comportamentos podem me ajudar a sentir mais essa emoção?
- Como ficarei ao sentir a emoção que estou buscando?
- De que outras formas posso planejar experienciar mais dessa emoção?

Utilize-se da comunicação positiva

Frequentemente, as crianças contam sobre algo bom que aconteceu no seu dia, algo que deu certo e outras coisas menos significativas que ocorreram com elas. Neste sentido, a forma como respondemos à criança (e a qualquer pessoa que nos conta algo) quando ela nos revela algo positivo e significativo de sua experiência pode ser fundamental tanto para fortalecer quanto para fragilizar a relação. Os estilos de comunicação normalmente variam em termos de duas variáveis principais: a postura ativa/passiva do comunicador, e o conteúdo construtivo/destrutivo da mensagem. As respostas de comunicação ativas implicam um processo deliberado e intencional de comunicação, no qual são apontados os detalhes e as especificidades identificadas no relato do outro, ao passo que as respostas passivas tendem a ser emitidas de forma automática e generalizada, sem especificidades para o receptor da mensagem. Já as respostas construtivas tendem a ter como objetivo elogiar e sinalizar o que está bom no discurso do outro, enquanto as respostas destrutivas tendem a ser mais críticas e focam apenas no aspecto negativo da comunicação. Deve-se buscar utilizar-se, sempre que possível, da resposta ativa e construtiva. O Quadro 6 ilustra exemplos para os quatro estilos de comunicação (SELIGMAN, 2011).

Quadro 6 – Estilos de comunicação.
Fonte: Adaptado de Seligman, 2011, p. 60.

A criança conta um acontecimento positivo	Tipo de resposta	Sua resposta	
		Verbal	Não verbal
"Tirei 8,5 na prova de Matemática!"	Ativa e construtiva	"Que maravilha! Parabéns filho! Você se esforçou tanto para melhorar suas notas... Você não estava bem em Matemática, e teve que estudar bastante pra essa prova... Estou muito orgulhoso/a de você! O que você acha de comemorarmos?"	Mantém contato visual, demonstra suas emoções, abraça, sorri.
	Passiva e construtiva	"Que boa notícia. Você merece, parabéns!"	Pouca ou nenhuma expressão emocional.
	Ativa e destrutiva	"8,5? É uma boa nota, mas pode melhorar..."	Dá demonstrações de emoções negativas, como testa franzida e semblante carrancudo.
	Passiva e destrutiva	"O que você quer jantar hoje?"	Pouco ou nenhum contato visual, dá as costas e sai.

  Como você pode melhorar a comunicação com a criança – e com as outras pessoas significativas para você – de forma mais ampla? Basta ouvir com atenção quando a criança contar algo que é importante para ela – mesmo se você não considera algo tão significativo. Estimule que ela relate a situação em detalhes, pergunte como ela se sente, descubram juntos como ela pode buscar se sentir assim mais vezes e reviver realizações semelhantes. Monitore como você costuma responder à criança. Para auxiliar seu processo de mudança, você pode anotar à noite as situações que recordar, dessa forma:

Quadro 7 – Ficha para monitoramento de estilo de comunicação.
Fonte: Seligman (2011).

Acontecimento que meu filho contou	Minha resposta (literal)	Resposta da criança para mim

Pode ser interessante você anotar como poderia ter respondido, em todos os casos que sua resposta não for ativa e construtiva. Isso vai ajudar você a aprender novas formas de responder, bem como deixará você mais atento a como se comunicar com a criança, aumentando as chances de você perceber na hora se sua resposta não foi ativa e construtiva, e dessa forma, possibilitando que você retome a situação posteriormente e "conserte" sua resposta à criança.

Exercício da assertividade: A assertividade é um termo utilizado para fazer referência a um comportamento habilidoso socialmente. Um comportamento considerado assertivo requer expressão de sentimentos, pensamentos e crenças de forma direta, honesta e apropriada, bem como a afirmação de seus direitos, sem violar os direitos das outras pessoas (CABALLO, 2003). Dessa maneira, considera-se que o comportamento assertivo é um meio termo entre o comportamento passivo, que prioriza sempre a necessidade do outro sem expressar sua necessidade e opinião, e o comportamento agressivo, que tende a expressar sua necessidade e o ponto de vista de forma impositiva e agressiva, normalmente desrespeitando o direito do outro (Figura 1). Possibilitar uma comunicação assertiva com a criança permite que ela sinta que suas emoções são importantes para os cuidadores, que eles a respeitam e a escutam, e ao mesmo tempo impõem limites quando é necessário, mas sem humilhar a criança. Da mesma forma, os cuidadores oferecem um modelo positivo de se comunicar e se relacionar, que provavelmente a criança refletirá em sua relação não só no contexto familiar, mas nos outros ambientes em que convive, como na escola.

Figura 1 – Comportamentos passivo, assertivo e agressivo
Fonte: Elaborada pelos autores.

Técnicas para se comunicar em situações de raiva: Ainda no que se refere à comunicação positiva, muitas vezes é difícil usar a reposta ativa e construtiva e assertividade para nos comunicarmos com a criança em situações em que ela está com muita raiva, sendo agressiva. Dessa forma, há algumas maneiras de você fortalecer seu comportamento assertivo nessas situações, visando a evitar outras maneiras de comunicação menos habilidosas socialmente. O Quadro 8 ilustra quatro estratégias para lidar com esse tipo de comportamento.

Quadro 8 – Técnicas para comunicar em situações de raiva.
Fonte: Adaptado de Rodrigues (2015, p. 108-109).

Técnica	Descrição	Exemplos
Disco quebrado	Escolha uma frase clara e concisa para repetir como se fosse um "disco quebrado". Escute o que a criança tem a dizer, mas de forma calma, repita sua frase.	"Sim, compreendo, mas... [repita sua frase]" "Mesmo assim... [repita sua frase]" "Na minha perspectiva... [repita sua frase]"
Mudança do conteúdo para o processo	Diga o que está acontecendo no momento, focando o que está ocorrendo com o processo de comunicação.	"Você percebe o que está acontecendo? Estamos desviando do nosso assunto." "Quando você fala mais alto, perdemos nosso foco."
Acalmando	Respire de forma profunda e tente ignorar a raiva da criança; adie a conversa pra outro momento.	"Vamos conversar quando estivermos mais calmos." "Só conseguimos pensar depois que nos acalmamos."
Adiamento assertivo	Caso você não se sinta seguro de sua postura diante de situações desafiadoras, adie sua resposta.	"Preciso pensar melhor no assunto e depois conversamos de novo."

Estimule as forças pessoais de seu filho

Quando mencionamos anteriormente o processo de resiliência, comentou-se sobre o quanto a interação do indivíduo com o seu ambiente desenvolve fatores de proteção diante de diferentes situações adversas. Dentre esses fatores de proteção, um dos aspectos que a Psicologia Positiva ressalta como um dos mais efetivos para o aumento do bem-estar e da felicidade dos indivíduos diz respeito à identificação e ao incentivo das forças pessoais. As forças pessoais são definidas como traços de personalidade positivos, que são individuais de cada sujeito e que se refletem no pensamento, no sentimento e no comportamento em diferentes contextos (PARK, PETERSON & SELIGMAN, 2004; PETERSEN & SELIGMAN, 2004). O incentivo das forças pessoais das crianças e dos adolescentes está relacionado não somente a maiores níveis de bem-estar, saúde e maior conexão social, mas também a um melhor desempenho acadêmico (PARK & PETERSON, 2008).

Atualmente, foram identificadas vinte e quatro forças pessoais mais frequentes, distribuídas em seis grupos de virtudes (PARK et al., 2004). Essas forças e virtudes devem ser notáveis e reconhecíveis, ser reconhecidas em todas as culturas e ser passíveis de aprendizado: ou seja, são capazes de ser promovidas, educadas e melhoradas (SELIGMAN, 2011).

A **virtude da sabedoria** é composta de forças pessoais relacionadas ao conhecimento, à aprendizagem e à demonstração de saber. Já a **virtude da coragem** abarca forças pessoais que refletem o exercício da vontade de alcançar objetivos dignos, mesmo diante de situações de adversidade (normalmente representada por heróis). Por outro lado, a **virtude da humanidade e do amor** condensa forças que aparecem na interação social positiva com amigos, conhecidos, familiares e até estranhos, e refere-se à capacidade de conexão afetiva e social com outros indivíduos. Ainda, a **virtude da justiça** sinaliza forças pessoais que aparecem em atividades cívicas e permitem ao indivíduo se relacionar com grupos maiores – família, comunidade, pais, mundo. A **virtude da temperança** implica um conjunto de forças pessoais que indicam uma expressão apropriada e sóbria de apetites e desejos, esperando pela oportunidade de satisfazê-los de modo a não prejudicar a si nem aos outros. Por fim, a **virtude da transcendência** descreve o grupo final de forças que não se limitem apenas ao indivíduo, mas sugerem uma conexão com algo maior e mais duradouro: outras pessoas, o futuro, a evolução, o divino ou o universo (SELIGMAN, 2009; SELIGMAN, 2011). No Quadro 9, podem ser identificadas as descrições de cada uma das 24 forças pessoais que compõem cada uma das seis virtudes.

Quadro 9 – Descrição das forças e virtudes.
Fonte: Adaptado de Seligman (2009) e Seligman (2011)

Virtude	Força	Descrição
Sabedoria	Curiosidade	Curiosidade ativa sobre o mundo, acarreta receptividade às experiências e flexibilidade em relação a questões que não se enquadram em conceitos preestabelecidos.
	Gosto pela aprendizagem	Prazer por aprender coisas novas mesmo quando não há incentivo externo para isso.
	Discernimento	Analisar as coisas e examiná-las por todos os ângulos possíveis, considerando as informações objetiva e racionalmente, em prol do próprio bem e do dos outros.
	Originalidade	Capacidade notável de encontrar um comportamento diferente para atingir os objetivos, sem se contentar em fazer as coisas da maneira convencional.
	Inteligência emocional	Usar o conhecimento que se tem de si e dos outros, a consciência da motivação e dos sentimentos alheios, para tomar decisões e agir de forma assertiva em situações sociais.
	Perspectiva	Relaciona-se à sabedoria, à capacidade de colocar as coisas em perspectiva e aconselhar os outros a resolver problemas com uma visão ampla sobre as coisas.
Coragem	Valentia	Não recuar diante de ameaças, desafios, dores ou dificuldades resistindo à resposta de fuga e ao enfrentando à situação assustadora.
	Perseverança	Terminar o que se começa, levar os projetos difíceis até o fim, cumprir o planejado, sem rigidez ou perfeccionismo, de forma flexível, porém firme.
	Honestidade	Falar a verdade, ser autêntico, apresentar-se – suas intenções e seus compromissos – aos outros e a si mesmo de forma sincera, seja por meio de palavras, seja por meio de ações.

Humanidade e amor	Bondade	Levar o interesse do outro tão a sério quanto leva o seu, às vezes superando os próprios desejos e as necessidades imediatas, assumindo a responsabilidade por alguém.
	Amor	Capacidade de se conectar de forma profunda com os outros afetivamente e valorizar os relacionamentos próximos e íntimos. Implica dar e receber o amor advindo dos relacionamentos.
Justiça	Cidadania	Capacidade de trabalhar em equipe e fazer a sua parte pelo sucesso do grupo. Implica valorizar as metas e os propósitos do grupo, mesmo quando esses são diferentes dos seus, fundindo sua identidade com a do grupo.
	Imparcialidade	Consiste em não deixar os sentimentos pessoais influenciarem nas decisões sobre outras pessoas, baseando-se em princípios de moralidade, tratando todos de forma equiparada.
	Liderança	Capacidade de liderar pessoas e grupos de forma eficiente, garantindo que o trabalho seja feito e que os participantes mantenham boas relações.
Temperança	Autocontrole	Facilidade para controlar os desejos, as necessidades e os impulsos quando apropriados, manejando as emoções e escolhendo o momento certo de expressá-las.
	Prudência	Habilidade em ser cuidadoso e ponderado, não dizer nem fazer coisas das quais possa se arrepender mais tarde, esperando por todas as informações necessárias antes de agir.
	Humildade	Tendência a não procurar estar em evidência frequentemente, deixando que as suas realizações falem por si sós, não se considerando especial ou diferenciado, e sim parte do todo.

Transcendência	Apreciação da beleza e da excelência	Capacidade de apreciar a beleza e a excelência em todas as áreas da vida, seja na natureza e na arte, seja na Matemática e na Ciência, seja no cotidiano, normalmente acompanhadas de espanto e admiração pela forma como o mundo funciona.
	Gratidão	Facilidade para ter consciência das coisas boas que lhe acontecem, sempre encontrando oportunidades de expressar o sentimento de gratidão.
	Otimismo	Habilidade para esperar o melhor do futuro, planejando e trabalhando com esperança e com responsabilidade para com o futuro, o que indica uma postura positiva em relação ao que está por vir.
	Espiritualidade	Tendência a ter crenças sólidas e coerentes acerca do propósito maior da vida e do sentido do universo, tendo uma noção clara de onde o sujeito se encaixa no esquema maior das coisas, de modo que o significado da vida está na ligação com algo maior do que ele mesmo.
	Perdão	Habilidade para perdoar os que lhe fizeram mal e lhes dar uma segunda chance, sinalizando mudanças benéficas que ocorrem dentro de alguém ofendido ou magoado.
	Bom humor	Facilidade em ver o lado alegre da vida, rir de si mesmo e das coisas da vida usando o bom humor, muitas vezes emitindo graça aos que estão ao redor.
	Animação	Tendência a ter energia e entusiasmo e se atirar de corpo e alma nas atividades que assume, dedicando-se com paixão e inspiração contagiosa.

Como você pode ver, existem forças muito diversificadas e específicas. Todas elas contribuem para o aumento do bem-estar e da felicidade e são consideradas fatores de proteção em situações adversas. Todo indivíduo possui forças pessoais, todavia, dificilmente um indivíduo vai abarcar todas ou a maioria das forças pessoais listadas. O conjunto único e singular de nossas forças pessoais será determinado pelo nosso temperamento e pelas nossas experiências de vida, que desenvolvem essas características em nós mesmos. Dessa forma, é interessante buscar conhecer e avaliar quais as forças pessoais que o seu filho possui em lugar de se focar nas que ele ainda não desenvolveu. Aprender a usar os recursos que ele já possui poderá ensiná-lo como usar o que tem de melhor em si mesmo para o seu desenvolvimento pessoal ao longo da vida. Abaixo serão apresentados alguns exercícios que podem ser realizados para auxiliar os cuidadores a conhecer e a estimular as forças pessoais de seus filhos:

Exercício da introdução positiva: A tarefa aqui consiste em estimular a criança a escrever uma introdução (que seria como uma redação, mas se apresentando e falando de si mesma) positiva de uma página na qual conta uma história concreta, mostrando a si mesma em sua melhor forma. Caso a criança ainda não esteja completamente alfabetizada ou o exercício não seja de sua preferência, pode ser utilizado um desenho ou outra forma de representação. O importante aqui é que a história relatada por ela ajude você e ela a entender quais são as suas forças pessoais e como ela usou tais forças na situação relatada (Seligman, 2011).

Exercício do monitoramento das forças pessoais: Neste exercício, solicita-se que os cuidadores ajudem a criança a identificar as forças pessoais dela mais usadas naquela semana, descrevendo as situações de forma detalhada, em que são identificadas as situações específicas nas quais cada uma delas apareceu. Esse monitoramento pode ser feito de forma mais tradicional, através de anotações em planilhas e tabelas, ou de forma mais lúdica, por meio de desenho ou histórias em quadrinhos (Seligman, 2011).

Exercício de identificação das forças dos personagens: Como as forças pessoais são consideradas características universais, presentes em todas as culturas, é possível que você consiga observar exemplos representativos de cada uma delas na maioria das histórias, contos, filmes, livros e outras representações a que o seu filho assiste, lê e acompanha. Ainda, se prestar atenção, você poderá fazer uma correlação dos personagens que ele admira e se identifica com as forças pessoais descritas acima. A ideia do exercício consiste em vocês tirarem um tempo juntos para tentar identificar nesses personagens quais as forças pessoais eles possuem. Ainda, o mesmo exercício pode ser adaptado para histórias formais, como as que ele provavelmente estudará na escola em algum momento, seja na História do Brasil, seja na do Mundo (Seligman, 2011).

Exercício da árvore genealógica das forças: Já foi mencionado que todos os indivíduos possuem forças pessoais. Dessa forma, por que não começar a explorar as forças pessoais da própria família? A ideia do exercício proposto é de, durante uma reunião da família, que os pais possam discutir junto com os filhos as forças pessoais dos familiares, inclusive as dos seus progenitores, e identificar onde as próprias forças pessoais se originaram (desde as pessoas que influenciaram e as situações de origem que contribuíram para tal desenvolvimento). A partir dessa conversa, os familiares podem desenhar uma árvore que inclua as forças pessoais de todos os membros da família (SELIGMAN, 2011).

Exercício da balança das forças: Nesta atividade, após um acontecimento importante (como, por exemplo, uma atividade escolar importante da criança), os pais e os cuidadores podem rever êxitos e desafios enfrentados pela criança através das lentes das forças pessoais. Exemplos são identificados (em si próprio e nos outros) em que determinadas forças foram exigidas na situação. Também são distinguidas "oportunidades perdidas" de usar certas forças (com o objetivo de aumentar a atenção para futuras oportunidades de usá-las) (SELIGMAN, 2011).

Exercício da cartinha do elogio: Neste exercício, os pais devem escrever uma cartinha para a criança, identificando e mostrando a ela quais as características que denotam ser as suas principais forças pessoais. Dessa forma, após ser identificada pelos pais a principal força pessoal da criança (de acordo com sua observação e convívio), devem se reunir para fazer uma cartinha ou um desenho que fale de forma ativa e descritiva sobre a força da criança (RODRIGUES, 2015, 2015b). Após, a carta pode ser entregue à criança.

Considerações finais

Valendo-se deste capítulo, foi possível perceber a relevância da educação positiva, tanto nas esferas familiares quanto nas escolares. Na família, quando os cuidadores conseguem ajudar suas crianças a descobrir e a desenvolver suas forças e virtudes, ou se mostram mais compreensivos e positivos, elas se tornam crianças mais satisfeitas e mais capazes de se colocarem no lugar do outro (SELIGMAN, 2011). Sendo assim, a Psicologia Positiva é fundamental para que as crianças cresçam mais saudáveis, mais satisfeitas e mais felizes.

Além de todos os benefícios da educação positiva, já listados ao longo deste capítulo, ressalta-se que o bem-estar melhora a aprendizagem, e que um estado de humor positivo possibilita melhor processo atencional, além de um pensamento mais criativo e holístico. Por outro lado, um estado de humor negativo leva à diminuição da atenção e a pensamentos mais críticos e analíticos. Apesar de ambos os estados de humor serem necessários para o desenvolvimento da criança, geralmente o que ocorre é que tanto a escola como a família tendem a enfatizar o pensamento crítico e o seguimento de regras (SELIGMAN, 2011).

Dessa forma, o objetivo deste capítulo foi apresentar, de forma pragmática, alternativas de educação positiva que se apliquem ao cotidiano das famílias. O Quadro 10 apresenta o resumo dos principais pontos do capítulo.

Quadro 10 – Resumo dos principais pontos trabalhados no capítulo.

Quadro de resumo do capítulo
A Psicologia Positiva surgiu na década de 1990 para desenvolver intervenções com foco em ajudar as pessoas a aprender a ser mais felizes.
Os gastos de controle e assistência social com a saúde mental seriam muito menores se investidos na promoção do desenvolvimento saudável da criança.
As intervenções embasadas na Psicologia Positiva com foco nas crianças, chamadas de educação positiva, envolvem dois âmbitos principais: em casa, por intermédio dos cuidadores, e na escola.
Há algumas atitudes que, quando mantidas no dia a dia da família, podem promover bem-estar, segurança e autoconfiança para as crianças e os jovens, auxiliando na promoção de um desenvolvimento saudável.
É fundamental elogiar o comportamento positivo da criança. O elogio deve ser condicional e específico, relacionado às habilidades e ao esforço da criança.
Os pais devem sempre lembrar-se de valorizar e validar as emoções da criança, mas não necessariamente seu comportamento.
Sentir gratidão é considerado uma boa maneira de se sentir mais feliz no presente e aumentar o bem-estar da criança e da família.
O perdão é capaz de transformar a tristeza em neutralidade ou até mesmo em emoções positivas, podendo, assim como a gratidão, levar a uma vida mais feliz no presente.
A resiliência pode ser definida como o conjunto de processos de enfrentamento e superação do indivíduo diante de crises e adversidades e pode ser estimulada de forma ativa nas crianças.
Cultivar amizades é importante para a criança, já que os relacionamentos positivos podem ser reforçados através das experiências de amizade, o que aumenta o círculo social da criança e melhora o seu repertório de habilidades sociais.
As emoções positivas são importantes para o desenvolvimento da criança. Assim, é preciso cultivá-las e nos treinarmos para intencionalmente buscá-las.
As respostas de comunicação ativa e construtiva implicam um processo deliberado e intencional de comunicação, no qual são apontados os detalhes e as especificidades identificadas no relato do outro; o seu conteúdo tende a ter como objetivo elogiar e sinalizar o que está bom no discurso do outro.
Um comportamento considerado assertivo requer expressão de sentimentos, pensamentos e crenças de forma direta, honesta e apropriada, bem como a afirmação dos próprios direitos, sem violar os direitos das outras pessoas.

As forças pessoais são definidas como traços de personalidade positivos, que são individuais de cada sujeito e que se refletem nos pensamentos, nos sentimentos e nos comportamentos do sujeito em diferentes contextos, contribuindo para o aumento do bem-estar e da felicidade e atuando como fatores de proteção em situações adversas.

Existem forças pessoais muito diversificadas e específicas, e todo indivíduo possui forças pessoais. O conjunto único e singular de nossas forças pessoais será determinado pelo nosso temperamento e pelas nossas experiências de vida, que desenvolvem essas características em nós mesmos.

A maioria dos exercícios mencionados neste capítulo pode e deve ser feita pelos pais e pelos cuidadores das crianças também, tornando o elogio, a gratidão, o perdão, a resiliência, as emoções positivas, a comunicação positiva e a identificação das forças pessoais hábitos da própria família e servindo de modelos positivos para a criança.

Referências

CABALLO, V. E. **Manual de avaliação e treinamento das habilidades sociais.** São Paulo: Livraria Santos. 2003.

CARREA, G.; MANDIL, J. Aportes de la psicologia positiva a la terapia Cognitiva infanto juvenil. **Psiencia. Revista Latinoamericana de Ciencia Psicológica,** v. 3, n. 1, p. 40-56, 2011.

DEL PRETTE, Z. A. P.; DEL PRETTE, A. A importância das habilidades sociais na infância. In: DEL PRETTE, Z. A. P.; DEL PRETTE, A. **Psicologia das habilidades sociais na infância: Teoria e prática.** Petrópolis: Vozes. 2005.

GABLE, S.; HAIDT, J. What (and why) is positive psychology? **Review of General Psychology,** v. 9, n. 2, p. 103-110, 2005.

LEAHY, R. L. **Livre de ansiedade.** Porto Alegre: Artmed. 2011.

LEAHY, R. L.; TIRCH, D.; NAPOLITANO, L. A. **Regulação emocional em psicoterapia: um guia para o terapeuta cognitivo-comportamental.** Porto Alegre: Artmed. 2013.

MANCIAUX, M. et al. La resiliencia: estado de la cuestión. In: MANCIAUX, M. **La Resiliencia: resistir y rehacerse.** Barcelona: Gedisa. 2005. p. 17-27.

PALUDO, S.; KOLLER, S. H. Psicologia Positiva: uma nova abordagem para antigas questões. **Paidéia,** v. 17, n. 36, p. 9-20, 2007.

PARK, N.; PETERSON, C.; SELIGMAN, M. E. P. Strengths of character and well-being. **Journal of Social and Clinical Psychology,** v. 23, n. 5, p. 603-619, 2004.

PETERSON, C. S.; WAINER, R. Princípios básicos da terapia cognitivo-comportamental de crianças e adolescentes. In: **Terapias Cognitivo-Comportamentais** para Crianças e Adolescentes: Ciência e Arte. Porto Alegre: Artmed. 2011. p. 16-31.

PETERSON, C.; SELIGMAN, M. E. P. **Character strengths and virtues: A handbook and classification.** New York: Oxford. 2004.

PINHEIRO, L. B. **O bem-estar na Escola Salesiana: evidências de realidade.** 2011. Dissertação (Mestrado) - Pontifícia Universidade Católica do Rio Grande do Sul. Porto Alegre, RS. 2011.

RODRIGUES, M. **Baralho das forças pessoais: a psicologia positiva aplicada às crianças.** Novo Hamburgo: Sinopsys. 2015.

RODRIGUES, M. **Educação emocional positiva: saber lidar com as emoções é uma importante lição.** Novo Hamburgo: Sinopsys. 2015.

ROFFEY, S. Introduction to positive relationships: Evidence based-practice across the world. In: ROFFEY, S. **Positive relationships: Evidence based practice across the world.** London: Springer. 2012.

RUTTER, M. Resilience in the face of adversity: Protective factors and resistance to psychiatric disorder. **British Journal of Psychiatry,** v. 147, p. 598-611, 1985.

RUTTER, M. Psychosocial resilience and protective mechanisms. **American Journal of Orthopsychiatry,** v. 37, p. 317-331, 1987.

SEGRIN, C.; TAYLOR, M. Positive interpersonal relationships mediate the association between social skills and psychological well-being. **Personality and Individual Differences,** v. 43, n. 4, p. 637-646, 2007.

SELIGMAN, M. E. P. **Felicidade autêntica: usando a psicologia positiva para a realização permanente.** Rio de Janeiro: Objetiva. 2009.

SELIGMAN, M. E. P. **Florescer: uma nova compreensão sobre a natureza da felicidade e do bem-estar.** Rio de Janeiro: Objetiva. 2011.

YUNES, M. A. M.; SZYMANSKI, H. Resiliência: noção, conceitos afins e considerações críticas. In: TAVARES, J. **Resiliência e educação.** São Paulo: Cortez. 2001. p. 13-42.

CAPÍTULO 12
Práticas meditativas na família

Lauren Frantz Veronez
Lucianne Valdivia

Mas afinal o que é meditação?

A meditação é uma prática muito antiga na história da civilização, e suas origens remontam às tradições orientais do budismo e hinduísmo. A palavra *meditação* provém do latim *meditare*, que significa "voltar-se para dentro". Dentro dessas tradições, um dos tipos de prática meditativa é a prática de *mindfulness*, que visa debruçar-se continuamente, de maneira curiosa, aberta e receptiva, sobre a questão: o que está acontecendo, agora, na minha experiência (KAMALASHILA, 2012).

Nos anos 1970 e 1980, no Ocidente, iniciou-se um movimento de inclusão das práticas de *mindfulness* nos contextos de saúde, de maneira laica e baseada em evidências científicas. Com resultados sólidos, tanto para tratamento de doenças físicas e mentais como para promoção de saúde, as práticas de *mindfulness* vêm ganhando força e sendo incorporadas de maneira rápida ao dia a dia de muitas pessoas, inclusive nos contextos educacionais com crianças, adolescentes e suas famílias.

Mindfulness, conhecido em português como atenção plena, significa deliberadamente estar atento e tornar-se mais consciente de nossa experiência: de nossos pensamentos, sentimentos, sensações corporais e ao que se passa no mundo exterior e interior. É estar consciente do que se está fazendo enquanto estiver fazendo (TEASDALE, WILLIAMS & SEGAL, 2016).

Como podemos praticar *mindfulness*?

Mindfulness pode ser praticado em qualquer situação que estivermos vivenciando, já que se refere a uma abertura para o que está acontecendo, experienciando a realidade tal como ela ocorre independentemente de se tratar de algo agradável ou não.

De acordo com Jimenez, Niles e Park (2010), as intervenções baseadas em *mindfulness* são consideradas um tipo de treinamento cognitivo e envolvem estratégias de desenvolvimento que melhoram a atenção, a regulação emocional, o bem-estar e a qualidade de vida. A utilização dessas técnicas adaptadas ao público infantil vem se mostrando uma alternativa para diversos tratamentos, incluindo a melhora da atenção e o controle da impulsividade (ZENNER, HERRNLEBEN-KURZ & WALACH, 2014).

Os exercícios de *mindfulness* podem ser praticados pela maioria das pessoas, ressalvadas algumas condições de saúde específicas (p. ex.: quadros depressivos agudos, quadros psicóticos e transtorno obsessivo compulsivo), as quais devem seguir orientação de um profissional de saúde. As práticas podem trazer diversos benefícios já evidenciados em pesquisas científicas, como a melhora da concentração, a redução de estresse, a prevenção de recaída em depressão e o abuso de substâncias, os quadros de insônia, a dor crônica e os sintomas de ansiedade (KENG, SMOSKI & ROBINS, 2011). Praticar *mindfulness* nos permite perceber mais claramente pensamentos, sensações físicas, emoções e acontecimentos no momento em que ocorrem, sem reagir de forma automática ou habitual.

Mindfulness na família: por que e para quê?

A parentalidade é uma das tarefas mais desafiadoras, exaustivas e frustrantes que se pode exercer. Por outro lado, também é a experiência mais recompensadora, divertida e fascinante de uma vida. É comum pais sentirem-se compelidos a fazer muitas coisas em direções totalmente diferentes; equilibrar trabalho, filhos, vida conjugal, amizades, saúde pode ser tremendamente estressante. Sendo assim, pode ser complicado encontrar um espaço para pensar com calma, para simplesmente parar quieto por algum tempo.

Uma parentalidade atenta (*Mindful*) significa manter um estado de atenção sobre os próprios processos internos (o que eu penso, sinto, percebo, e notar isso tudo me faz sentir e pensar), e também ser responsivo às necessidades emocionais dos filhos. Envolve processos intrapessoais que ajudam os pais a se relacionarem com seus estados internos, nomeando pensamentos, sentimentos, atribuições e valores. Da mesma forma, diz respeito ao desenvolvimento de uma capacidade de resposta empática, por meio de uma tomada de perspectiva sobre o que ocorre, consciência das emoções e uma aproximação com o outro (COATSWORTH, DUNCAN, GREENBERG & NIX, 2010).

Uma recente revisão sistemática de mais 1.200 ensaios clínicos, desde 1997 até 2014, indica que os programas de *mindfulness* para pais podem reduzir o estresse parental, aumentar a consciência emocional dos pais sobre seus filhos, diminuir o afastamento emocional entre pais e filhos adolescentes, além de reduzir sintomas emocionais relacionados a transtornos externalizantes (aqueles ligados à conduta, como transtornos disruptivos, hiperatividade, agressividade e comportamentos antissociais), em especial em crianças pré-escolares (TOWNSHEND, JORDAN, STEPHENSON & TSEY, 2016).

Dos achados científicos que temos até o momento, uma importante dúvida que surge é o quanto as práticas de *mindfulness* podem auxiliar de maneira específica nos sintomas ligados ao déficit de atenção. Existem dados promissores no sentido de que o treino de *mindfulness* pode de fato incrementar atenção e qualidade de vida de crianças portadoras de TDAH, embora os dados ainda não sejam conclusivos (EVANS et al., 2017). No entanto, quando nos deparamos com os estudos relacionados ao treino parental de *mindfulness* (*Mindful Parenting*), há uma importante diferença a ser notada.

O treino de uma parentalidade *mindful* tem por objetivo aumentar a consciência dos pais sobre seu próprio stress e dificuldades emocionais advindos da relação com o comportamento de seus filhos. Na parentalidade *mindful* os pais são convidados a desenvolver uma atitude menos reativa e de maior aceitação sobre os problemas de comportamento dos filhos, cuidando melhor de si mesmos, o que pode modelar e melhorar a forma com que a criança se trata, diminuindo seus problemas de comportamento (BÖGELS, HELLEMANS, VAN DEURSEN, RÖMER & VAN DER MEULEN, 2014).

O envolvimento dos pais nas práticas de *mindfulness* com crianças portadoras de TDAH pode ser mais efetivo. Pais que praticam *mindfulness* desenvolvem um tipo de atenção, aceitação e consciência maior sobre as necessidades de seus filhos, criando um contexto familiar mais responsivo e menos reativo (BOGELS & RESTIFO, 2015). Pesquisas mostram que a parentalidade *mindful* está associada com uma melhora no relacionamento entre pais e filhos, reduz reações parentais negativas, excesso de controle sobre os filhos, aumentando as interações e as emoções positivas (COATSWORTH et al., 2010).

E como ocorre esse processo? A chave parece ser a habilidade de reduzir padrões de respostas automáticas através da *re-percepção* (SHAPIRO, CARLSON, ASTIN & FREEDMAN, 2006). Mediante práticas de *mindfulness*, pode-se aprender a reconhecer quando ligamos o "piloto automático" e começamos a nos comportar de forma repetitiva, pensando e agindo de maneira negativa e que não costuma funcionar. Encontrar um tempo para desacelerar, aquietar-se, pode levar à flexibilização de certos padrões de resposta e à implementação de estratégias mais criativas e compassivas (DUMAS, 2005).

Tais mecanismos automatizados podem estar presentes quando, em face de emoções desagradáveis, há a tentativa de evitar, controlar, fugir ou lutar contra essas vivências. A consequência disso pode levar a um alívio temporário, em curto prazo, mas nem sempre esse alívio se mantém ao longo do tempo ou é de fato efetivo.

Entretanto, como isso ocorre na prática? Pensemos: o que acontece quando a culpa emerge, fruto de uma determinada ação realizada e que desagradou o outro? Por exemplo, quando se grita com alguém ou há cobrança por uma ação que deveria ter sido feita e que, embora de maneira justificada, o fazemos de maneira mais exigente? Vejamos a seguinte situação:

Você, pai/mãe, chega em casa cansado, exausto para ser sincero, depara-se com seu filho jogando videogame com o irmão e ambos se engalfinhando. Você então pede a eles que parem. Eles atendem à solicitação por um tempo e logo depois voltam a brigar. Você fica com raiva e resolve perguntar sobre os deveres de casa, para tentar aumentar sua sensação de eficiência como pai/mãe. Seus filhos respondem que já vão fazer e voltam a jogar e a brigar, sem dar importância para seus apelos. Sua raiva aumenta, sua dor de cabeça grita, e então você pede "por favor", com mais ênfase e é quando eles dizem para você "não encher o saco". Nesse momento, você grita e manda os dois para o quarto a fim de que façam os temas. Eles choram, acusam você de estragar a vida deles e vão para o quarto. Você respira fundo e sente o peso da culpa, seus ombros caem, você olha para baixo, sua mente é inundada por pensamentos do tipo: "Não sou um bom pai/mãe, só chego em casa para brigar, não sei educar, eles devem estar me odiando, onde foi que eu errei". Nesse momento você não suporta a culpa que lhe invade, vai até o quarto das crianças e diz: "Está muito tarde, se não terminarem o tema, pode deixar que eu mando um bilhete para a professora justificando". Num primeiro momento, você sente o alívio da culpa, e, no dia seguinte, uma variação dessa cena se repete e você pensa: falhei mais uma vez.

Compreendendo o processo

A estratégia utilizada pareceu funcionar para aliviar a raiva que você estava sentindo naquele momento? O que ocorre é que, em seguida, você percebe que nada mudou, que seus filhos não aprenderam a lição, você se sente incompetente e não sabe mais o que fazer?

Através da prática constante de uma parentalidade *mindful*, é possível adquirir cada vez mais habilidade para estar atento aos processos subjacentes às situações-gatilho que despertam emoções desagradáveis e podem incitar respostas reativas, como as descritas acima. Então, que tal olharmos para essa cena com mais atenção e abertura?

O que aconteceu?

- Presença de uma vulnerabilidade fisiológica: era noite, você estava cansado e com fome e seu humor sofria o impacto dessas condições.

- A cena já era sua velha conhecida e você não notou o quanto se deparar com isso novamente já lhe provocou sentimentos de incompetência, frustração e irritação.

- Você também não notou sua tentativa de fugir daquilo tudo, tentando ser eficiente, já que seu pensamento lhe julgou incompetente.

- Quando a resposta dos seus filhos foi diferente da esperada, sua sensação de incompetência aumentou e ficou insuportável, fazendo com que você quisesse se livrar disso a qualquer custo e agiu comandado pela raiva, gritando.

- De qualquer forma, o conteúdo (mandar para o quarto fazer os temas) estava perfeitamente compatível, mas, o fato de ter feito isso com raiva, fez você sentir-se culpado.

- Então, como uma forma de se "livrar" do desconforto da emoção, você tenta sentir-se melhor fazendo algo "legal" para seus filhos.

O que fazer?

- Acolha-se. É perfeitamente natural sentir todas essas coisas nessas situações, somos humanos, vivemos uma rotina atribulada e temos várias atividades ao mesmo tempo. Existe uma cultura de cobrança de uma perfeição como pais, como profissionais que nos é imposta a todo o momento e que muitas vezes não notamos o quanto tentamos nos adequar a todas essas exigências sociais, de sermos 100% em tudo.

- Observe com cuidado e gentileza o que acontece em você, em seu corpo, em sua mente, para onde os pensamentos estão lhe levando e quais as emoções presentes.

- Respire! Permita-se um breve momento, você não precisa resolver tudo nesse minuto, você pode tolerar esses sentimentos em si só por agora. Cuide de si, que, ao fazer isso, você vai estar automaticamente cuidando do outro. Se você estiver com fome e cansado, troque de roupa, refresque-se, coma algo primeiro. Reconheça e comunique a seus filhos sobre suas necessidades, isso os ajudará a fazer o mesmo com relação às próprias necessidades, e o diálogo entre vocês vai melhorar.

- Note seus pensamentos e suas emoções. Lembre-se de que você não é o que pensa ou o que sente, você é muito mais. Pensamentos e sentimentos são parte da sua experiência, mas não a define.

– Responda de acordo com seus valores e como você de fato quer se comportar. Talvez então você se pegue dizendo exatamente a mesma coisa, de maneira assertiva e não agressiva.

Que tal praticarmos um pouco?

Prática da vulnerabilidade:

Nesse momento, tire algum tempo para entrar em contato com algum sentimento ou vulnerabilidade que você estiver notando. Abra espaço para essa sensação e acolha-a com gentileza. Respire, lembre-se de que é comum nos sentirmos vulneráveis e procure não querer se livrar disso, apenas experimente-a de maneira compassiva. Existem outras pessoas que também se sentem assim; você não está sozinho.

Agora, veja se você consegue sintonizar com alguma necessidade que tenha nesse momento, como descansar, renovar-se, cuidar-se. Gentilmente, pergunte a si mesmo: "O que eu preciso neste momento?". Permaneça um pouco mais refletindo sobre essa pergunta até que você perceba que tem uma resposta para ela. Agora, abra espaço para essa necessidade e veja se você consegue se dar permissão para se proporcionar o que você necessita de uma maneira que seja saudável para você e não cause danos aos outros.

Então, explore alguma sensação que conecte você com sua presença no seu corpo que o faça perceber-se forte, sólido, aterrado, um tipo de força que o faça se perceber presente. É possível se sentir vulnerável, necessitando de algo ao mesmo tempo em que você se percebe forte. Respire procurando gentilmente notar em que parte de seu corpo você consegue localizar essa força; cabeça, tórax, braços, quadris, pernas, pés. Seus pés estão firmemente tocando o chão? Suas costas estão eretas e colocando-o numa postura digna de quem você realmente é? Seu corpo inteiro está nesse momento apoiando você e contendo? Onde você consegue se conectar com essa força nesse momento?

Agora que está sintonizado com suas vulnerabilidades, necessidades e forças, você é capaz de decidir se é hora de descansar ou se você se sente pronto para seguir em frente com o que você for fazer a seguir. Você está praticando a sua consciência sobre seus diferentes recursos, vulnerabilidades e necessidades. Assim, poderá saber de maneira mais precisa o de que necessita e o que você tem à disposição para estabilizar-se, e sua conexão com tudo isso dentro e fora de você.

Mindfulness na comunicação familiar

Uma das tarefas mais árduas no relacionamento humano é a comunicação. Expressar em palavras o que de fato você pensa e sente requer treinamento.

Auxiliar a criança/adolescente a realizar esse processo dentro de si, aprender a compreender o que ocorre dentro dele, o que se passou na situação e poder responder a isso de maneira eficiente é ainda mais difícil.

A fim de auxiliar as crianças/adolescentes nesse processo, precisamos primeiro reconhecer em nós mesmos o que a situação nos suscita internamente, perceber o que sentimos para dar nome à experiência.

Como pode a atenção plena auxiliar nesse processo?

Comunicação passo a passo:

Questão 1: "O que aconteceu?"

Mapear todos os fatos envolvidos na situação é o primeiro passo para ajudar a criança a superar um "erro". Não poderemos ajudar se não soubermos o que houve. Fatos não são sentimentos ou pensamentos. Ajudar a criança a diferenciar entre um e outro é uma parte importante para que ela adquira habilidade de resolução de problemas.

"Eu estraguei tudo! Fiz muita bagunça na aula e atrapalhei todos os meus colegas e agora ninguém mais vai querer sentar-se ao meu lado", não é um fato. "Estragar tudo" é uma das perspectivas possíveis no caso em questão e "nunca mais ninguém vai querer sentar-se ao meu lado" é mera especulação baseada no medo.

Faça perguntas corretas para construir uma hipótese sobre o que sucedeu, baseada em fatos: "O que você quer dizer com "estraguei tudo"? Você pode me contar como ocorreu?" ou "alguém disse que nunca mais ia querer que você sentasse ao lado ou isso é o que você pensa que vai acontecer?"

Investigue as informações que a criança lhe dá e reforce apenas os fatos: "Então, se eu entendi bem, você ficou bravo e gritou com o João na frente de todo o mundo porque ele pegou o último biscoito. Foi isso que aconteceu?"

Algumas vezes, apenas clarificando a situação e repetindo os fatos, já é suficiente para que a criança se acalme e se reorganize.

Questão 2: "Como você está se sentindo?"

Agora que os fatos já estão postos na mesa, é hora de sabermos como a criança está se sentindo. Agradáveis ou não, as emoções são elementos vitais da experiência humana. Vergonha, medo e preocupação são bastante comuns depois de uma explosão emocional, mas algumas crianças podem ter uma camada extra de raiva ou autodepreciação que precisam percorrer antes de chegar ao núcleo das emoções diretamente envolvidas na situação.

Crianças menores podem ter dificuldade em identificar ou nomear sentimentos; então, isso pode ser um momento de aprendizado bastante importante. Deixe a criança descrever o que sente da melhor maneira que ela puder: "Senti que minha barriga doeu", "eu não quero mais ir à casa do João!". Então, junto com os fatos da situação, ajude-a a definir a emoção: "Você está preocupado com o que o João vai pensar de você por que você o empurrou? Eu também me sinto assim quando tenho vergonha, e minha barriga também dói".

Guie a criança nesse momento, com tempo e cuidado. Algumas delas mudam de uma emoção para outra bastante rápido, enquanto outras ficam com a emoção por mais tempo até estarem prontas para seguir adiante.

Questão 3: "O que você aprendeu?"

Essa questão requer que tomemos certa distância das reações emocionais. Pode ser difícil olhar para a situação objetivamente quando você ainda está sob o calor da emoção. Quando você pergunta à criança o que ela aprendeu, esteja preparado para constatar que ela ainda não consegue ver as coisas em perspectiva. Pode levar tempo, horas, dias, semanas até que uma nova forma de olhar para a situação ocorra.

Crianças pequenas podem levar um tempo considerável até conseguirem refletir sobre o aprendizado que a situação proporcionou; então, você pode lhes contar uma história semelhante de algo que ocorreu com você ou com outro colega. Ex: "Comigo também já aconteceu algo parecido quando eu tinha a sua idade, e o que eu aprendi foi...". Quando percebem que há um aprendizado em cada erro, as crianças conseguem desenvolver esperança para lidar com outra situação difícil.

Questão 4: "O que você pode fazer diferente da próxima vez?"

É hora de pensarem em um plano de ação juntos. Todos nós podemos nos sentir fora de controle depois de cometermos um erro e ver as consequências de nossas ações. Portanto, pensar num plano para lidar com situações semelhantes na próxima vez pode ser muito estimulante.

"Em vez de colar na prova, na próxima vez eu vou estudar mais."

"Em vez de bater no João quando eu ficar brabo porque não consegui algo que queria, eu vou conversar com ele."

Observe, assim, a confiança se desenvolver na criança. Ele se sentirá muito melhor quando colocar seu plano em ação e obtiver resultados positivos.

Questão 5: "Então, como você está se sentindo AGORA?"

Agora que você já sabe o que aconteceu, quais as emoções que sentiu, o que pode aprender com isso. Você deve pensar em um plano de ação melhor para situações futuras. Tudo o que nos resta é lembrarmos nossas crianças que o Sol vai voltar no dia seguinte.

Quando você fizer essa pergunta, há chance de que as coisas não estejam 100% melhores. Mas elas vão ficar. Pode demorar ou não, mas a mudança emocional é o que importa. Resiliência é construída com base nas lições da vida de cada um e a partir de tudo o que vem depois de cada situação. Não é uma habilidade que se dá de uma hora para outra, mas requer prática constante.

No fim do dia, esse pequeno ser humano, ainda será humano. Nós somos seres imperfeitos que tomamos decisões imperfeitas de vez em quando. Mas, com a dose certa de amor e apoio, a criança vai se desenvolver com toda a sua potencialidade, para além de suas imperfeições, de maneira mais forte e sábia.

Praticando...

Pense numa situação em que você acredita que falhou e ficou tomado por uma emoção (culpa, arrependimento, medo, raiva, etc.) e que seu comportamento não foi na direção daquilo que você valoriza em sua vida.

1 - Descreva os fatos: o que aconteceu na situação exterior, possível de ser vista por qualquer observador.

2 - Descreva seus pensamentos: o que passou pela sua cabeça no momento em que a situação ocorria.

3 - Descreva suas emoções: como você se sentiu, como essa emoção se manifestou no seu corpo.

4 - Descreva suas ações e reações naquele momento: como você se comportou?

5 - Quais foram as consequências do seu comportamento?

6 - O que você aprendeu sobre si mesmo e sobre a situação?

7 - Tempestade de ideias: o que você poderia ter feito diferente?

Conexão cérebro-emoção

É importante lembrar, por mais óbvio que pareça, que as crianças são seres em formação e não possuem todas as ferramentas necessárias para lidar com as situações emocionais que lhes sucedem. Por vezes, é comum nos depararmos com momentos em que elas se comportam de maneira vergonhosa, gritam, e fazem birra de assustar qualquer um que passa. Nessas horas, podemos nos ver inclinados a encarar tais situações como propositais, encenadas intencionalmente pela criança. E algumas vezes é exatamente o que ocorre, mas nem todas. Pode ser que seja uma crise de birra ou uma crise emocional verdadeira, em que a criança está de fato sobrecarregada, mas, mesmo quando o comportamento for proposital, essa é uma situação em que também a criança está demonstrando que não sabe como lidar com determinada emoção ou evento e que precisa de ajuda para aprender.

Como a prática de mindfulness pode ajudar?

Atenção, cuidado, conexão. Conexão do que se passa interna e externamente, em especial nossa tendência julgadora, que pode estar mediada por fatores de vulnerabilidade (cansaço, sono, fome, emoções relacionadas a outros eventos, etc.). Nessas horas, olhamos para o que ocorre com a criança e podemos esquecer a sua condição de ser em desenvolvimento.

A criança, até por volta de 3 a 4 anos, não possui as condições emocionais ou neurofisiológicas necessárias para se auto acalmar e requer ajuda de outra pessoa que a auxilie nesse processo, o qual vai seguir até o final da adolescência. Quando se executam ações no sentido de parar a crise (palavras do tipo: "fique quieto, não chore, cale a boca"), de minimizá-la ("não é para tanto, está fazendo cena, pare de fazer fiasco"), ou ainda de culpar a criança ("não aguento mais você, não sei mais o que fazer com você, você está me deixando louco!"), isso não a auxilia a lidar com o que sente, a reconhecer o que ocorre com ela, mas tão somente traduz uma mensagem: não sinta o que você está sentindo, suprima, evite!

A questão do "evitar" pode ser muito útil em muitos momentos; por exemplo, quando se está diante de uma situação de perigo iminente, como em um assalto, em que evitar ou fugir são ações compatíveis e altamente eficazes. Contudo, ao evitarmos "perigos" internos, como emoções ou pensamentos desagradáveis, perdemos a oportunidade de nos conhecer e desenvolver estratégias para enfrentar a situação. Ou seja, perdemos a oportunidade de crescer.

Imaginemos a seguinte situação:

É hora de fazer os deveres de casa (ou de realizar uma tarefa escolar em sala de aula), e a criança se recusa a fazer dizendo: "Não sei fazer, não quero, é difícil, não gosto, é chato, um tédio" (ou variações disso). Se, em um primeiro momento, partimos diretamente para uma argumentação do tipo: "Mas você tem que fazer porque é sua obrigação; porque eu estou mandando; porque senão você não vai aprender; porque senão você vai reprovar na escola", simplesmente não abrimos espaço para a criança entrar em contato com suas emoções, seja de tédio, seja de medo, seja de cansaço. Acabamos apenas suprimindo e exigimos de maneira muito rápida um tipo de comportamento altamente sofisticado, que é o de tolerância e persistência.

Um mito comum é o de que, ao validar o "não querer" da criança, estaríamos aprovando o comportamento, sendo permissivos e com pouca autoridade. A permissividade só ocorre se passarmos para outro extremo, tratando a criança como incapaz, como vítima, como frágil. É necessário que estejamos atentos para que nossas ações não reforcem a ideia de que temos de fazer as coisas por ela, isentando-a de sua responsabilidade, e sim que possamos ensiná-la a ter mais autonomia e comprometimento com suas tarefas e deveres.

Quais as estratégias que podemos usar?

1) Validação: é um tipo de estratégia utilizada para comunicar de maneira empática que compreendemos os sentimentos do outro, além de permitirmos que a pessoa possa pensar ou sentir da maneira que for (DIMEFF & KOERNER, 2007). Contudo, não significa autorizar o comportamento ou julgá-lo como certo ou errado; é um processo de reconhecimento e aproximação com a experiência. No momento em que reconhecemos na criança a emoção de cansaço, tédio ou qualquer outra coisa que possa estar originando a recusa, estamos de fato exercitando a empatia.

2) Dialética: apresentar para a coexistência de duas forças opostas que se mostram de forma simultânea e que, de fato, não há como optar, não há solução perfeita (DIMEFF & KOERNER, 2007). Ao fazer isso, estaremos nos deparando com algo para além da situação com a criança em si, nossa limitação humana. Não somos perfeitos, isso é um fato.

3) Tolerância: Vivenciar junto com a criança o seu dilema, permitir que ela tenha um tempo, um espaço para reconhecer e se apropriar disso, ensinar a tolerar, a não suprimir, a conviver com o desconforto durante o tempo que for necessário para impulsioná-la na direção de seus valores.

4) Valores: Agora, sim, é a hora de mostrar o quanto aquela ação, por mais desagradável que seja, tem um sentido para a criança. Muitas vezes, esse sentido, o valor ali implicado, pode não estar claro, e essa é mais uma oportunidade de consolidar e clarificar tudo. Fazer o tema, estar na escola, realizar a tarefa são passos na direção do conhecimento, da pessoa que a criança está se tornando. Também sabemos o quanto é difícil para ela compreender esse processo, uma vez que planejar o futuro quando se é criança pode ser algo muito abstrato e trabalhoso. Contudo, encontrar um valor comum e mais tangível para a criança pode auxiliá-la nesse processo. Por exemplo, ajudá-la a conectar as ações desagradáveis (como fazer os temas) com a possibilidade de manter

contato com os amigos, socializando-se na escola, permite que ela entenda e atribua sentido a essa obrigação.

5) Espaço: permita à criança deliberar sobre isso, deixe que ela tome seu tempo. Isso não significa liberá-la para o pátio mais cedo ou aceitar que ela vá brincar; apenas deixe-a sozinha enquanto ela decide o que fazer, deixando claro que você como pai/mãe, não pode liberá-la da tarefa, pois essa é a SUA ação comprometida com valores. Conecte-se com a criança, olhe nos olhos dela, fale de forma firme e amorosa com ela, fique no mesmo plano dela (de altura), mostrando que você e ela estão comprometidos com algo entre vocês e com aquilo que cada um valoriza. Defina um tempo para a tarefa ser feita, mas cuidado: não anuncie represálias ou consequências nesse instante. As consequências virão (caso a criança de fato não execute a tarefa), mas isso só haverá de se dar no momento em que a ação (não fazer a tarefa) ocorrer, não como ameaça.

6) Persista: lembre-se de que isso tudo não é garantia de que a criança realize o que está sendo pedido, ainda mais se isso já for um hábito ou se outras tentativas frustradas já foram realizadas com relação a isso, permitindo que ela tente novamente uma solução que já utilizou no passado e que deu certo (reclamar, chorar, brigar, fazer birra, etc.). Quando algo já funcionou no passado, é claro que a criança tenderá a repetir e vai fazer isso lançando mão de todo o conhecimento que ela tem de você (seus pontos fracos são altamente conhecidos pela criança). Contudo, não se preocupe, é isso que as crianças fazem, você não tem uma mente criminosa em casa! Mantenha-se firme e dê as consequências cabíveis para cada situação. Não de forma punitiva, mas com naturalidade. A mesma naturalidade de quando uma peça de dominó é empurrada numa fileira e todas as outras caem. Essa é a tradução de consequência: algo que sucede quando uma ação é executada – e tão somente isso.

7) A consequência: precisa ocorrer quando do fato em si; de outra forma, é mera punição ou ameaça. Seja coerente, pergunte-se se essa consequência é realmente compatível com a situação ou se você também está agindo pela raiva ou impotência que a situação lhe gera. O objetivo deve ser a aprendizagem de que "toda ação tem uma reação", e não simplesmente assustar ou amedrontar a criança. Nesse contexto, pode ser algo muito simples, como: "Meu filho, quando você não faz sua parte dos deveres, não tem liberdade para realizar outras coisas que você queira, como jogar videogame ou brincar". A ideia de "liberdade" pressupõe alguns requisitos para ser exercida plenamente, há uma necessidade de comprometimento com valores, com as pessoas, consigo mesmo e isso precisa ser continuamente trabalhado.

Mindfulness: construindo o Caminho do Meio:

A proposta aqui é o constante balanço entre duas proposições que geralmente surgem em momentos de crise. Como um pêndulo que é posto em movimento graças a uma força (uma situação de crise, por exemplo), a tendência natural é ir de um extremo ao outro. A questão é não reagir em nenhum dos extremos ou sob o domínio da força, mas aguardar e observar os impulsos de reação, que, na maior parte das vezes, direcionam para arrependimentos futuros. Aguardar enquanto o movimento do pêndulo se estabiliza e só então responder de maneira coerente com os princípios e os valores de cada um é exercitar o Caminho do Meio (LINEHAN, 2015).

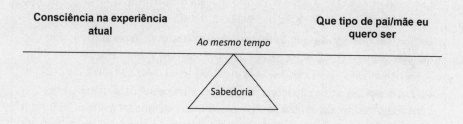

Essa talvez seja uma das tarefas mais árduas para os pais e requer, acima de tudo, uma postura não julgadora sobre si mesmo. Observar suas atitudes, pensamentos e emoções e verificar se estão ou não de acordo com o que se valoriza dentro da função parental é diferente de julgar-se certo ou errado. Ao notar nossos comportamentos de maneira aberta e não julgadora, abrimos um espaço reflexivo para atingir a sabedoria que existe em cada um de nós, muito embora possa haver emoções desagradáveis no processo (medo, dúvida, culpa, etc.). Todos nós temos uma sabedoria que é para além do conhecimento ou da razão, que nos ajuda a reconhecer aquilo que realmente estamos precisando no momento.

Criar filhos é como entrar todos os dias em uma sala escura mobiliada de maneira desconhecida e que faz você tropeçar. Só que, quando pensamos que já conhecemos melhor esse lugar, no outro dia, os móveis mudaram de lugar e temos de começar tudo novamente. Isso requer: atenção, paciência, persistência e muito amor.

Praticando com as crianças

Exercício do P.A.R.E.

Esse exercício tem o objetivo de ir abrindo um espaço entre a chegada de um estímulo qualquer, um gatilho emocional e a consequente reação. Muitas vezes, a criança e os pais reagem de maneira impulsiva, e isso vai criando novas situações para que mais comportamentos disfuncionais ocorram, gerando um ciclo de reforço e culpa.

1) Diante de uma situação que enseje esse comportamento disfuncional, um gatilho emocional, simplesmente PARE.

2) ATENÇÃO ao que está acontecendo nesse exato momento, investigue curiosamente o que você está pensando, sentindo e como seu corpo está.

3) RESPIRE. À medida que você reconhece o que está se passando com você, respire pausadamente por alguns instantes com todas essas sensações, emoções e pensamentos.

4) Aos poucos, vá ampliando novamente sua atenção para a situação presente e só então EXECUTE a ação da forma que você realmente quer e seja de fato coerente com aquela situação que está ocorrendo.

Com as crianças, construa uma placa de PARE, semelhante às placas de trânsito que você encontra na rua. Isso vai servir como um estímulo visual: cada vez que vocês se depararem com uma placa de PARE, vocês terão a oportunidade de praticar.

Diga que, por vezes, as situações parecem grandes e intensas demais, mas que à medida que nos aproximamos do que estamos sentindo de maneira, curiosa e gentil, conseguimos abrir um novo espaço de atenção para reagirmos da maneira que queremos para a nossa vida e que vai nos fazer sentir melhor. Lembre-se de dizer que o que sentimos sempre passa, seja bom, seja ruim. Em algum momento, pode retornar, mas à proporção que treinamos um novo jeito de permanecer com os sentimentos sem reagir a eles impulsivamente, aguardando as coisas se acalmarem, conseguiremos agir de forma que sejam melhores e mais saudáveis para nós mesmos e para aqueles ao nosso redor.

"Se eu fosse um marciano"

Este exercício tem o objetivo de ir treinando junto com a criança uma forma de atenção às coisas ao seu redor, aos seus pensamentos e sentimentos, de modo a descrevê-los de modo não julgador. Falar de maneira descritiva, sem julgamentos, auxilia no processo de comunicação interpessoal, fortalecendo os relacionamentos e promovendo maior eficácia interpessoal.

> Você pode realizar este exercício em qualquer situação, como se fosse um jogo. Diga para a criança que no momento ela é um alienígena vindo do planeta Marte, alguém que não conhece as coisas aqui na Terra, que apenas consegue classificar o que está percebendo, sem ser capaz de dar nomes. Você pode pedir que a criança descreva um objeto, uma cena, uma sensação física que esteja envolvida com alguma emoção (por exemplo: "Se eu fosse um marciano, eu diria calor no rosto, mãos geladas, dentes apertados, aperto na garganta, respiração rápida e curta"). Faça isso junto com a criança e note como nossa mente é rápida em julgar e fazer associações e trazer memórias com o simples proferir de uma palavra, por exemplo, "Coca-Cola" – e se eu fosse um marciano eu diria: líquido, escuro, bolhas, doce.

Passos para uma parentalidade *mindful*

1. Escutar com toda a atenção:

O ato de escutar vai além da acuidade auditiva: requer presença, uma presença integral para o que o interlocutor está expressando para além do som das palavras. Requer, de início, uma predisposição curiosa para o escutar, sem expectativas, suposições ou prevenções de qualquer ordem.

É bastante comum que, ao conhecermos melhor a criança e seus comportamentos, antecipemos o que ela vai dizer: "Já sei, já te conheço, nem precisa continuar". Essa atitude pode ir prejudicando a confiança na relação, não dando espaço para uma comunicação genuína e aberta. Não é raro que as crianças, quando têm algum tipo de problema ou até mesmo quando fazem algo que sabem que não está bem, contem sobre a situação de forma a "manipular" aquilo que realmente ocorreu. É perfeitamente natural, é uma tendência do ser humano, e se dá em razão do medo das consequências. Ou seja, quando contestamos uma criança a respeito de um comportamento inapropriado, tentar evitar ser confrontado é algo esperado. Essas são boas oportunidades de ensinarmos às crianças o poder de uma comunicação verdadeira, baseada numa confiança de que o adulto possa ajudá-la a resolver o problema de forma apropriada. Por exemplo, ao contar sobre uma situação ocorrida em sala de aula para os pais ("hoje a professora brigou comigo e me trocou de lugar"), a criança pode omitir algumas partes, com receio de que seja posta de castigo (dizendo: "Não sei por que ela fez isso"). Nesse momento, é extremamente importante que os pais se coloquem disponíveis a escutar a história por completo, percebendo não só o conteúdo da fala em si, mas também os gestos, as expressões faciais, o tom de voz, as pistas que nos deem uma noção mais precisa do que de fato está acontecendo. Junto com isso, os pais devem ir devolvendo sua impressão para a criança, como: "Estou notando que sua voz está baixinha, que seu corpo está contraído, você está com medo?" – Reassegure: "Lembre que sou seu pai/mãe, você pode contar comigo para te ajudar".

2) *Aceitação não julgadora de si e da criança:*

Precisamos confiar na nossa percepção a respeito das características da criança, porém sem nos cegarmos por uma preconcepção de como a criança é ou deixa de ser. É importante considerar que um educador atento conhece as principais características de personalidade da criança (fulano é mais calmo, beltrano é mais ativo, etc.). Mas isso é bem diferente de rotulá-los ou partir do princípio de que sempre agirão de determinada maneira. É preciso dar espaço para que a criança aja de acordo com a sua tendência, a fim de que possamos orientá-la a como lidar consigo mesma.

Seguindo no exemplo dado acima, se a criança costuma sentir muita vergonha, ou é mais introvertida, é natural que ela tente esconder o que fez. O que é aconselhável nesses casos é aceitar o que está acontecendo e abrir a oportunidade para que ela consiga contar com o adulto. Para isso, é preciso também não ser julgador consigo mesmo, culpando-se pelo fato de a criança ter agido de maneira inapropriada, pensando ter falhado como educador em razão disso. A culpa tem a função de ajudar a refletir sobre o que ocorre, mas não de infligir castigo em si mesmo.

3) *Compaixão e cuidado* por si e pela sua criança:

Educar crianças é uma atividade-meio e não uma atividade-fim. Uma *atividade-fim* requer resultados precisos e bem delimitados, combinados previamente, há um lugar aonde chegar. Já uma *atividade-meio* se relaciona com o ser e o fazer direcionado por metas, objetivos e valores, mas sem necessariamente o compromisso de se atingir algo de maneira específica.

Talvez isso seja um pouco difícil de compreender, mas vamos fazer um exercício: primeiro, pense em como você gostaria que seu filho fosse. Em seguida, pense em como você se sente quando nota que ele está de acordo com aquilo que você imaginou. É provável que você se sinta feliz, satisfeito, e um sucesso no papel de pai/mãe. O que talvez não percebamos é que, pensar em termos de sucesso, traz imediatamente o polo oposto, do fracasso. Ou seja, quando a criança atinge aquilo que você gostaria, você se sente um educador bem-sucedido; quando ela não atinge, significa um fracasso nesse papel. Pensar dessa forma é se condenar a um julgamento eterno e sempre se sentir fracassando em algum momento, ou mesmo vislumbrar a própria criança como um fracasso.

De outra maneira, tente agora pensar em um valor que você preza na vida, como amar sua família. Quando há uma briga entre você e seu cônjuge, isso necessariamente significa que você não o ama mais? Ou que foi uma tentativa de lidar com algo inesperado e que não teve o melhor resultado para ambos? Uma ação frustrada no sentido de resolver algo não invalida o amor que você sente.

Quando você grita com sua criança e fica com raiva, não quer dizer que você tenha falhado como pai/mãe. Significa que naquela dada situação o desfecho foi diferente do desejado, mas, ainda assim, ser um educador atento é considerado um valor preponderante. Então, acolha-se. Reflita sobre o ocorrido, reorganize suas ideias e ações no sentido de seus valores, defina novas estratégias e continue na direção de ser um educador atento e responsivo.

De maneira geral, somos nossos piores críticos. Julgar-nos de forma dura produz maior insegurança e nos faz reféns da culpa. Ser compassivo é se alinhar com o sofrimento do outro, tendo a intenção de aliviá-lo, e isso também serve com relação a você mesmo. Além disso, encarar nossas ações de forma compassiva também poderá modelar o comportamento de seu filho quando ele agir de forma diferente do que você gostaria. Construam juntos um espaço de reconhecimento, acolhimento e mudança criativa na intenção de fazer melhor da próxima vez.

Prática de amorosidade em família

Tire um momento para estarem em família. Pode ser em casa, em um parque, em algum lugar que estejam seguros e tranquilos. Reserve alguns pedaços de papéis e canetas coloridas para que cada um possa escrever. Peça que cada um escreva bons desejos nesses pedaços de papel, algo que vocês queiram para si mesmos e para os demais. Caso haja crianças que ainda não saibam escrever, escreva para elas ou peça a elas que desenhem. Podem ser desejos específicos, direcionados aos membros da família em especial. No entanto, convide todos para ir um pouco mais longe e desejar coisas que são boas e que todos gostariam, como: "Desejo que você e todas as pessoas do mundo estejam em paz", "desejo que estejam em segurança", "desejo que todos possam ser felizes", "desejo que todos tenham saúde", "desejo que todos sejam amados". Escrevam quantos desejos quiserem e coloquem em um recipiente escolhido para isso. Depois que todos se manifestarem, leia em voz alta, olhando uns para os outros, atentando para as reações que ocorrem em si mesmos e nos demais a sua volta, procurando absorver esse momento de alegria e amorosidade.

Palavras finais

O cuidado parental tem papel fundamental no desenvolvimento de uma personalidade saudável das crianças, possibilitando que eles possam conhecer, treinar e utilizar de maneira eficaz toda a sua potencialidade. A prática de *mindfulness* no ambiente familiar é uma forma de auxiliar nesse processo. O constante observar, de jeito acolhedor e sem julgamentos, possibilita que os relacionamentos se fortaleçam, aumentando o vínculo familiar, a segurança e os afetos positivos.

Além disso, a prática de *mindfulness* incrementa a autorregulação emocional, dos comportamentos e processos cognitivos, os quais emergem do aumento da capacidade da consciência e aceitação das experiências desprazerosas que fazem parte da vida, ao invés de reagir de maneira impulsiva, o que pode levar à ruminação ou evitação crônicas (JIMENEZ et al., 2010). Quando praticam esse tipo de atenção aberta e flexível para consigo mesmos e com seus filhos, os pais possibilitam uma modelagem na maneira como eles aprendem a se relacionar, estabelecendo as bases para um desenvolvimento saudável.

Referências

BÖGELS, S.M. et al. Mindful parenting in mental health care: effects on parental and child psychopathology, parental stress, parenting, coparenting, and marital functioning. **Mindfulness**, v. 5, p. 536-551, 2014.

BOGELS, S., RESTIFO, K. **Mindful parenting: A guide for mental health practitioners.** New York: WW Norton & Co. 2015.

COATSWORTH, J. et al. Changing parent's mindfulness, child management skills and relationship quality with their youth: results from a randomized pilot intervention trial. **Journal of Child and Family Studies**, v. 19, n. 2, p. 203-17, 2010.

DIMEFF, L. A.; KOERNER, K. **Dialectical. Behavior Therapy in Clinical Practice: applications across disorders and settings.** NY/London: The Guilford Press. 2007.

DUMAS, E. Mindfulness-based parent training: strategies to lessen the grip of automaticity in families with disruptive children. **Journal of Clinical of Child and Adolescent Psychology**, v. 34, n. 4, p. 779-91, 2005.

EVANS, S. et al. Systematic review of meditation based interventions for children with ADHD. **European Child and Adolescent Psychiatry**, p. 1-19, 2017.

JIMENEZ, S. S.; NILES, B. L.; PARK, C. L. A mindfulness model of affect regulation and depressive symptoms: Positive emotions, mood regulation expectancies, and self-acceptance as regulatory mechanisms. **Personality and Individual Differnces,** v. 49, n. 6, p. 645-50, 2010.

KAMALASHILA. **Buddhist meditation, traquility, imagination & insight.** Cambridge: Windhorse Publications. 2012.

KENG, S.; SMOSKI, M. J.; ROBINS, C. J. Effects of mindfulness on psychological health: A review of empirical studies. **Clinical Psychology Review,** v. 31, n. 6, p. 1041-1056, 2011.

LINEHAN, M. **DBT Skills Training Manual.** 2 ed. NY/London:The Guilford Press. 2015.

SHAPIRO, S. et al. Mechanisms of mindfulness. **Journal of Clinical Psychology,** v. 62, p. 373-86, 2006.

TEASDALE, J.; WILLIAMS, M.; SEGAL, Z. **Manual Prático de Mindfulness (Meditação da Atenção Plena): Um programa de oito semanas para libertar você da depressão, da ansiedade e do estresse emocional.** São Paulo: Pensamento. 2016.

TOWNSHEND, K. et al. The effectiveness of mindful parenting programs in promoting parents' and children's wellbeing: a systematic review. **JBI Database of Systematic Reviews and Implementation Reports,** v. 14, n. 3, p. 139-180, 2016.

ZENNER, C.; HERRNLEBEN-KURZ, S.; WALACH, H. Mindfulness-based interventions in schools – a systematic review and meta-analysis. **Frontiers in Psychology,** v. 5, n. 603, p. 1-20, 2014.

PARTE 3.

DESAFIOS PARA OS PAIS

Mesmo com tanto esforço, ainda assim os pais enfrentam desafios. Seja porque os pais têm dificuldades em entender algo, seja porque os filhos apresentam dificuldades. Assim, os últimos capítulos dessa obra, buscam compreender diversas demandas complexas na vida de pais e filhos.

CAPÍTULO 13

O relacionamento social dos filhos

Daniele Lindern
André Gava Verzoni
Maurício Raskin Goldstein
Lauren Sa Lipp
Carolina Saraiva de Macedo Lisboa

No contexto social em que crianças e adolescentes estão inseridos, o entendimento da importância e da dinâmica das relações entre pares é de fundamental importância para pais, educadores e cuidadores em geral (PRINSTEIN & DODGE, 2008). Designa-se como grupo de pares o conjunto de pessoas de igual posição social e que tenha em comum habilidades, interesses, ou que simplesmente compartilhem um perfil em comum, como gênero ou idade (HAY, 2005). Quando se refere a pares de crianças e adolescentes, esses compreendem colegas da mesma faixa etária que convivem nos mesmos espaços, como escola, família, clube ou bairro. O termo "pares" não é somente usado para definir indivíduos que detêm ou compartilham relação de amizade, por exemplo, em uma escola. O grupo de pares de crianças e adolescentes não é essencialmente formado por amigos, mas também por relações próximas e até por relações conflituosas; o que os designa como pares é o fato de estarem agrupados compartilhando o mesmo espaço ecológico (escola), de estarem em uma mesma posição social (alunos) e de possuírem o mesmo perfil (idade) (VÉRONNEAU, TREMPE & PAIVA, 2014). É comum uma criança ou um adolescente fazer parte de mais de um grupo de pares, simultaneamente, assim como é comum que esses grupos mudem diversas vezes ao longo da vida do indivíduo (BORGES, 2007).

A interação social com pares é de extrema importância desde os primeiros meses de vida da criança para o desenvolvimento cognitivo, social e emocional, aperfeiçoando habilidades de socialização, como empatia, trabalho em equipe e reciprocidade (HAY et al., 2004). Diferenças individuais, porém, podem influenciar as relações entre pares, à medida que algumas crianças são mais sociáveis e dispostas a interagir, enquanto outras são relativamente inibidas e encontram dificuldades de envolvimento e de relacionamento (Arezes, 2014). O sucesso dessa interação depende de um entendimento mútuo dos participantes como agentes ativos e intencionais. A interação implica a capacidade de coordenar a atenção com outra pessoa, sendo que, nesse processo entre crianças pequenas, o olhar e o uso de gestos comunicativos constituem aspectos importantes para que a relação seja vista como satisfatória (Hey et al., 2004). No desenvolvimento de relacionamentos entre pares, as crianças trazem consigo aprendizagens de relações anteriores com outros pares e do contexto familiar, o que tem grande impacto na sua aceitação ou rejeição e no prosseguimento de amizades (Engels, Kerr & Statton, 2007). A aceitação pelos pares é fundamental para o desenvolvimento social saudável de crianças; no entanto, a agressividade de uma criança pode ser percebida por outros colegas como um fator de distanciamento, o que dificulta a criação de laços de amizade. Quanto mais agressiva a criança for, menor tende a ser sua aceitação social pelo grupo de pares (Lisboa, Braga & Ebert, 2005).

Quadro 1 – Principais pontos sobre as relações entre pares.

As relações entre pares:
- São definidas por grupos que compartilham o mesmo espaço (ex.: escola), uma mesma posição social (ex.: alunos) e possuem o mesmo perfil (ex.: idade).
- É comum que uma criança ou um adolescente faça parte de mais de um grupo de pares, bem como que esses grupos mudem diversas vezes ao longo da vida do indivíduo.

Aspectos positivos e negativos nas relações entre pares e no desenvolvimento de crianças e jovens

As relações entre pares de qualidade em geral são aprofundadas, levando a laços de amizade. Tais relações de amizade promovem atividades sociais mais intensas que as relações de pares, representando um contexto privilegiado para o desenvolvimento social, sendo possível às crianças, nessa relação, exercitarem habilidades interpessoais e adquirirem competências importantes, como, por exemplo, a lealdade (Sena & Souza, 2010).

As relações de amizade são consideradas de grande importância afetiva, visto que, enquanto na relação com pais é esperado que esses demonstrem amor e consideração pelos filhos, nas relações de amizade essa afinidade/afeto não está dada *a priori*, mas é construída pelas próprias crianças, gerando sentimentos de mais valia, nutrindo autoestima e desenvolvendo autoeficácia (ERDLEY, NANGLE, NEWMAN & CARPENTER, 2001; LISBOA, 2005). Além disso, a amizade pode influenciar de maneira positiva o engajamento acadêmico da criança, sendo um fator protetivo associado a experiências e emoções e que é capaz de reduzir a ansiedade e estimular a experimentação do meio e aprendizagens de novos conteúdos (BUKOWSKI, 2001).

A amizade está relacionada tanto às características pessoais de cada participante quanto às propriedades do relacionamento; podem-se observar díades de amizade até nas redes mais complexas de amigos (GARCIA, 2005). Esse tipo de relação possibilita maior expressão das emoções, sendo crucial para o desenvolvimento afetivo e emocional. Interagir com amigos, em diferentes etapas do ciclo vital, pode proporcionar uma base extrafamiliar segura, na qual é possível explorar e perceber os efeitos de seus comportamentos sobre seus pares, sobre o mundo e sobre si mesmo (SENA & SOUZA, 2010).

A amizade também facilita o ajustamento da criança tímida à escola, por exemplo, sendo capaz de incrementar a sua autoestima e, consequentemente, representar proteção contra sentimentos de solidão e ansiedade e problemas internalizantes decorrentes da timidez. As relações de amizade facilitam a adaptação da criança ao ambiente escolar, assim como contribuem para a aceitação perante seus colegas de classe. Amizades e relacionamentos tidos como positivos podem ser preditores importantes do bem-estar de crianças e adolescentes e do sucesso, em longo prazo, de suas relações. Por outro lado, quando tais relações não são bem-sucedidas, as crianças estão mais propensas a desenvolver sintomas de ansiedade, depressão, comportamentos agressivos e isolamento social (GARCIA, 2005). O Quadro 2 apresenta os principais pontos sobre as relações de amizade.

Quadro 2 – Principais pontos sobre as amizades.

As relações de amizade positivas:
- Possibilitam habilidades que ajudam a regular as emoções e a lidar com frustrações.
  - Fortalecem habilidades de socialização, como empatia, trabalho em equipe e reciprocidade.
  - Promovem atividades sociais mais intensas que as relações de pares e fomentam habilidades interpessoais e competências importantes como a lealdade.
  - Facilitam a expressão das emoções, favorecendo o desenvolvimento afetivo e emocional.
  - Possibilitam o ajustamento da criança tímida à escola, ao contribuir para a elevação de sua autoestima e consequente proteção contra solidão e ansiedade, problemas internalizados decorrentes da timidez.

- São importantes preditores de bem-estar e sucesso em longo prazo nas relações interpessoais.
- Promovem a resolução de conflitos, o controle de impulsos agressivos e o acordo assertivo.
- A dificuldade nas relações entre pares e nas relações de amizade.
- Estão associadas a maior risco para o desenvolvimento de problemas comportamentais e emocionais futuros, como solidão, ansiedade, depressão, agressividade, hiperatividade e comportamento de oposição.

Ao longo da infância e da juventude, a socialização entre pares e a interação com outros agentes socializadores como a própria família, a escola, as instituições religiosas e os meios de comunicação são marco nos quais se constrói o processo de autoestima (SIMKIN, AZZOLLINI & VOLOSCHIN, 2014). Esses marcos impõem, de forma imperceptível, um sistema de crenças e ideais e um conjunto de valores que baseiam a autoavaliação da criança (ROSENBERG, 1989). Nesse sentido, a autoestima é compreendida como forma de se autoavaliar de acordo com os próprios êxitos e fracassos, sendo um conceito avaliativo de si mesmo (SIMKIN, AZZOLLINI & VOLOSCHIN, 2014).

Em parte, a autoestima depende da autoeficácia da criança, ou seja, da sua capacidade de atingir metas pessoais, especialmente nos meios de convivência (DE WALS & MESZAROS, 2011; HARTER, 2012). De alguma forma, características individuais das crianças podem ser indicadores de êxito no processo de socialização. Por exemplo, quando a autoeficácia da criança está prejudicada, essa afetará de maneira negativa a autoestima e, consequentemente, suas interações. E a falta de apoio social, da família e/ou dos pares, também pode ser um fator de risco para a autoestima, gerando ciclos de reforçamento e manutenção de condutas e crenças (SIMKIN, AZZOLLINI & VOLOSCHIN, 2014).

Quadro 3 – Principais pontos sobre a autoestima.

A autoestima:
- É definida como forma de se autoavaliar de acordo com os próprios êxitos e fracassos.
- Está relacionada à autoeficácia, que é a capacidade de atingir metas pessoais e valorização dos meios de convivência.
- É um indicador de êxito na socialização.
- Pode ter como fator de risco a falta de apoio social.
    - É atravessada, ao longo do desenvolvimento, pelo desempenho acadêmico da criança, pelos ideais culturais de beleza e pelo bullying.

Ao longo das etapas do desenvolvimento, diversas problemáticas atravessam a autoestima de crianças e jovens, como o desempenho acadêmico, os ideais culturais de beleza e o *bullying* (SIMKIN, AZZOLLINI & VOLOSCHIN, 2014). O *bullying* (Quadro 4) é definido como um tipo de violência protagonizado por uma ou mais crianças ou jovens contra outra criança ou jovem, a qual não consegue se defender. Essa agressão é sistemática, ou seja, não é uma situação isolada, mas ocorre com determinada frequência no decorrer do tempo e gera discriminação e exclusão da vítima de *bullying* pelo grupo de pares. Dessa forma, a criança que agride estabelece uma relação hierárquica no grupo de iguais (BERGER, 2007; OLWEUS, 1993).

Quadro 4 – O que é *bullying*?

> O *bullying* é definido como um tipo de violência protagonizado por uma ou mais crianças ou jovens contra outra criança ou jovem, a qual não consegue se defender.
>
> Essa agressão é sistemática, ou seja, não é uma situação isolada, mas ocorre com determinada frequência no decorrer do tempo e gera discriminação e exclusão da vítima de *bullying* pelo grupo de pares.
>
> Dessa forma, a criança que agride estabelece uma relação hierárquica no grupo de iguais.

A falta de apoio social e o *bullying* podem levar à exclusão social, tendo consequências negativas no desenvolvimento da criança, como pensamentos e crenças negativos a respeito de si que levam a comportamentos desadaptativos. O Quadro 5 apresenta alguns exemplos de crenças que a criança pode desenvolver a partir do envolvimento em situações de *bullying*, seja como vítima, seja como agressora nesse processo, seja como vítima-agressora, que alterna entre os dois papéis, dependendo do contexto e das situações em que é confrontada.

Quadro 5 – Possíveis crenças nucleares de vítimas, agressores e vítimas-agressoras.

		Possíveis tipos de crenças		
		Desamparo	Desamor	Desvalor
Papel no *bullying*	Vítima	"Eu sou incompetente" "Eu estou desamparado" "Eu sou impotente" "Eu sou fraco" "Eu sou vulnerável" "Eu sou um perdedor" "Eu sou vítima" "Eu não estou à altura dos outros" "Eu não consigo fazer nada direito"	"Eu sou incapaz de ser amado" "Eu não sou gostável/desejável" "Eu não sou atraente" "Eu não sou querido" "Ninguém se preocupa comigo" "Eu certamente vou ficar sozinho" "Eu sou diferente" "Eu não sou bom o suficiente" "Eu certamente vou ser rejeitado"	"Eu não tenho valor" "Eu não mereço viver" "Eu sou inútil" "Eu sou imoral" "Eu sou ruim"
	Agressor	"Eu não consigo fazer nada direito" "Eu estou fora do controle" "Eu sou um fracasso" "Eu não sou bom o suficiente" (em termos de realização)	"Eu sou incapaz de ser amado" "Eu não sou gostável/desejável" "Eu não sou atraente" "Eu não sou querido" "Eu sou mau" (então os outros não vão me amar) "Eu certamente vou ser rejeitado"	"Eu não tenho valor" "Eu sou intolerável" "Eu sou mau" "Eu sou inútil" "Eu sou imoral" "Eu sou perigoso" "Eu sou prejudicial" "Eu sou ruim"
	Vítima-agressora	"Eu sou incompetente" "Eu estou desamparado" "Eu sou vítima" "Eu sou impotente" "Eu sou fraco" "Eu sou vulnerável" "Eu sou um perdedor" "Eu não estou à altura dos outros" "Eu não consigo fazer nada direito" "Eu estou fora do controle" "Eu sou um fracasso" "Eu não sou bom o suficiente" (em termos de realização)	"Eu sou incapaz de ser amado" "Eu não sou gostável/desejável" "Eu não sou atraente" "Eu não sou querido" "Ninguém se preocupa comigo" "Eu certamente vou ficar sozinho" "Eu sou diferente" "Eu não sou bom o suficiente" "Eu certamente vou ser rejeitado" "Eu sou mau" (então os outros não vão me amar)	"Eu não tenho valor" "Eu não mereço viver" "Eu sou intolerável" "Eu sou mau" "Eu sou inútil" "Eu sou imoral" "Eu sou ruim" "Eu sou prejudicial"

Nota. Esses são apenas alguns exemplos de crenças; as crianças podem apresentar outros tipos de crenças que não foram citadas nessa tabela. Fonte: Lindern & Lisboa, 2015.

Ainda que a socialização seja um dos mecanismos principais para que a criança se desenvolva, o que a leva a alcançar a adaptação às normas sociais está mais relacionado às emoções positivas derivadas da aprovação social que recebe perante seu comportamento (SIMKIN, AZZOLLINI & VOLOSCHIN, 2014). Dessa forma, é viável pensar que o envolvimento em situações de *bullying* pode resultar na desaprovação social e no isolamento do grupo de pares, afetando a autoestima e podendo causar, por exemplo, depressão e ansiedade.

Os transtornos de ansiedade, por serem internalizantes, ou seja, muitas vezes não são manifestados pelo comportamento da criança, são difíceis de ser detectados. Esses transtornos são considerados condições mentais dentre as mais comuns, geralmente iniciando na infância e podendo levar ao comprometimento de atividades sociais e relações familiares e outras relações sociais, estando associados a uma série de comprometimentos ao longo da vida (DE-SOUSA, PEREIRA, PETERSEN, MANFRO, SALUM & KOLLER, 2014).

A ansiedade acomete cerca de 15% a 20% da população de crianças e adolescentes (MARSH & GRAHAM, 2005; PETERS, PETRUNKA & ARNOLD, 2003). Em um estudo realizado no Brasil com 1.241 participantes com idade entre 7 e 14 anos, foi encontrada uma prevalência de 4,6% em crianças e de 5,8% em adolescentes para transtornos de ansiedade (FLEITLICH-BILYK & GOODMAN, 2004). Dessa forma, intervir para minimizar os riscos do envolvimento de crianças e jovens em situações de *bullying*, bem como fomentar atividades que nutram relacionamentos de amizade, é uma estratégia que pode ser usada pelos pais. Rejeição pelo grupo de pares, dentre outras consequências, pode elevar à ansiedade. A seguir, serão abordadas a empatia e o desenvolvimento de habilidades sociais como fatores protetivos para o desenvolvimento de jovens, bem como estratégias para os pais auxiliarem e compreenderem seus filhos na sua interação.

Quadro 6 – Aspectos negativos das relações entre pares.

- Falta de apoio social e *bullying* podem levar à exclusão social e ter consequências negativas no desenvolvimento da criança, como pensamentos e crenças prejudiciais a respeito de si que levam a comportamentos desadaptativos.
- O envolvimento no *bullying* pode resultar na desaprovação social e no isolamento do grupo de pares, afetando a autoestima e podendo causar, por exemplo, depressão e ansiedade.
- Transtornos de ansiedade estão entre as condições mentais mais comuns, afetando aproximadamente de 15% a 20% da população de crianças e adolescentes.
- Os transtornos de ansiedade podem levar ao comprometimento de atividades sociais e relações familiares e outras relações sociais.

Empatia e habilidades sociais como fatores de proteção

A empatia se constitui em uma habilidade social vital para a convivência humana e é um conceito fundamental para a Psicologia. A empatia pode ser conceituada com base em duas perguntas. A primeira delas é: de que forma uma pessoa pode saber, conhecer ou entender o que outro indivíduo está pensando ou sentindo? A segunda pergunta é: quais são os fatores que fazem com que uma pessoa apresente sensibilidade e atenção em relação ao sofrimento ou à condição em que outro indivíduo se encontra? (BATSON, 2009).

A empatia é um construto que envolve aspectos cognitivos e afetivos. O campo cognitivo reside na capacidade de reconhecer os sentimentos de outro indivíduo e na habilidade de acessar ou assumir a perspectiva da outra pessoa. O campo afetivo, por sua vez, situa-se na consideração empática que suscita afetos e emoções referentes e coerentes às condições psíquicas e emocionais da outra pessoa (DAVIS, 1983, 1980; FALCONE et al., 2008, KOLLER, CAMINO & RIBEIRO, 2001). A empatia é uma reação afetiva que pode ocorrer após a tomada de perspectiva ou quando o indivíduo entra em contato com o sofrimento de outra pessoa (HODGES, 2008; VOCI & PAGOTTO, 2014).

A tomada de perspectiva, conquanto fenômeno que antecede a empatia, pode ser definida como a habilidade do indivíduo em superar a própria perspectiva e buscar perceber e interpretar o mundo ou a realidade a partir do lugar de outra pessoa. Além disso, a tomada de perspectiva pressupõe a capacidade de acessar ou pressupor pensamentos e emoções de outra pessoa (EPLEY & CARUSO, 2008, FALCONE et al., 2008). A habilidade de assumir a perspectiva de outra pessoa, compreender os seus afetos e percepção sobre o próprio psiquismo e o contexto em que se encontra, revela-se fundamental para provocar e conservar relações interpessoais consistentes e benéficas, incluindo as relações entre pares (BATSON, 2009). A tomada de perspectiva se constitui em uma capacidade na qual o indivíduo deve, conforme as suas habilidades e possibilidades, distanciar-se das suas condições psíquicas e construir ou supor pensamentos, emoções e percepção baseados em outras pessoas (EPLEY & CARUSO, 2008). De acordo com essa definição, a tomada de perspectiva pode estar presente em situações simples, como, por exemplo, quando um indivíduo supõe que uma pessoa apreciaria sua ajuda ou apoio. No entanto, a tomada de perspectiva às vezes também se revela fundamental em circunstâncias complexas, como quando um psicólogo busca compreender as razões do sofrimento psíquico de um paciente que se emociona ao relatar eventos significativos da sua história de vida.

Em relação à tomada de perspectiva, é razoável supor que é mais simples acessar pensamentos, emoções e percepção de pessoas com as quais apresentamos maior similaridade quanto a aspectos psíquicos, culturais e sociais. No entanto, quanto mais diferenças, sejam elas reais, sejam elas imaginárias, estão presentes entre os indivíduos, maior será o exercício de distanciar-se de si mesmo e imaginar e supor as condições mentais e emocionais do outro. Dessa forma, a tomada de perspectiva revela-se uma habilidade psíquica que pressupõe estabilidade afetiva e cognitiva, uma vez que, para utilizá-la, o indivíduo deve ser capaz de abandonar o próprio egocentrismo e lidar com a diferença ou com o que é pouco conhecido, circunstâncias que podem ser desagradáveis ou gerar resistência (Epley & Caruso, 2008). Nesse sentido, a tomada de perspectiva e, posteriormente, a empatia direcionada à outra pessoa tem como base a necessidade de que haja contato psíquico, ou seja, o indivíduo deve interagir com o outro, ainda que haja distanciamento físico (Batson & Ahmad, 2009). Apesar dos aspectos benéficos da empatia em relação a sua capacidade de fundar e manter relações interpessoais saudáveis e duradouras, é possível afirmar que a empatia também é capaz de ocasionar aspectos menos positivos. Nesse sentido, além de provocar afastamento físico ou psicológico, sentir empatia por outra pessoa pode ter como consequência o sentimento de superioridade e intensificação do egocentrismo (Voci & Pagotto, 2014).

É importante ressaltar que é possível a empatia apresentar níveis comparativamente diferentes entre meninos e meninas. Na adaptação e validação interna para o contexto brasileiro da medida de empatia Escala Multidimensional de Reatividade Interpessoal de Davis, EMRI (Davis, 1983), realizado com adolescentes no ambiente escolar, as meninas apresentaram escores de empatia mais elevados do que os meninos (Koller, Camino & Ribeiro, 2001). Em um estudo que buscou investigar as diferenças na frequência de comportamentos empático e agressivo em crianças pré-escolares, constatou-se frequência maior de comportamentos agressivos entre os meninos e frequência maior de comportamentos empáticos nas meninas (Pavarino, Del Prette & Del Prette, 2005b). Dificuldades referentes às habilidades empáticas podem ocasionar problemas nas interações sociais e no controle da agressividade, circunstâncias que muitas vezes prejudicam o desenvolvimento, a aprendizagem e as relações interpessoais (Del Prette & Del Prete, 2003).

A empatia é um subtipo de habilidade social. Definem-se habilidades sociais como os comportamentos e as funções apresentados pelos indivíduos no sentido de viabilizar relações interpessoais positivas (Del Prette & Del Prete, 2005; Pavarino, Del Prette & Del Prette, 2005a). Ainda, as habilidades sociais são compreendidas também como o conjunto de comportamentos apresentados nas relações interpessoais, em que há expressão de direitos e opiniões, o que contribui para o aumento da qualidade das relações. A assertividade, que é, assim como a empatia, um subtipo de habilidade social, compreende uma postura do sujeito que respeita a si e atinge seus objetivos sem desrespeitar as outras pessoas, ou seja, a assertividade caracteriza-se como um equilíbrio entre as posturas passiva e agressiva. Ressalta-se que ser habilidoso socialmente não requer uma "receita", visto que cada contexto e situação exigirão da pessoa diferentes formas de se portar e resolver problemas e conflitos, o que torna bastante complexa a emissão de comportamentos assertivos em diferentes contextos (Caballo, 2003; Souza, Dutra & Gonçalves, 2017).

As habilidades sociais são capacidades passíveis de ser aprendidas, aprimoradas e se tornar mais consistentes durante o desenvolvimento biológico, psicológico e social das crianças e dos jovens. Dessa forma, o desenvolvimento de habilidades sociais ocorre de acordo com a maturidade da criança, sendo mais elevado em crianças e jovens mais velhos, não podendo ser exigida de uma criança pequena o mesmo nível de habilidade social de uma criança maior (Cecconello & Koller, 2000). Entretanto, é importante observar o quanto o estímulo à agressividade, às disputas e à concorrência, elementos que podem ocupar o lugar da promoção de empatia e alteridade, é capaz de criar um ambiente que inibe ou dificulta o desenvolvimento das habilidades sociais, circunstância que é capaz de gerar dificuldades nas relações interpessoais em outras etapas do desenvolvimento (Pavarino, Del Prette & Del Prette, 2005b). No Quadro 2, são apresentadas curiosidades sobre a relação entre habilidades sociais e *bullying* na infância e na adolescência.

Quadro 7 – Curiosidades sobre habilidades sociais em crianças e jovens vítimas e agressoras no *bullying*.

Alguns estudos realizados no Brasil apontam uma relação entre a habilidade social de assertividade e o papel de agressor no bullying (Pureza, Lisboa & Lindern, no prelo; Terroso, Wendt, Oliveira & Argimon, 2016).

Compreende-se, assim, que o comportamento agressivo é uma maneira de interagir socialmente, e por esse motivo demanda habilidades sociais. Para agredir verbalmente, por exemplo, a criança ou o jovem necessita de um bom desenvolvimento de habilidades e cognição social (compreensão cognitiva do ambiente social), utilizadas para manipular e causar sofrimento. Geralmente, esses jovens usam suas habilidades para tornar-se líderes e sobressair-se no grupo, sendo populares e temidos (Sutton, Smith & Swettenham, 1999).

Por outro lado, não se pode generalizar o perfil de uma criança ou de um jovem que manifesta comportamento agressivo e/ou protagoniza o papel de algoz no *bullying*. A literatura indica que, além do perfil apresentado, há outro que leva à agressividade nas relações entre pares, caracterizado pelas crianças que apresentam baixa habilidade.

> social e dificuldade nas relações entre pares; Justamente por esse motivo, mostram-se agressivas, como forma de se defender de um ambiente compreendido por essas como hostil. O agressor, neste segundo perfil, pode ainda ser uma criança/jovem insegura e/ou ansiosa (ALMEIDA & LISBOA, 2014; LINDERN & LISBOA, 2015; OLWEUS, 1993; SUTTON, SMITH & SWETTENHAM, 1999).
>
> O estudo de Pureza, Lisboa e Lindern (no prelo) também mostrou que as vítimas de *bullying* muitas vezes apresentam dificuldades na expressão de sentimentos e menor comprometimento com as atividades escolares, exatamente por estarem mais preocupadas com a aceitação do grupo de pares do que com o desempenho acadêmico.
>
> A expressão de sentimentos e o comprometimento com responsabilidades são tipos de habilidades sociais que geralmente são comprometidas em vítimas de *bullying*, em decorrência da baixa autoconfiança e da baixa autoestima (BANDEIRA et al., 2009; BINSFELD & LISBOA, 2010; LANDAZABAL, 2011; SOMMERHALDER & STELA, 2001).

Considerando os fatores de risco para vítimas e agressores do *bullying* apresentados no Quadro 2, salienta-se que a promoção da empatia entre os alunos e os professores no contexto escolar pode servir como um fator preventivo da agressividade e da violência. A escola, depois da família, é o ambiente em que ocorre a interação social mais significativa por parte das crianças. Nesse sentido, habilidades sociais, como a empatia, encontram no contexto escolar o principal lugar para o seu surgimento e sua consolidação (PAVARINO, DEL PRETTE & DEL PRETTE, 2005b). Especialmente no caso de agressores no *bullying*, devem ser fomentadas intervenções que visem a desenvolver a empatia, enquanto para as vítimas de *bullying* o foco maior deve ser na assertividade (LINDERN & LISBOA, 2015; LINDERN & LISBOA, no prelo).

Um estudo realizado por Cecconello e Koller (2000) teve como objetivo avaliar a competência social e a empatia em crianças entre seis e nove anos, expostas à condição de pobreza (renda familiar abaixo de três salários mínimos) e que frequentassem escolas públicas. Os resultados desse estudo demonstraram que, conforme geralmente descrito pela literatura, as meninas apresentam mais empatia e são socialmente mais competentes que os meninos. O estudo conclui que a competência social e a empatia em crianças em situação de pobreza podem atuar como elementos protetivos em relação à vulnerabilidade social e que permitem o fortalecimento da capacidade de adaptação e resiliência (CECCONELLO & KOLLER, 2000). Ainda, cabe ressaltar que a competência social e a empatia muitas vezes são fatores protetivos não somente para crianças e jovens em situação de pobreza e vulnerabilidade social, mas, de forma mais ampla, em algumas circunstâncias são protetivos para todas as pessoas, visto que permitem relações mais satisfatórias e positivas, além de propiciar maior capacidade de adaptação e satisfação com a vida (Souza, Dutra & Gonçalves, 2017).

Diante dos dados expostos, pode-se perguntar: o que cabe aos pais fazer para prevenir o envolvimento no *bullying* e, consequentemente, fomentar relações entre pares sem violência e saudáveis? Conversar com os filhos é uma das maneiras mais eficazes de oferecer apoio, o que significa possibilitar uma relação na qual a criança/jovem se sinta à vontade e segura para conversar com os cuidadores sobre sua rotina, experiências positivas e possíveis dificuldades na escola com os grupos de pares (Orte, 2005). Nesse sentido, o diálogo com os filhos deve manifestar (verbal e não verbalmente, por meio do afeto) apoio, compreensão e empatia, de maneira que a criança se sinta segura. Esses elementos interferem de maneira positiva nas estratégias de enfrentamento de futuros problemas, além de aumentar as chances de um desenvolvimento saudável (Papanikolaou, Chatzikosma & Kleio, 2011). Compete aos pais também incentivar amizades, possibilitando o convívio da criança com outros grupos de pares (como atividades extraclasse de interesse da criança ou outras atividades fora da escola) e incentivando que a criança convide os amigos para ir a sua casa. Esportes, atividades de lazer e atividades artísticas são exemplos de práticas que promovem bem-estar e resiliência (Orte, 2005). Quando a situação de *bullying* já está instaurada, essas estratégias também devem ser empregadas, mas acompanhadas da comunicação para a escola, que deve intervir tanto em nível coletivo quanto individual.

Quadro 8 – Lembre-se!

> **Lembre-se:**
> Incentive a criança a participar de outros grupos de pares para além da escola, porém esteja sempre atento aos interesses dela; do contrário, a iniciativa não terá o efeito desejado, podendo até ser negativo.

Sociograma como ferramenta para compreender as relações entre pares de jovens

Boa parte da vida da maioria dos jovens é protagonizada dentro do ambiente escolar. Nesse espaço em que a criança e o adolescente experienciam diferentes papéis e relações, a capacidade de construir e manter amizades de qualidade satisfatória é considerada um indicador fidedigno da saúde mental do jovem (Carvalho & Novo, 2013). Diversos métodos têm sido desenvolvidos com o intuito de avaliar e/ou medir os relacionamentos dentro das escolas, destacando-se, dentre eles, o sociograma de Moreno (1954).

Baseado na teoria sociométrica que investiga quantitativamente as propriedades psicológicas das populações, o sociograma busca representar a configuração de uma estrutura social e assinalar a posição que cada indivíduo nela ocupa (Moreno, 1954). Atualmente, o sociograma desempenha papel importante no mapeamento das relações travadas entre estudantes, permitindo não apenas a identificação de líderes e de alunos que apresentam dificuldade em estabelecer relacionamentos afetivos com os colegas, mas também fazendo uso do instrumento para desvelar preferências nos possíveis arranjos de classes em sala de aula (Berrio, 2014). Apesar de existirem diferenças qualitativas entre os métodos utilizados para a avaliação de amizades e as técnicas sociométricas, é possível afirmar que existem intersecções entre ambos, uma vez que amizades tendem a se criar dentro de grupos maiores no ambiente escolar (Berndt, McCandles, 2011).

Como não existe um modelo único de sociograma, outros formatos do instrumento surgem com frequência, uma vez que sua melhor versão será a que expuser com maior clareza os resultados a que se propõe apresentar (Moreno, 1954). Baseado em uma proposta sociométrica quantitativa, o *software* Pyxie® foi elaborado com a intenção de representar relacionamentos travados dentro de sala de aula de forma visual e interativa. A ferramenta baseia seus gráficos em duas diferentes qualidades dos relacionamentos entre pares: popularidade e intimidade. Dentro do esquema representativo utilizado pelo *software*, as relações são ilustradas por meio de círculos e linhas que os conectam, em que o tamanho dos círculos aumenta de acordo com o número de pontos que o aluno recebe. Por exemplo, a Figura 1 exibe um sociograma gerado pelo Pyxie® de uma turma de oitavo ano do ensino fundamental, na qual os alunos deveriam distribuir dez pontos em resposta à seguinte pergunta: "Dos meus colegas, quais considero mais meus amigos?". Os pontos poderiam ser distribuídos livremente por cada aluno, podendo dar mais ou menos pontos para cada colega de acordo com o nível de amizade (intimidade), não sendo obrigatório "gastar" todos os dez pontos. O grupo exposto na figura era composto de 25 alunos, todos com idade entre 13 e 15 anos.

Seguindo os conceitos abordados na linguagem do Pyxie®, a intimidade das relações é representada pela proximidade entre os círculos e pelo tamanho e cor das linhas que os ligam. Por exemplo, Terri Vasques, exibido na Figura 1 por um grande círculo rosa, apresenta diversas relações representadas pelas linhas que têm origem na figura que o retrata. O somatório dos pontos distribuídos entre os pares tornará as linhas menores à medida que a quantidade de pontos recíprocos aumentar. Linhas vermelhas indicam os pontos recebidos, ao passo que as azuis, os distribuídos. A presença de ambas as cores na mesma linha significa reciprocidade entre os indivíduos, como é o caso de Timothy Wentzel, que revela diversas eleições recíprocas destacadas na Figura 2 ou na Figura 3, na qual Ralph Caron ilustra um caso no qual não há nenhum caso de reciprocidade (nomes fictícios).

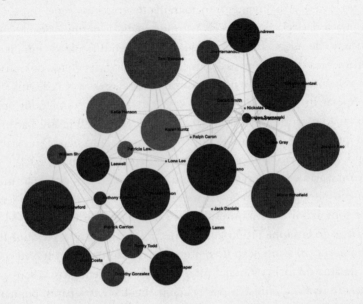

Figura 1 – Sociograma gerado pelo Pyxie com base nas respostas para a pergunta: "Dos meus colegas, quais considero mais meus amigos?"
Fonte: Elaborada pelos autores.

Salienta-se que jovens que vivenciam relações entre pares com maior grau de intimidade desfrutam de experiências sociais positivas importantes, como lealdade, confiança, reciprocidade e suporte emocional (CARVALHO et al., 2017). Dessa forma, o sociograma permite identificar os jovens que apresentam dificuldades de interação social para, num segundo momento, poder ser fomentadas intervenções com os grupos de pares, possibilitando o desenvolvimento de mais vínculos entre os colegas e até mesmo a identificação de demandas que provavelmente não seriam notadas sem a realização do sociograma. Trata-se de um instrumento útil para profissionais que trabalham em contextos escolares e que possam trocar ideias e comunicar aos pais para que, juntos, a comunidade escolar possa intervir e melhorar as relações entre pares.

Obter a aceitação dos colegas e ocupar uma posição social de reconhecimento dentro da turma é um dos objetivos centrais da adolescência, fazendo com que o *status* de "popular" se torne uma demanda comum entre jovens

(OJANEN, GRÖNROOS & SALMIVALLI, 2005). Tal busca por aceitação e admiração faz com que adolescentes se tornem mais propensos a reproduzir comportamento valorizado pelos grupos nos quais estão inseridos, o que pode vir a ser o caso de *bullying* e/ou outras atitudes agressivas (BERGER & RODKIN, 2012). Em contrapartida à questão da possível violência, indivíduos com índices mais altos de popularidade também tendem a desenvolver relacionamentos íntimos entre pares com maior frequência, o que confere maior qualidade às suas amizades (SCHNEIDER, 2016). Dessa forma, a popularidade em si não se traduz necessariamente em consequências positivas ou negativas para a criança/jovem e seus grupos de pares: as consequências variam de acordo com o que é reforçador para cada grupo/turma. Se o aluno popular apresenta comportamento agressivo e sente que tem a aprovação de vários colegas, ele continuará agindo dessa maneira. No entanto, se o aluno popular tende a ser um líder positivo, respeitando as diferenças e as particularidades das pessoas em sala de aula, e sente que seu comportamento é validado pelo grupo, sua popularidade terá consequências positivas, como aumentar a qualidade das relações de amizade.

Observa-se que estudantes populares tendem a ter grandes círculos e índices altos de ligação e reciprocidade nos sociogramas. Na Figura 2, por exemplo, o aluno Timothy Wentzel, que tem alto nível de popularidade na turma, é representado pelo círculo maior e mostra relações de reciprocidade com John Andrews, Gerald Smith, Mona Schofield e Jessica Keo.

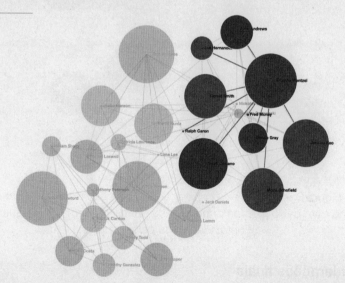

Figura 2 – Apresenta a correlação social a partir de Timothy Wentzel, aluno com alto nível de popularidade dentro da turma. Nomes fictícios.
Fonte: Elaborada pelos autores.

Diferentemente dos alunos que apresentam altos índices de aceitação e influência em sala de aula, estudantes com pouca aceitação entre pares podem exibir habilidades sociais pobres, tornando-os mais suscetíveis a vítimas de *bullying* (BEREJOT & HUMLE, 2013; FOX & BOULTON, 2006; LARKE & BERAN, 2006). Muitas vezes, esses indivíduos são caracterizados pelos colegas como "chatos, estranhos ou desagradáveis", o que justifica o seu afastamento por parte deles. Também existem evidências de que prejuízos nas habilidades motora e sociocognitiva podem levar o aluno a tornar-se vítima ou autor de comportamentos agressivos e/ou excludentes (BERJEROT, EDGAR & HUMBLE, 2011). É possível, porém, que indivíduos considerados ameaçadores (à popularidade) de seus colegas, ou seja, os mais influentes, também sejam excluídos, com o intuito de manter a hierarquia social do grupo preservada (VOLK, CAMILLERI, DANE & MARINI, 2012). No que diz respeito ao Pyxie, alunos excluídos são representados por pequenos círculos, com poucos votos e baixos índices de reciprocidade. A Figura 3 exemplifica o caso de Ralph Carol, que tem pouca popularidade na turma e é representado, portanto, pelo menor círculo em destaque da figura.

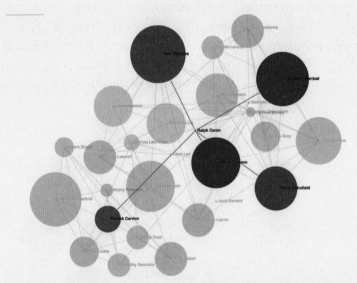

Figura 3 – Apresenta a correlação social a partir de Ralph Caron, aluno com baixo nível de popularidade dentro da turma. Nomes fictícios.
Fonte: Elaborada pelos autores.

Considerações finais

O presente capítulo visou a discutir as relações entre pares, destacando sua importância para o desenvolvimento socioemocional de crianças e adolescentes.

Lamentavelmente, ainda hoje, pais, professores e outros profissionais subestimam o impacto que amizade, interação e rejeição em grupos de pares exercem na vida de jovens.

Foi objetivo desta escrita chamar a atenção de pais e profissionais para a relevância da interação nos grupos de pares como promotoras de habilidades sociais, com destaque à empatia, atitude essencial para o estabelecimento de relações sociais saudáveis. Também se atentou para comprometer esses pais e profissionais a identificar vulnerabilidades, riscos, potenciais e proteção que os jovens vivenciam nessas relações a fim de que esses adultos possam oferecer apoio e estimular interações benéficas.

Apresentou-se uma ferramenta inovadora para mapeamento de interação em grupos de pares, destacando reciprocidade e popularidade. Um jovem popular não necessariamente é o mais benquisto pelo grupo, assim como jovens que apontam amigos podem não ser mencionados por esses mesmos amigos. Nossa percepção individual nem sempre reflete a realidade. Cabe aos adultos realizar essa identificação e intervir de modo que os jovens possam ser aceitos e/ou aceitar seus colegas, amigos e pares ainda que esses sejam "diferentes" de si mesmos.

De forma macrossistêmica, uma sociedade mais coletivista tende a ser menos agressiva e a promover o bem-estar dos indivíduos. Então, é objetivo mapear as relações entre pares em contextos escolares, fomentar/ensinar a habilidade de empatia, almejar desenvolver contextos e climas escolares menos individualistas e que aceitem a diversidade humana. Ter amigos, mesmo que seja por livre arbítrio, não se trata de uma escolha, mas de uma necessidade humana. Ser aceito por um grupo de iguais também. Mas nem sempre essa tarefa é simples e fácil. Felizmente, técnicas de avaliação e intervenção psicológica têm sido cada vez mais contextualizadas, incluindo múltiplos atores e enfatizando a conscientização da valorização de processos socioemocionais, reconhecimento de emoções e interação social saudável. Porque ninguém se desenvolve sozinho.

Referências

ALMEIDA, L. S.; LISBOA, C. Habilidades sociais e bullying: uma revisão sistemática. **Contextos Clínicos**, v. 7, n. 1, p. 62, 2014. doi: 10.4013/ctc.2014.71.06

AREZES, M. **A interação e cooperação entre pares: uma prática em contexto de creche**. 2014. Dissertação (Mestrado) – Faculdade de Educação Pré-Escolar e em Ensino do 1º Ciclo do Ensino Básico, Escola Superior de Educação do Instituto Politécnico de Santarém, Santarém (Portugal). 2014.

BANDEIRA, M. et al. Validação das escalas de habilidades sociais, comportamentos problemáticos e competência acadêmica (SSRS-BR) para o ensino fundamental. **Psicologia: teoria e pesquisa**, v. 25, n. 2, p. 271-282, 2009. doi: 10.1590/S0102-37722009000200016

BATSON, C. D. These things called empathy: eight related but distinct phenomena. In: DECETY, J.; ICKES, W. **The Social Neuroscience of Empathy**. Cambridge: MIT Press. 2009. doi:10.7551/mitpress/9780262012973.003.0002

BATSON, C. D.; AHMAD, N. Y. Using empathy to improve intergroup attitudes and relations. **Social Issues and Policy Review**, v. 3, n. 1, p. 141-177, 2009. doi:10.1111/j.1751-2409.2009.01013.x

BEJEROT, S.; HUMBLE, M.B. Childhood clumsiness and peer victimization: a case-control study of psychiatric patients. **Psychiatry**, v. 13, n. 1, 2013. doi:10.1186/1471-244x-13-68

BEJEROT, S.; EDGAR, J.; HUMBLE, M.B. Poor performance in physical education - a risk factor for bully victimization. A case-control study. **Acta Paediatrica**, v. 100, n. 3, p. 413-419, 2010. doi:10.1111/j.1651-2227.2010.02016.x

BERGER, C.; RODKIN, P. C. Group Influences on Individual Aggression and Prosociality: Early Adolescents Who Change Peer Affiliations. **Social Development**, v. 21, n. 2, p. 396-413, 2011. doi:10.1111/j.1467-9507.2011.00628.x

BERGER, K. S. Update on bullying at school: Science forgoten? **Developmental Review**, v. 27, n. 1, p. 90-126, 2007. doi:10.1016/j.dr.2006.08.002

BERNDT, T. J.; McCANDLESS, M. A. Methods for Investigating Children's Relationships with Friends. In: RUBIN, K. H.; BUKOWSKI, W. M.; LAURSEN, B. **Handbook of Peer Interactions, Relationships, and Groups**. New York: Guilford Press. 2011. p. 63-81.

BERRIO, R. L. **El sociograma como instrumento de evaluación del clima de aula**. 2014. Dissertação (Mestrado) – Faculdade de Ciências Humanas e Sociais, Universidade Pública de Navarra, Navarra (Espanha). 2014.

BINSFELD, A. R.; LISBOA, C. S. M. Bullying: Um estudo sobre papéis sociais, ansiedade e depressão no contexto escolar do Sul do Brasil. **Interpersona**, v. 4, n. 1, p. 74-105, 2010. doi:10.5964/ijpr.v4i1.44

BORGES, A. L. V. Pressão social do grupo de pares na iniciação sexual de adolescentes. **Revista da Escola de Enfermagem da USP**, v. 41 (spe), p. 782-786, 2007. doi: 10.1590/S0080-62342007000500007

BUKOWSKI, W. M. Friendship and the Worlds of Childhood. **New Directions for Child and Adolescent Development**, v. 2001, n. 91, p. 93, 2001. doi:10.1002/cd.7

CABALLO, V. E. **Manual de avaliação e treinamento das habilidades sociais**. São Paulo: Santos. 2003.

CARVALHO, R. G.; NOVO, R. F. Características da personalidade e relacionamento interpessoal na adolescência. **Avaliação Psicológica,** v. 12, n. 1, p. 27-36, 2013.

CARVALHO, R. G. et al. Relações de amizade e autoconceito na adolescência: um estudo exploratório em contexto escolar. **Estudos de Psicologia.** Campinas, v. 34, n. 3, p. 379-388, 2017. doi: 10.1590/1982-02752017000300006

CASTRO, R. E. F.; MELO, M. H. S.; SILVARES, E. F. M. O julgamento de pares de crianças com dificuldades interativas após um modelo ampliado de intervenção. **Psicologia: Reflexão e Crítica,** v. 16, n. 2, p. 309-318, 2003. doi: 10.1590/s0102-79722003000200011

CECCONELLO, A. M.; KOLLER, S. H. Competência social e empatia: um estudo sobre resiliência com crianças em situação de pobreza. **Estudos de Psicologia,** v. 5, n. 1, p. 71-93, 2000. doi:10.1590/s1413-294x2000000100005

DAVIS, M. H. Measuring individual differences in empathy: Evidence for a multidimensional approach. **Journal of Personality and Social Psychology,** v. 44, n. 1, p. 113-126, 1983. doi:10.1037/0022-3514.44.1.113

DAVIS, M. H. A multidimensional approach to individual differences in empathy. **JSAS Catalog of Selected Documents in Psychology.** 1980.

DE WALS, S.; MESZAROS, K. **Handbook on psychology of self-esteem.** Hauppauge. New York: Nova Science Publishers. 2011.

DEL PRETTE; DEL PRETTE. Aprendizagem socioemocional na infância e prevenção da violência: questões conceituais e metodologias de intervenção. In: DEL PRETTE, A.; DEL PRETTE, Z. A. P. **Habilidades sociais, desenvolvimento e aprendizagem: questões conceituais, avaliação e intervenção.** Campinas: Alínea. 2003. p. 83-128.

DEL PRETTE, A.; DEL PRETTE, Z. A. P. **Psicologia das relações interpessoais: vivências para o trabalho em grupo.** Petrópolis: Vozes. 2005.

DeSOUSA, D. A. et al. Psychometric properties of the Brazilian-Portuguese version of the Spence Children's Anxiety Scale (SCAS): Self-and parent-report versions. **Journal of Anxiety Disorders,** v. 28, n. 5, p. 427-436, 2014. doi: 10.1016/j.janxdis.2014.03.006

ENGELS, R. C. M. E.; KERR, M.; STATTIN, H. Friends, Lovers and Groups. **Key relationships in adolescence,** 2007. doi:10.1002/9780470713211

EPLEY, N.; CARUSO, E. M. Perspective Taking: Misstepping Into Others' Shoes. In: MARKMAN, K. D.; KLEIN, W. M. P.; SUHR, J. **Handbook of imagination and mental simulation.** New York: Psychology Press. 2008. p. 295-311.

ERDLEY, C. A. et al. Children's friendship experiences and psychological adjustment: Theory and research. **New directions for child and adolescent development,** v. 2001, n. 91, p. 5-24, 2001. doi: 10.1002/cd.3

FALCONE, E. M. D. O. et al. Inventário de Empatia (IE): desenvolvimento e validação de uma medida brasileira. **Avaliação Psicológica,** v. 7, n. 3, p. 321-334, 2008.

FLEITLICH-BILYK, B.; GOODMAN, R. Prevalence of child and adolescent psy-chiatric disorders in southeast Brazil. **Journal of the American Academy of Child & Adolescent Psychiatry,** v. 43, n. 6, p. 727-34, 2004. doi:10.1097/01.chi.0000120021.14101.ca

FOX, C. L.; BOULTON, M. J. Friendship as a Moderator of the Relationship Between Social Skills Problems and Peer Victimisation. **Aggressive Behavior,** v. 32, n. 2, p. 110-121, 2006. doi:10.1002/ab.20114

GARCIA, A. Psicologia da amizade na infância: uma revisão crítica da literatura recente. **Interação em Psicologia,** v. 9, n. 2, p. 285-294, 2005. doi:10.5380/psi.v9i2.4787

HARTER, S. **The construction of the self: Developmental and sociocultural foundations.** Guilford Press. 2012.

HAY, D. F. Early peer relations and their impact on children's development. **Encyclopedia on early childhood development,** p. 1-4, 2005.

HAY, D. F.; PAYNE, A.; CHADWICK. Peer relations in childhood. **Jornal of Child Psychology and Psychiatry and Allied Disciplines,** v. 45, n. 1, p. 84-108, 2004. doi: 10.1046/j.0021-9630.2003.00308.x

HODGES, S. D. Perspective-taking. In: DARITY, W. A. **International encyclopedia of the social sciences.** Farmington Hills: Macmillan Reference. 2008. p. 226-227.

KOLLER, S. H.; CAMINO, C.; RIBEIRO, J. Adaptação e validação interna de duas escalas de empatia para uso no Brasil. **Estudos de Psicologia,** v. 18, n. 3, p. 45-53, 2001. doi:10.1590/s0103-166x2001000300004

LANDAZABAL, M. G. Bullying y cyberbullying: conceptualización, prevalencia y evaluación. **Formación Continuada a Distancia (FOCAD),** v. 12, p. 1-22, 2011.

LARKE, I. D.; BERAN, T. N. The relationship between bullying and social skills in primary school students. **Issues in Educational Research,** v. 16, n. 1, p. 51-66, 2006.

LINDERN, D.; LISBOA, C. S. M. Bullying e terapia cognitivo-comportamental. In: FEDERAÇÃO, Brasileira de Terapias Cognitivas, et al. **PROCOGNITIVA - Programa de Atualização em Terapia Cognitivo-Comportamental: Ciclo 1.** Porto Alegre: Artmed Panamericana. Sistema de Educação Continuada a Distância (SECAD), v. 4. 2015. p. 115-162.

LINDERN, D.; LISBOA, C. S. M. In: SOCIEDADE, Brasileira de Psicologia, et al. **PROPSICO - Programa de Atualização em Psicologia Clínica.** Porto Alegre: Artmed Panamericana. Sistema de Educação Continuada a Distância (SECAD). No prelo.

LISBOA, C.; BRAGA, L.; EBERT, G. O fenômeno bullying ou vitimização entre pares na atualidade: definições, formas de manifestação e possibilidades de intervenção. **Contextos Clínicos,** v. 2, n. 1, p. 59-71, 2009. doi:10.4013/ctc.2009.21.07

LISBOA, C. S. M. **Comportamento agressivo, vitimização e relações de amizade de crianças em idade escolar: fatores de risco e proteção.** 2005. Tese Doutorado - Curso de Pós Graduação em Psicologia do Desenvolvimento, Universidade Federal do Rio Grande do Sul. Porto Alegre. 2005.

MARSH, E. J.; GRAHAM, S. A. Classificação e tratamento da psicopatologia infantil. In: CABALLO, V. E.; SIMÓN, M. A. **Manual de psicologia clínica infantil e do adolescente: transtornos gerais.** São Paulo: Livraria Santos. 2005.

MORENO, J. L. **Fondements de La Sociométrie.** Paris: Presses universitaires de France. 1954.

OJANEN, T.; GRÖNROOS, M.; SALMIVALLI, C. An interpersonal circumplex model of children's social goals: Links with peer-reported behavior and sociometric status. **Developmental Psychology,** v. 41, p. 699-710, 2005. doi: 10.1037/0012-1649.41.5.699

OLWEUS, D. **Bullying at school: What we know and what we can do.** London: Blackwell. 1993.

ORTE, S. C. Bullying: La necesidad del abordaje multidisciplinario. **FMC. Formación Médica Continuada en Atención Primaria,** v. 12, n. 3, p. 130-138, 2005. doi: 10.1016/s1134-2072(05)71183-x

PAPANIKOLAOU, M.; CHATZIKOSMA, T.; KLEIO, K. Bullying at school: The role of family. **Procedia – Social and Behavioral Sciences,** v. 29, p. 433-442, 2011. doi: 10.1016/j.sbspro.2011.11.260

PAVARINO, M. G.; DELPRETTE, A.; DEL PRETTE, Z. A. O desenvolvimento da empatia como prevenção da agressividade na infância. **Psico,** v. 36, n. 2, p. 127-134, 2005.

PAVARINO, M. G.; DELPRETTE, A.; DEL PRETTE, Z. A. Agressividade e empatia na infância: um estudo correlacional com pré-escolares. **Interação em Psicologia,** v. 9, n. 2, p. 215-225, 2005. doi:10.5380/psi.v9i2.4799

PETERS, R. D. V.; PETRUNKA, K.; ARNOLD, R. The better beginnings, better futures project: a universal, comprehensive, community-based prevention ap- proach for primary school children and their families. **Journal of Clinical Child and Adolescent Psychology,** v. 32, n. 2, p. 215-227, 2003. doi: 10.1207/s15374424jccp3202_6

PRISTEIN, M. J.; DODGE, K. A. **Understanding a Peer Influence in Children and Adolescents.** New York: The Guilford Press. 2008.

PUREZA, J. R.; LISBOA, C. S. M.; LINDERN, D. **Habilidades sociais e forças pessoais como fatores de proteção no bullying.** Manuscrito submetido para publicação. No prelo.

PYXIE (software). Porto Alegre: Coniverso. Disponível em: <http://pyxie.com.br> Acesso em: 10 out. 2017.

ROSENBERG, M. **Society and the adolescent self-image.** Wesleyan University Press. 1989.

SCHNEIDER, D. H. **Childhood Friendships and Peer Relations: Friends and Enemies.** 2 ed. New York: Routledge. 2016. doi:10.4324/9781315727042

SENA, S. S.; SOUZA, L. K. Amizade, infância e TDAH. **Contextos Clínicos,** v. 3, n. 1, p. 18-28, 2010. doi:10.4013/ctc.2010.31.03

SIMKIN, H.; AZZOLLINI, S.; VOLOSCHIN, C. Autoestima y problemáticas psicosociales en la infancia, adolescencia y juventud. **{PSOCIAL} - Revista de Investigación en Psicología Social,** v. 1, n. 1, 2014.

SOMMERHALDER, A., STELA, F. Depressão na infância e o papel do professor. **Arquivos de neuro-psiquiatria,** v. 59, n. 1, p. 200, 2001.

SOUZA, N. T.; DUTRA, C. A.; GONÇALVES, F. G. Habilidades sociais na infância. In: CAMINHA, R. M.; CAMINHA, M. G.; DUTRA, C. A. **A prática cognitiva na infância e na adolescência.** Novo Hamburgo: Sinopsys. 201. p. 631-648.

SUTTON, J.; SMITH, P. K.; SWETTENHAM, J. Social cognition and bullying: Social inadequacy or skilled manipulation? **British Journal of Developmental Psychology,** v. 17, n. 3, p. 435-450, 1999. doi: 10.1348/026151099165384

TERROSO, L. B. et al. Habilidades sociais e bullying em adolescentes. **Temas em Psicologia,** v. 24, n. 1, p. 251-259, 2016. doi: 10.9788/TP2016.1-17

VÉRONNEAU, M. H.; TREMPE, S. C.; PAIVA, A. O. Risk and protection factors in the peer context: how do other children contribute to the psychosocial adjustment of the adolescent? **Ciência & Saúde Coletiva,** v. 19, n. 3, p. 695-705, 2014. doi: 10.1590/1413-81232014193.17972013

VOCI, A.; PAGOTTO, L. **Il pregiudizio: che cosa è, come si riduce.** Bari: Laterza. 2014.

VOLK, A. A. et al. Is Adolescent Bullying An Evolutionary Adaption? **Aggressive Behavior,** v. 38, n. 3, p. 222-238, 2012.

CAPÍTULO 14
Relação entre pais e filhos na adolescência

Carmem Beatriz Neufeld
Isabela Pizzarro Rebessi

Adolescência em uma perspectiva desenvolvimental

A adolescência pode ser entendida como um período de transição no desenvolvimento, responsável pela passagem da infância à vida adulta. Esse período vai dos 10 aos 19 anos, segundo a Organização Mundial da Saúde (WHO, 1986). Justamente por ser um tempo longo e de transição, traz consigo mudanças de ordem física, cognitiva, psicológica e social. Cabe ressaltar ainda que a adolescência pode ser considerada uma fase de riscos e oportunidades (Neufeld, Maltoni, Longhini & Amaral, 2017). Isso significa dizer que, a depender das experiências, tal fase de transição pode contribuir para o desenvolvimento de um adulto mais saudável ou para o aumento dos fatores de risco à saúde mental.

A começar pelas mudanças físicas, é na adolescência que a puberdade atinge seu ápice por meio da explosão de hormônios que ocorre no organismo. Esses hormônios acarretam mudanças significativas de humor, como agressividade e instabilidade emocional, bem como aumento de peso e estirão de crescimento (Papalia, Olds & Feldman, 2006). Com isso, verifica-se também o amadurecimento dos órgãos sexuais, fazendo emergir de forma mais contundente a questão da sexualidade e a identificação de gênero. Esse desenvolvimento, porém, sucede em diferentes etapas da adolescência de cada indivíduo, sendo vivenciado de maneira diferente por cada um.

É na adolescência que se dá o desenvolvimento do raciocínio abstrato, possibilitando a utilização do raciocínio hipotético e científico, a busca por uma identidade própria, juízos morais mais sofisticados e um planejamento mais realista de futuro. Segundo a perspectiva piagetiana, a inexperiência com o novo modo de raciocinar traz algumas características específicas para a fase da adolescência e, geralmente, resulta em alguns problemas na relação entre pais e filhos (ELKIND, 1998). Cria-se uma tendência a discutir e a questionar tudo, uma vez que o adolescente está aprendendo a usar sua nova capacidade de raciocínio abstrato; além disso, a indecisão é uma marca registrada por conta da tomada de consciência das várias oportunidades de escolha que a vida oferece e as perdas que tais escolhas naturalmente implicam. Outra característica marcante é a tendência a perceber defeitos nas autoridades. Os adultos (principalmente os pais e os professores) idealizados anteriormente passam a ser vistos de uma nova perspectiva, uma perspectiva por um lado mais realista, como portadores de defeitos, mas também muito mais crítica, já que ficam aquém das expectativas do adolescente, muitas vezes gerando frustração e decepção. Por exemplo, o pai que era muito legal e agora "dá broncas" quando o filho chega tarde em casa não é mais visto como o herói, mas sim como o vilão. A hipocrisia, ou o descompasso entre o discurso e a ação, também se torna mais aparente, uma vez que os adolescentes estão aprendendo a diferença entre lutar por um ideal e viver de acordo com ele. Por exemplo, aquele adolescente que luta por uma educação de qualidade ao mesmo tempo em que mata aulas na escola (ELKIND, 1998).

Ainda segundo Elkind (1998), duas características que costumam gerar conflitos entre pais e filhos e que podem perdurar até a vida adulta dizem respeito à autoconsciência e à invulnerabilidade. Na primeira, os adolescentes imaginam que todos pensam como eles e, portanto, devem entendê-los. Trata-se daquela noção de que todo mundo já foi jovem um dia, então todos devem entender como ele se sente. Por último, a invulnerabilidade é extremamente marcante nessa fase do desenvolvimento. Os adolescentes acreditam não estar sujeitos às regras da sociedade porque são seres únicos e especiais, prontos para experimentar o mundo. Ademais, tendem a interpretar as normas como forma de tolher suas oportunidades de se desenvolver plenamente e vendo-se como incompreendidos.

Com todo esse turbilhão de mudanças citadas acima na vida do adolescente, a busca de apoio social tem se mostrado uma estratégia eficaz para lidar com a instabilidade de humor, a agressividade repentina e as influências externas, como a escola, os amigos ou os relacionamentos amorosos. Essa busca se dá principalmente nos pares (amigos, colegas, namorados), mas é desejável que esteja presente na relação parental (MENDES, FERREIRA, FRIOLI, DAOLIO & NEUFELD, 2017). Uma vez que esse apoio social pode ser encontrado nos pais, a relação parental entra como um fator de proteção importante na prevenção de comportamentos de risco geralmente emitidos na adolescência, como o uso e abuso de álcool e drogas, a atividade sexual precoce e/ou de risco, e comportamentos de oposição e desafio às figuras de autoridade. Por exemplo, se há uma via aberta de diálogo com os pais na qual o adolescente pode falar abertamente sobre possíveis conflitos pertinentes a essa fase, como novos relacionamentos amorosos ou dificuldade em encontrar amigos com opiniões semelhantes às suas, o adolescente possivelmente sentirá a segurança necessária para resolver essas questões de forma saudável, e, estando amparado, a chance de praticar comportamento opositivo ou considerado de risco diminui.

> **Estudos indicam que:**
>
> Relacionamentos saudáveis dos adolescentes com adultos que pertencem ou não à família tendem a proteger a relação pais e filhos, uma vez que aumentam o suporte social do adolescente, beneficiando-o de modo a aumentar sua qualidade de vida, sentimento de pertencimento, rendimento acadêmico e servindo como prevenção ao surgimento de psicopatologias (TOMBOUROU & GREGG, 2002; FLYNN, FELMLEE & CONGER, 2017).

A noção de certo e errado também passa por transformações na adolescência. Isso porque, além da figura dos pais como autoridade, a interação com pares fica cada vez maior e mais significativa. Sendo assim, os adolescentes tendem a se engajar em comportamentos que gerem certo *status* dentro do grupo no qual estão inseridos. Esses comportamentos ajudam na busca pela identidade, já referida anteriormente, mas tendem a ser interpretados pelos adultos como desafiadores, podendo ser um motivo para instalação de conflitos (MACEDO, PETERSEN & KOLLER, 2017).

Pode-se concluir, então, que são muitas as manifestações típicas da fase desenvolvimental pela qual o adolescente está passando. O fato de ser típico, porém, não significa que sejam de fácil manejo. Tais características e tarefas desenvolvimentais demandadas da adolescência não são desafiadoras apenas para o adolescente, já que causam impacto direto em toda a família e no seu círculo social, sendo muitas vezes fonte de conflito. Os pais, por sua vez, deparam-se com a árdua tarefa de atravessar com seus filhos essa fase que muitas vezes se torna um fardo quase impossível de carregar, considerando que os progenitores encontram pouco suporte para lidar com todas as características da adolescência. Nesse sentido, o presente capítulo visa oferecer algum suporte aos pais e aos educadores na tarefa de estabelecer relações que gerem apoio e, ao mesmo tempo, estabeleçam limites para essa fase tão cheia de mudanças fundamentais para a chegada à vida adulta. Dito isso, como podemos, então, estabelecer uma relação saudável com nossos filhos adolescentes de maneira a ser atendidas às necessidades de ambas as partes?

Limites e diálogo: a coerência a serviço da busca da autonomia

No Laboratório de Pesquisa e Intervenção Cognitivo-Comportamental (LaPICC-USP), temos programas de orientação de pais em grupos, o PROPAIS (para saber mais, ver NEUFELD, 2014). Nesses grupos, temos tido a oportunidade de construir juntamente com os pais, na relação da teoria e da prática, processos de vínculos e relações mais saudáveis entre pais e filhos de idade distintas, inclusive adolescentes. O exemplo a seguir conta um pouco da história de Maria e de sua preocupação com seu filho adolescente de 13 anos.

> **Vinheta clínica**
>
> *Maria[1] compareceu ao grupo de pais muito preocupada com seu filho de 13 anos. Os amigos do colégio o haviam convidado para ir a uma lanchonete, e Maria estava realmente apreensiva. "Não dá pra saber o que essas crianças fazem hoje em dia. Nas outras vezes que ele foi, eu e meu marido ficamos na mesma lanchonete, em outra mesa, pra monitorar. Agora, como ele pediu para ir sozinho, pensamos em deixá-lo lá e ficar dentro do carro observando pra ver se nada acontece, sem ele perceber. O que a senhora acha doutora, é uma boa saída?"*

Este exemplo tão corriqueiro e, ao mesmo tempo, tão superficial traz à tona muitos pressupostos do processo educativo. Ele contém questões como regras, limites, autonomia, liberdade, responsabilidade e privacidade. O fato de Maria ficar com seu marido no carro vigiando seu filho enquanto ele está na lanchonete com os amigos mostra uma superproteção não compatível com a situação citada, já que não resolve o problema nem a preocupação de Maria. Nesse caso, uma conversa franca sobre a preocupação dela e do marido e sobre como eles aconselhariam seu filho a se comportar surtiria mais efeito, além de estreitar os laços de confiança e melhorar o relacionamento entre pais e filho (o que não aconteceria no caso de o filho de Maria pegá-la vigiando-o). A preocupação não deve ser transformada em falta de confiança, mas sim numa possibilidade para uma conversa franca entre ambas as partes.

---

[1] Maria é um nome fictício, e os dados pessoais foram alterados para garantir o sigilo.

> **Dica!**
>
> Muitas vezes, nossa intenção vai na contramão da ação, e, em vez de alcançarmos nosso objetivo educativo, criamos desafios adicionais para a relação com o adolescente. Pergunte-se, com mais frequência: "O que eu pretendo ensinar ao meu filho com meu comportamento"?

Práticas parentais

Vale salientar que a maneira como os pais educam seus filhos contribui de modo substancial para a promoção de uma vida em sociedade que lhes proporcione participação social e pleno desenvolvimento de sua potencialidade. O que ocorre quando os pais não protegem seus filhos contra comportamentos inadequados e utilizam práticas parentais negativas é a tendência ao desenvolvimento de problemas de comportamento (BIASOLI-ALVES, 2005; BOLSONI-SILVA & MARTURANO, 2002; NEUFELD & GODOI, 2014).

O mais aconselhado e que tem se mostrado como eficaz na literatura é o movimento dos pais na direção de encorajar a autonomia do adolescente, acolhendo suas diferenças e dificuldades no processo de mudança que a fase da adolescência implica. Isso permite que os adolescentes se percebam em um ambiente seguro e acolhedor, aumentem sua autoeficácia na hora de fazer escolhas (sejam elas do âmbito pessoal, sejam elas do âmbito profissional) e tenham menos tendência ao desenvolvimento de psicopatologias ou emissão de comportamento de risco (PAPALIA, OLDS & FELDMAN, 2006). Preocupados com as mudanças dos filhos, muitos pais tendem a envolver-se excessivamente na vida deles, superprotegendo-os e antecipando quaisquer problemas que o adolescente poderia resolver sozinho e de forma autônoma, numa tentativa desenfreada de evitar um possível erro ou equívoco. Já outros pais tendem a ter um estilo extremamente liberal, o que passa insegurança aos jovens e os deixa sem o suporte necessário para embasar todos esses processos desenvolvimentais que ocorrem de forma rápida, simultânea e, muitas vezes, também de maneira que pode deixar tanto o adolescente quanto os pais confusos (NEUFELD, MALTONI, LONGHINI & AMARAL, 2017).

> **Dica**
>
> As regras e o diálogo são muito importantes nessa etapa do desenvolvimento. Uma boa dica é estabelecer tais regras em conjunto com o adolescente, pensando em saídas racionais e possíveis de ser cumpridas por ambas as partes, de

> modo a evitar esquivas posteriores. Fazendo dessa maneira, os pais se mostram mais abertos ao diálogo e dispostos a ouvir as demandas e as dificuldades do adolescente, mas também conseguem se expressar sobre suas preocupações e os limites.

O conjunto de atitudes ou práticas usadas pelos pais/responsáveis forma um estilo parental específico, que pode ser positivo ou negativo para o desenvolvimento da criança/adolescente (Bolsoni-Silva & Marturano, 2002). Dentre essas práticas, temos: monitoria positiva, comportamento moral, punição inconsistente, negligência, disciplina relaxada, monitoria negativa e abuso físico (Gomide, 2006; Neufeld & Godoi, 2014).

No que concerne às práticas parentais negativas, tem-se a punição inconsistente. Ela diz respeito à falha em aplicar a punição, quando essa varia de acordo com o humor dos pais/responsáveis. É natural que os pais cheguem em casa exaustos depois de um longo dia de trabalho e não tenham "cabeça" para se preocupar com seu filho naquele momento. Por conta disso, pode ser que um pai deixe seu filho voltar mais tarde da balada em um dia que está de bom humor e, na semana seguinte, peça que esse mesmo filho volte duas horas mais cedo do que o habitual, porque ele (pai) teve um dia péssimo e está estressado. Isso deixa o adolescente confuso e apenas endossa seu poder de argumento, uma vez que a inconstância é extremamente incômoda. Outra prática negativa para a promoção de um ambiente familiar protetivo é a disciplina negligente, em que os pais/responsáveis impõem regras, porém não as cobram, relaxando em seu papel educativo. Ou seja, pais que exigem de seu filho que ele faça todas as tarefas de casa para ter direito a mexer no celular, porém não cobram esses deveres nem tiram o celular quando a regra não é cumprida conforme o combinado (Gomide, 2006).

Há também a negligência, em que os pais não apresentam respostas ao comportamento do filho, ao abuso físico e psicológico, à ausência de demonstração de afeto e atenção (que, no caso dos adolescentes, pode levar ao surgimento de pensamentos de menos valia, por exemplo). Por último, há o estilo parental de monitoria negativa, que remete a um excesso de instruções, independentemente do cumprimento dessas. Trata-se de uma supervisão estressante e de uma fiscalização excessiva, muitas vezes mais para aliviar a preocupação dos pais em estar sendo negligentes do que para ter uma ação efetiva no comportamento do filho. A fiscalização excessiva e a supervisão constante tendem a estimular que o adolescente crie repertórios de fuga e esquiva, tais como mentira e omissão, que façam com que ele não tenha de responder constantemente a tais controles (Gomide, 2006).

No que se refere às práticas parentais positivas, a monitoria positiva diz respeito ao estabelecimento de limites e supervisão das atividades da criança/adolescente, expressão de afeto, e promoção de comportamento moral, ou seja, abrange práticas e técnicas que visem a atentar sobre as atividades do filho, onde estão e com quem estão, do que gostam e do que não gostam. O comportamento moral ocorre quando os pais transmitem orientações baseadas em valores pró-sociais e as transmitem com o objetivo de inibir o comportamento inadequado de seus filhos. Mesmo que esses valores sejam positivos, como generosidade, justiça, compaixão, arrependimento/sentimento de culpa e honestidade, é necessário que os pais expliquem o porquê de suas crenças e de suas decisões, e não apenas imponham essa orientação (BOLSONI-SILVA & MARTURANO, 2002; GOMIDE, 2006).

A fim de construir boa relação entre pais e filhos, principalmente na adolescência, os pais devem se lembrar de que esse é um período no qual os adolescentes estão vivendo um constante conflito entre a autonomia e a dependência dos pais. E, claro, esse conflito é vivido pelos pais também, naquele eterno dilema de proteção *versus* "soltar os filhos para o mundo". Por conta disso, um modo de criação extremamente autoritário e rígido não é o mais eficaz, uma vez que o adolescente sente a necessidade de ser tratado como adulto nesse momento de sua vida. Então, se essa necessidade nunca é suprida pelos pais, a tendência é que o adolescente busque isso em outras relações sociais, principalmente na relação com os pares. Vale lembrar que é uma fase de transição na qual os adolescentes vão apresentar comportamentos muito maduros em alguns contextos e muito infantis em outros. Por exemplo, podemos encontrar um adolescente com seu futuro todo planejado e que, ao mesmo tempo, ainda gosta de jogos infantis.

> **Dica!**
>
> Ofereça opções ao seu filho. Deixe-o escolher entre opções viáveis, seguras e permitidas. Caso uma determinada opção não seja segura ou adequada, não a apresente como uma opção, mas seja criativo em encontrar a possibilidade de escolhas que podem ser feitas em diferentes situações.

Logo, um modelo interessante de educação que pode ajudar o jovem a passar por essa fase de mudanças, além de potencializar o desenvolvimento de suas habilidades para a vida adulta, é uma educação democrática, na qual pais e filhos se comunicam ativamente. Isso não implica, em nenhum momento, falta de autoridade dos pais, pelo contrário: é uma autoridade que traz segurança e acolhimento, que guia e, ao mesmo tempo, oferece a oportunidade de agir de forma autônoma e própria.

Para disciplinar uma criança ou um adolescente, antes de mais nada, é necessário um bom relacionamento entre esses e seus pais/educadores. Para isso, ambas as partes devem fazer esforços em direção a essa meta. Por exemplo, os pais devem optar por fortalecer a autoestima de seu filho e puni-lo (quando necessário) somente pelo seu comportamento, e não pela pessoa que é. Um bom relacionamento envolve respeito mútuo, atenção, carinho e colaboração. Esse é um exercício complexo. Logo, não bastam somente informações sobre o que e como fazer; são necessárias intervenções (WEBER, 2005).

Dica!

É possível perceber que, por conta da sociedade em que vivemos, muitos pais acabam fazendo certa diferença na criação entre seus filhos e filhas, principalmente na adolescência. Há algumas diferenças no que diz respeito à iniciação sexual, muitas vezes dificultada para as meninas, e no que tange à autonomia de tarefas que podem ser feitas, como a de incentivar o crescimento pessoal. É necessário ficar atento a essas diferenças, por um lado pode ser bom evitá-las, incentivando sempre que o adolescente cresça de maneira saudável e tenha seus direitos e deveres respeitados de forma igualitária. Por outro lado, somos todos diferentes conquanto seres humanos únicos; assim, o respeito ao tempo individual e subjetivo de cada adolescente, evitando comparação que possa gerar algum demérito, pode auxiliar os adolescentes a construir sua identidade.

Pares

Uma das maiores mudanças da adolescência é a que diz respeito ao foco dos pais e dos familiares mais próximos para a maior importância dada aos amigos e aos relacionamentos amorosos. Isso porque, nessa fase, o indivíduo busca outras opiniões e formas de se relacionar para criar uma identidade própria, muitas vezes entrando em conflito com o modo de vida com o qual foi criado. Essa necessidade de identificação e pertencimento é totalmente pertinente e condizente com o período da adolescência. Isso não significa, porém, que os pais podem se omitir ou, por outro lado, precisam ficar extremamente alarmados: é hora de fortalecer o vínculo e propiciar autonomia e, ao mesmo tempo, segurança (PAPALIA, OLDS & FELDMAN, 2006).

Pelo fato de as amizades serem o novo foco, isso pode trazer influências não desejadas. Os adolescentes podem se envolver com pares que sejam fonte de conflito e comportamento antissocial (como atos delinquentes) ou que facilitem a emissão de comportamento de risco, como o uso de álcool e drogas. Concomitantemente, o relacionamento com pares de comportamentos sociais e assertivos proporcionam uma influência positiva na vida do adolescente, ajudando inclusive no desempenho na vida acadêmica, no bem-estar físico e social e na elevação da autoestima e do autoconceito (Flynn, Felmlee & Conger, 2017). Os pais devem estar atentos e saber com quem o adolescente está se relacionando, a fim de dar orientações no sentido de proteção e segurança; porém, isso muitas vezes é confundido com uma supervisão exagerada, que nada mais faz do que afastar o adolescente ainda mais do convívio dos pais e aproximá-lo dos pares pelo sentimento de incompreensão que pode ser gerado, conforme discutido neste capítulo.

> Dica!
>
> Os pais podem e devem estar a par das amizades de seus filhos. É válido saber com quem eles se relacionam, até para dar dicas de possíveis problemas de relacionamento. Isso não pode, entretanto, ultrapassar o limite do respeito e da confiança estabelecida entre pais e filhos, a fim de que não se torne uma monitoria negativa e invasiva. Vale a pena conhecer os amigos do adolescente e fornecer espaços saudáveis para que eles interajam, de forma autônoma e segura, com o propósito de garantir um desenvolvimento social saudável.

É importante ressaltar que, apesar de o foco no momento da adolescência estar nas relações exteriores à família, como os amigos e os pares românticos, os pais foram a fonte primária de suporte social e transmissão de valores na infância. Sendo assim, essa função não está findada nessa fase: na adolescência, os jovens ainda percebem os pais como importante fonte de apoio (quando este é oferecido). Obviamente a tendência será fugir do controle parental, mas isso não significa para o adolescente que os pais estão sendo "deixados de lado" (Flynn, Felmlee & Conger, 2017).

> Estudos indicam que:
>
> Os pais exercem grande influência nas amizades dos filhos, principalmente no início da adolescência. Por terem sido o principal modelo social até então, a opinião dos pais sobre os amigos do filho faz a diferença na hora de escolha de pessoas com quem se relacionar. Logo, uma relação de afeto positivo e educação democrática por parte dos pais aumenta a probabilidade de escolha de pares adequados no que concerne ao adolescente, uma vez que o papel deles de influenciador não acaba na infância (Flynn, Felmlee & Conger, 2017).

Tecnologia

Hoje, o mundo é digital, e, é claro, os adolescentes fazem parte disso. O uso da internet é cada vez mais difundido, principalmente por causa da utilização das redes sociais. Conforme mencionado anteriormente, já que o adolescente busca identificação e pertencimento na relação com pares (geralmente de mesma idade), é natural que eles façam grande uso dessas tecnologias. Estudos indicam haver preferência pelo acesso móvel à internet, como em *smartphones* ou *tablets*, e por atividades de natureza social, como redes sociais e aplicativos de mensagens *online* (Pontes & Patrão, 2014).

O grande debate a ser levantado sobre esse assunto é a questão da dependência. Até que ponto é saudável que um adolescente faça uso de tais tecnologias e até que ponto isso passa dos limites e ele vem a ser dependente? É inegável que as crianças e os adolescentes de hoje são da era digital, assim como muitos de seus pais. Justamente por isso, muitos não conseguem perceber quando o uso exacerbado da tecnologia começa a trazer alguns problemas. Haja vista a recente lei do Marco Civil da Internet (Lei nº 12.965, de 2014), que preconiza, em seu art. 29, a necessidade da vigilância parental como meio de proteção dos adolescentes e de crianças diante das tecnologias, visando a uma diminuição do impacto dessas na rotina familiar e na vivência dos jovens (Brasil, 2014).

> **Dica!**
>
> Vale ficar atento quanto ao uso que seu filho faz das tecnologias. Hoje não raro ocorrem casos de *bullying* virtual, o *"ciberbullying"*, que consiste em incitações de ódio e violência direcionadas pelo ou para o adolescente, causando consequências perigosas. Fora isso, existe a possibilidade de seu filho se deparar com maior acesso à pornografia e à pedofilia, bem como aos desafios e aos jogos online que podem levar a consequências irreversíveis, como, por exemplo, o "Desafio da Baleia Azul". Logo, a supervisão parental e o diálogo e instrução são essenciais na adolescência.

A Sociedade Brasileira de Pediatria (SBP) faz algumas recomendações para o uso saudável da tecnologia entre os jovens. A primeira recomendação é que o tempo de uso dessa seja proporcional à faixa etária do adolescente, respeitando seu desenvolvimento psicossocial e cognitivo. Especificamente para os adolescentes, é altamente recomendável que eles não fiquem isolados em seu quarto ou deixem de cumprir suas oito ou nove horas diárias de sono em detrimento do uso das mídias sociais e tecnologias em geral. É muito importante destacar o papel do diálogo no que diz respeito ao tempo gasto na internet. Os pais devem instruí-los sobre as excelentes oportunidades oferecidas pelo acesso às tecnologias, mas também sobre potenciais riscos quando essas não são utilizadas de forma adequada. Ainda segundo a SBP, é imprescindível estabelecer regras e limites de horário de uso das mídias digitais, a fim de evitar exposição demasiada em detrimento das relações sociais não virtuais e outros aspectos do desenvolvimento (SOCIEDADE BRASILEIRA DE PEDIATRIA, 2016).

A tecnologia é essencial e fundamental e oferece inúmeras oportunidades que podem, quando bem empregadas, ajudar extremamente o desenvolvimento dos adolescentes. Nessa etapa do desenvolvimento, porém, a supervisão parental e o diálogo são essenciais para um bom aproveitamento desse recurso.

> **Dica!**
>
> Conversar com o adolescente e colocar regras do uso da internet a fim de instruí-lo a evitar certa exposição, como compartilhamento de senhas e fotos íntimas, pode ser de grande ajuda para um uso saudável das tecnologias. Tentar equilibrar o tempo gasto em jogos online com o tempo gasto em atividades físicas também é uma boa recomendação.

Depressão, desesperança e ansiedade

O tema da depressão na adolescência vem sendo cada vez mais discutido pelos meios de comunicação, inclusive nas redes sociais. Recentemente esse assunto passou a chamar mais a atenção por ter sido divulgado de forma mais ampla na mídia. Cientes disso, pais e professores vêm dando mais importância ao tema. Não raro se ouve alguma história de adolescente que tirou a própria vida, e familiares costumam ficar mais alertas e começam a se perguntar o que podem fazer nessas situações, principalmente com o intuito de impedir que tal fatalidade aconteça. É importante destacar que são vários os motivos que podem desencadear sintomas depressivos e ideações suicidas na adolescência.

Conforme mencionado neste capítulo, a adolescência é um período de muitas mudanças físicas e psicológicas. Isso por si só já causa um impacto na regulação emocional do indivíduo, que está mais sujeito a flutuação de humor e certa exacerbação emocional. Isso envolve mudanças também na família, principalmente no modo como os pais vão interagir com esse adolescente. Alguns fatores ligados à família suscetíveis de contribuir para o aumento do risco de desenvolvimento de pensamentos suicidas são: pouco suporte familiar às necessidades físicas e psicológicas do adolescente, excesso de críticas, superproteção, poucos vínculos afetivos, excesso de conflitos familiares, pouco espaço para expressão de pensamento e sentimento e baixa coesão familiar (TOMBOUROU & GREGG, 2002).

> **Estudos indicam que:**
>
> Um estudo de 2017, feito em Hong Kong, contou com a participação de 84 díades pais/filhos para que respondessem a questionários sobre a correlação entre pensamentos de ruminação (pensamentos sobre eventos passados, muitas vezes trazendo à tona emoções e experiências negativas) de pais e filhos, já que esses pensamentos estão relacionados à depressão. Foi encontrada correlação entre as crenças metacognitivas (capacidade de controlar e reconhecer tais pensamentos) dos pais e dos filhos acerca dessa ruminação, o que leva a crer que o estilo parental pode influenciar nas crenças metacognitivas e nos pensamentos de ruminação em adolescentes (CHOW & LO, 2017).

Algumas atitudes como isolar, rejeitar e negar respostas emocionais dos adolescentes, que podem ser caracterizadas como maus-tratos psicológicos, culminam em sintomas depressivos graves, levando às vezes a comportamentos suicidas. Em contrapartida, uma rede de apoio com vínculos afetivos fortes e bem consolidados pode entrar como fator de proteção contra o desenvolvimento de sintomas de ansiedade, depressão e estresse, preditores de pensamento e comportamento suicida (MENDES, FERREIRA, FRIOLI, DAOLIO & NEUFELD, 2017). Há estudos (GARBER, LITTLE, HILSMAN & WEAVER, 1998; TOMBOUROU & GREGG, 2002) que correlacionam a depressão materna com sintomas suicidas em adolescentes. Já outros trazem a questão do funcionamento da família enquanto ambiente hostil e fechado, que dificulta o desenvolvimento do adolescente, como um dos fatores responsáveis pelo aparecimento de sintomas suicidas.

É importante destacar que, embora a adolescência seja um período de grandes descobertas e mudanças, é necessário ficar atento a sinais de que existe um sofrimento muito intenso no adolescente, e esse não pode ser negligenciado. Geralmente, os comportamentos autolesivos são um sinal de que tal sofrimento está presente. Comportamentos autolesivos são aqueles em que há intenção da vítima de se lesionar ou se machucar, mas sem intenção suicida. Alguns exemplos são a ingestão de uma dose exacerbada (mas não letal) de remédio, lesão pelo corpo (corte nos pulsos, arranhões), uso de drogas ilícitas num ato em que a pessoa enxerga como direcionado a se autoagredir, ou até ingerir algo não "ingerível", como algum objeto. Estudos apontam que adolescentes ansiosos, depressivos e agressivos têm maior propensão a iniciar comportamentos autolesivos, que, ocasionalmente, levam ao suicídio propriamente dito (GUERREIRO & SAMPAIO, 2013).

> **Dica!**
> O comportamento autolesivo costuma surgir sem que os pais ou os responsáveis notem sua presença. Por isso, é extremamente importante que esses percebam o início de algum comportamento considerado estranho em relação aos filhos, como marcas pelo corpo e atitudes agressivas. Mais uma vez, o diálogo é a chave para o entendimento do que está acontecendo, bem como a busca por ajuda.

Além disso, fatores ligados ao próprio adolescente aumentam os riscos de aparecimento de sintomas suicidas, tais como doenças psiquiátricas (transtornos de humor, ansiedade, depressão); tentativas anteriores de suicídio; histórico de abuso físico, psicológico ou sexual na infância, além de estressores sociais (*bullying*, rompimento de relacionamentos, dificuldades na escola ou na faculdade e na escolha da profissão). É necessário que os pais estejam atentos a todos esses fatores e procurem manter uma via aberta de diálogo, a fim de prevenir a possibilidade de um suicídio, além de manter um relacionamento saudável com seu filho. Vale sempre salientar que, em caso de emergência, o recomendável é procurar um profissional da área de saúde (FRANZIN, REIS & NEUFELD, 2017).

Para finalizar, um ponto crucial é compreender o significado da palavra *diálogo*. Para que haja diálogo, algumas condições precisam estar presentes. Primeiramente, um genuíno interesse pelo universo adolescente, pela perspectiva do adolescente sobre o problema. Em segundo lugar, uma escuta sem julgamento ou acusação, na qual, antes mesmo de procurar os responsáveis pelos acontecimentos, reside o desejo e a disposição para ouvir a perspectiva do adolescente. Em terceiro lugar, o respeito pelo universo e pelo momento atual que o adolescente está passando, buscando a compreensão do que significa estar vivenciando essas experiências. E, por fim, o pressuposto de que, antes de qualquer coisa, está a proteção à vida e ao desenvolvimento desse adolescente. Atender essas condições demanda dos pais uma verdadeira postura de educador, em que opiniões pessoais necessitarão ficar em suspenso durante a tentativa de compreensão e acolhimento da fala do adolescente. Uma vez alcançado tal objetivo, o desafio será expressar sua opinião sem fazer dela e de sua orientação um longo discurso, e sim fala recheada de experiências que podem auxiliar o adolescente a encontrar o seu lugar no mundo, tomar suas decisões e principalmente refletir sobre tal processo. Esse é um movimento de idas e vindas que representa provavelmente um dos maiores desafios para o ofício de educar e de facilitar o desenvolvimento de outro ser humano.

Referências

BIASOLI-ALVES, Z. M. M. Orientação de pais: partilhar conhecimentos sobre desenvolvimento e práticas de educação como estratégia de intervenção. **Texto & Contexto Enfermagem,** v. 14 (Esp), p. 64-70, 2005.

BOLSONI-SILVA, A. T.; MARTURANO, E. M. Práticas educativas e problemas de comportamento: uma análise à luz das habilidades sociais. **Estudos de Psicologia,** v. 7, n. 2, p. 227-235, 2002.

BRASIL. **Lei nº 12.965, de 23 de abril de 2014. Constituição Federal.** Brasília: Ministério da Casa Civil, 2014.

CHOW, K.; LO, B. C. Y. Parental factors associated with rumination related metacognitive beliefs in adolescence. **Frontiers in Psychology,** v. 8, p. 1-10, 2017.

ELKIND, D. **All grown up and no place to go.** Reading, MA: Perseus Books. 1998.

FLYNN, H. K.; FELMLEE, D. H.; CONGER, R. D. The Social Context of Adolescent Friendships: Parents, Peers, and Romantic Partners. **Youth and Society,** v. 49, n. 5, p. 679-705, 2017.

GARBER, J. et al. Family predictors of suicidal symptoms in young adolescentes. **Journal of Adolescence,** v. 21, n. 4, p. 445-457, 1998.

GOMIDE, P. I. C. **All grown up and no place to go.** Petrópolis: Vozes. 2006.

GUERREIRO, D. F.; SAMPAIO, D. Comportamentos autolesivos em adolescentes: uma revisão da literatura com foco na investigação em língua portuguesa. **Revista Portuguesa de Saúde Pública,** v. 31, n. 2, p. 204-213, 2013.

MACEDO, D. M.; PETERSEN, C. S.; KOLLER, S. H. Desenvolvimento cognitivo, socioemocional e físico na adolescência e as terapias cognitivas contemporâneas. In: NEUFELD, C. B. **Terapia Cognitivo-Comportamental para adolescentes: uma perspectiva transdiagnóstica e desenvolvimental.** Porto Alegre: Artmed. 2017. p. 17-28.

MENDES, A. I. et al. Manejo de emoções e estresse. In: NEUFELD, C. B. **Terapia Cognitivo-Comportamental para adolescentes: uma perspectiva transdiagnóstica e desenvolvimental.** Porto Alegre: Artmed. 2017. p. 215-240.

NEUFELD, C. B. **Intervenções e Pesquisas em Terapia Cognitivo-Comportamental com Indivíduos e Grupos.** Porto Alegre: Sinopsys. 2014.

NEUFELD, C. B.; GODOI, K. PROPAIS I - Tópicos Cognitivo-Comportamentais de Orientação de Pais em Contexto de Atendimento Clínico. In: NEUFELD, C. B. **Intervenções e Pesquisas em Terapia Cognitivo-Comportamental com Indivíduos e Grupos**. Porto Alegre: Sinopsys. 2014. p. 116-147.

NEUFELD, C. B. et al. Estratégias de manejo terapêutico com adolescentes. In: NEUFELD, C. B. **Terapia Cognitivo-Comportamental para adolescentes: uma perspectiva transdiagnóstica e desenvolvimental**. Porto Alegre: Artmed. 2017. p. 116-132.

PAPALIA, D. E.; OLDS, S. W.; FELDMAN, R. D. **Desenvolvimento humano**. Porto Alegre: Artmed. 2006.

PONTES, H.; PATRÃO, I. Estudo Exploratório Sobre as Motivações Percebidas no uso Excessivo da Internet em Adolescentes e Jovens Adultos. **Psychology, Communitand Health**, v. 3, n. 2, p. 90-102, 2014.

SOCIEDADE, Brasileira de Pediatria. Saúde de crianças e adolescentes na era digital. Disponível em: <www.sbp.com.br/fileadmin/user_upload/2016/11/19166d-MOrient-Saude-Crian-e-Adolesc.pdf> Acesso em:

TOMBOUROU, J. W.; GREGG, E. Impact of an Empowerment-based Parent Education Program on the Reduction of Youth Suicide Risk Factors. **Journal of Adolescence Health**, v. 31, p.277-285, 2002.

WHO, World Health Organization. **Young People's Health - a Challenge for Society. Report of a WHO Study Group on Young People and Health for All**. Technical Report Series 731. Geneva: WHO. 1986.

CAPÍTULO 15
Diversidade sexual e de gênero

Jean Ícaro Pujol Vozzosi
Fernando Martins de Azevedo
Débora C. Fava
Martha Rosa
Cláudio Eduardo Resende Alves (coordenador revisor)

Corpo, sexualidade e linguagem

> Humanos têm corpos. Humanos são seus corpos. Humanos experimentam seus corpos. Humanos usufruem seus corpos para inventar a vida [...] corpo é lugar de vida, de sua expressão, de suas alegrias, também de suas dores. Lugar de liberdade. Lugar de censura. Encontro do social e do singular. Impossível ignorá-lo, fingir que não estamos, cada um de nós, habitando e praticando um corpo, no turbilhão diário da vida. Humanos têm direito aos corpos: respeito ao gênero, à etnia, à idade, às formas, aos muitos jeitos e trejeitos (VAGO, 2008, p. 3).

Cada um de nós é um ser humano antes de ser homem ou mulher, menino ou menino. As diferenças entre homem e mulher encontram-se constituídas na família, na sociedade, na escola, na mídia, na tecnologia, enfim, no mundo, e constituintes neles. Em cada ser humano, existe um percentual de masculinidade e feminilidade psicológicas, completamente independentes do sexo anatômico. Cada sujeito é igual – entre os demais de sua espécie – e diferente, ao afirmar a exclusividade de seus desejos, de sua identidade e de suas múltiplas formas de expressão de sentimentos para consigo mesmo, para com a cultura e para com o outro.

Sexualidade é um aspecto da vida que se ancora no corpo e é praticado pelo corpo, envolvendo rituais, linguagens, desejos, símbolos e convenções sociais e culturais, para além do fato biológico de possuir um pênis ou uma

---

* O primeiro e último autores tiveram igual nível de envolvimento com a execução do trabalho, sendo o último o revisor principal.

vagina. O termo *sexualidade* é aqui utilizado como um termo guarda-chuva, que congrega outros, como sexo, gênero e orientação sexual. Um aspecto importante da sexualidade diz respeito à linguagem que pode ser múltipla, por exemplo, de uma parte do corpo, de um olhar, de um gesto, de uma palavra, de um cheiro, de um sabor e de um som.

Se todos nós temos corpo, temos sexualidade e estamos inseridos numa mesma cultura em um determinado período histórico, por que é tão difícil falar sobre esse tema? Mesmo no século XXI, falar de sexo ainda é um grande tabu em nossa sociedade, especialmente na família. Essa dificuldade de iniciar ou continuar um diálogo está relacionada a fatores que, geralmente, envolvem mitos, preconceitos, crenças e estigmas.

Não aprendemos a falar abertamente de sexo, uma vez que sexo nos remete de volta à natureza e nos afasta da cultura na qual estamos inseridos. Aprendemos que existem regras do que pode e do que não pode fazer, sendo regras diferentes para meninas e para meninos. Basta lembrar nossos pais quando éramos crianças e as regras de comportamento que nos eram apresentadas para ser seguidas sem questionamento: Menina senta igual mocinha, de perna fechada! Menino não fica chorando igual mulherzinha! Menina não fica brincando na rua, pode machucar, quem vai querer casar com uma menina com cicatriz? Menino que não gosta de futebol é *gay*! Para ser uma menina ou ser um menino na sociedade, existem normas de conduta reproduzidas por gerações e gerações, mas que ninguém realmente sabe quem ou quando foram criadas. Entretanto, hoje em dia, é mais comum se deparar com certos questionamentos de crianças acerca dessa normatividade. Quem nunca ficou constrangido e sem resposta perante aquela pergunta inesperada de criança?

- Sou menino ou sou menina?
- Se brincar de boneca viro menina?
- Por que meu pintinho fica duro?
- Não gosto de princesas, gosto de super-heróis, então sou menino?
- Por que não posso ficar sem camisa, se meu irmão pode?
- Por que ele faz xixi em pé e eu faço sentada?

Já na adolescência, as questões são diferentes, envolvem a corporeidade em profunda mudança pela produção de hormônios característica da época, mas também envolvem o desejo pelo outro, por si mesmo e pelo mundo. Ser do sexo masculino ou feminino é apenas um dos aspectos da sexualidade humana, visto que vivemos num tampo em que se multiplicaram as possibilidades de ser no mundo. Novas nomenclaturas se incorporam aos poucos ao dicionário de língua portuguesa como transgêneros, cisgêneros, homens trans, mulheres trans, não binários, intersexuais, assexuais, *queers* e muitos outros. Esses termos coabitam e, muitas vezes, se contradizem num complexo e recente repertório linguístico que produz mais dúvidas do que certezas.

Nesse sentido, este capítulo propõe primeiramente compreender três importantes conceitos – gênero, sexo, orientação sexual –, além de entender outras derivações de nomenclatura e inter-relações possíveis entre esses termos. O objetivo principal é promover a ampliação do olhar para a diversidade de formas de ser e estar no mundo, rompendo com lugares estanques e fixos que cerceiam a liberdade de expressão na vida. Na sequência, o texto apresenta uma reflexão crítica e dialogada sobre infância e adolescência na perspectiva da sexualidade, descrevendo, sugerindo e exemplificando formas de abordagem para pais, mães, cuidadores e cuidadoras de crianças e adolescentes. Ainda são sugeridas dicas de linguagem, indicações de filmes, leituras importantes para quem quiser ampliar a discussão, quadros esquemáticos de conceitos e quadro de mitos e crendices sobre gênero e sexualidade.

1. Sexo, gênero e orientação sexual: conceitos fundantes

Esta seção do capítulo se destina a apresentar conceitos fundantes das teorias pós-estruturalistas de gênero e sexualidade. A compreensão adequada dos conceitos e das especificidades de sexo, gênero e orientação sexual é especialmente importante porque, se não bem percebida, pode promover vulnerabilidade e desfecho negativo na vida de crianças e adolescentes (Teixeira et al., 2012).

Sexo

Quando nascemos, ou antes mesmo do nascimento, é possível identificar uma série de marcadores anatômicos, fisiológicos, genéticos e hormonais. Esses marcadores são determinantes do **sexo** de uma pessoa. Dentro de uma lógica binária (dois polos), existem dois sexos:

- Sexo masculino: pessoa com pênis, testículos, cromossomos XY, etc.
- Sexo feminino: pessoa com vagina, ovários, cromossomos XX, etc.

Durante a gravidez, usualmente o exame de ultrassonografia desempenha papel decisivo nas expectativas de muitas mães e muitos pais sobre a criança. A evidência de um pênis abre um horizonte de possibilidades, sonhos, trajetórias, práticas e rotinas, todas de cor azul – cor de "menino homem". A ausência de um pênis revela outro horizonte, também de possibilidades, sonhos, trajetórias, práticas e rotinas, todas de cor rosa – cor de "menina mulher". Evidencia-se, assim, o caráter social e cultural da sexualidade, uma vez que, a partir de um órgão sexual ou da ausência dele, destinos são traçados para sujeitos antes mesmo de ele nascer. Mas, afinal, sexo tem cor? Ou somos nós que conferimos cor ao masculino e ao feminino? O que aconteceria se trocássemos as cores?

Para além do sexo masculino e feminino, existe ainda uma terceira alternativa, os chamados intersexuais (antigamente denominados de hermafroditas; a mudança ocorreu, pois esse termo trazia um caráter mitológico intrínseco, ao unir os deuses gregos Hermes e Afrodite em uma única palavra). O termo **intersexualidade** possui diferentes conceitos e pouco consenso; no campo médico, ele apresenta uma abordagem patológica que demanda correção cirúrgica, sendo definido como uma condição sexual que se caracteriza pela dubiedade genital de uma pessoa que, no nascimento, possui características anatômicas, genéticas e fisiológicas que não se encaixam na lógica binária dos sexos. Já para alguns movimentos sociais e ativistas políticos, a intersexualidade é um modo de ser e de estar no mundo, procurando se distanciar da patologia e da doença (MACHADO, 2008). No Brasil, o Ministério da Saúde mapeou, no ano de 2016, o total de 601 mil casos de pessoas intersexuais, sem considerar os casos não relatados.

Muitas famílias buscam intervir de forma precoce com cirurgias e processos de hormonização em momentos muito iniciais da vida da criança, sem levar em consideração como ela se sente em relação a si própria. Segundo o Ministério da Saúde e o Conselho Nacional de Medicina, tais procedimentos devem ser evitados, a não ser que exista risco para a vida da criança. O que é mais adequado é observar durante a infância como aquela criança vai manifestar a sua identidade, para depois, quando ela puder expressar o próprio desejo, fazer ou não intervenção cirúrgica ou hormonal.

Dica de filme:

XXY – Belo e sensível filme da diretora argentina Lucía Puenzo, de 2007, que aborda a história de Alex, nascido com as características sexuais de ambos os sexos, e, para fugir dos médicos que insistiam em corrigir a ambiguidade genital da garota, a família leva-a para um vilarejo no Uruguai. Convencidos de que uma cirurgia seria uma violência contra seu corpo, eles vivem retirados numa casa nas dunas. Um dia, recebem a visita de um casal de amigos, que traz com eles o filho adolescente. O pai visitante é especialista em cirurgia estética e se interessa pelo caso clínico da jovem. Enquanto isso, Alex, de 15 anos, e o rapaz, de 16, sentem-se atraídos um pelo outro.

Gênero

Gênero é um termo herdado dos movimentos feministas que pode ser entendido como uma categoria de análise das diferentes expressões de feminilidade e de masculinidade presentes na sociedade, envolvendo relações assimétricas de poder. Diferentemente de sexo, que tem caráter biologicista, gênero se refere às relações sociais, culturais e políticas dos sujeitos.

> Gênero é um elemento constitutivo das relações sociais baseado nas diferenças percebidas entre os sexos; e o gênero é uma forma primeira de significar as relações de poder (Scott, 1989, p. 14).

O conceito de *gênero* proposto por Scott (1989) enfatiza o seu aspecto relacional. Isso quer dizer que nós nos constituímos homens e mulheres e construímos nossa identidade nas relações sociais, afetivas, familiares e comunitárias que estabelecemos. O campo das nossas relações é múltiplo e comporta muitas diversidades. A autora qualifica tais relações como relações de poder. As relações de poder, quando assimétricas e desiguais, geram submissão, discriminação e violência. Quando elegemos um modo de ser homem e de ser mulher como único, certo e normal, todos os outros que não seguem o padrão estabelecido serão considerados desviantes, errados e doentes. E essas pessoas serão excluídas ou levadas a se submeter e se adaptar ao modo hegemônico, uma vez que as diferenças são tomadas como desigualdade. Gênero consiste numa ferramenta de leitura de mundo (Souza & Alves, 2017) ao visibilizar as diferenças e incluí-las na cultura, desnaturalizando estereótipos socialmente estruturados.

A promoção da equidade de gênero, ao contrário, buscará considerar e incluir as diferenças, não só as diferenças entre homens e mulheres, mas também as diferenças das mulheres entre si e dos homens entre si, assim como as diferenças étnicas, sociais, religiosas, culturais, etc. Afinal, mulheres e homens são múltiplos. A promoção da equidade fará desaparecer as relações de poder entre homens e mulheres? Não, mas poderá produzir relações mais igualitárias, justas, solidárias e democráticas.

Discutir gênero envolve a abordagem de questões básicas como o tipo de roupa que as pessoas usam, jeito de se expressar e de se comunicar até coisas mais complexas como expectativas sociais que são esperadas de homens e mulheres, papéis normalmente atribuídos ao masculino e papéis normalmente atribuídos ao feminino (Jesus, 2012). Isso fica evidente, por exemplo, nas brincadeiras infantis. Alguns pais e mães costumam achar completamente natural que toda menina brinque de boneca e que todo menino brinque de carrinho ou bola. Essas crenças são expectativas sociais relacionadas ao gênero e disseminadas pelo discurso.

É interessante perceber como os brinquedos de criança determinam os espaços entre público e privado. Enquanto as meninas são incentivadas a ficar em casa e a brincar de casinha, cuidar de bonecas, princesas e a se embelezar, os meninos são incentivados a ir para a rua e a brincar de carrinho, bola, jogos de ação e super-heróis. Será que essa divisão binária não influenciará a trajetória estudantil e o futuro profissional de ambos?

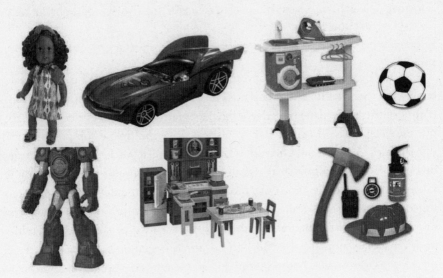

Fonte: Google imagens.

Já sabemos que o gênero não é algo dado ao nascimento, mas sim uma construção social ao longo da vida. Já o termo **identidade de gênero**, por sua vez, é como cada pessoa concebe o seu gênero. Quando alguém diz "eu sou homem" ou "eu sou mulher", a pessoa está se referindo a sua identidade de gênero. Vale ressaltar que existem diversas e distintas identidades de gênero. O que você na qualidade de pai, mãe, cuidador ou cuidadora precisa atentar é que marcadores sociais de gênero como nome, roupa, cor, cabelo, estética, prática e expectativa que você tem de ter um "filho homem" ou uma "filha mulher" não estão determinados no nascimento, mas sim serão construídos ao longo do desenvolvimento dos seus filhos e filhas (Jesus, 2012). Nada garante, portanto, que nascer com um pênis ou com uma vagina garantirá a identidade de gênero e essa será correlata ao sexo anatômico. Ou seja, uma criança pode nascer com vagina e não necessariamente se identificar como menina e vice-versa.

Você já deve ter ouvido falar nos termos **transgeneridade** e **cisgeneridade**; esses se referem a dois tipos de identidade de gênero (Jesus, 2012). O quadro abaixo procura sucintamente apresentar os dois conceitos:

	CISGÊNERO	TRANSGÊNERO
Conceito	Uma pessoa cisgênero (também chamada de "cis") possui concordância entre o sexo atribuído ao nascimento e a identidade de gênero.	Uma pessoa transgênero (também chamada de "trans") possui discordância entre o sexo atribuído ao nascimento e a identidade de gênero.
Exemplos	Uma pessoa nasceu com uma vagina e se sente pertencente ao gênero feminino. Outra pessoa nasceu com pênis e se sente pertencente ao gênero masculino.	Uma pessoa nasceu com uma vagina, mas se reconhece como pertencente ao gênero masculino (chamado de **homem trans**). Outra pessoa nasceu com um pênis e se reconhece pertencente ao gênero feminino (chamada de **mulher trans**).

As terminologias são muito complexas e dependem de um fator primordial, ou seja, a autodeclaração do sujeito. Não será um professor, uma mãe, uma policial ou um funcionário público que vai apontar a identidade de gênero do outro, e sim ele mesmo ou ela mesma. O termo **transgênero** acaba sendo também um grande guarda-chuva para congregar vários outros termos e designações:

TRANSGÊNEROS
1. Transexuais
   1.1 Homens trans
   1.2 Mulheres trans
2. Travestis
3. Trans não binários

A diferença entre esses termos reside basicamente na autodeclaração dos sujeitos. A realização ou não da cirurgia de redesignação sexual (conhecida no senso comum como mudança de sexo) não é critério essencial para diferenciar travestis de transexuais. As **travestis** (sempre com o artigo no feminino) são pessoas que se identificam com marcadores socialmente atribuídos às mulheres, mas sem se considerarem mulheres trans. Em geral, não buscam cirurgias ou procedimentos de hormonização, o que é frequente entre mulheres trans. Ainda, existem as identidades de gênero consideradas não binárias. **Pessoas não binárias** não se identificam necessariamente como homens ou como mulheres e buscam romper a lógica binária de homem-mulher (Jesus, 2012).

No entanto, no campo da Medicina e da Psicologia, as nomenclaturas trans são determinadas por manuais diagnósticos classificatórios (APA, 2014; OMS, 1993), que as reconhecem como patologia nomeada de **disforia de gênero** (profunda angústia vivenciada pela pessoa com incongruência no corpo, entre o sexo e o gênero), portanto, dignas de tratamentos psiquiátrico, hormonal e protético. Inúmeros discursos são produzidos no campo trans, discursos de ordens médica e psicológica (tratamentos terapêutico e cirúrgico), de ordem das políticas públicas (garantia dos direitos de cidadania), de ordem jurídica (retificação de documentos e do nome social), de ordem pedagógica (ingresso e permanência na escola e na universidade) e os discursos dos próprios sujeitos trans que, muitas vezes, estão na contramão dos anteriores.

O preconceito e a discriminação que muitas pessoas trans sofrem ocorrem no cotidiano, como, por exemplo, frequentar escola, ser reconhecido ou reconhecida pelo nome escolhido, poder utilizar o banheiro conforme sua identidade de gênero, dentre muitas outras. Tais práticas discriminatórias recebem o nome de **transfobia**.

Dicas de linguagem:

1. Sempre expresse respeito pelas pessoas e pela sua identidade. Se você não sabe a identidade de gênero de uma pessoa, é adequado perguntar: "Qual a sua identidade de gênero?"

2. Respeite o nome social – aquele escolhido pela pessoa trans em conformidade com sua identidade de gênero (Alves, 2017) deve ser respeitado, mesmo quando esse não está de acordo com aquele nome de registro civil. Se você está em dúvida em como se referir a uma pessoa, não é inadequado perguntar "Como você gostaria que eu te chamasse?"

3. Evite perguntas como "Você nasceu homem e virou mulher?", já que essas são geralmente percebidas como socialmente inadequadas pelas pessoas que as recebem.

4. Com os seus filhos e filhas ou com as crianças com as quais você eventualmente entrará em contato, procure buscar um diálogo aberto e sincero sobre as diferentes formas de ser homem ou de ser mulher. Procure fornecer acolhimento, afeto e diálogo sem preconceitos, para que as crianças possam crescer com autonomia de liberdade de expressão.

Orientação sexual

A orientação sexual pode ser entendida como a atração afetiva e/ou sexual que uma pessoa sente por outra; a orientação existe em um *continuum* que varia desde a **homossexualidade** exclusiva até a heterossexualidade exclusiva, passando pelas formas de **bissexualidade**. Homossexualidade é a atração afetiva e sexual por uma pessoa do mesmo sexo. Da mesma forma que a heterossexualidade (atração por pessoa do sexo oposto), não tem explicação científica, salvo explicações ideológicas e falseadoras, a homossexualidade também não tem (PRADO; MACHADO, 2008). Ou seja, não existe uma ontologia explicativa da homossexualidade nem da heterossexualidade.

O termo **heteronormatividade** é muito utilizado no campo das teorias de gênero e da sexualidade como uma importante ferramenta crítica da realidade social imposta na sociedade, que toma a relação heterossexual como a norma a ser seguida. Essa concepção reducionista se baseia unicamente em critérios reprodutivos, desconsiderando que o desejo sexual não se restringe à procriação.

Você já deve ter visto a sigla LGBT – lésbicas, *gays*, bissexuais e transexuais – em algum lugar. O que você talvez não saiba, porém, é que essa é a versão resumida da sigla, porque ela é bem maior, isto é, a versão integral é **LGBTTTIAQ** – lésbicas, *gays*, bissexuais, transexuais, travestis, transgêneros, intersexuais, assexuais e *queers*. Aos poucos, vamos compreender todas as letras e seus significados.

Grande parte de mães e pais aprende a internalizar a heteronormatividade como se fosse uma representação exata da realidade, como se fosse completamente correta em todos os sentidos. E acabam, portanto, comportando-se em todas as esferas de sua vida como se essa norma fosse um fato inquestionável. Isso muitas vezes se manifesta quando passa a reproduzir uma série de atitudes que abalam outras formas de viver ou que estejam além do que se espera naquele espaço. Às vezes, isso envolve pensamentos distorcidos ou ações de violência verbal ou física. O que eles nem sequer percebem é que tais construções sociais atravessam a forma como nos organizamos e nos fazem agir como se elas fossem naturais e parte de nossa essência.

De forma geral, existe uma expectativa da sexualidade de muitas pessoas pensada de forma linear e horizontalizada; contudo, a tríade sexo-gênero-orientação sexual produz diferentes combinações, que, por sua vez, dão origem a diferentes modos de ser e de estar no mundo. Não existe uma linha horizontal determinista entre as combinações, ou seja, uma pessoa pode nascer com um determinado sexo, reconhecer-se como pertencente a outro gênero e ter uma orientação sexual diferenciada. Quanto mais pensamos em uma única norma de ser no mundo, mais produzimos sujeitos subalternizados, dissidentes e patológicos.

Sexo	Identidade de gênero	Orientação sexual
Homem Mulher Intersexual	Homem cis Mulher cis Homem trans Mulher trans Travestis Trans não binário Queer	Homossexual Heterossexual Bissexual Assexual

Existem sujeitos trans que, por exemplo, fazem a transição do masculino para o feminino, mas preferem se relacionar com mulheres, sendo assim nomeadas de mulheres trans lésbicas. Ou ainda, sujeitos trans que fazem a transição, mas não se interessam por homens, nem por mulheres, sendo nomeados de pessoas trans **assexuais**. Há ainda sujeitos que se identificam ora como mulher, ora como homem, ora também como nenhum dos dois; neste caso são chamadas pessoas *queers*.

Saiba mais:

- A nomenclatura **assexualidade** consiste naquele grupo de pessoas (cisgênero ou transgênero) que não se interessa sexualmente por outras pessoas, apenas afetivamente. Entre adolescentes, tem sido mais comum do que se pensa essa alternativa de orientação sexual. A literatura médica classifica essa alternativa como uma disfunção sexual ou hormonal; porém, mais uma vez, o discurso dos próprios sujeitos é desconsiderado, pois ou a pessoa se encaixa em um padrão predeterminado ou é considerada possuidora de uma patologia.
Fonte: BEZERRA, Paulo Victor. Avessos do excesso: a assexualidade, 2015. Disponível em: <http://hdl.handle.net/11449/132159>. Acesso em: 27 dez. 2017.

- O termo *queer* tem origem inglesa e significa estranho, anormal e bizarro; contudo, ele foi ressignificado pelo movimento social LGBT como uma possibilidade viável de ser e estar no mundo. Segundo Louro (2014), *queer* é uma espécie de disposição existencial e política e também um conjunto de saberes que pode ser qualificado como subalterno, quer dizer, saberes que se construíram e se constroem fora da sistematização tradicional.

Alguns pais e mães descrevem não imaginar que seu filho ou sua filha seja *gay*, lésbica ou bissexual até o momento em que tal fato é revelado à família.

Existem algumas características que não recebem atenção ou que são ignoradas, e isso mesmo dos pais e mães mais interessados e dedicados a compreender seus filhos e filhas. A característica mais provável de ser esquecida, dentre os questionamentos, é: "Talvez meu filho seja *gay*" (RICHARDSON; SCHUSTER, 2010).

Considerando tais questões, é muito provável que pais e mães se direcionem aos profissionais da Psicologia para pedir auxílio no manejo da orientação sexual de seus filhos e filhas. Tais profissionais, no entanto, e contrariando as expectativas, nem sempre possuem preparo necessário para oferecer ferramentas que permitam apropriada compreensão do tema. Isso pode decorrer de vários fatores: a ausência de formação técnica adequada desses profissionais, o próprio modelo educativo profissional, sua visão política sobre o tema, seu nível de contato com a diversidade sexual e de gênero ou mesmo uma diminuída capacidade crítica para reconhecer compreensão distorcida a respeito do tema (LINGIARDI et al., 2015).

A demanda dos pais e das mães por aconselhamento e apoio ante a angústia de lidar com um tema ainda socialmente sensível é alta: mães, pais e cuidadoras e cuidadores, de maneira geral, não desejam que seus filhos e filhas experimentem sofrimento e mal-estar. Embora a heterossexualidade jamais seja garantia de felicidade, é muito provável que jovens *gays* e lésbicas tenham de enfrentar algumas dificuldades específicas, resultado do funcionamento social que não considera essa forma de expressão sexual (RICHARDSON & SCHUSTER, 2010). Neste sentido, pais e mães precisam receber apoio e informações adequadas para aprender a lidar com o tema e para apoiar seus filhos em sua variada forma de existir. Com base nas seguintes afirmações, é perceptível que muitas expectativas são criadas sobre os filhos e as filhas, aliadas ao desconhecimento e às práticas **homofóbicas**, **lesbofóbicas** e **bifóbicas** (aversão, rejeição e discriminação por pessoas não heterossexuais):

- *Meu filho escolheu ser assim, porque ele nasce gostando de mulheres.*
- *Ter um filho gay é uma vergonha, uma humilhação.*
- *Eu não tenho coragem de contar para os colegas de trabalho que meu filho é gay.*
- *Minha filha é lésbica porque eu não ensinei a ela a se comportar.*
- *Os gays são promíscuos e aidéticos.*
- *Isso é modismo, coisa dessa geração nova.*
- *Ninguém quer ter uma filha (ou um filho) assim.*
- *Prefiro ter um filho drogado do que gay.*
- *Se a sociedade não aceita essa gente, é porque elas são doentes.*
- *Eu não tenho preconceito, eu até tenho conhecidos assim. Eu só não quero que minha filha seja assim.*

Os papéis sociais ou as expectativas de gênero estão associados à aparência, ao comportamento, aos aspectos de personalidade e ao que se é esperado de uma criança que ele pareça, aja ou se comporte, segundo as normas culturais (ALMEIDA; CARVALHEIRA, 2007). Portanto, é tudo aquilo que se espera de uma menina ou menino no espaço cultural e social em um determinado momento da sociedade.

Desde muito cedo, a criança que apresenta alguma variação no seu modo de comportar enquanto menino ou menina está quebrando com o entendimento social construído em sua cultura. Se um menino apresenta maior sensibilidade e delicadeza ou uma menina mostra interesse por atividades ao ar livre e futebol, é provável que tais crianças ou adolescentes estejam especialmente sujeitos a críticas. Além disso, pode ocorrer exclusão social e até mesmo situação de violência verbal, física ou sexual com essas crianças por elas serem simplesmente dessa forma. Isso ocorre com frequência no espaço social e na convivência intrafamiliar.

Para Borges (2009), muitas vezes uma criança nem sequer compreende por que é tratada dessa maneira e acaba, por consequência, internalizando a mensagem de que possui algo errado, ruim, mal ou disfuncional em si mesma. À medida que se desenvolve e reconhece seu funcionamento afetivo e sexual – e sua diferença em relação àquilo que é considerado "normal" –, alguns sentimentos variados surgem, dentre eles, o de preocupação, ansiedade, vergonha, medo e culpa. E isso vale, inclusive, para as crianças que se comportam exatamente com as características sociais que se esperam de um menino (jogar futebol) ou de uma menina (dançar balé) e que, no futuro, se desenvolverão como homossexuais. Essas também viverão experiências emocionais de vergonha, medo e culpa à medida que se preocupam com a possibilidade de serem descobertas e rejeitadas pelos seus amigos, colegas e familiares – além de outras consequências temíveis reais que ser *gay* ou lésbica acarreta.

Dica de filme:

BILLY ELIOT: Filme inglês, de 2001, que tem como pano de fundo a greve dos mineradores na Inglaterra, este drama mostra o jovem Billy Elliot e a descoberta que deixou seu pai de cabelos em pé: sua inesgotável paixão pela dança! Ao chegar à puberdade, Billy percebe que prefere a companhia das garotas nas aulas de balé (que ele frequenta escondido) a lutar boxe como os mais velhos querem. E não demora muito para que sua professora de balé chegue à conclusão de que o menino tem talento. E muito! Seu pai, porém, um sisudo e tradicional minerador de carvão, não gosta nem um pouco da ideia de ver seu filho calçando sapatilhas.

Pais e mães frequentemente partem do pressuposto de que todas as crianças nascem heterossexuais, o que reforça a sensação dessas de que qualquer sentimento ou desejo distinto de tal expectativa é sinal de que tem algo errado consigo mesmo e de que isso vai implicar a exclusão do meio social. O que sabemos, no entanto, é que não há consenso entre os fatores que formam qualquer orientação sexual (heterossexual, bissexual ou homossexual). Ser lésbica, *gay* ou bissexual é parte da constituição diversa da sexualidade humana, mesmo que muitas pessoas afirmem o oposto.

Geralmente, na vida adulta, as pessoas se nomeiam como heterossexuais, homossexuais ou bissexuais de forma congruente com aquilo que sentem ou desejam sexualmente; ou seja, identificam-se com um coletivo de pessoas que têm práticas similares àquilo que sentem nas esferas sexual e afetiva. Não é incomum, no entanto, que *gays* e lésbicas evitem se autonomearem como tal para evitar o preconceito. Cabe lembrar que se nomear como lésbica ou *gay* acarreta, em muitos contextos, assumir uma carga adicional de estresse por ser parte de um grupo tradicionalmente invisível na educação, no trabalho, na família e nas instituições.

A pressuposição de que a homossexualidade ameaça a sociedade está vinculada à estrutura patriarcal, que enfatiza a valorização e a predominância dos valores masculinos. Sendo assim, qualquer coisa que lembre outros elementos que não os masculinos pode ser considerada desvio ou fraqueza. Algumas vezes, isso implica que as pessoas homossexuais sejam identificadas como parte do universo feminino e, portanto, consideradas inferiores na escala social (BORGES, 2009).

Nesse sentido, a homofobia está diretamente relacionada ao sexismo (prática discriminatória em função do sexo da pessoa). Práticas homofóbicas podem ser variadas, desde comentários pejorativos até situações de violência extrema que, em algumas poucas vezes, chegam até as notícias que os pais veem ou ouvem. No Brasil, o ano de 2016 teve o maior número de assassinatos de pessoas LGBT, com 343 vítimas, segundo relatório do Grupo Gay da Bahia. A intolerância se manifesta no cotidiano em forma de *bullying*, abuso verbal, negação à saúde, educação, trabalho ou moradia, assim como lesão corporal, tortura, estupro e assassinato. É importante lembrar que esses dados se referem à quantidade de casos noticiados na mídia, porque não há notificação específica nos órgãos de segurança pública que se denomine **crime de homofobia**. Dessa maneira, é muito provável que os números sejam maiores do que esses.

Por fim, vale lembrar que a maior parte das pessoas que na vida adulta se identificam como lésbicas, *gays*, bissexuais ou heterossexuais descreve que, desde a infância, se percebiam tendo atração específica por um ou mais sexos. A identificação sexual como heterossexual ou não heterossexual surge, no entanto, somente na pré-adolescência. Ao mesmo tempo, experiências sexuais ou afetivas na infância não são determinantes da orientação sexual. É comum as crianças experimentarem conhecer o corpo umas das outras de forma ingênua, porém segura.

Como lidar com as questões de sexualidade na infância?

A infância se caracteriza pela descoberta de si mesmo, do outro e do mundo. Experimentações e vivências diferenciadas entre meninas e meninos enriquecem e potencializam a autonomia e a tomada de decisão na vida. Lembre-se de que uma criança não é um vir a ser, uma criança já é um ser, desde sempre. E deve ser respeitada, valorizada e principalmente escutada com atenção e carinho. Mas atenção: o desejo sexual de uma criança por outra criança merece zelo por parte dos pais, mães, cuidadores e cuidadoras. O desejo sexual demanda significativa presença de hormônios, que só serão efetivamente produzidos na adolescência; portanto, esse seria um caso que merece observação e investigação. Crianças apresentam interesse afetivo pelo outro, mas não interesse sexual.

Se você acredita que haja um problema psicológico com seu filho ou sua filha pela demonstração de interesse por pessoas do mesmo sexo, cabe ressaltar que não existe relação entre transtorno mental e orientação sexual. Na verdade, experiências de estresse em função de preconceito por pertencer a uma dita minoria sexual é que favorecem o desenvolvimento de determinadas condições psicopatológicas, e não a orientação sexual em si.

> Dicas:
> - Evite buscar diagnósticos ou auxílio psicológico para mudanças na orientação sexual. É importante que pais e mães possam acolher e reconhecer as dificuldades de seu filho ou filha em uma cultura que privilegia a heterossexualidade.
> - Procure apoio psicológico de profissionais de referência no trabalho a pessoas e a familiares de LGBTs. O apoio de profissionais eticamente comprometidos e tecnicamente preparados se torna particularmente importante para que pais e mães possam ser compreendidos e auxiliados nesse processo.

O que é consenso científico dos principais órgãos nacionais e internacionais em saúde mental é que não ser heterossexual é parte da constituição diversa da sexualidade humana. O papel da família em relação às diferentes orientações sexuais é particularmente importante no enfrentamento às práticas discriminatórias homofóbicas. Cabe lembrar que o preconceito em relação à diversidade sexual é considerado o principal fator no desenvolvimento de condições sintomáticas entre essas pessoas (MAYLON, 1982).

No intuito de auxiliar seu filho ou sua filha, demonstre empatia e cuidado ao abordar o tema, reconhecendo que é tão difícil para você lidar com isso quanto para ele ou ela. Crianças têm medo, ansiedade e preocupação com a possibilidade de rejeição familiar por serem o que são; portanto, todo cuidado no acolhimento torna-se fundamental.

> **Mitos e crendices:**
>
> - A distância do pai ou da mãe e de cuidadores ou cuidadoras, uma experiência de abuso sexual, problemas familiares ou até problemas clínicos de saúde da criança não são capazes de produzir ou modificar uma orientação sexual.
> - Não há evidências de que a familiaridade com gays e lésbicas conduza à homossexualidade; ou seja, de que conviver com essas pessoas direta ou indiretamente leve a uma determinada orientação sexual.
> - O aprendizado sobre a existência das pessoas homossexuais – por meio de pessoas famosas na televisão, internet, filmes e redes sociais ou contato com amigos gays ou lésbicas ou mesmo personagens – não é capaz de produzir mudança, formar ou até transmitir uma orientação sexual para aqueles que a observam.

Portanto, estar ou não próximo de discurso, visão (novelas e filmes, por exemplo) ou conviver com alguém LGBT não é fator determinante para desenvolver qualquer orientação sexual.

Vale lembrar que *gays* e lésbicas, filhos e filhas de casais heterossexuais, não compartilham da mesma orientação sexual de seus progenitores, e não seria a convivência familiar que modificaria isso.

Alguns pais e mães acreditam que o interesse por determinadas brincadeiras ou algumas características de personalidade é capaz de predizer se a criança será heterossexual ou não na vida adulta. Por exemplo, algumas meninas se interessam por jogos tradicionalmente atribuídos aos meninos (videogame, futebol) ou têm características socialmente atribuídas ao masculino (agressividade, interesse por atividades ao ar livre). Tais meninas, que podem ser vistas como possíveis lésbicas (ou com aquilo que se considera como próprio do masculino), são na vida adulta, em termos de probabilidade, heterossexuais (Richardson & Schuster, 2010). Os autores salientam que não se pode fazer uma avaliação da orientação sexual dos filhos ou filhas, baseando-se em fatores como estilo de brincadeira ou características de personalidade.

Quando há diferença de interesse em atividades entre familiares e filhos ou filhas, torna-se muito importante o investimento na relação de parceria da melhor forma possível. Algumas crianças se sentem culpadas por não terem os mesmos interesses que o pai ou a mãe, e essa ausência de sintonia até pode ser interpretada como um problema; portanto, cabe aos cuidadores reinventar atividades e brincadeiras com as crianças, tendo como base seus interesses. É papel dos pais e das mães afirmar e aceitar o interesse da criança, não os sujeitando ao ridículo e à vergonha. Afinal, brincadeiras, brinquedos e cores não são suscetíveis de produzir qualquer tipo de orientação sexual.

Outro tema que tem sido alvo de muita polêmica no Brasil e no mundo se refere às crianças reconhecidas como transgênero. É possível determinar ainda na infância a identidade de gênero? Como saber se uma criança pode ou não ser uma pessoa trans? Pensando nessas e em outras dúvidas de familiares e profissionais de saúde, a Sociedade Brasileira de Pediatria lançou, em 2017, um **Guia Prático de Atualização sobre Disforia de Gênero para crianças e adolescentes**. O material científico e didático tem como objetivo orientar familiares e profissionais do campo da saúde para os cuidados, a atenção, o acolhimento, o acompanhamento e o encaminhamento que devem ser tomados com crianças e adolescentes que apresentem alguma discordância entre o sexo biológico e a identidade de gênero.

Saiba mais:

Guia Prático de Atualização sobre Disforia de Gênero para Crianças e Adolescentes da Sociedade Brasileira de Pediatria.

Disponível em: http://www.sbp.com.br/fileadmin/user_upload/19706c-GP_-_Disforia_de_Genero.pdf. Acesso em: 27 dez. 2017.

Dica de filme:

TOMBOY: Sensível filme francês de 2012, aborda a história de Laure, garota de dez anos, que vive com os pais e a irmã caçula, Jeanne, em um novo bairro. Um dia, Laure, que tem cabelos curtos e gosta de vestir roupas masculinas, resolve sair de casa para conhecer a vizinhança e encontra Lisa, que a confunde com um menino.

A partir de então, Laure assume uma nova identidade, Mickaël, sem que seus pais saibam.

Desde então, muitas descobertas, algumas boas e outras más, estão prestes a acontecer.

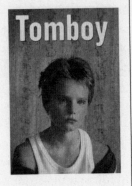

Como lidar com as questões de sexualidade na adolescência?

A adolescência sempre foi considerada uma etapa crítica do desenvolvimento. No entanto, a vivência dessa etapa mudou ao longo do tempo. Atualmente, pode-se apreciar que a puberdade inicia em etapas mais precoces que há umas décadas e que as práticas e atitudes sexuais dos adolescentes estão mudando em razão de fatores como o desenvolvimento das cidades e a comunicação globalizada. Outros fatores como a atitude dos pais e das mães no que diz respeito à sexualidade, à relação com os pares e à influência cultural são importantes no que concerne à diferença da expressão da sexualidade entre os adolescentes (KAR, CHOUDURY, SINGH, 2015)

Adolescentes têm, e sempre tiveram, diversas maneiras de obter informação sobre sexualidade; a respeito disso, é importante que os adultos consigam influir de maneira positiva e efetiva neles (WORLD HEALTH ORGANIZATION, 2017). Pais e mães devem assumir que os valores que mantêm não necessariamente serão compartilhados pelos filhos e pelas filhas. De fato, a relação dos adolescentes com os pares, e o fato de pertencerem a uma geração e a um contexto diferentes pode criar uma distância, que dificulte uma comunicação adequada. A adolescência é uma etapa na qual se descobre o prazer sexual e o reconhecimento de sim mesmo como um indivíduo sexual. Na adolescência, inicia-se o reconhecimento dos outros como objeto de desejo sexual e de afeto.

Muitos adultos mantêm um discurso contraditório com a prática quando o tema é sobre a sexualidade e o desejo sexual adolescente. Tal discordância tem marcadores de gênero como pressuposto. É censurada a expressão do desejo sexual nas adolescentes; no entanto, é esperado (e até incentivado) que os adolescentes apresentem intenso desejo sexual como símbolo de masculinidade. É uma equação de difícil solução, pois, enquanto as meninas são criadas para o lar e o mundo privado, os meninos são criados para a rua e para o público. Desde jovem, a desigualdade de gênero é produzida e reiterada por práticas sexistas e machistas na sociedade.

Os adolescentes dependem da família, da comunidade e da escola para adquirir uma série de habilidades importantes, que permitirá confrontar as pressões que eles vivenciam. Pais e mães são responsáveis por promover o desenvolvimento e intervir quando surgem problemas (OMS, 2017). Sugere-se que os familiares que não se sintam com habilidade suficiente para confrontar um problema específico com filhos ou filhas procurem especialistas que possam prover a atenção adequada. Não se configura como um problema a dificuldade de pais e mães em conversar sobre temáticas de gênero e sexualidade. Muitos deles não tiveram essa conversa quando adolescentes e, portanto, não se sentem preparados. O importante é não fingir que está tudo certo, que nada aconteceu e que o tempo resolve tudo sozinho. Lembre-se de que a sensibilidade de pais e mães em acolher, escutar e acompanhar torna-se essencial na relação afetiva com filhos e filhas. Diferentemente das crianças, filhos e filhas adolescentes conseguem se expressar melhor e elaborar os sentimentos em palavras; por isso, o diálogo é tão importante.

Quando há suspeita de que o filho ou a filha adolescente seja homossexual, é preciso considerar que muitos meninos *gays* ou meninas lésbicas que não revelam sua orientação sexual correm risco elevado de tentativa de suicídio (Richardson & Schuster, 2010). Sugere-se investigar o tema, abrir a possibilidade de diálogo questionando se há colegas *gays*/bissexuais na escola ou em outros locais de atividades. Ao mesmo tempo, é importante questionar se o filho ou a filha já sentiu atração amorosa ou sexual por alguém do mesmo sexo. Em caso negativo, abra a possibilidade de abertura do tema afirmando que, caso isso mude, você continuará a amar, a apoiar e a respeitar qualquer orientação que ele ou ela tenha.

> Dicas de linguagem:
> - Evite afirmações com o uso incorreto do termo "opção sexual", já que ele sugere uma escolha consciente e proposital de orientação sexual.
> - Evite usar o termo "homossexualismo", uma vez que o sufixo "ismo" denota suposta doença ou incapacidade. Use o termo "homossexualidade".
> - Use a expressão "orientação sexual", que sinaliza a orientação do desejo sexual de uma pessoa por outra.

Em meados de 2017, houve grande polêmica no Brasil quanto ao retorno da suposta **"cura *gay*"** aos consultórios psicológicos. Uma decisão judicial trouxe o tema de volta ao debate, gerando reação por parte dos militantes da causa LGBT, do Conselho Federal de Psicologia e de diversas universidades e grupos acadêmicos de pesquisa de gênero e sexualidade.

Infelizmente, vivemos numa época de grande retrocesso na liberdade de expressão, gerado por um grupo conservador e religioso fundamentalista que ocupa cargos importantes na política brasileira. Os campos da educação e da cultura têm sido os principais alvos desse grupo conservador, que cunhou o termo falacioso **ideologia de gênero**. Erros teóricos e conceituais, manipulações ideológicas, moralismo exacerbado, discurso religioso de intolerância, negação da diversidade e falsa pretensão apolítica caracterizam a plataforma de atuação desse grupo, que demonstra grande capilaridade. Não existe ideologia de gênero, o que existe são teorias de gênero que possuem o rigor científico característico de um campo de pesquisa acadêmica. As teorias de gênero têm um objeto de investigação, quais sejam, as assimetrias e as hierarquias de poder construídas entre as diferentes expressões de feminilidade e masculinidade em nossa sociedade. Além disso, mantêm uma metodologia de pesquisa, um código de ética e um olhar crítico e dialogado com o social.

> **"Cura *gay*" não existe.**
>
> As boas práticas de Psicologia se comprometem com os direitos fundamentais, de acordo com a Associação Americana de Psicologia, em seus fundamentos éticos. A psicoterapia cognitivo-comportamental tem a premissa de que a homossexualidade não pode ser "curada", já que essa não é vista como uma doença (BERTAGNOLI, CARDOSO, HÜBNER & PERGHER, 2007). Em vez de diagnosticar, de buscar supostos determinantes ou de explicar supostas causas e de tentar sugerir comportamento corretivo, o objetivo da Psicologia é auxiliar familiares a reconhecer qualquer orientação sexual como elemento natural do desenvolvimento humano (MOITA, 2006).
>
> Um dos principais momentos de reconhecimento da orientação LGBT no Brasil se deu por meio da Resolução 01/99, proposta pelo Conselho Federal de Psicologia, que estabelece normas de atuação da Psicologia em relação à orientação sexual. Tal resolução firma que a homossexualidade não constitui doença, distúrbio ou perversão, retirando-a do rol de patologias e, portanto, daquilo que pode ser alvo de cura. A Resolução 01/99, porém, vem sofrendo uma série de ataques de grupos conservadores e religiosos no Congresso Nacional. O posicionamento oficial do Conselho Federal de Psicologia alerta que as chamadas "terapias de reversão sexual" não têm resolutividade, apontando estudos feitos pelas comunidades científicas nacional e internacional e evidenciando os efeitos e os agravos ao sofrimento psíquico.

No campo da transexualidade, adolescentes que manifestem algum grau de discordância entre o sexo anatômico e a identidade de gênero merecem acompanhamento especial de mães, pais, cuidadores e cuidadoras. Os Conselhos Nacionais de Psicologia e de Medicina destacam a importância do apoio de uma equipe multidisciplinar de profissionais nesses casos. Diferentemente da criança, pode ser utilizado um bloqueador de hormônios para prolongar a infância e retardar os efeitos da puberdade, na adolescência; segundo a legislação brasileira, o processo de hormonoterapia pode ser iniciado a partir dos 16 anos com acompanhamento de um endocrinologista. Apesar da burocracia e da lentidão da saúde brasileira, as cirurgias de redesignação sexual, quando necessárias na idade adulta, são realizadas pelo Sistema Único de Saúde (SUS). Sempre é importante lembrar que, sendo um processo longo, por vezes doloroso e muito complexo, o apoio familiar se configura como um critério fundamental para o sucesso da transição e a posterior (re)inserção na vida social.

Considerações finais: o respeito à diferença

Este capítulo teve como objetivo apresentar de forma simplificada conceitos no campo da sexualidade, gênero e diversidade sexual, que, em função de sua complexidade, pode provocar confusão, ainda mais no trato com crianças e adolescentes. O desconhecimento e o conhecimento errôneo são grandes produtores de preconceitos e atitudes discriminatórias causadoras de sofrimento para todas as pessoas envolvidas. A busca de esclarecimento de terminologias e nomenclaturas diferenciadas, bem como o conhecimento das temáticas, é o primeiro passo para construir uma relação saudável e afetiva entre mães, pais, filhos e filhas no campo da sexualidade. Os conceitos-chave apresentados e refletidos ao longo do texto, sexo – identidade de gênero – orientação sexual, são importantes ferramentas de compreensão de mundo, num movimento de ampliação do olhar para as diversas formas de ser e estar.

Falar de sexo sempre foi um tabu, e ainda o é. Portanto, demanda dos familiares, cuidadores e cuidadoras um investimento pessoal tanto para se preparar para o diálogo quanto para romper estigmas e estereótipos que colecionamos ao longo da vida. Todas as pessoas têm preconceitos; é impossível não ter. Precisamos fazer um exercício de auto-observação, verificar quando esses preconceitos se manifestam e negociar com nós mesmos o tratamento devido para cada caso. Preconceitos nunca aparecem isolados; geralmente vêm acompanhados de outros, por exemplo, práticas discriminatórias de caráter homofóbico podem revelar traços sexistas em sua manifestação: chamar um homossexual de "mulherzinha" ou "mariquinha" inferioriza também a imagem da mulher, numa perspectiva da masculinidade como referência de poder.

Precisamos estar atentos também à linguagem utilizada, importante instrumento de poder que pode tanto potencializar quanto invisibilizar sujeitos e corpos tomados como dissidentes e desviantes da matriz heteronormativa. Incluir a diversidade no discurso se configura como uma estratégia de valorização e visibilização das diferenças entre os sujeitos. É preciso ter cuidado com os pronomes utilizados no masculino e no feminino, com determinadas expressões incorretas, como "opção sexual", com perguntas indiscretas e abordagens invasivas. Se tal atenção não for dada, o diálogo ficará prejudicado. Gênero e sexualidade, como categorias de análise da sociedade, encontram na linguagem uma importante estratégia de disseminação, em todos os sentidos, como a linguagem corporal, falada, ouvida, vista, sentida e compartilhada. Tal disseminação, via linguagem, pode produzir quer a inclusão, quer a exclusão de modos de vida na sociedade.

Mitos e crendices nos acompanham por toda a vida, sendo necessária uma reflexão crítica e dialogada da parte dos adultos com crianças e adolescentes. É fundamental, no campo de estudos de gênero, o processo de desnaturalização de comportamentos e expressões de vida; a naturalização pode ser letal em alguns casos, visto que enraíza preconceitos, limita alternativas e oblitera caminhos possíveis e viáveis de experiência e vivência.

Outro cuidado importante a ser tomado diz respeito à generalização; por exemplo, todo homem é agressivo, "pegador" e racional; toda mulher é sensível, frágil e delicada. A universalização de sujeitos – homem e mulher – cria modelos estagnados de masculinidade e feminilidade que não correspondem à realidade. Outra generalização muito comum é considerar que ser mãe é um instinto de todas as mulheres. Ora, quantos mulheres você conhece que não querem ou não podem ter filhos, e isso não as torna menos mulher que outras que optaram pela maternidade. Essa divisão do mundo em polos binários alicerça assimetria e desigualdade entre homens e mulheres, entre cisgêneros e transgêneros e entre heterossexuais e não heterossexuais.

Brinquedos, brincadeiras, cores, roupas e padrões de estética não se configuram como elementos estruturantes de uma determinada identidade de gênero ou de uma determinada orientação sexual. São apenas alternativas pessoais que independem do sexo anatômico. Usar uma blusa rosa, ter cabelos compridos e brincar de boneca não diminui a masculinidade de ninguém, assim como usar uma blusa azul, ter cabelos curtos e brincar de futebol também não diminui a feminilidade de ninguém.

Por fim, retomamos a premissa básica da ampliação do olhar para o mundo, procurando compreender a diferença entre as pessoas e sua respectiva escolha de vida, por mais estranha que nos possa parecer. Toda normatização do comportamento humano, em qualquer instância, deve ser sempre observada com cuidado e suspeita. O diferente de mim não deve ser tratado com desrespeito e menosprezo. Entre a liberdade e a censura, como seres humanos nosso corpo está em contato e experimentação direta com o outro e com o mundo, constantemente. O corpo humano é fonte de vida e de experiências de dor e de prazer. Vivemos no princípio da alteridade, eu reconheço o outro, pois sou diferente dele, mas também sou igual ao outro, na medida em que compartilhamos características que nos tornam humanos e, portanto, dignos de respeito.

Referências

ALMEIDA, J.; CARVALHEIRA, Flutuações e diferenças de género no desenvolvimento da orientação sexual: perspectivas teóricas. **Análise Psicológica**, p. 343-350, 2007.

ALVES, C. E. R. **Nome sui generis: o nome (social) como um dispositivo de identificação de gênero**. Belo Horizonte: Editora Puc Minas, 2017.

AMERICAN Psychological Association. Report of the APA Task Force on the Sexualization of Girls. Disponível em: <http://www.apa.org/pi/women/programs/girls/report-full.pdf> Acesso em: 25 dez. 2017.

AMERICAN, Psychological Association. **Manual Diagnóstico e Estatístico de Transtornos Mentais**. Porto Alegre: Artmed, 2014.

BERTAGNOLI, A. C. et al. Terapia cognitivo-comportamental com pacientes homossexuais. In: PICCOLOTO, N. M.; WAINER, R.; PICCOLOTO, L. B. **Tópicos Especiais em Terapia Cognitivo-Comportamental**. São Paulo: Casa do Psicólogo, 2008, p. 107-140.

BORGES, K. **Terapia afirmativa: uma introdução à psicologia e à psicoterapia dirigida a gays, lésbicas e bissexuais**. Edições GLS, 2009.

JESUS, J. G. de. **Orientações sobre identidade de gênero: conceitos e termos**. 2 ed. Brasília: Jaqueline Gomes de Jesus, 2012.

KAR, S. K.; CHOUDHURY, A.; SINGH, A. P. Understanding normal development of adolescent sexuality: A bumpy ride. **Journal of Human Reproductive Sciences**, v. 8, n. 2, p. 70-74, 2015.

LOURO, G. L. O potencial político da teoria queer. **Revista Cultura**, v. 193, n. 17, 2014.

MACHADO, P. S. Intersexualidade e o consenso de Chicago: as vicissitudes da nomenclatura e suas implicações regulatórias. **Red de Revistas Científicas de América Latina y el Caribe, España y Portugal**, v. 23, n. 68, 2008.

PRADO, M. A. M.; MACHADO, F. V. **Preconceito contra homossexualidades: a hierarquia da invisibilidade**. São Paulo: Cortez, 2008.

RICHARDSON, J.; SCHUSTER, M. A. **Sobre sexo: tudo o que você teme que seus filhos perguntem, mas precisam informar sobre sexo**. Editora de Cultura e Editora MM (coedição). 2010.

SCOTT, J. **Gênero: uma categoria útil para análise histórica**. New York: Columbia University Press, 1989.

SOUZA, M. M.; ALVES, C. E. R. **Educação para as Relações de Gênero: eventos de letramento na escola**. Curitiba: Editora CRV, 2017.

TEIXEIRA, F. S. et al. Homofobia e sexualidade em adolescentes: trajetórias sexuais, riscos e vulnerabilidades. **Psicologia Ciência e Profissão**, v. 32, n. 1, p. 16-33, 2012.

WORLD, Health Organization. Adolescent development. Maternal, newborn child and adolescent health. Disponível em: <http://www.who.int/maternal_child_adolescent/topics/adolescence/dev/en> Acesso em: 24 dez. 2017.

VAGO, T. M. **Caderno de Diretrizes Municipais da Educação de Jovens e Adultos de Belo Horizonte. Eixo Corporeidade**. Belo Horizonte: Secretaria Municipal da Educação, 2008.

CAPÍTULO 16
Desregulação emocional na adolescência

Wilson Vieira Melo
Erica Panzani
Débora C. Fava

"Honestamente, para mim, se o meu filho morresse, seria um alívio". Essa foi a frase de um pai, depois de sair da visita da nona internação psiquiátrica do seu filho, que tinha o hábito de se cortar, agredi-lo fisicamente, quebrar objetos e roubar coisas de dentro de casa para financiar o seu uso de cocaína. Criar os filhos nem sempre é uma tarefa fácil, mas, em alguns casos, essa pode ser especialmente difícil. Exige amor, mesmo quando não estamos mais dispostos a dar. Todos nós temos limites, mas só conseguimos saber quais são eles quando esses são ultrapassados. A frase que inicia este parágrafo é forte e pode ser julgada por muitos como perversa. Dito de outro modo, poderíamos pensar ao lê-la, "eu jamais diria isso de um filho meu". Se nos fosse perguntado se estaríamos disponíveis para ajudar um filho a se acalmar em meio a uma crise emocional, quebrando objetos aos berros no meio da madrugada, provavelmente a resposta seria "sim". Todavia, por quantas noites consecutivas, por quantas semanas, por quantos anos?

Ao longo dos anos de trabalho como psicólogo clínico, deparamo-nos com muitas histórias de famílias que se machucam e se machucaram com o comportamento disruptivo de seus filhos. Casos em que as medidas como internação, contenção física e confronto violento foram as únicas formas de se cessar uma espiral de problemas catalisados pela desregulação emocional. Mas o que leva a tais contextos caóticos do ponto de vista desenvolvimental? A resposta tem a ver com fatores biológicos e temperamentais, aliados a ambientes de invalidação emocional.

Modelo biossocial

O modelo biossocial entende que o desenvolvimento de uma personalidade emocionalmente instável seria produto de fatores biológicos associados a ambientes de invalidação emocional (LINEHAN, 2010). Desse modo, a criança cresce e se desenvolve em um ambiente onde não teria as suas necessidades emocionais atendidas, ao mesmo tempo em que se sente criticada e não aceita por ser como é. De acordo com essa teoria, haveria uma predisposição biológica para a desregulação emocional, provavelmente vinculada a uma hiperativação dos circuitos relacionados à amídala cerebral, além de um déficit no controle inibitório que transita pelo córtex pré-frontal. Desse modo, tais pessoas apresentariam uma hiper-reatividade emocional que as tornam mais sensíveis emocionalmente (MELO & FAVA, 2012). Associado a essas características biológicas ligadas a traços temperamentais herdados, estaria um conjunto de experiências emocionais, especialmente durante a infância, que faria com que tais indivíduos construíssem sua personalidade com falhas importantes na aceitação de si mesmos e na percepção de falta de estabilidade nos vínculos afetivos (CAVALHEIRO & MELO, 2016). Esse padrão de desregulação no sistema das emoções seria evidente em três características distintas observadas:

1. Ativação emocional mais significativa, mais rápida do que aquela observada na maioria dos indivíduos.
2. As emoções, especialmente aquelas consideradas negativas, atingiriam níveis mais elevados e consequentemente intensos do que na maioria das pessoas.
3. Haveria demora maior para que as emoções retornassem até a um nível basal, fazendo com que esses estados sejam mais duradouros do que nos demais indivíduos.

De acordo com Linehan (2010), tais indivíduos sofreriam de uma espécie de "queimadura emocional", na qual, assim como ocorre com a pele quando queimada pelo sol e que se torna sensível a qualquer toque, todo movimento com as emoções seria extremamente doloroso e sofrido. Os indivíduos não aprenderiam que as emoções são transitórias e que elas vêm e vão. Eles teriam dificuldade em confiar nas suas respostas emocionais posto que, ao longo da vida, esse padrão de desregulação mais atrapalhou e trouxe dificuldades e sofrimento do que se mostrou ser confiável e adaptativo. Essa combinação de fatores levaria a uma personalidade sem um senso de identidade e com problemas no estabelecimento de vínculos emocionalmente seguros e de aceitação de si mesmos e que frequentemente acabam se mantendo como um padrão afetivo ao longo da vida e dos demais relacionamentos interpessoais (HALFEN, HANKE & MELO, 2011).

De acordo com o modelo biossocial, tal padrão de desregulação emocional da personalidade levaria a outros padrões de desregulação observáveis nas esferas comportamental, cognitiva, interpessoal e inclusive no senso de identidade (MELO, 2014). Problemas como condutas de automutilação e autolesão, suicidas e não suicidas, seriam vistos como estratégias mal-adaptativas de resolução de problemas (MELO, FAVA, SOUZA & ALVARADO, 2017). Muitos indivíduos acabam tendo atitudes como se cortar ou se ferir fisicamente como uma maneira de obter alívio das dores emocionais. Isso ocorre porque, ao se machucarem fisicamente, deslocam a atenção da dor emocional para outro estímulo físico. Ademais, o fato de provocar uma dor física faz com que se tenha uma ativação do sistema nervoso autônomo simpático, que dispara hormônios de estresse, mais especificamente a adrenalina e o cortisol, fazendo com que tenham aumento do limiar para dor. Essa combinação de fatores faz com que eles reduzam a percepção de dor e, através do processo denominado reforço negativo, cria uma estratégia para lidar com o seu sofrimento (MILLER, RATHUS & LINEHAN, 2007).

A desregulação cognitiva observada nesses indivíduos se manifesta tanto pela seletividade da atenção para estímulos relacionados com a rejeição pessoal e o medo de abandono quanto pelas interpretações extremadas de idealização e desvalorização (MELO, 2014). A interpretação que fazemos dos fatos influencia em grande parte o modo como vamos nos sentir nas diferentes situações. Se dizem para a filha que ela não pode viajar com os amigos, os pais podem pensar que, ao fazerem isso, estão querendo protegê-la de algo perigoso e evitar riscos. Entretanto, a filha pode interpretar essa atitude como uma evidência de que eles não confiam nela ou ainda que não querem sua felicidade. O raciocínio dicotomizado em "oito ou oitenta", preto ou branco ou tudo ou nada, é uma característica cognitiva associada à desregulação emocional (MELO & FAVA, 2012).

Frequentemente a falta de acurácia na interpretação dos fatos leva a conflitos interpessoais e de relacionamentos (HALFEN et al., 2011). A crença de que, se é alguém intrinsecamente inaceitável, por exemplo, pode fazer com que tenhamos dificuldades em acreditar que as outras pessoas gostem genuinamente da gente. Essa profunda falta de autoconfiança, aliada à impulsividade, à falta de habilidades interpessoais, pode levar a muitos conflitos nos relacionamentos, tanto dentro de casa, com a família, quanto na rua, com amigos, colegas e demais relacionamentos íntimos. Desse modo, é importante que tais dificuldades sejam avaliadas e que a aquisição de outras habilidades inclua competências que estão deficitárias, mostrando-se prejudiciais nas relações interpessoais.

Outra característica de instabilidade que frequentemente está associada a tais situações clínicas é a falta de um senso de identidade estável (LINEHAN, 2010). Todos nós costumamos saber do que gostamos, o que queremos e como estamos nos sentindo na maioria das situações que se apresentam em nossa vida.

Entretanto, indivíduos emocionalmente instáveis muitas vezes têm dificuldade em confiar nas suas experiências emocionais. Desse modo, buscam, no ambiente externo, pistas sobre como pensar, comportar-se ou sentir (Dornelles & Schäfer, 2017). Essa falta de identidade leva a uma profunda incapacidade em confiar nas suas reações emocionais, o que catalisa ainda mais insegurança.

Orientações aos pais

Algumas vezes, as relações entre pais e filhos ficam especialmente difíceis, e comportamentos extremos como violência física podem ser observados. Tais condutas jamais devem ser banalizadas, uma vez que, na ausência de limites claros para isso, tenderão a se exacerbar e a agravar cada vez mais (Miller et al., 2007). Uma vez que os pais representam uma figura de autoridade na vida dos filhos, é importante que eles próprios não percam a atitude de autorrespeito. Pais devem se fazer respeitar, sem nunca acreditar que dar limites significa desamor. Entretanto, isso não deve ser confundido com autoritarismo e falta de respeito pelo adolescente. Em outras palavras, quando um filho chega ao ponto de agredir fisicamente um pai ou uma mãe, muitas outras etapas anteriores a isso não funcionaram de forma eficaz. É necessário que se avaliem quais as consequências, ou a falta delas, que fazem com que esse comportamento se apresente ou perpetue em um relacionamento familiar.

> Para evitar que os adolescentes entendam a disciplina com autoritarismo, é importante que o desenvolvimento da disciplina ocorra desde o início da relação pai-filho. Os capítulos 2 e 3 desta obra abordam tal temática.

Algumas vezes, o comportamento violento não é dirigido a terceiros, mas sim à própria pessoa. Deste modo, condutas que oferecem risco à vida do indivíduo ou que colocam outras pessoas em risco deverão ser manejadas de maneira firme e jamais ser negligenciadas (Dornelles & Schäfer, 2017). Comportamentos suicidas, vistos aqui como uma estratégia mal-adaptativa de resolução de problemas, jamais são ignorados, apesar de também não ser estimulados (Melo et al., 2017). Se um filho, em meio a uma crise emocional, relata aos pais o desejo de acabar com a própria vida, os pais não deverão fingir que não ouviram isso ou que não se lembram do que foi dito, depois que a crise terminar. A banalização desse tipo de ideação pode fazer com que o indivíduo gradualmente se acostume e se familiarize com essa estratégia de lidar com seu sofrimento.

Muitos pais acreditam que perguntar aos filhos sobre o desejo de morrer pode fazer com que eles se estimulem a isso ou até mesmo que acabem tendo ideias suicidas em razão disso. Na prática, é muito pouco provável que alguém decida morrer porque ouviu alguém perguntar sobre isso. Ao contrário, <u>dar oportunidade para que o adolescente exponha seu sofrimento</u>, suas crenças sobre o suicídio e a falta de recursos pessoais para lidar com seu sofrimento pode propiciar a ele a oportunidade de enfrentar de modo diferente seus problemas (MILLER et al., 2007).

> Aos 7 anos, ele me disse que ia se jogar de um prédio. Fiquei apavorada e triste por ele. Percebi que ele se sentia mal; então, com calma, expliquei sobre a importância da vida e pensei que ele tinha entendido que ele era amado e que viver valia a pena. Só que, depois disso, ele começou a ameaçar que ia se matar, toda vez que sofria por algo. Fosse em relação a colegas, brigas na escola, negativas e proibições da minha parte, enfim, tudo que não o agradava virava drama. Pensamos que era um fingimento cruel e dissemos a ele que ele tinha tudo para ser feliz e que queríamos que, de fato, o fosse". Aí começou a se cortar nos braços, mas eu só descobri essa conduta de risco quando ele tomou todas as caixas de remédio da casa e foi levado ao hospital.

Algumas vezes pode ser bastante difícil lidar com esse tipo de situação sem o acompanhamento de um profissional capacitado. Procurar o auxílio de um psicólogo ou de um psiquiatra pode fazer com que se construa uma estratégia de intervenção que salve a vida do adolescente, e ao mesmo tempo reduza as chances de que ele se envolva nesse tipo de comportamento novamente. Encontrar um profissional treinado e com experiência nesse tipo de manejo de casos complexos pode fazer com que o desfecho da história seja diferente. Um recurso válido para alguns casos é a busca de um ambiente seguro, longe da família e com cuidados intensivos por um período curto de tempo.

As internações psiquiátricas devem ser cuidadosamente avaliadas como uma alternativa para trabalhar com as crises relacionadas a comportamentos de risco de suicídio ou agressão (auto e/ou hetero). Existem argumentos favoráveis para internar ou não um adolescente em crise de desregulação emocional. Apesar das habilidades de resolução de problemas poderem ser aprendidas durante a internação, é pouco provável que elas se generalizem de modo eficaz para as necessidades da vida fora da unidade. Além disso, algumas vezes "salvar" o paciente de uma situação de sofrimento pode enfraquecer sua capacidade de aprender a lidar com ele. É importante ter em mente que a internação psiquiátrica é uma medida extrema que visa a proteger o paciente dele mesmo ou proteger outras pessoas de riscos que eles possam estar oferecendo. A internação pode interromper o tratamento ambulatorial, além do fato de que o ambiente de internação frequentemente expõe o paciente a outros comportamentos "contagiosos". Exemplos não faltam na prática clínica de pacientes que, ao ser internados, aprenderam outros comportamentos problemáticos dentro da unidade e os reproduziram a partir da alta. Apesar de trazer um alívio para o paciente, o terapeuta, a equipe e a família, a internação pode reforçar o comportamento que levou o paciente a ser conduzido à internação (SWENSON, WITTERHOLT & BOHUS, 2007).

Feitas essas considerações, é importante salientar que a internação psiquiátrica salva vidas e pode interromper uma crise que se desenvolve em espiral. Muitos pacientes referem que, no ambiente hospitalar ou mesmo no pós-alta, a internação devolveu a motivação para o tratamento ou mesmo ofereceu uma oportunidade para retomar as combinações do tratamento. Ademais, o período de internamento pode promover um tempo de folga para que uma família cansada "respire", ou até mesmo permitir uma intervenção familiar mais difícil. Do ponto de vista do tratamento, a internação também pode trazer um novo fôlego para o terapeuta ou uma equipe exaurida, além de propiciar uma nova perspectiva para o diagnóstico e o tratamento, inclusive permitindo fazer um teste medicamentoso possível (SWENSON et al., 2007).

Princípios básicos de análise de comportamento

Antes de mais nada, é importante entender alguns conceitos fundamentais da ciência comportamental que serão verdadeiramente úteis no manejo do comportamento:

- REFORÇO
- PUNIÇÃO
- EXTINÇÃO

O primeiro deles, o REFORÇO, refere-se a qualquer consequência que, ao ocorrer, aumenta a probabilidade de um determinado comportamento acontecer novamente no futuro. Não se trata de ser bom ou ruim, agradável ou desagradável, mas sim de produzir um efeito de mudança no padrão comportamental, aumentando a magnitude de uma conduta ou a probabilidade de ocorrência dela (PRYOR, 2006).

Contrariamente, a PUNIÇÃO está relacionada à diminuição de comportamentos indesejáveis. Sempre que a ocorrência de uma consequência afeta o comportamento do outro de modo a fazer com que essa não ocorra mais ou ainda que essa tenha a probabilidade de ocorrência diminuída, podemos falar em punição. É importante deixar claro que a punição deve ser forte o bastante para funcionar. Entretanto, não deve ser confundida com punitividade ou vingança, uma vez que se trata de uma estratégia de modificação comportamental, e não de um tipo de agressão (Linehan, 2010). Ela é menos efetiva do que o reforço, visto que costuma provocar alguns efeitos colaterais, tais como emoções negativas tanto em quem pune quanto em quem é punido. As pessoas geralmente se retraem e/ou evitam pessoas que as punem. Além disso, há grande probabilidade de o comportamento se modificar apenas mediante a presença das contingências punitivas, de modo que ele pode não se generalizar para outros contextos (Pryor, 2006). Desse modo, são utilizadas quando todas as outras contingências fracassaram ou quando o comportamento ou falta dele for muito sério.

Por fim, a EXTINÇÃO se refere à ausência de reforçamento. Ignorar alguns comportamentos, não dando atenção a eles, pode ser incrivelmente efetivo. Entretanto, também é importante salientar que alguns efeitos colaterais podem ser observados. O principal deles é uma piora inicial do comportamento até que a curva comece a apresentar diminuição da resposta observada (Pryor, 2006). Para maior compreensão e revisão mais aprofundada dos conceitos, o leitor pode revisar o capítulo 3 desta obra.

Deve-se destacar também a relevância de se raciocinar de modo estratégico, pensando em quais os comportamentos gostaríamos de manter e quais aqueles que deverão ser reduzidos ou até mesmo extintos (Linehan, 2010). As consequências de um comportamento afetam a probabilidade de que ele ocorra novamente. Desse modo, é fundamental que os pais se perguntem sempre:

1. O que o filho está fazendo?
2. Esse comportamento deveria aumentar, diminuir ou é irrelevante?

Os pais devem observar comportamentos clinicamente relevantes e reforçar aqueles que representem progresso. O reforço é muito mais efetivo do que a punição; por essa razão, deverá ser priorizado em detrimento de consequências aversivas no que concerne ao comportamento do filho (Miller et al., 2007).

Elementos geralmente reforçadores:

a. Expressão de aprovação, cuidado, preocupação e interesse pelo indivíduo.
b. Comportamento que transmita que os pais gostam ou admiram o filho.

  c. Comportamento que tranquilize o filho de que os pais são confiáveis e de que a relação que têm é segura.
  d. Comportamento que responda às solicitações e contribuições e aos progressos do filho.
  e. Atitude de validação emocional.

  Em relação à validação emocional, cabe ressaltar que se trata de reconhecer de modo genuíno e empático a validade daquele sentimento. Lembre-se de que validar a emoção não equivale a aprovar o comportamento (Melo, 2014). Um pai pode dizer ao filho que entende que ele esteja se sentindo mal por ter sido abandonado pela namorada, e que sabe o quanto ele deve estar sofrendo. Entretanto, não concorda com o fato de ele ter cortado o próprio corpo ou quebrado as coisas do seu quarto como forma de lidar com essa dor. Em vez de invalidar o sofrimento do filho, os pais poderiam alternativamente relatar sobre experiências pessoais que já tiveram acerca dessa temática. Outra opção seria demonstrar que se importam com o sofrimento dele e que entendem que ele esteja passando por isso, apresentando alternativas sobre como lidar com a situação de dor.

  Muitas vezes, indivíduos com grave desregulação emocional são acusados de ser manipuladores. Na verdade, o que ocorre é que muitos deles não têm habilidade para suportar o sofrimento emocional e escolhem estratégias mal-adaptativas para a resolução dos seus problemas, tais como se cortar, usar drogas ou ameaçar acabar com a própria vida. Em outras palavras, não há nada de errado em querer que a namorada volte para ele; entretanto, a maneira com a qual lidam com esse desejo é que é ineficaz. O problema raramente está no que desejam, mas sim no modo com que reivindicam tal desejo.

Desenvolvimento de habilidades para lidar com a desregulação emocional

  Muitos indivíduos que apresentam problemas com a regulação das emoções precisam de um auxílio para desenvolver habitualmente habilidades para lidar com seu sofrimento. Dentre essas, pode ser citada a dificuldade em serem efetivos em termos interpessoais, além de aprender a lidar com a dor e o sofrimento e regular suas emoções.

> A Terapia Comportamental Dialética (DBT, do inglês *Dialectical Behavioral Therapy*) é o tratamento mais indicado para pacientes que sofrem com a desregulação emocional. Esse tipo de tratamento inclui um treinamento em grupo para pacientes, que ocorre semanalmente, com o intuito de ensinar habilidades necessárias

> para trabalhar com a desregulação emocional. Ele tem duração de um ano, com encontros conduzidos por profissionais com treinamento na abordagem, sejam psicólogos, seja psiquiatras. Atualmente muitas cidades do Brasil já possuem equipes de atendimento dentro da abordagem. É importante buscar profissionais que conheçam e trabalhem com a abordagem perto da sua cidade. Se você acredita que seu filho ou familiar sofra intensamente e que pode se beneficiar desse tipo de tratamento, busque essa ajuda a qualquer momento, não sendo necessário aguardar que o problema piore ou se agrave. Um bom profissional saberá avaliar a necessidade e oferecer a adequada orientação para o caso.

O sucesso do treinamento de habilidades depende de comprometimento para com o tratamento e seus objetivos. Desse modo, uma primeira dificuldade com a qual podemos nos deparar é a falta de adesão ao programa, tanto por parte dos pais ou cuidadores quanto dos próprios adolescentes. É fundamental para o bom andamento do tratamento que essa primeira barreira seja vencida. Para isso, é relevante que os profissionais instrumentalizem os familiares e os pacientes de informações e esclarecimentos de dúvidas, para assim dar início ao processo de motivação de todos os envolvidos nele. Igualmente psicoeducando sobre o modelo biossocial, apresentando a desregulação emocional como um déficit de habilidades, em lugar de rótulos pejorativos, por exemplo, manipuladores.

Um dos objetivos principais do Treinamento de Habilidades é construir e aprimorar estratégias de comunicação na família, assim como manter um relacionamento transparente e colaborativo com a equipe para a construção de um tratamento eficaz (POWELL, 2014). Os pais ou os cuidadores participantes do programa de treinamento de habilidades deverão ter como objetivo o engajamento como corresponsáveis pelo acompanhamento do jovem, além de fomentar a participação dos irmãos e dos demais membros da família que possam ajudar na motivação, tanto do adolescente quanto dos demais.

Existem alguns dilemas dialéticos no tratamento de adolescentes e suas respectivas famílias (RATHUS & MILLER, 2000). Tais dilemas incluem:

1. Leniência Excessiva *versus* Controle Autoritário: algumas vezes, os pais ou os cuidadores podem ter dificuldades em conseguir encontrar o meio termo entre dar limites e monitorar o comportamento dos filhos. Com isso, podem ser excessivamente permissivos, por medo de perder o amor deles ou até mesmo por temer a reação deles.

2. Manter Dependência *versus* Forçar Autonomia: pode estimular dependência excessiva e fragilizar o adolescente ou, por outro lado, dar

muita liberdade de escolha e decisória para alguém que ainda não tem condições de decidir de modo maduro e responsável as suas escolhas.

3. Transformar em Patológico Comportamentos Normais *versus* Normalizar Comportamentos Patológicos: Os pais podem entender como normais comportamentos extremamente sérios, como agressões físicas ou verbais, gritos, condutas automutilatórias, assim como é possível, por outro lado, patologizar comportamentos normais do adolescente nessa fase da vida dele.

Tais dilemas são parte do grupo de alvos secundários no processo terapêutico, que levará ao desenvolvimento de comportamento harmonioso dentro da família. A reinserção do adolescente nos ambientes escolar, familiar e social é um trabalho árduo e contínuo, que depende de muita cooperação. Para tanto, na construção e no bom funcionamento das habilidades, é necessário focar em três aspectos centrais do treinamento: aquisição, fortalecimento e generalização das habilidades. É importante ressaltar que, nesse tipo de tratamento, as habilidades não são esperadas, mas sim ensinadas. Deste modo, a aquisição de outros padrões comportamentais mais saudáveis e habilidosos é o indicador de um resultado positivo esperado.

As habilidades são divididas em cinco grandes agrupamentos para o treinamento com adolescentes: *mindfulness* (atenção plena), efetividade interpessoal, regulação emocional, tolerância ao mal-estar e caminho do meio. Todos juntos com o objetivo de construir uma vida com sentido e significado. O acréscimo de um quinto módulo, caminho do meio, tem como propósito trabalhar conflitos de polarização, comportamentos extremos e invalidação, uma vez que essas são habilidades frequentemente escassas nesses indivíduos.

A invalidação emocional é uma característica frequentemente encontrada nas famílias com indivíduos que sofrem de desregulação emocional. Tal padrão está presente em atitudes e verbalização que denotem que os pensamentos, sentimentos ou comportamentos da outra pessoa não fazem sentido ou não são levados a sério. Um dos principais efeitos negativos da invalidação emocional do indivíduo é puni-lo por ser como é ou por sentir e pensar do modo com que o faz. Ao invalidar alguém, há a possibilidade de se reforçar o comportamento problemático, ou seja, ao dizer para o adolescente não reagir da maneira como está reagindo no momento, pode fazer com que isso o leve a se sentir incompreendido. Consequentemente, isso pode direcioná-lo a assumir um comportamento errático, procurando no ambiente pistas sobre como pensar, agir ou sentir, não entendendo o que sente como válido, e aprendendo, assim, a não confiar nas próprias experiências emocionais.

Desse modo, como consequência de um ambiente invalidante, com o passar do tempo, a criança aprende a se autoinvalidar, negando as próprias experiências. É fundamental ensinar a validação para a família, e talvez esse seja um dos grandes desafios encontrados ao longo do treinamento de habilidades, uma vez que já existe um padrão estabelecido de longa data. Pais e filhos se acostumaram a se relacionar daquela determinada forma, e modificar tais padrões requer muito comprometimento e força de vontade. Estabelecer uma postura efetiva de interesse pelo outro, sem julgamentos, é algo extremamente difícil de ensinar e de exercitar na prática do cotidiano do convívio em família. No entanto, levar em consideração o que o adolescente sente sobre uma situação específica é essencial para que se crie esse elo de empatia. Em vez de inferir como o adolescente recebeu o não de uma garota na qual estava interessado, por exemplo, é importante que a família tente entender como ele experimentou a rejeição; evitar simplesmente pensar que ele deveria ter sentido isso de outra forma.

Os adolescentes com dificuldades de regular suas emoções geralmente apresentam também desregulação comportamental ou dificuldade em controlar sua conduta. O comportamento suicida ou automutilatório, bem como os conflitos nos relacionamentos interpessoais, muitas vezes associados ao medo do abandono ou da rejeição, é particularmente difícil de enfrentar quando se tem alta sensibilidade emocional (AGUIRRE, 2014). Dificuldades em controlar a raiva ou a reatividade diante de uma emoção negativa também é algo que ocorre com frequência nesses casos. Tais indivíduos costumam apresentar problemas para reinterpretar seu pensamento e podem apresentar crenças paranoides e irracionais e, algumas vezes, levando até a experiências dissociativas, como crises de desrealização ou despersonalização (alterações sensoperceptivas de se estar fora da realidade ou de que não reconhecem como suas as ações ou os pensamentos). Normalmente, os adolescentes com desregulação emocional experimentam esses episódios em momentos de elevado índice de estresse e emoção. Nessas situações, podem apresentar também confusão sobre quem são ou ainda estreitamento do nível de consciência ou juízo crítico. Em razão do elevado nível de confusão mental, às vezes lutam com a própria identidade, sentimentos, moralidade e valores pessoais, podendo demonstrar mudanças repentinas e inesperadas nos objetivos de vida, interesses, preferências, em geral incluindo a sexual e parceiros românticos.

Embora a confusão sobre a identidade seja típica na adolescência, os adolescentes com essa sintomática e suas famílias reconhecem que eles são, por vezes, tão desprovidos de um senso de si mesmo que assumem as emoções e o comportamento das pessoas ao seu redor, quase como se apropriassem da identidade das outras pessoas (AGUIRRE, 2014). Com isso, é comum o grau de insegurança dos cuidadores, temerosos de se exacerbar, questionando sobre como fazer da forma "correta" ou até mesmo se culpando quando os adolescentes apresentam algum comportamento problemático.

Muitas famílias se sentem culpadas e se questionam sobre o comportamento de automutilação apresentado pelos filhos. Tais padrões comportamentais disfuncionais podem ocorrer como moda entre um grupo de adolescentes. Na maioria das vezes, isso acontece quando alguém em um grupo começa a se ferir, e outros seguem o mesmo comportamento. Para adolescentes típicos sem desregulação emocional, a automutilação é muito dolorosa e então eles logo param de se prejudicar. Entretanto, para aqueles com desregulação emocional, pelo fato de a dor física provocar alívio da dor emocional, tais comportamentos acabam sendo reforçados pelas consequências de atenuação da dor e sofrimento emocional (AGUIRRE, 2014). Por essa razão, muitos familiares tendem a ver a automutilação como um problema, enquanto os adolescentes a enxergam como uma forma de solucionar os seus problemas.

Apesar de ser empregado em grupos para adolescentes e adultos, o Treinamento de Habilidades também pode ser usado como um programa familiar construído sobre os mesmos princípios da DBT. É viável também assumir o formato de grupos multifamiliares ou como um tratamento específico para uma única família. O grupo multifamiliar pode ser homogêneo (apenas pais, por exemplo) ou heterogêneo (qualquer familiar que deseje participar).

O Programa de Treinamento de Habilidades para famílias tem quatro objetivos principais: 1) educar os membros da família em diferentes aspectos da desregulação emocional; 2) ensinar o estilo de comunicação mais efetiva para os membros da família a fim de criar e manter um ambiente validante; 3) ajudar os membros da família a se tornarem menos julgadores uns com os outros e a aceitar os fundamentos dialéticos, ou seja, não há "uma verdade" nem qualquer verdade "absoluta", e por fim; 4) fornecer um lugar seguro em que pacientes e membros da família possam discutir questões como comportamento autodestrutivo, sentimento de rejeição, raiva, tristeza e pensamento suicida (EKDAHL et al., 2014). Para alcançar esses objetivos, os participantes aprendem os seguintes conjuntos de habilidades:

1. Habilidade de *Mindfulness* (atenção plena)

Este módulo é a coluna dorsal para que as pessoas que estão aprendendo as novas habilidades consigam manter o foco no que funciona e não se perder em meio à grande carga emocional com que convivem diariamente.

2. Habilidade de Regulação Emocional

Os adolescentes com desregulação emocional são extremamente sensíveis aos aspectos afetivos do ambiente social, mas tendem a processar os afetos de outra pessoa e inferir a intenção dos outros com viés significativamente negativo. Com a necessidade de se sentirem pertencentes a um grupo, eles oscilam entre o medo da distância e/ou rejeição e o medo da proximidade.

Para isso, este módulo de habilidades aborda estratégias de observar, descrever e identificar as emoções. Assim como aprender sobre o modelo das emoções e usar outras habilidades já aprendidas, e também como acumular emoções e experiências positivas, em curto e longo prazos, individualmente e com a família. Checagem dos fatos, resolução de problemas, ação oposta para mudar as emoções, construir maestria e antecipação de situações emocionais para se ter maior controle sobre a vida são algumas das habilidades ensinadas neste módulo.

3. Habilidades de Efetividade Interpessoal

Alguns estudiosos descrevem que uma desordem na estruturação do apego, ou seja, a forma como a pessoa estabelece e mantém seus vínculos, que é estruturado no primeiro ano de vida da criança e seus cuidadores, pode gerar sintomas de medo do abandono, relações instáveis e intensas (FONAGY, TARGET & GERGELY, 2000; GUNDERSON, 1996; LIOTTI & PASQUINI, 2000). Para isso, este módulo ajuda os adolescentes a identificar os fatores que reduzem a efetividade interpessoal; a estabelecer as metas em situações de interação; a manter autorrespeito, efetividade nos objetivos das relações, relações saudáveis; a pedir algo ou ajuda a alguém, a dizer *não* sem se sentir mal, a construir outros relacionamentos e a terminar aqueles considerados destrutivos.

4. Habilidade de Tolerância ao Mal-Estar, Estresse ou Sofrimento

A desregulação emocional está fortemente associada a situações de ideação suicida mais voltadas às questões interpessoais (por exemplo, sentir-se decepcionados, enfadados ou abandonados). No entanto, é necessário que a habilidade de tolerar o desconforto seja introduzida para que os adolescentes consigam usar das habilidades de eficácia interpessoal. Aprender a lidar habilmente com a dor e o sofrimento, pelo menos em curto prazo, faz parte de qualquer processo de mudança. Neste módulo, são ensinadas habilidades de reconhecimento e de como lidar com as crises, além de parar os comportamentos problema, criando formas de saber se posicionar ante a excitação fisiológica extrema, a distração e conseguindo se acalmar sozinho, aceitando a realidade e redirecionamento a mente, com boa disposição, a fim de melhorar o momento.

5. Caminho do Meio

Um dos caminhos para a construção de uma personalidade com dificuldade de regular as emoções está associado a um ambiente familiar caótico, que criou uma necessidade para o dramático e um desconforto com consistência (SHARP & TACKETT, 2014). A fim de combater essa vertente, este módulo foi criado apenas para o grupo de adolescentes, no qual serão abordadas habilidades de lidar com conflitos, pensar sobre os erros, trabalhar em cima dos dilemas dialéticos já citados, pensar e agir dialeticamente, como validar as pessoas e a si mesmo, apresentar formas de melhorar o comportamento, como reforçar positivamente, aprender o conceito de extinção e punição e formas de diminuir os comportamentos-problema.

Considerações finais

O trabalho conjunto dos profissionais envolvidos no tratamento e a família pode ajudar a evitar internações desnecessárias e a promover uma construção de vida com atividades que façam mais sentido. Superar dificuldades comuns em adolescentes com tal perfil, como problemas de adaptação a ambientes familiares, escolares e sociais, com dificuldade em criar e manter vínculos e estabelecer amizades. Para isso, é necessário que os profissionais envolvidos expandam sua intervenção para além do ambiente familiar, somando esforços para organizar reuniões com a escola, orientá-los sobre questões específicas do funcionamento do adolescente e desenvolver um plano de tratamento em parceria, com a finalidade de realizar um tratamento eficaz.

Estabelecer uma relação segura e confiável dentro de uma rotina e consistência com os adolescentes se faz vital para o bom andamento do tratamento. Assim como engajamento dos cuidadores e familiares para melhor maestria na construção de uma vida de significados. Ensinar novas formas de controlar suas emoções e seu comportamento ajuda o adolescente a estabelecer um senso de identidade, além de propiciar que ele construa relações saudáveis e satisfatórias.

O comportamento problemático impulsivo ou evasivo é muitas vezes uma consequência da desregulação emocional ou um esforço muito grande para se regularizar novamente. Para isso, é muito importante termos em mente que os adolescentes estão fazendo o melhor que eles podem para que o tratamento dê resultados.

Os cinco conjuntos de habilidades descritos correspondem diretamente aos principais problemas associados à desregulação emocional em adolescentes. As habilidades de *mindfulness* ajudam os adolescentes a aumentar sua autoconsciência e seu controle atencional, reduzindo o sofrimento, e a elevar o prazer; as habilidades de tolerância ao mal-estar oferecem ferramentas para reduzir a impulsividade e aceitar a realidade como ela é no momento; as habilidades de regulação emocional ajudam a aumentar as emoções positivas e a reduzir as emoções negativas; as habilidades de efetividade interpessoal ajudam os adolescentes a melhorar e a manter relacionamentos entre pares e familiares e a construir o autorrespeito; e as habilidades do caminho do meio ensinam estratégias para reduzir o conflito familiar por meio do ensinamento de validação, princípios de mudança de comportamento e pensamento dialético. Criar filhos emocionalmente saudáveis exige muito mais do que amor e dedicação. É importante que possamos entender o seu funcionamento, muitas vezes expandindo os nossos limites e dando mais do que estamos dispostos a oferecer.

Referências

AGUIRRE, B. **Borderline Personality Disorder in Adolescents**. 2 ed. Beverly: Fair Winds Press. 2014.

CAVALHEIRO, C. V.; MELO, W. V. Relação terapêutica com pacientes borderlines na terapia comportamental dialética. **Psicologia em Revista,** v. 22, p. 579-595, 2016.

DORNELLES, V.; SCHAFER, J. L. Manejo de comportamentos suicidas e de automutilação na infância e na adolescência. In: CAMINHA, R. M; CAMINHA, M. G.; DUTRA, C. A. **Terapias Comportamentais e de terceira geração: guia para profissionais**. Novo Hamburgo: Sinopsys. 2017. p. 557-586.

EKDAHL, S.; IDVALL, E.; PERSEIUS, K I. Family skills training in dialectical behavior therapy: The experience of the significant others. **Archives of Psychiatric Nursing,** v. 28, p. 235-241, 2014.

HALFEN, E.; HANKE, A.C.; MELO, W. V. Relações amorosas conflituosas e psicopatologia. In: WAINER, R.; PICCOLOTO, N. M.; PERGHER, G. K. **Novas Temáticas em Terapia Cognitiva**. Porto Alegre: Sinopsys. 2011. p. 237-256.

LINEHAN, M. **Terapia cognitivo-comportamental para o transtorno da personalidade borderline**. Porto Alegre: Artmed. 2010.

LIS, S.; BOHUS, M. Social Interaction in Borderline Personality Disorder. **Curr Psychiatry Rep,** v. 15, p. 338, 2013.

MELO, W. V. Terapia Comportamental Dialética. In: MELO, W. V. **Estratégias psicoterápicas e a terceira onda em terapia cognitiva**. Novo Hamburgo: Sinopsys. 2014. p. 314-343.

MELO, W. V. et al. A Terapia Comportamental Dialética na adolescência. In: NEUFELD, C. B. **Terapia Cognitivo-Comportamental para adolescentes: Uma perspectiva transdiagnóstica e desenvolvimental.** Porto Alegre: Artmed. 2017. p. 42-60.

MELO, W. V.; FAVA, D. C. Oito ou oitenta? In: NEUFELD, C. B. **Protagonistas em terapias cognitivo-comportamentais: Histórias de vida e de psicoterapia.** Porto Alegre: Sinopsys. 2012. p. 165-187.

MILLER, A.; RATHUS, J. Dialectical behavior therapy: Adaptations and new applications. **Cognitive & Behavioral Practice,** v. 7, p. 420-425, 2000.

MILLER, A.; RATHUS, J.; LINEHAN, M. **Dialectical Behavioral Therapy with suicidal adolescents.** New York: The Guilford Press. 2007.

POWELL, D. M. Do parents use of DBT Skills change father a 12 week parent/adolescents DBT Skills Group? (Vol. Counselor Education Master's Teses). New York: State University of New York. 2014.

PRYOR, K. **Don't shoot the dog: The new art of teaching and training.** Gloucestershire: Ringpress Press. 2006.

SHARP, C.; TACKETT, J. L. **Handbook of borderline personality disorder in children and adolescents.** New York: Springer Ed. 2014.

SWENSON, C. R.; WITTERHOLT, S.; BOHUS, M. Dialectical behavior therapy on inpatients units. In: DIMEFF, L.; KOERNER, K. **Dialectical behavior therapy in clinical practice: Application across disorders and settings.** New York: The Guilford Press. 2007. p. 69-111.

CAPÍTULO 17
Dependências tecnológicas

Cristiano Nabuco de Abreu
Igor Lins Lemos

Introdução

Na década de 1990, a dependência de Internet surgiu como uma nova e relevante questão de saúde mental. Desde então, despontou junto a outros importantes temas (seja associado aos jogos eletrônicos, à cibercondria, seja na compulsão por sexo virtual), mostrando ser uma questão relevante à sociedade. O assunto, de permanência contínua na mídia, traz alertas a respeito dos mais variados aspectos e segmentos (ao mesmo tempo em que gera dúvidas para a população sobre o manejo do problema). Famílias, escolas e grandes empresas incluem a temática como prioritária nas questões de preocupação contemporânea, sem mencionar os efeitos sobre a saúde mental individual. Causas da diminuição da produtividade e quebra do sigilo profissional são alguns dos diversos exemplos que apontam para o grande *iceberg* que tem como base central os efeitos atrelados ao comportamento humano.

Ao longo da última década, estudos em todos os segmentos geraram, de forma expressiva, um importante número de artigos e pesquisas, que vem demonstrando forte ascensão desde então. Muito embora o tema seja tratado de maneira ampla no cenário mundial, apenas recentemente a comunidade científica incluiu, de maneira ainda experimental, o transtorno do jogo pela Internet, no DSM-5, nas questões de futuros estudos (APA, 2013). Esse dado já revela a preocupação de literatura científica em melhor compreender esse fenômeno.

Contemporaneamente, o uso abusivo de Internet se apresenta sob vários formatos como a preocupação sexual virtual sem controle, os jogos *on-line* e de *videogame* usados de forma disfuncional, compras compulsivas, envio excessivo de *e-mails* e uso abusivo de redes sociais (principalmente Facebook, Instagram e WhatsApp) (Young & Abreu, 2017). Apesar de os jogos eletrônicos, em quase sua totalidade, necessitar da web para o seu funcionamento, a dependência de Internet e o transtorno do jogo pela Internet são fenômenos *distintos*.

É de conhecimento amplo, sendo considerada praticamente incontestável, que a disseminação tecnológica (Internet, celulares e jogos eletrônicos) repercutiu profundamente em dimensão distinta, ou seja, nos âmbitos individuais e sociais. Essas novas reverberações possibilitaram o surgimento de outros modelos de pensamento, sentimento e comportamento, todos eles inseridos na era da cibercultura. Este novo mundo, cada vez mais virtual e menos privado, passou a ser atrativo a partir da qualidade das informações, com alta resolução e miríade de cores vívidas. Desta forma, considera-se que a utilização de sons, imagens, grafismos (futuramente odores e batimentos cardíacos) e todas as potencialidades midiáticas cativam intimamente os jogadores, que facilmente se adaptam a estímulos irresistíveis à atenção involuntária e voluntária (uma fórmula praticamente imbatível de entretenimento) (Lemos, Diniz, Peres & Sougey, 2014).

Mas o que são os jogos eletrônicos? Esse modelo interativo pode ser considerado como uma forma contemporânea de mídia, possuindo estética própria e demandando o desenvolvimento de múltiplas estratégias em tempo real. Aparentemente simples, a utilização desse modelo tecnológico suscita a compreensão de diversas regras complexas, consideradas cognitivamente desafiantes. Pode-se acrescentar que, além do entretenimento provocado por tal prática (justificativa prioritária no uso dos *games*), são discutidos inúmeros benefícios interligados ao usufruto de jogos eletrônicos: aprendizagem de língua estrangeira (especialmente o inglês), interação em grupo e, finalmente, a perda de peso corporal na prática dos *exergames* (títulos que permitem ao jogador utilizar todo o seu corpo para a prática do jogo) (Lemos, Abreu & Sougey, 2014).

Além das vantagens já mencionadas, os jogos eletrônicos podem ser empregados na educação superior (Cain & Piascik, 2015). Esse tipo de estratégia até vem sendo cada vez mais praticada, rompendo as barreiras anteriormente circunscritas ao uso de jogos eletrônicos. Debate-se, então, que os jogos são efetivos graças aos processos cognitivos e psicológicos envolvidos quando os estudantes estão jogando. Vários desses processos utilizados no momento do jogo (ex.: motivação, alto processamento cognitivo, autorregulação) são elementos necessários na aprendizagem. Os jogos educacionais efetivos requerem, portanto, que o aprendiz esteja consciente e reflexivo sobre o seu conhecimento associado a quais ações devem ser tomadas durante o jogo. Infelizmente, porém, uma significativa parte da população apresenta um uso que vai além da aprendizagem ou do lazer quando em contato com a tecnologia. Desta forma, um problema bastante expressivo encontra-se em curso.

Quando a tecnologia se torna um problema?

A tecnologia e, obviamente, seu uso abusivo, diferentemente de outras patologias mais debatidas, fez sua aparição no cenário das patologias do comportamento de maneira um pouco distinta das demais dependências químicas. Inicialmente, a rede mundial teve como função distribuir o conhecimento militar e, como sabemos, de modo rápido e progressivo, ganhou sofisticação e mobilidade, tornando-se um instrumento de necessidade e uso diário de milhões de pessoas ao redor do mundo. Ainda que tais possibilidades tenham, obviamente, contribuído com a melhoria de vida (como acesso às informações, desenvolvimento de pesquisas, criação dos aplicativos de rede social, etc.), sua presença também trouxe problemas importantes de saúde mental, em função do uso descontrolado e abusivo. Em um estudo recente, por exemplo, mais de um terço dos pais revelaram que entraram em conflito com seus filhos por conta do uso desmedido de telefonia celular, enquanto metade dos jovens e mais de um quarto de seus pais relatam serem dependentes de dispositivos eletrônicos (Petry, Rehbein & Ko, 2015).

O que temos observado, portanto, é que a inclusão desordenada da tecnologia em nossa vida estreitou, e muito, a linha divisória entre o uso saudável e o patológico (Young & Abreu, 2011). Segundo Rich, Tsappis e Kavanaugh (2017), crianças e adolescentes estão especialmente em risco de desenvolver um uso problemático por serem os adeptos mais entusiasmados da tecnologia e contarem com a condescendência dos adultos. O problema é que, como ainda estão em fase de desenvolvimento de funções cerebrais, como o controle de impulsos (ou o chamado "freio comportamental"), a autorregulação emocional começa, desde cedo, a ficar seriamente prejudicada (Goldberg, 1996).

Em 2015, jovens de 13 a 18 anos de idade passaram, em média, 9 horas por dia usando as mídias digitais, dos quais um terço deles usou dois ou mais dispositivos simultaneamente. Já entre os jovens de 8 a 12 anos, o uso da mídia digital era de aproximadamente 6 horas por dia. Nove entre dez crianças de 5 a 8 anos de idade e mais da metade das crianças entre 2 e 4 anos usaram mídia de tela no último ano. Noventa e sete por cento das crianças até 4 anos utilizaram dispositivos móveis, a maioria desses tendo começado antes de 1 ano de idade (Young & Abreu, 2017).

Etiologias

O transtorno do jogo pela Internet, semelhantemente ao uso disfuncional e/ou patológico dessa rede de comunicação internacional, é estudado por um prisma multifatorial, no qual diversos fatores podem estar relacionados a esse adoecimento: famílias disfuncionais (ex.: conflitos constantes), aprendizagem inadequada ao longo da vida (ex.: formas pouco criativas de lidar com a frustração), histórico familiar de transtornos psiquiátricos e ocorrência de múltiplas comorbidades.

Outros aspectos de risco incluem traços de personalidade, motivação para jogar (conquistar, socializar, destruir) e características estruturais dos jogos eletrônicos (trabalho em equipe, partida solo *on-line* ou *off-line*). Além disso, a história de vida do sujeito, a busca por uma catarse, o escapismo (fuga das responsabilidades cotidianas pela prática de jogos eletrônicos), a socialização com pessoas no mundo virtual e a busca de autonomia no universo virtual são fatores de risco (Lemos, Conti & Sougey, 2015).

Comorbidades

As comorbidades mais destacadas no campo do transtorno do jogo pela Internet são: transtorno de déficit de atenção e hiperatividade, transtorno depressivo maior e transtorno de ansiedade social. As propostas em relação a tais transtornos revelam justificativas importantes para a ocorrência concomitante dessas psicopatologias: hiperfoco (liberação de dopamina) e escapismo (esquiva em lidar com os problemas cotidianos). Em relação à dependência de Internet: transtorno obsessivo-compulsivo, transtorno depressivo maior, transtorno de ansiedade social e transtorno do déficit de atenção e hiperatividade (Lemos, Abreu & Sougey, 2014).

Epidemiologias

Mundialmente, existe uma faixa epidemiológica de usuários dependentes de jogos eletrônicos que varia entre 0,6% e 4,1%. Apesar dessa ampla diferença, os resultados dependem do tamanho da amostra, dos instrumentos utilizados, da faixa etária abordada e daquilo que os pesquisadores consideram dependência tecnológica. Sugere-se que a maior parte dos usuários dependentes são os homens. Em relação ao uso de Internet, suspeita-se que esse número seja significativamente maior; todavia, como as porcentagens obtidas por meio de diferentes instrumentos em distintos países são muito distintas, adota-se 10% como um número ou recorte aproximado de usuários dependentes de Internet (LEMOS, ABREU & SOUGEY, 2014). Com a elaboração de novos instrumentos para mensuração nos próximos anos, espera-se que os resultados apresentem maiores interseções. No Brasil há uma escala e um teste já validados para essa temática, a *Game Addiction Scale* (GAS) (LEMOS, CARDOSO & SOUGEY, 2016a) e o *Video Game Addiction Test* (VAT) (LEMOS, CARDOSO & SOUGEY, 2016b). Em relação à dependência de Internet, utiliza-se, por exemplo, a *Internet Addiction Test* (IAT) (CONTI, JARDIM, HEARST, CORDÁS, TAVARES & ABREU, 2012).

Diagnósticos

a) Dependência de Internet

Os diversos conceitos utilizados na literatura científica para compreender e classificar o uso excessivo de Internet propiciaram a criação de várias denominações na literatura como forma, ou ainda de tentativa, de dar um contorno mais claro à fenomenologia dessa nova patologia. Assim sendo, citações na literatura especializada compreenderam: dependência de Internet, uso patológico da Internet, uso compulsivo de computador, uso patológico de mídia eletrônica, transtorno de dependência de Internet, uso compulsivo de Internet, dentre alguns outros.

Constatando o aparecimento do problema em 1995, inicialmente, o psiquiatra Ivan K. Goldberg (1996) propôs o termo *Internet Addiction Disorder* (IAD) ou "transtorno de dependência da Internet". Em seu relato, foram incluídos sintomas como: abandonar ou reduzir importantes atividades profissionais ou sociais em virtude do uso da Internet, apresentar fantasias ou sonhos sobre a Internet, apresentar movimentos voluntários ou involuntários de digitação dos dedos, dentre outros aspectos.

Também em 1995, a psicóloga americana Kimberly Young apresentou uma das primeiras propostas sobre o vício em Internet, intitulada "Dependência de Internet: o surgimento de um novo transtorno" (YOUNG & ABREU, 2011). Young inicialmente baseou-se nos critérios diagnósticos do uso de substâncias para definir o novo conceito. Em uma segunda edição, publicada em 1998, a autora aprimorou sua proposta, utilizando oito dos dez critérios diagnósticos existentes no DSM-IV para jogo patológico e, dessa forma, estabeleceu-se um novo conjunto de critérios usados para definir a dependência da Internet (YOUNG, 1998).

Igualmente em 1995, o também psicólogo clínico Mark Griffiths, que trabalhava na Nottingham Trent University, Nottingham, Reino Unido, tinha se interessado, inicialmente, sobre as pesquisas de jogos de azar, uso de computadores e de várias máquinas ou tecnologia pelos humanos em geral. O pesquisador, nessa época, publicou um artigo intitulado "dependentes tecnológicos" (GRIFFITHS, 1995). No ano seguinte, em 1996, ele publicou outro artigo a respeito do vício em Internet, conceituado por ele como um subconjunto do termo mais abrangente de tecnologia (GRIFFITHS, 1996).

Young (1998) altera sua proposta inicial e propõe uma segunda conceitualização para o diagnóstico de dependência de Internet, sugerindo que o paciente dependente deverá apresentar pelo menos cinco critérios dos itens descritos na Tabela 1, a seguir:

Tabela 1 – Critérios Diagnósticos da Dependência de Internet.

Ter preocupação excessiva com a Internet.
Apresentar necessidade de aumentar o tempo conectado (on-line) para ter a mesma satisfação.
Exibir esforços repetidos para diminuir o tempo de uso da Internet.
Apresentar irritabilidade e/ou depressão.
Apresentar labilidade emocional (Internet vivida como forma de regulação emocional), quando o uso da Internet é restringido.
Permanecer mais tempo conectado (*on-line*) do que o programado.
Ter o trabalho e as relações familiares e sociais em risco pelo uso excessivo; e finalmente
Mentir aos outros a respeito da quantidade de horas conectadas.

Fonte: Young, 1998.

Todavia, ao tentar refinar os argumentos de Young, outros autores – Beard & Wolf (2011) – propuseram maior rigor ao realizar o diagnóstico; em vez de se considerar cinco dos oito critérios de forma aleatória, dever-se-ia observar a existência dos cinco primeiros itens associados a pelo menos um dos três últimos, uma vez que estes se referem a formas de impedimento ou limitação social ou ocupacional causadas pelo uso excessivo.

Outros critérios para diagnósticos foram propostos por Shapira et al. (2003) mediante a denominação "uso problemático de Internet" como forma de aprimoramento do diagnóstico e de seus múltiplos aplicativos (*chats*, compras, realidade virtual, etc.). Para os pesquisadores, a releitura do transtorno do jogo não era suficiente, e, assim sendo, entendeu-se que o uso abusivo de tecnologia deveria se basear nos critérios dos Transtornos do Controle dos Impulsos sem outra especificação, conforme descrito originalmente no DSM-VI-TR, por compartilhar de elementos comuns a tais casos (Tabela 2).

Tabela 2 – Critérios Diagnósticos do Uso Problemático da Internet.

---

(1) Preocupação desadaptativa com o uso da Internet, conforme indicado por pelo menos um dos critérios abaixo:

- Preocupação com o uso da Internet descrita como incontrolável ou irresistível.

- Uso da Internet é marcado por períodos mais longos do que os planejados.

(2) Uso da Internet ou preocupação com o uso causando prejuízos ou danos significativos nos aspectos sociais, ocupacionais ou em outras áreas importantes do funcionamento.

(3) O uso excessivo da Internet não ocorre exclusivamente nos períodos de hipomania ou mania e não é mais bem explicado por outro transtorno do eixo I.

Fonte: Shapira et al., 2003.

b) Transtorno do Jogo pela Internet

A queixa feita pelos pacientes de que o jogo eletrônico não é mais apenas representado pela diversão, mas principalmente como fonte de escapismo, ou seja, estratégia de fuga em relação aos problemas do cotidiano, é cada vez mais recorrente nos consultórios. O usufruto de jogos eletrônicos pode ser considerado um comportamento desadaptativo quando são apresentados sinais de excesso na utilização de tais tecnologias (tempo despendido), apesar de que esse não é o único fator que sinalize uma possível dependência tecnológica. Tal combinação traz consequências negativas: prejuízos em relacionamentos, em atividades acadêmicas e no mercado de trabalho.

O Manual de Diagnóstico e Estatístico dos Transtornos Mentais – 5ª edição (DSM-5), lançado em 2013, por meio de uma profunda investigação de estudos epidemiológicos, etiológicos, neuroimagem e comorbidades, inseriu, na sua última edição, o Transtorno do Jogo pela Internet (TJI), na seção III do livro (esta categoria engloba os possíveis transtornos psiquiátricos, que podem ser confirmados em um futuro próximo) (APA, 2013).

O DSM-5 descreve o transtorno do jogo pela Internet como um possível transtorno psiquiátrico, no qual são necessários mais estudos para a sua consolidação no âmbito psiquiátrico. Apesar de estar descrito na seção III do manual, esse passo demonstra interessante evolução da comunidade científica na avaliação do fenômeno. De acordo com o DSM-5, o paciente deve apresentar cinco dos nove sintomas a seguir, em um intervalo de 12 meses (nota: apenas as informações essenciais de cada sintoma estão descritas abaixo), na Tabela 3:

Tabela 3 – Critérios Diagnósticos do Transtorno do Jogo pela Internet.

---

1. Preocupação com jogos que utilizem a Internet.
2. Sintomas de recaída quando esses jogos são retirados.
3. Necessidade de gastar cada vez mais tempo com jogos eletrônicos na Internet.
4. Tentativas sem sucesso de controlar sua participação em jogos eletrônicos na Internet,
5. Perda de interesse em antigos *hobbies* e entretenimentos.
6. Uso excessivo contínuo de jogos eletrônicos na Internet apesar do conhecimento de problemas psicossociais.
7. A não informação precisa a familiares, terapeutas ou outros a respeito da quantidade de tempo despendido com a Internet.
8. Uso de jogos eletrônicos na Internet como escapismo ou alívio de humor negativo.
9. Demonstração de colocar em risco ou perder um relacionamento significativo, um trabalho, uma oportunidade acadêmica ou de carreira em função do uso excessivo da Internet.

Fonte: DSM 5.

Estratégias clínicas do tratamento

A terapia cognitivo-comportamental (TCC) tem sido um dos enfoques mais estudados nos últimos anos para o tratamento da dependência de Internet e/ou da dependência tecnológica como um todo. O número de sessões psicoterapêuticas preconizado na literatura flutua entre 8 e 12 atendimentos, embora, pessoalmente falando, acreditemos ser um número bastante otimista, já que os casos, de modo geral, são refratários e resistentes a mudança.

Das modalidades descritas na literatura, a terapia de grupo tem sido considerada bastante eficaz aos pacientes, visto que os auxilia na identificação dos pensamentos automáticos (e, mais do que isso), na identificação dos sentimentos subjacentes que funcionam como "gatilho" da busca da Internet. Outras estratégias, por exemplo, descritas por Young, uma das pioneiras no estudo do tema, sugere a utilização de marcadores ou alertas externos – *external stoppers* –, que têm como função alertar o paciente de tempos em tempos, a respeito da importância de se afastar temporariamente da *web* para quebrar o ciclo de uso excessivo. Junto a isso, várias intervenções buscam desenvolver o aprendizado de novas habilidades de enfrentamento ou ainda habilidades sociais e prevenção de recaída, o que resulta, muitas vezes, na diminuição do tempo gasto *on-line* ou de um uso moderado (Du, Jiang & Wance, 2010; Young, 2007; Barosi, Enk, Góes & Abreu, 2009; Young, 1999; Abreu & Góes, 2011). Além disso, visa-se a desenvolver atividades prazerosas na vida real dos pacientes e, finalmente, ao treinamento, à capacitação e ao manejo dos pacientes perante as situações de dificuldade.

Técnicas utilizadas:

- Psicoeducação;
- Questionamento socrático
- Registro de pensamentos
- Identificação de distorções cognitivas
- Vantagens e desvantagens
- Linha da vida
- Resolução de problemas
- Gerenciamento do tempo
- Prevenção de recaída

Embora não exista até o momento estudos de meta-análise e/ou randomizados que comprovem a eficácia da Terapia Familiar para Dependências Tecnológicas, o Ambulatório Integrado dos Transtornos do Impulso (AMITI), vinculado ao IPqFMUSP, além de prestar atendimento psiquiátrico e psicoterapêutico aos pacientes com dependência de Internet, elaborou um programa de atendimento às famílias dos adolescentes com o objetivo específico de orientar e incluir os familiares no tratamento. O programa desenvolvido por um dos autores deste capítulo – Cristiano Nabuco –, junto ao Grupo de Tratamento das Dependências Tecnológicas (no Programa Ambulatorial Integrado dos Transtornos Controle dos Impulsos do Instituto de Psiquiatria da Faculdade de Medicina da USP), tem como referencial um tratamento manualizado em TCC.

O referido programa objetiva: (a) identificar e descrever o comportamento do familiar relacionado à Internet; (b) reforçar o comportamento associado ao uso adequado da rede; (c) diferenciar e analisar funcionalmente os comportamentos envolvidos; (d) buscar alternativas de ação, por meio de estratégias que visem à resolução de problemas; (e) identificar os efeitos no controle do uso da Internet; (f) desenvolver repertório de suporte familiar para a manutenção das mudanças realizadas (Abreu & Góes, 2011; Abreu, Karam, Góes & Spritzer, 2008).

O programa, como um todo, pode ser mais bem compreendido a seguir:

Fase inicial

Na fase inicial (sessões 1 a 5) de nosso tratamento, não temos como foco sensibilizar os pacientes a respeito dos efeitos negativos ou ainda os desdobramentos decorrentes do uso excessivo da tecnologia, uma vez que ainda estamos em fase de construção da aliança terapêutica. Assim sendo, nas primeiras sessões, abordamos as facilidades e os benefícios decorrentes da vida virtual.

Vale ressaltar o quanto que, nos discursos apresentados, uma das únicas formas de relacionamento grupal se dá através das plataformas ou aplicativos; abordamos o tema de *tudo tem sua consequência ou seu preço* e, nesse momento, utilizamos a técnica de *vantagens e desvantagens*, na qual eles podem buscar em suas experiências os prós e os contras desse uso e as queixas de familiares e amigos.

Na quarta e na quinta sessões, abordamos a *necessidade de uso* da tecnologia sob o ponto de vista emocional ("vou para a Internet, pois não me sinto criticado", "na *web* encontro meus amigos de verdade", "na Internet tenho a vida que sempre desejei", etc. À medida que esses discursos são identificados, os pacientes começam a perceber que, na realidade, a preferência da experiência virtual nada mais é do que uma forma alternativa (e compensatória) de manejo das situações negativas de vida, formando, portanto, o círculo vicioso, que compõe a dependência e passa a ser identificado (ABREU & GÓES, 2011; ABREU, KARAM, GÓES & SPRITZER, 2008).

Fase intermediária

A fase intermediária (6ª a 15ª sessões), já com a aliança terapêutica consolidada, introduz progressivamente as intervenções que visam a alterar, pontualmente, as respostas disfuncionais individuais.

Como elemento adicional, sugerimos que o tempo de uso comece a ser monitorado, ou seja, um diário que contenha: (a) o tempo do uso da tecnologia; (b) plataformas ou aplicativos (WhatsApp, Facebook, etc.); (c) pensamentos e os sentimentos observados; (d) quais situações evocam (ou estão relacionadas) as reações mais intensas e que fazem da vida virtual uma rota de fuga. Ao agirmos assim, conseguimos mapear os gatilhos situacionais e a cadeia de comportamentos que fazem da Internet um local de respostas alternativas ou de esquiva. Assim, torna-se mais fácil compreender por que a Internet se tornou um grande refúgio e o melhor local de controle e manejo emocional.

O próximo passo é desenhar uma perspectiva de mudança para cada um; uma perspectiva na qual possam explorar a si próprios e suas relações, tendo nos terapeutas e nos membros do grupo uma base segura para encorajá-los no exame das situações e dos papéis e crenças por eles desenvolvidos, assim como de suas reações a tais situações.

No trabalho com os "temas emergentes", pacientes e terapeutas exploram juntos as situações e as crenças por eles desenvolvidos, tornando clara a interpretação que fazem sobre si mesmos e sobre o mundo à sua volta. Tendo nítido esse modelo disfuncional (seu *modus operandi* emocional e cognitivo), advindo de sua história de vida, os pacientes conseguem identificar o papel que a tecnologia tem nesse processo disfuncional de enfrentamento e, assim, estão aptos a reorganizar os padrões de resposta comportamentais e emocionais, diminuindo a necessidade de se refugiar na tecnologia.

Fase final

Na fase final (16ª a 18ª sessões), as habilidades de enfrentamento desenvolvidas no decorrer das semanas continuam sendo monitoradas, e são introduzidas técnicas de prevenção de recaída. Na preparação para o encerramento, averiguamos juntamente como os pacientes: (1) melhor controle do uso da Internet; (2) desenvolvimento de novas habilidades pessoais de manejo das situações de estresse e desafio; (3) exibição de um novo repertório de reações emocionais; (4) restituição e/ou reparo do grupo social.

Tabela 3 – Programa Estruturado para Tratamento da Dependência Tecnológica.

SEMANAS	TEMAS
0	Aplicação de inventários
1	Apresentação do programa
2	Análise dos "aspectos positivos" da rede
3	Tudo tem sua consequência ou seu preço
4 e 5	Gosto ou "preciso" de navegar na rede?
6 e 7	Como é a experiência de "necessitar"
8	Análise dos sites mais visitados e as sensações subjetivas vivenciadas
9	Entendimento do mecanismo do gatilho
10	Técnica da "linha da vida"

SEMANAS	TEMAS
11	Aprofundamento dos aspectos deficitários
12, 13 e 14	Trabalho com os temas emergentes
15 e 16	Alternativas de ação (habilidades de enfrentamento)
17	Preparação para o encerramento
18	Encerramento e nova aplicação de inventários

Fonte: Abreu e Góes, 2011[23,24].

Estudos internos demonstraram melhora significativa (85%) em relação aos participantes dos grupos terapêuticos, muito embora nunca tenha sido utilizado um grupo controle. Tais afirmativas se baseiam na aplicação de inventários específicos de rastreio (como, por exemplo, teste de dependência de Internet, Inventário Beck de Depressão, dentre outros). Os pacientes que não apresentam melhora expressiva são reencaminhados aos grupos para novo tratamento.

Como a dependência de Internet ainda está em estudo, surgem muitas propostas advindas de diferentes classificações. Seria a dependência de Internet decorrente de um modelo derivado do jogo patológico (ou seja, um quadro típico de dependência comportamental) ou seria ela um quadro mais semelhante àqueles existentes nos transtornos do controle dos impulsos (como as compras compulsivas)? Enquanto houver perguntas desse tipo, não será possível afirmar, de maneira categórica, qual seria o modelo de maior eficácia terapêutica. Assim sendo, com os estudos em andamento, são delineadas novas frentes de pesquisas que nos ajudarão a criar uma massa crítica de conhecimento e inevitavelmente nos darão maior consolidação científica e o reconhecimento social de sua existência. Independentemente do momento, entendemos que os quadros de dependência de Internet existem e, com eles, sérios desafios são apresentados a nós a cada dia. Cuidar de nossas crianças e adolescentes é, de fato, um dos maiores desafios, o qual enfrentaremos da melhor maneira possível – com toda a certeza. Para saber mais, acesse: http://dependenciadeinternet.com.br/.

Em paralelo ao tratamento da dependência de Internet, estratégias já são elaboradas no combate ao transtorno do jogo pela Internet. Uma intervenção recente para o tratamento cognitivo-comportamental de pacientes com dependência tecnológica é o uso do baralho das dependências tecnológicas (Lemos, 2016). Neste instrumento, disponibilizado no Brasil, existem diversas estratégias psicoterapêuticas que podem ser utilizadas com esta demanda. Elas serão apresentadas agora:

1. *Psicoeducação sobre a dependência tecnológica*

A psicoeducação deve ser sempre empregada no início do processo terapêutico. O profissional deverá informar o paciente acerca do que é caracterizado como dependência tecnológica, quais as possíveis causas, as comorbidades, os sintomas, os prejuízos decorrentes desse adoecimento e como a psicoterapia cognitivo-comportamental poderá auxiliar o paciente nessa evolução.

2. *Abster-se de um aplicativo ou jogo específico*

Comumente algum recurso tecnológico para um paciente dependente é considerado como "predileto", sendo nele que o indivíduo despende maior quantidade de tempo. Desta forma, sugere-se que, para o paciente diminuir seu nível de dependência, o elemento de maior risco na manutenção do transtorno deve ser reestruturado em relação ao tempo e à frequência de uso.

Neste exercício, em uma tabela, o paciente escreverá o nome do jogo eletrônico do qual se sente dependente no lado esquerdo e, do lado direito, aqueles títulos que ele consegue utilizar sem se sentir dependente. Em ambos os lados da tabela, o paciente deverá colocar uma porcentagem do quanto se sente viciado naquele recurso, gerando melhor referência para o paciente e para o psicoterapeuta na identificação do jogo eletrônico potencialmente aditivo.

Após a primeira etapa, o paciente deve escolher um recurso que ele considere como o mais problemático e que existe o menor controle de uso. A partir desse momento, será estabelecido de que forma e por quanto tempo o paciente vai abster-se desse recurso tecnológico.

Tabela 4 – Abstenção de um aplicativo ou jogo específico.

Recursos tecnológicos dos quais me sinto dependente	%	Recursos tecnológicos dos quais não me sinto dependente	%

Fonte: Lemos, 2016.

3. *Registrar o tempo de uso de tecnologia no dia*

Em uma tabela, é registrado o tempo aproximado de uso de jogo eletrônico ou do aplicativo mais utilizado em cada turno do dia. Sabe-se que, em razão do uso intermitente, não é possível obter um resultado preciso, mas aproximado, desse usufruto. Ainda assim, tal estratégia é importante por dois motivos: a) tornar o paciente ciente do seu uso em termos quantitativos; b) utilizar os dados como referência para a atividade seguinte.

Tabela 5 – Tempo de uso de tecnologia no dia.

Dia da semana	Segunda	Terça	Quarta	Quinta	Sexta	Sábado	Domingo
Manhã							
Tarde							
Noite							

Fonte: Lemos, 2016.

4. *Limitar o tempo de uso de tecnologia*

Apesar de cada paciente registrar um tempo distinto de uso, recomenda-se uma redução para até duas horas diárias (para fins de entretenimento) e sem prejuízos para o trabalho, para a vida acadêmica ou para os relacionamentos (em relação aos adolescentes, esse tempo pode ser ainda menor nos dias úteis). Salienta-se que, em momentos oportunos, esse tempo possa ser ampliado: o que vai ser levado em consideração é o bom senso e se há impactos negativos por causa desse usufruto.

Tabela 6 – Limitar o tempo de uso de tecnologia.

Limitar o uso de tecnologia
Semana 1 - Reduzir em 10% o uso de tecnologia
Semana 2 - Reduzir em 25% o uso de tecnologia
Semana 3 - Reduzir em 50% o uso de tecnologia
Semana 4 - Reduzir em 75% o uso de tecnologia

Fonte: Lemos, 2016.

5. *Convidar terceiros para atividades de lazer sem o uso de tecnologia*

Esta atividade tem como objetivo auxiliar o paciente a sentir prazer e se envolver em atividades de lazer que não tenham ligação com o objeto de dependência do paciente. De acordo com Lemos, Abreu e Sougey (2014), incentivar o paciente a obter satisfação através de outras atividades não relacionadas à tecnologia funciona como uma ponte para que o paciente utilize eletrônicos com uma frequência cada vez menor.

6. *Criar um cronograma de estudo/trabalho*

O terapeuta poderá auxiliar o paciente a construir um cronograma e a preenchê-lo de forma que as atividades cotidianas possam ser organizadas paralelamente uso de tecnologia. Esta tarefa não só auxiliará o paciente a controlar seu uso, mas também potencializará o cumprimento das obrigações acadêmicas e/ou de trabalho.

Tabela 7 – Cronograma de estudo/trabalho.

Horário	Segunda	Terça	Quarta	Quinta	Sexta	Sábado	Domingo
6:00							
7:00							
8:00							
9:00							
10:00							
11:00							
12:00							
13:00							
14:00							
15:00							
16:00							
17:00							
18:00							
19:00							
20:00							
21:00							
22:00							
23:00							

Fonte: Lemos, 2016.

7. *Estabelecer uma lista de metas*

O paciente dependente comumente possui um uso que absorve boa parte de sua rotina, tornando-se improvável que suas metas possam ser bem executadas. Criar uma tabela com metas que possam ser alcançadas em distintos prazos poderá auxiliar o paciente a realizá-las e a diminuir seu uso inadequado de tecnologia.

Tabela 8 – Lista de metas.

Metas de curto prazo	Metas de médio prazo	Metas de longo prazo

Fonte: Lemos, 2016.

8. *Descobrir os padrões de uso de tecnologia*

Neste momento, o paciente verificará quais são as situações de vulnerabilidade e, com a colaboração do terapeuta, vai estabelecer estratégias específicas para lidar com aquelas que o paciente refere como suas (YOUNG, 1998).

9. *Utilizar terceiros para monitorar o uso de tecnologia*

Uma estratégia útil para o psicoterapeuta auxiliar o paciente é convidar um responsável legal que possa ajudar na estratégia de monitoramento. Essa figura de auxílio terapêutico deverá ter em mãos o cronograma e as metas do paciente.

10. *Usar cartões de lembrete*

De acordo com Lemos, Abreu e Sougey (2014), os cartões de lembrete devem ser colocados em locais acessíveis ao paciente. Uma interessante proposta é pregá-los na tela do monitor ou do notebook. Para aqueles que utilizam jogos eletrônicos na televisão, o cartão pode ficar no próprio aparelho televisivo.

11. *Promoção de comunicação social*

Pacientes dependentes comumente negligenciam relacionamentos presenciais para despender maior tempo no uso de tecnologia. Desta forma, o psicoterapeuta poderá estabelecer estratégias para que o paciente utilize parte do seu tempo no relacionamento com amigos, familiares e/ou no relacionamento afetivo.

12. *Uso funcional de tecnologia*

Paralelamente à psicoeducação, o psicoterapeuta deverá relatar o que é considerado, pela literatura científica, como uso funcional de tecnologia (limite de tempo, ausência de prejuízos interpessoais, etc.). É papel do psicoterapeuta também estimular o paciente a não utilizar tecnologia em situações que provoquem risco para si ou para terceiros (trânsito, por exemplo), assim como em situações que as boas regras de convivência possam ser aplicadas (restaurantes, elevadores, por exemplo).

14. *Prevenção de recaída*

A última fase do tratamento cognitivo-comportamental é potencializar e manter os ganhos do paciente após o fim do tratamento e facilitar que o paciente identifique as situações que possam provocar recaídas (emoções, pensamentos e comportamentos disfuncionais, por exemplo).

Considerações finais

As dependências tecnológicas vêm sendo estudadas com maior ênfase nos últimos anos. Percebe-se que uma parcela significativa da população vem apresentando um adoecimento cada vez mais frequente nessa temática, e infelizmente o prognóstico é negativo. Apesar de apenas o transtorno do jogo pela Internet estar inserido no DSM-5, ainda como possível transtorno psiquiátrico, outras expressões merecem maiores investigações, como a dependência de Internet, celular, cibersexo, cibercondria, apenas para citar alguns.

Referências

ABREU, C. N. et al. Dependência de Internet e jogos eletrônicos: uma revisão. **Revista Brasileira de Psiquiatria**, v. 30, n. 2, p. 156-167, 2008.

ABREU, C. N.; GÓES, D. Psychotherapy for Internet Addiction. In: YOUNG, K. S.; ABREU, C. N. **Internet Addiction: A Handbook and Guide to Evaluation and Treatment.** New Jersey: Wiley, 2011.

APA, American Psychiatric Association. **Manual Diagnóstico e Estatístico de Transtornos Mentais.** 5 ed. Porto Alegre: Artmed. 2014.

BAROSSI, O. et al. Internet Addicted Adolescents' Parents Guidance Program (PROPADI). **Revista Brasileira de Psiquiatria**, v. 31, n. 4, p. 387-395, 2009.

BEARD, K.W.; WOLF, E. M. Modification in the proposed diagnostic criteria for Internet addiction. **Cyberpsychology, Behavior and Social Networking**, v. 4, n. 3, p. 377-383, 2011.

CAIN, J.; PIASCIK, P. Are Serious Games a Good Strategy for Pharmacy Education? **American Journal of Pharmaceutical Education**, v. 79, p. 1-6, 2015.

CONTI, M. A. et al. Avaliação da equivalência semântica e consistência interna de uma versão em português do Internet Addiction Test (IAT). **Revista de Psiquiatria Clínica**, v. 39, n. 3, p. 106-110, 2012.

DU, Y.; JIANG, W.; VANCE, A. Longer term effect of randomized controlled group cognitive behavioral therapy for Internet addiction in adolescent students in Shanghai. **Australian & New Zealand Journal of Psychiatry**, v. 44, n. 2, p. 129-134, 2010.

GOLDBERG, I. Internet Addiction – Internet Addiction Support Group. Disponível em: <http://harvest.trasarc.com/afs/transarc.com/public/mic/html/Addiction.html> Acesso em: 15 mar. 2005.

GRIFFITHS, M.D. Internet addiction: An issue for clinical psychology? **Clinical Psychology Forum**, v. 97, p. 32-6, 1996.

GRIFFITHS, M.D. Technological addictions. **Clinical Psychology Forum**, v. 76, p. 14-9, 1995.

LEMOS, I. L. **Baralho das dependências tecnológicas: controlando o uso de jogos eletrônicos, internet e aparelho celular.** Nova Hamburgo: Sinopsys, 2016.

LEMOS, I. L.; ABREU, C. N.; SOUGEY, E. B. Internet and video game addictions: a cognitive behavioral approach. **Archives of Clinical Psychiatry**, São Paulo, v. 41, p. 82-88, 2014.

LEMOS, I. L.; CARDOSO, A.; SOUGEY, E. B. Cross-cultural adaptation and evaluation of the psychometric properties of the Brazilian version of the Video Game Addiction Test. **Computers in Human Behavior**, v. 55, p. 207-213, 2016.

LEMOS, I. L.; CARDOSO, A.; SOUGEY, E. B. Validity and reliability assessment of the Brazilian version of the game addiction scale (GAS). **Comprehensive Psychiatry**, v. 67, p. 19-25, 2016.

LEMOS, I. L.; CONTI, M. A.; SOUGEY, E. B. Avaliação da equivalência semântica e consistência interna da Game Addiction Scale (GAS): versão em português. **Jornal Brasileiro de Psiquiatria**, v. 64, n. 1, p. 8-16, 2015.

LEMOS, I. L. et al. Neuroimagem na dependência de jogos eletrônicos: uma revisão sistemática. **Jornal Brasileiro de Psiquiatria**, v. 63, n. 1, p. 57-71, 2014.

PETRY, N. M.; REHBEIN, F.; KO, C. H. Internet Gaming Disorder in the DSM-5. **Current Psychiatry Reports,** v. 17, n. 9, p. 72, 2015.

RICH, M.; TSAPPIS, M.; KAVANAUGH, J. R. Problematic Interactive Media Use Among Children and Adolescents: Addiction, Compulsion or Syndrome? In: YOUNG, K. S.; ABREU, C. N. **Addictions in Children and Adolescents: Risk Factors, Treatment, and Prevention.** New York: Springer. 2017. p. 3-28.

SHAPIRA, N.A. et al. Problematic Internet Use: proposed classification and diagnostic criteria. **Depress Anxiety,** v. 17, n. 4, p. 207-216, 2003.

YOUNG, K. S. Cognitive Behavioral Therapy with Internet Addicts: Treatment Outcome and Implications. **Cyberpsychology, Behavior and Social Networking,** v. 10, n. 5, p. 671-679, 2007.

YOUNG, K. S. Internet addiction: the emergence of a new clinical disorder. **CyberPsychology & Behavior,** v. 1, n. 3, p. 237-244, 1998.

YOUNG, K. S. Internet Addiction: Symptoms, Evaluation, And Treatment in World Wide Web. Disponível em: <http://www.netaddiction.com/articles/symptoms.pdf>.

YOUNG, K. S.; ABREU, C. N. **Dependência de Internet: Manual e Guia de Avaliação e Tratamento.** Porto Alegre: Artmed. 2011.

YOUNG, K. S.; ABREU, C. N. **Internet Addictions in Children and Adolescents: Risk Factors, Treatment, and Prevention.** New York: Springer. 2017.

CAPÍTULO 18
O uso de álcool e drogas

Thiago Gatti Pianca

Introdução

O uso de substâncias psicoativas (SPA) entre adolescentes é muito prevalente no Brasil. Galduróz, Noto, Nappo, & Carlini (2004), em um levantamento nacional entre estudantes, apontaram prevalência de 25% de uso na vida e de 10% de uso no ano para drogas (exceto álcool e tabaco) entre adolescentes de 12 a 19 anos. Um estudo recente conduzido pela Fiocruz estimou que aproximadamente cinquenta mil menores de idade são usuários de *crack* no Brazil (FUNDAÇÃO OSWALDO CRUZ, 2011). Portanto, o uso de drogas, lícitas ou ilícitas, por adolescentes no Brasil constitui-se em problema de saúde pública, para o qual há a necessidade de tratamentos psicoterápicos específicos.

Está bem estabelecido que tratar adolescentes usuários de SPA oferece melhores prognósticos do que não tratá-los. No ano pós-tratamento, pacientes dependentes de SPA apresentaram diminuição no consumo de álcool, maconha e outras drogas ilícitas, diminuição dos índices de envolvimento criminal, maior ajuste psicossocial e melhora da *performance* escolar (GRELLA, HSER, JOSHI, & ROUNDS-BRYANT, 2001; HSER et al., 2001). Qualquer tipo de tratamento nessa faixa etária, deve ter, no mínimo, **envolvimento familiar intenso**, quando a terapia familiar propriamente dita não for possível ou não estiver indicada (BUKSTEIN et al., 2005).

Há muitos fatores familiares envolvidos na iniciação e na manutenção do uso de drogas, que justificam, do ponto de vista teórico, a necessidade de envolvimento familiar no tratamento desses pacientes (BRENDLER, 2013), tais como:

- uso de drogas por outros membros da família,
- padrão de comunicação ineficaz entre os familiares,

- falta de proximidade com os pais,
- baixa expectativa dos pais em relação aos filhos,
- falta da figura paterna,
- baixos índices de supervisão parental,
- atitude permissiva em relação a drogas,
- abuso físico ou sexual, dentre outros.

Além disso, diversas intervenções preventivas se baseiam na diminuição de tais fatores de risco e no reforço de características familiares positivas, como o vínculo entre os membros da família e diversas habilidades parentais, como **monitoramento, supervisão** e **comunicação adequada** a respeito do uso de drogas (National Institute on Drug Abuse – NIDA –, 2003). Cabe ressaltar ainda a relativa dependência da estrutura parental do adolescente em relação ao adulto, no que tange a aspectos financeiros, materiais e emocionais, e que aumenta a eficácia de intervenções mediadas pela família em usuários de drogas nessa faixa etária.

As diversas escolas de terapia familiar inclinam-se a entender que a iniciação e a manutenção do uso de drogas são resultado da interação de diversos fatores individuais, familiares e sociais. O funcionamento familiar, por sua vez, tende a ser gravemente prejudicado pelo uso de drogas (Rowe, 2012). Dentre as diferentes escolas com eficácia demonstrada cientificamente, estão a Terapia Familiar Multissistêmica, a Terapia Familiar Multidimensional, a Terapia de Suporte Familiar (Tanner-Smith, Wilson, & Lipsey, 2013). Por enquanto, pela escassez de estudos, ainda não é possível determinar se algum desses modelos é superior aos demais (Baldwin, Christian, Berkeljon, & Shadish, 2012).

Os objetivos da terapia são, geralmente, reestabelecer a autoridade dos pais sobre os filhos e melhorar a qualidade da relação entre eles (Szobot & Kaminer, 2009). Somado a isso, o trabalho com as famílias de dependentes químicos envolve abordar também a falta de informação da família sobre a dependência e o adoecimento do sistema familiar, além da necessidade de mudança definitiva dos padrões familiares disfuncionais para padrões mais funcionais. Dentre as manifestações do adoecimento familiar, destacamos:

- Falta de fronteiras definidas: situações nas quais os papéis de pais e filhos se confundem – por vezes, os filhos agem como figuras de autoridade, por exemplo. Nessas situações, há comprometimento da hierarquia familiar e dificuldades em estabelecer limites.
- Triangulações: padrões disfuncionais de relacionamento nos quais dois ou mais membros se aliam em contraposição a um terceiro. Por

exemplo, a mãe e a filha que se unem para ignorar ou desmerecer o pai, resultando em uma aprovação tácita da mãe no comportamento de uso de drogas, que desafiam o pai (ALELUIA, 2010).

Outro tema particularmente importante em famílias com adolescentes é o processo de individuação, que faz parte do desenvolvimento normal, porém é um frequente foco de problemas em famílias que apresentam dificuldades.

Pelo exposto, fica claro que é necessário papel ativo dos pais para o tratamento efetivo do uso de substâncias em adolescentes.Vamos apresentar algumas evidências de eficácia, seguidas de explicações sobre dois modelos principais de treinamento parental mais detalhadamente.

Evidências de eficácia

Apesar de ser de toda a lógica exposta, que justifica a necessidade de intervenção com os pais no uso de SPA em adolescentes, o assunto ainda é relativamente pouco estudado. Possivelmente isso se deva ao fato de que essa população (adolescentes em uso ativo de drogas e seus pais) é particularmente difícil de ser pesquisada. Os pacientes apresentam baixa adesão tanto ao tratamento clínico quanto aos protocolos de pesquisa — de tal forma que, atualmente, cresce o número de estudos que visam entender quais os métodos para aumentar a frequência aos tratamentos, mesmo sem saber se esses são eficazes. Além disso, há questões éticas importantes, que vão desde a necessidade de sigilo com os adolescentes e o uso de substâncias, passando pelos diversos riscos aos quais eles se expõem e as complicações legais e criminais que são corriqueiras. Por fim, tratamentos isolados não costumam mostrar-se particularmente eficazes, de forma que são habituais estudos que aplicam diversas modalidades de tratamento ao mesmo tempo, como veremos a seguir.

> A **Entrevista Motivacional** é uma modalidade de tratamento que utiliza diversas técnicas com a finalidade de aumentar a motivação do paciente para realizar alguma mudança importante e necessária em sua vida, utilizando elementos que o próprio paciente traz para a consulta.

Stanger, Ryan, Scherer, Norton e Budney (2015) compararam três pacotes de tratamento para adolescentes usuários de maconha. Todos os adolescentes receberam **Entrevista Motivacional (EM)** associada à Terapia Cognitivo-Comportamental. Um grupo recebeu também **Manejo de Contingências** em domicílio, e outro, todas as modalidades anteriores, além de um protocolo de treinamento parental baseado no *Adolescent Transitions*, em sessões de meia hora semanais por 14 semanas. Todos os grupos apresentaram redução significativa do uso de maconha durante o tratamento, porém com baixo nível de manutenção desses ganhos após o término. Ademais, o grupo que recebeu o programa de treinamento parental não mostrou resultados melhores que os outros dois grupos, sugerindo que o treinamento parental não acrescenta ganhos significativos em pacientes que já recebem essas outras modalidades de tratamento. Em especial, os autores relatam que as estratégias de Manejo de Contingências ensinadas aos pais já constituíam uma forma de treinamento de diversas práticas do programa completo e talvez isso possa ter prejudicado os resultados desse estudo.

> **Manejo de contingências** refere-se a um conjunto de técnicas que tem como objetivo **reforçar positivamente** os comportamentos desejados (como, por exemplo, não usar drogas), de forma que, por condicionamento operante, esses comportamentos sejam repetidos e passem a ser desejados pelo próprio sujeito, pois acabam sendo associados ao reforço. Normalmente tal reforço é feito mediante premiação material.

Em um estudo randomizado, Stanger, Scherer, Babbin, Ryan e Budney (2017) compararam a eficácia em atingir a abstinência de um programa composto de Entrevista Motivacional (EM) e Terapia Cognitivo-Comportamental (TCC), além de incentivos à abstinência, associados a treinamento parental, *versus* apenas EM e TCC. A amostra consistia em 75 adolescentes usuários de álcool, associado ou não a outras drogas. A abstinência foi verificada por meio de exames de urina repetidos semanalmente e pelos relatos dos pais e dos próprios adolescentes. Não houve diferença entre os grupos em relação à quantidade de adolescentes que atingiram a abstinência total, mas houve redução significativa na quantidade de dias de uso de álcool e maconha no grupo que recebeu o incentivo e o treinamento parental, em relação ao que não recebeu.

Mason et al. (2016) realizaram estudos com o objetivo de testar não só a eficácia de um programa de treinamento parental (o *Commom Sense Parenting*, ou CSP), mas também se a melhora da regulação emocional decorrente da aplicação desse tratamento se relacionava com melhores resultados. Compararam, então, três grupos de adolescentes que cursavam a 8ª série: um grupo-controle com uma intervenção mínima, que consistia apenas em panfletos educativos; outro grupo, que recebeu o CSP; e um terceiro grupo que teve acesso ao CSP Plus, que adicionava duas sessões ao protocolo original, direcionadas ao período de transição para a *high school*, com a participação dos adolescentes. O protocolo CSP original consistia de seis sessões de duas horas cada uma, que tratavam de habilidades relacionadas à disciplina, a elogios, à argumentação, ao *coping*, à solução de problemas e manejo da raiva, incluindo discussões de vídeos demonstrando essas habilidades e sua prática. Os resultados não favoreceram a intervenção ativa: os desfechos de uso de substâncias, os problemas de conduta e suspensão no seguimento em um e dois anos. A melhora nos níveis de regulação emocional, porém, medida antes e depois da intervenção, foi capaz de predizer quem conseguiria maiores níveis de abstinência de substâncias, menos problemas de conduta e menos suspensão após um e dois anos.

Exemplo de um programa: *The Family Check-Up*

Breve histórico

O programa *The Family Check-Up* foi desenvolvido na Universidade de Oregon, nos Estados Unidos, por Thomas Dishion e seus colaboradores (DISHION, NELSON, & KAVANAGH, 2003). Foi elaborado com base nas seguintes ideias: alguns adolescentes apresentam desafios aos adultos, como parte de seu desenvolvimento. História de mau comportamento, relacionamento com pares que também exibem comportamento problemático e baixo desempenho acadêmico levam a um envolvimento ainda maior com grupos de pares desviantes, reforçando tais comportamentos. Durante a adolescência, os pais de adolescentes desviantes tendem a desistir do investimento no desenvolvimento deles, diminuindo o **monitoramento** e deixando de realizar o **controle comportamental** com seus filhos – ao passo que pais de adolescentes em desenvolvimento normal se adaptam às mudanças desses (DISHION et al., 2003). O processo de desligamento entre pais e filhos passa a ser mútuo: ao mesmo tempo em que as relações com pares adquirem o ápice da sua saliência para o adolescente (esperado no seu desenvolvimento normal), os pais dos adolescentes desviantes começam a se desconectar deles, reforçando esse comportamento para níveis acima dos esperados.

Adolescentes que acreditam que os pais saberão se eles fizerem alguma coisa errada são aqueles menos propensos a esse tipo de comportamento. Por esse motivo, estratégias que ajudem os pais a saber sempre **onde, com quem e o que** seus filhos estão fazendo são fundamentais; a essas estratégias chamamos de **monitoramento**.

Tal intervenção foi, então, criada para tentar abordar diretamente esses problemas, aumentando (ou prevenindo) a diminuição do envolvimento emocional com os filhos. Isso é obtido pelo reforço de aspectos positivos da relação entre pais e filhos e pela melhora da capacidade de monitoramento deles.

O projeto de desenvolvimento desse programa foi financiado pelo National Institute of Drug Abuse (NIDA), e, em consequência, detalhes sobre o programa e seu treinamento podem ser encontrados no *site* do instituto (https://www.drugabuse.gov/), em inglês e espanhol. Abaixo segue uma explanação dos componentes principais.

Como funciona

O FCU é voltado para famílias com adolescentes "de alto risco" para desenvolvimento de problemas relacionados ao uso de álcool e drogas. Essa categoria, "de alto risco", na verdade é bastante ampla, abrangendo desde adolescentes que já estão fazendo uso de substâncias até mesmo aqueles que apresentam história familiar de Dependência de Drogas ou Alcoolismo, passando por aqueles com dificuldades acadêmicas. Normalmente, o FCU é realizado por profissionais treinados (o *site* https://reachinstitute.asu.edu/family-check-up/training detalha como é feito o treinamento), que realizam uma avaliação inicial das famílias. Em encontros subsequentes, é executado o treinamento de pais propriamente dito. Ao final, há uma sessão para avaliação dos resultados. O treinamento pode ser dividido em seis passos principais: Comunicação, Encorajamento, Negociação, Estabelecimento de limites, Supervisão e Conhecimento dos amigos do seu filho.

Comunicação

A boa comunicação é considerada essencial para que se mantenha a qualidade do relacionamento pais-filhos. Os pais são ensinados a **escolher momentos adequados para falar com os filhos**, sem distração e quando todos estiverem emocionalmente aptos a conversar. Isto é, fora de momentos de estresse ou logo após atritos importantes, o que normalmente não é praticado pelas famílias, que resolvem tentar dialogar apenas quando os problemas surgem. É recomendado aos pais também o seguinte:

- **Demonstrar interesse e preocupação abertamente**: sem culpar ou acusar. Por exemplo, em vez de "como você se mete nestas confusões!", dizer "isso parece uma situação difícil. Você se atrapalhou?".

- **Encorajar os filhos a pensar em soluções:** por exemplo, no lugar de "o que você achou que ia acontecer, não pensou não?", dizer "então, de que maneira você acha que daria para resolver isso melhor?", ou "que tal pensarmos juntos numa solução para isso?".
- **Evitar críticas excessivas** nesses momentos: novamente, evitar culpar e acusar, como "você sempre decepciona!". Também é importante evitar comparação com outros: "Por que não é como seu irmão?" ou "na sua idade, eu já controlava isso...".
- **Autoavaliação:** Antes de falar, os pais devem parar e pensar se estão no melhor momento para tal. Se estiverem nervosos ou irritados, devem escolher outra ocasião para dialogar.

> Dicas extras:
> - Esteja presente e fique ligado!
> - Mostre compreensão.
> - Ouça com respeito.
> - Mantenha o interesse.
> - Evite emoções negativas.
> - Dê encorajamento.

Encorajamento

Estimulam-se os pais a encorajar e a incentivar os filhos de forma clara (mas não necessariamente espontânea). O objetivo é estimular os próprios pais a reconhecer aspectos positivos em seus filhos, ao mesmo tempo em que os filhos se sintam apreciados pelos seus pais pelas atitudes adequadas deles, filhos; desta forma, gerando motivação para os comportamentos desejados pelos pais.

Os pais são ensinados que é importante transmitir aos filhos que eles são capazes de resolver problemas, que eles podem ter boas ideias e de que são importantes para a família. Ao mesmo tempo, é enfatizado que devem evitar algumas práticas parentais inadequadas, tais como o foco nos fracassos anteriores dos filhos, a comparação com outros adolescentes, e o uso de sarcasmo e ironia. É importante trabalhar com exemplos, uma vez que os pais frequentemente não se imaginam encorajando os filhos sem mostrar-lhes a eles atitudes reais exemplareirrepreensíveis. OBS.: Seria isso?

Negociação

É ensinado aos pais que é importante poder negociar com os filhos a solução de pequenos problemas e a conciliação de brigas. O ato de negociar propicia aos pais um jeito de **trabalhar junto aos filhos para resolver problemas, fazer mudanças, promover e melhorar a cooperação**. Ensina a focar nas soluções (e não nos problemas), a prever possíveis resultados das ações e a se comunicar de forma mais assertiva.

Armadilhas a evitar:

- Não tente resolver problemas "quentes".
- Não culpe o outro ou o menospreze.
- Não se defenda – tente "deixar rolar".
- Não tente adivinhar a intenção dos outros.
- Não traga de volta o passado – evite usar palavras como "nunca" e "sempre".
- Não dê sermão – uma afirmação simples vai ajudar a transmitir melhor a ideia.

Da mesma forma que nos quesitos anteriores, explica-se que deve ser escolhido um **momento neutro** para as negociações, preferencialmente marcado antecipadamente, em local igualmente neutro e sem estímulos que levem à distração (evitando, por exemplo, o quarto do adolescente). Ensina-se a escolher problemas pequenos, específicos e sem grande envolvimento emocional no momento, que possam ser declarados objetivamente e de forma neutra. A partir daí, todos procuram gerar ideias para a resolução (sessão de *brainstorm*). Baseando-se nisso, deve-se escolher as melhores soluções, possivelmente combinando ideias de mais de uma pessoa, e o plano de ação final deve ser aceito por todos. É importante também mostrar a necessidade de um **seguimento**, ou seja, deve ser reavaliada a situação depois de um tempo para observar se foi devidamente resolvida pela solução adotada e, caso necessário, voltar a negociar no futuro.

Estabelecimento de limites

Colocar limites ajuda os pais a ensinar autocontrole e responsabilidade, a mostrar cuidado e a promover fronteiras seguras. Também proporciona aos jovens orientação sobre quais comportamentos são adequados e reforça a importância de seguir as regras.

Quadro 1 – Lembrete de limites.

P	Pequenas consequências são melhores.
A	Consequências Adequadas (sob controle dos pais, não recompensam a criança).
R	Respostas não abusivas.
E	Evitar punições que também punam os pais.

Geralmente esse processo ocorre em duas etapas. Na primeira, **regras simples e específicas** devem ser criadas. É preciso se certificar de que os filhos entendem tais regras. Também é necessário criar uma **lista de possíveis consequências**, as quais os adultos devem estar prontos a executar, se necessário. Esta última parte nem sempre é fácil, e, por esse motivo, há um acrônimo que ajuda a lembrar o que é importante ao decidir sobre os limites impostos a uma criança ou adolescente (Ver Quadro 1).

A segunda etapa diz respeito ao **acompanhamento**. Pais são mais eficientes em colocar limites quando eles aplicam a correção das consequências imediatamente. Jovens são mais propensos a seguir as regras se sabem que os pais vão conferir o cumprimento delas e reforçar as regras e que, muitas vezes, haverá danos, sobre os quais eles deverão se responsabilizar. Além disso, é preciso elogiar quando as regras são seguidas. **Testar os limites** é natural durante o desenvolvimento, mas isso se apresenta como um desafio especial para os pais. Frequentemente as primeiras reações negativas surgem de temores pela segurança dos filhos ou por raiva por ser desobedecido. É importante que os pais saibam dessa característica do desenvolvimento, já que evita que eles levem todos os testes aos limites como ofensas pessoais.

Supervisão

A supervisão é a peça central nos cuidados paternos e maternos efetivos durante a infância. Quando os jovens começam a passar cada vez mais tempo fora de casa, torna-se um desafio monitorar seu comportamento e paradeiro. O monitoramento ajuda os pais a reconhecer problemas no seu início, a promover a segurança e a permanecer envolvido na vida do adolescente.

Os pais devem aprender que é necessário, para uma supervisão efetiva, atentar para os 4 C's: Clareza, Comunicação, Checagem e Consistência. Vejamos:

E quando não há adultos em casa?

- Saiba a rotina de seu filho.
- Ligue para ele em horários aleatórios.
- Faça com que ele avise a você ou a outros adultos quando chegar em casa.
- Faça com que ele informe quando chegar ao seu destino.
- Surpreenda seu filho com uma visita ou uma chamada inesperada.
- Comunique-se sempre com outros adultos que interagem com seu filho.

- **Clareza**: algumas regras são claras, específicas e não são negociáveis. Por exemplo, estipular que é proibido receber amigos em casa sem um adulto presente, ou que é preciso avisar com 24h de antecedência antes de combinar uma saída à noite (o que dá tempo de verificar o evento).
- **Comunicação: interlocução** com outros pais e professores, com o intuito de criar uma rede de comunicação que permita não só verificar informações, mas também detectar mudanças de forma mais rápida e saber, de antemão, onde está o perigo.
- **Checagem**: verificar com os outros pais e amigos as informações trazidas, certificar-se de locais e horários de festas, etc. Costuma ser um pouco complicado, visto que os pais normalmente querem confiar em seus filhos (que normalmente resistem a essas medidas); porém, cabe ressaltar que tais medidas reforçam a segurança ao redor do filho e fazem com que eles percebam que as regras são importantes.
- **Consistência**: manter a regularidade dessas ações, fazendo com que os filhos tenham consciência de que seu comportamento leva a alguma consequência sempre, e não só quando isso gera algum problema grave.

Dicas extras

- Permaneça envolvido.
- Gaste algum tempo ouvindo seu filho.
- Saiba quem são os amigos dele e observe seu filho interagindo com eles.
- Fale com os pais dos amigos de seus filhos.

Conhecimento dos amigos do seu filho

O grupo de pares adquire importância muito grande na adolescência. Para o adolescente, "enturmar-se" é uma necessidade básica, e às vezes eles podem se sentir sobrecarregados por uma necessidade de agradar e impressionar seus amigos. Tais sentimentos podem deixá-los vulneráveis à pressão do grupo, que pode levar a hábitos indesejáveis, dentre eles o uso de substâncias psicoativas. Conhecer os amigos ajuda os pais a melhorar a comunicação, a reduzir o conflito e a transmitir responsabilidade. É necessário **conhecer os amigos e seus pais, frequentar a escola, observar os filhos** e suas atitudes, maneiras de falar e se vestir, com curiosidade, evitando excesso de julgamentos, mas, ao mesmo tempo, **reconhecendo e encorajando comportamentos positivos.**

Este passo também é importante, uma vez que complementa em muito o anterior. Quando jovens começam a passar tempo com pessoas que não são conhecidas, mudam sua maneira de falar ou suas atitudes perante a escola e a família, ou passam a mentir ou até a roubar. Por isso, é necessário poder falar com os filhos e estar ainda mais presentes.

> **Dicas extras**
> - Mantenha as vias de comunicação abertas.
> - Seja paciente e observe; não reaja – pode passar sozinho!

Por fim, nem sempre os jovens escolhem as melhores companhias. Deve-se estimulá-los sempre a valorizar amigos com qualidades positivas, como honestidade e responsabilidade. Mas, quando isso não funciona, é importante poder reduzir a influência negativa através da convivência com os filhos. Vale para isso o tempo em atividades conjuntas esportivas ou lúdicas, conversas e passeios em família, estímulo a atividades nas quais o adolescente tenha interesse (música, desenho, atividade científica, etc.) e a inserção do núcleo familiar em atividades da família estendida, com a participação do adolescente.

Conclusão

A relação entre pais e filhos é um importante influenciador na maneira como eles vão se relacionar com o uso de álcool e drogas, tanto na adolescência quanto na vida adulta. Por esse motivo, o treinamento de pais vem sendo estudado como intervenção, quer na prevenção ao uso de substâncias, quer no tratamento dos quadros de dependência quando isso ocorre com os filhos.

Apesar da literatura ainda escassa sobre o tema, é possível afirmar que as práticas apresentadas por meio da melhora da capacidade dos pais de estarem presentes de fato na vida de seus filhos são capazes de ajudar famílias com problemas relacionados ao uso de drogas. E que tais práticas são ainda mais eficazes quando utilizadas em conjunto com outras modalidades de tratamento dos adolescentes, sempre os mais afetados por esse problema – ainda que precisem ser convencidos disso.

Referências

ALELUIA, G. Diretrizes para terapia familiar no tratamento da dependencia química. In: **Diretrizes Gerais para Tratamento da Dependencia Química.** 1 ed. Rio de Janeiro: Editora Rubio. 2010. p. 149-168.

BALDWIN, S. A. et al. The effects of family therapies for adolescent delinquency and substance abuse: a meta-analysis. **Journal of Marital and Family Therapy,** v. 38, n. 1, p. 281-304, 2012.

BRENDLER, M. Familial and Other Social Risk Factors in Adolescent Substance Abuse. In: ROSNER, R. **Clinical Handbook of Adolescent Addiction.** 1 ed. Singapore: Wiley-Blackwell. 2013.

BUKSTEIN, O. G. et al. Practice parameter for the assessment and treatment of children and adolescents with substance use disorders. **Journal of the American Academy of Child and Adolescent Psychiatry,** v. 44, n. 6, p. 609-21, 2005.

DISHION, T. J., NELSON, S. E., KAVANAGH, K. The Family Check-Up with high-risk young adolescents: Preventing early-onset substance use by parent monitoring. **Behavior Therapy,** v. 34, n. 4, p. 553-571, 2003.

FUNDAÇÃO Oswaldo Cruz. Estimativa do número de usuários de crack e/ou similares nas Capitais do País. Brasil. 2011. Disponível em: <https://portal.fiocruz.br/pt-br/content/maior-pesquisa-sobre-crack-já-feita-no-mundo-mostra-o-perfil-do-consumo-no-brasil> Acesso em: 19 nov. 2017.

GALDURÓZ, J. C. F. et al. Trends in drug use among students in Brazil: analysis of four surveys in 1987, 1989, 1993 and 1997. **Brazilian Journal of Medical and Biological Research,** v. 37, n. 4, p. 523-31, 2004.

GRELLA, C. E. et al. Drug treatment outcomes for adolescents with comorbid mental and substance use disorders. **The Journal of Nervous and Mental Disease,** v. 189, n. 6, p. 384-92, 2001.

HSER, Y. I. et al. An evaluation of drug treatments for adolescents in 4 US cities. **Archives of General Psychiatry**, v. 58, n. 7, p. 689-95, 2001.

MASON, W. A. et al. Parent training to reduce problem behaviors over the transition to high school: Tests of indirect effects through improved emotion regulation skills. **Children and Youth Services Review**, v. 61, p. 176-183, 2016.

NATIONAL Institute on Drug Abuse (NIDA). Preventing Drug Use Among Children and Adolescents: A Research-Based Guide for Parents, Educators, and Community Leaders. 2003. Disponível em: < http://www.drugabuse.gov/publications/preventing-drug-use-among-children-adolescents > Acesso em: 18 nov. 2017.

ROWE, C. L. Family therapy for drug abuse: review and updates 2003-2010. **Journal of Marital and Family Therapy**, v. 38, n. 1, p. 59-81, 2012.

STANGER, C. et al. Clinic- and Home-Based Contingency Management Plus Parent Training for Adolescent Cannabis Use Disorders. **Journal of the American Academy of Child & Adolescent Psychiatry**, v. 54, n. 6, p. 445-453, 2015.

STANGER, C. et al. Abstinence based incentives plus parent training for adolescent alcohol and other substance misuse. **Psychology of Addictive Behaviors**, v. 31, n. 4, p. 385-392, 2017.

SZOBOT, C.; KAMINER, Y. O tratamento de adolescente com transtornos por uso de substâncias psicoativas. In: PINKSY I.; BESSA, M. A. **Adolescência e Drogas**. 2 ed. Porto Alegre: Editora Contexto, 2009. p. 164-178.

TANNER-SMITH, E. E.; WILSON, S. J.; LIPSEY, M. W. The comparative effectiveness of outpatient treatment for adolescent substance abuse: a meta-analysis. **Journal of Substance Abuse Treatment**, v. 44, n. 2, p. 145-158, 2013.

Os autores

ORGANIZADORAS

DÉBORA C. FAVA

Doutoranda em Psicologia na UNISINOS e Mestre em Cognição Humana pela PUCRS. Professora de Pós-Graduação em nível de Especialização e Formação em Terapia Cognitiva na infância e adolescência em diversos estados do Brasil. É coordenadora da ELO - Psicologia & Desenvolvimento, onde coordena também o curso do Curso de Formação em Terapia Cognitiva na Infância e Adolescência. Especialista em Psicoterapia Cognitivo-Comportamental (WP) e Psicologia Clínica (Conselho Federal de Psicologia), tem formação em Manejo do Comportamento Infantil pela Piedmont Virginia Community College (EUA). Trabalha como psicoterapeuta em consultório particular, assessoria a escolas infantis onde desenvolve treinamento e capacitação de professores sobre desenvolvimento socioemocional e manejo de comportamento. Tem experiência na área de Psicologia Escolar, Clínica da Infância e Orientação a Pais e cuidadores. Terapeuta Certificada pela Federação Brasileira de Terapias Cognitivas (FBTC).

MARTHA ROSA

Psicóloga. Mestre em Psiquiatria e Ciências do Comportamento pela UFRGS. Especialista em Terapias Contextuais, certificada pelo Centro Integral de Psicoterapias Contextuales (CIPCO) e pelo Centro de Estudos da Família e do Indivíduo (CEFI). Formação em Terapia do Esquema pela Wainer Psicologia/NYC Institute Schema Therapy. Trabalha como Psicóloga Clínica em consultório particular e atua como professora em cursos de pós-graduação em psicologia.

ANGELA DONATO OLIVA

Angela Donato Oliva exerce o cargo de Professor Adjunto do Programa de Pós-Graduação da UERJ e e também no Instituto de Psicologia da UFRJ. Em 1990 concluiu o Mestrado na FGV-ISOP (Rio de Janeiro) e em 2001 concluiu o Doutorado na USP.

Fez Pós-Doutorado na USP em 2012 sobre na área de cuidados parentais. Foi Presidente da ATC-Rio no período de 2011 a 2014. Tem interesse e desenvolve estudos e pesquisas sobre desenvolvimento humano nos temas de empatia, comportamento moral, cooperação e psicopatologia. Tem trabalhos publicados sobre esses temas em capítulos de livros, livros organizados e artigos. A abordagem evolucionista embasa seu trabalho. Na área clínica, atua com a perspectiva cognitivo-comportamental. Atualmente é Editora Chefe da RBTC (Revista Brasileira de Terapias Cognitivas) e é membro de diversas sociedades de psicologia.

COLABORADORES

AGLIANI OSORIO RIBEIRO CERVA

Psicóloga pela Pontifícia Universidade Católica do Rio Grande do Sul (PUCRS). Especialista em Terapia Cognitivo-Comportamental pela WP- Centro de Psicoterapia Cognitivo-Comportamental, Especialista em Psicoterapia Cognitivo-Comportamental da Infância e Adolescência pelo Instituto da Família de Porto Alegre (INFAPA) e Formada em Terapia do Esquema pela WP Centro de Psicoterapia Cognitivo - Comportamental.

ALICIA CARISSIMI

Psicóloga, Especialista em Psicoterapia Cognitivo-Comportamental, Instituto WP. Mestre em Medicina: Ciências Médicas, UFRGS. Doutora em Psiquiatria e Ciências do Comportamento, UFRGS. Pós-Doutoranda em Psiquiatria e Ciências do Comportamento, UFRGS, Pesquisadora no Laboratório de Cronobiologia e Sono (HCPA-UFRGS).

AMAURY CANTILINO

Psiquiatra. Doutor em Neurosiquiatria e Ciências do Comportamento pela UFPE. Professor Adjunto do Departamento de Neuropsiquiatria da UFPE. Membro da Comissão de Estudos e Pesquisas em Saúde Mental da Mulher da Associação Brasileira de Psiquiatria

ANDRÉ VERZONI

André Verzoni é psicólogo e possui mestrado em Psicologia Clínica pela PUCRS. André atualmente é doutorando em Psicologia Clínica na PUCRS e membro do grupo de pesquisa Relações Interpessoais e Violência: contextos clínicos, sociais, educacionais e virtuais (RIVI-PUCRS). André Verzoni é psicanalista, membro da APPOA (Associação Psicanalítica de Porto Alegre), professor na Faculdade de Enfermagem da Factum e tem experiência profissional na área de Psicologia Clínica. Atualmente conduz pesquisas sobre preconceito, racismo e empatia.

ANGELA HELENA MARIN

Angela Helena Marin é graduada em psicologia pela Universidade Federal de Santa Maria (2002), licenciada em psicologia pela Universidade Federal do Rio Grande do Sul (2007), especialista em psicologia clínica pelo Instituto da Família de Porto Alegre (2008), mestre em Psicologia do Desenvolvimento (2004) e doutora (2009) em Psicologia pela Universidade Federal do Rio Grande do Sul. Atualmente, é psicóloga clínica e professora dos cursos de graduação e pós-graduação em psicologia da UNISINOS. Coordena o Núcleo de Estudos sobre Famílias e Instituições Educativas e Sociais (NEFIES), investigando na área de Psicologia Clínica e do Desenvolvimento humano, os seguintes temas: desenvolvimento social na infância e adolescência, família e processos de prevenção e promoção da saúde.

CAMILA MORELATTO DE SOUZA

Formada em Medicina pela UFRGS (2003), Residência médica em Psiquiatria pela FFFCMPA/HMIPV (2006), Especialização em Psiquiatria da Infância e Adolescência UFRGS/HCPA (2008), Doutorado em Psiquiatria pelo UFRGS (2014). Realizou pesquisa na área de Cronobiologia e Saúde e atualmente atua como psiquiatra clínica e psicoterapeuta de crianças e adolescentes.

CARMEM BEATRIZ NEUFELD

Livre-Docente em Psicologia pela USP. Pós-Doutora em Psicologia pela UFRJ. Doutora e Mestre em Psicologia pela PUCRS. Coordenadora do Laboratório de Pesquisa e Intervenção Cognitivo-Comportamental – LaPICC-USP. Docente do Departamento de Psicologia da Faculdade de Filosofia, Ciências e Letras de Ribeirão Preto da Universidade de São Paulo. Vice-presidente da Associação Latino Americana de Psicoterapias Cognitivas e Comportamentais – ALAPCO. cbneufeld@usp.br

CAROLINA SARAIVA DE MACEDO LISBOA

Psicóloga pela PUCRS. Mestre e doutora pela UFRGS, com estágio na Universidade do Minho em Portugal. Professora da Graduação e Pós-Graduação em Psicologia e coordenadora do Curso de Especialização em Psicoterapia Cognitivo-Comportamental da PUCRS. Coordenadora do Grupo de Pesquisa Relações Interpessoais e Violência: Contextos Clínicos, Sociais, Educativos e Virtuais (RIVI-PUCRS). Terapeuta cognitiva certificada pela Federação Brasileira de Terapias Cognitivas (FBTC). Segunda Suplente da FBTC. Atua na clínica atendendo crianças, adolescentes e adultos e presta consultoria a escolas. Na área da infância e da adolescência, tem pesquisado e realizado intervenções direcionadas aos fenômenos de bullying, cyberbullying e impacto de tecnologias e digitalidade em comportamentos e cognições.

CAROLINE CARDOSO

Psicóloga. Mestre em Psicologia pela PUCRS. Doutora pelo Programa de Pós Graduação em Psicologia da PUCRS. Especialista em Neuropsicologia pela PROJECTO. Psicóloga Clínica. Professora do Curso de Psicologia da Universidade Feevale. Supervisora do Estágio Profissionalizante em Avaliação Neuropsicológica do Centro Integrado de Psicologia da Universidade Feevale. Pesquisadora colaboradora do Grupo de Pesquisa Neuropsicologia Clínica e Experimental (GNCE), PUCRS.

CINTHYA DOLORES SANTOS MAIA LEITE

Graduação em Comunicação Social - Habilitação em Jornalismo pela Universidade Católica de Pernambuco (Unicap). Especialização em Geriatria e Gerontologia, com visão multidisciplinar, pela Faculdade Estácio do Recife. Mestrado em Saúde da Comunicação Humana pela Universidade Federal de Pernambuco (UFPE). Repórter do Jornal do Commercio (JC), criadora e editora do Casa Saudável (casasaudavel.com.br), blog de saúde do NE10 - portal do Sistema Jornal do Commercio de Comunicação (SJCC). Atua principalmente nos seguintes temas: comunicação em saúde, educação em saúde, saúde mental, cuidadores, padrão de cuidado, envelhecimento, doença de Alzheimer, arboviroses e síndrome congênita do zika.

CLARISSE MOSMANN

Doutora em Psicologia pela PUCRS (2007), com estágio Pós-Doutoral na Universidade de Girona (2008) e na UFGRS (2010), especialista em Terapia de Casal e Família pela Escuela de Formación en Terapia Familiar - STIRPE, Espanha (2003). Possui Diploma de Estudios Avanzados em Psicología Escolar y del Desarrollo pela Universidad Complutense de Madrid (2003). É graduada em Psicologia pela Pontifícia Universidade Católica do Rio Grande do Sul (2001). Atualmente é Professora do Programa de Pós-Graduação e do Curso de Psicologia da UNISINOS e articuladora do Lato Senso na área da Saúde. Atual Editora Científica da Revista Contextos Clínicos. Coordena o Núcleo de Estudos em Casais e Famílias (NECAF) investigando na área de Psicologia Familiar os seguintes temas: Dinâmica de funcionamento familiar e conjugal; Conjugalidade, Coparentalidade, Parentalidade e Psicopatologia na Infância e Adolescência; Conflito Conjugal e Estratégias de Resolução de Conflitos conjugal e parental.

CLÁUDIO EDUARDO RESENDE ALVES

Doutorado em Psicologia na linha de pesquisa dos processos de subjetivação pela PUC Minas, Estágio de Doutoramento no Centro de Estudos Sociais da Universidade de Coimbra/Portugal, Mestrado em Ensino de Ciências pela PUC Minas, Especialização em Educação Afetivo Sexual pela FUMEC e Graduação em Ciências Biológicas pela PUC Minas. Autor dos livros "Educação para as Relações de Gênero: eventos de letramento na escola" e "Nome sui generis: o nome (social) com dispositivo de identificação de gênero". Gestor de Políticas Públicas Educacionais da Secretaria Municipal de Educação de Belo Horizonte. Professor da Pós Graduação em Psicopedagogia da Faculdade Pitágoras - unidade Afonso Pena. Parecerista ad hoc de diversas revistas acadêmicas. Tem experiência nas áreas de educação, pedagogia, educação de jovens e adultos, psicologia social, psicopedagogia, corporeidade, sexualidade e gênero.

CRISTIANO NABUCO DE ABREU

Psicólogo com Aprimoramento em Psicoterapia Focada nas Emoções pela York University - Toronto/Canadá; Mestrado em Psicologia pela Pontifícia Universidade Católica de São Paulo; Doutorado em Psicologia Clínica pela Universidade do Minho - Portugal e Pós-Doutorado pelo Departamento de Psiquiatria do Hospital das Clinicas da Faculdade de Medicina da Universidade de São Paulo. É coordenador do Grupo de Dependência Tecnológica do Programa dos Transtornos do Impulso (PRO-AMITI) do Instituto de Psiquiatria da Faculdade de Medicina da Universidade de São Paulo. Diretor do Núcleo de Terapias Virtuais / SP e Diretor do Núcleo de Psicoterapia Cognitiva de São Paulo. Diretor do Projeto "Cognitiva Scientia" - aprimoramento em saúde mental. Ex-presidente da Sociedade Brasileira de Terapias Cognitivas (SBTC). Publicou 13 livros sobre psicologia, psiquiatria e saúde mental

DANIELE LINDERN

Psicóloga pela PUCRS. Mestre e doutoranda em Psicologia Clínica pela PUCRS (bolsista CNPq). Especialista em Terapias Cognitivo-Comportamentais pelo Instituto de Terapias Cognitivo-Comportamentais (InTCC). Integra o Grupo de Pesquisa Relações Interpessoais e Violência: Contextos Clínicos, Sociais, Educativos e Virtuais (RIVI-PUCRS). Integra o Núcleo de Habilidades Sociais do InTCC. Atua na clínica atendendo crianças, adolescentes e adultos e presta consultoria a escolas. Atualmente conduz pesquisa sobre preconceito na escola e clima escolar.

ELIANE MARY DE OLIVEIRA FALCONE

Doutora em psicologia clínica pela Universidade de São Paulo. É docente do Programa de Pós-Graduação e Psicologia Social da UERJ. Supervisiona estágio clínico em Terapia Cognitivo-Comportamental e orienta pesquisas de mestrado e doutorado, sobre temas relacionados às habilidades sociais, empatia, relação terapêutica e personalidade. Atuou como presidente da Federação Brasileira de Terapias Cognitivas (FBTC), na gestão 2003-2005, quando fundou a Revista Brasileira de Terapias Cognitivas (RBTC).

ÉRICA PANZANI DURAN

Psicóloga Mestre em Ciências da Saúde (FMUSP) especialista em Terapia Cognitiva (FACAT) e Terapia Comportamental Cognitiva em Saúde Mental (AMBAN). Formação em Terapia Cognitiva Processual e Terapia Comportamental Dialética

(The Linehan Institute). Mentora na formação de equipes em Terapia Comportamental Dialética no Brasil (The Linehan Institute/CTCVeda) e em Terapia Cognitiva Processual. Coordenadora do grupo Conscientia.

EVLYN RODRIGUES OLIVEIRA

Psicóloga graduada pela UERJ, mestranda do Programa de Pós-Graduação em Psicologia Social (PPGPS-UERJ) e terapeuta cognitivo-comportamental, realizando atendimentos clínicos de crianças, adolescentes e adultos.

FERNANDO MARTINS DE AZEVEDO

Psicólogo (CRP 07/26567) pela PUCRS. Ao longo da graduação foi bolsista do Programa de Educação Tutorial – PET e estagiário de Psicologia Clínica do Núcleo de Estudos e Pesquisa sobre Trauma e Estresse (NEPTE). Possui curso de Aperfeiçoamento em Terapias Cognitivas pela Wainer Psicologia. Atualmente atua como psicólogo clínico em consultório privado, faz especialização em Terapias Cognitivo-Comportamentais no Centro de Estudos da Família e do Indivíduo (CEFI) e mestrado em Psicologia na PUCRS.

GIOVANNA NUNES CAUDURO

Psicóloga (CRP 07/25989) (UFCSPA). Mestre (PPG Psicologia UFRGS) e Doutorado em Psicologia em andamento pelo Grupo de Estudo, Aplicação e Pesquisa em Avaliação Psicólogica (GEAPAP) da UFRGS. Supervisora no Programa de Orientação às Práticas Parentais (PROPAP/UFRGS). Psicóloga colaboradora no Núcleo de Estudos em Avaliação Psicológica e Psicoterapia Comportamental e Cognitivo-Comportamental (NEAPSICC/UFCSPA).

IGOR LINS LEMOS

Doutor em Neuropsiquiatria e Ciências do Comportamento (UFPE). Especialista em Terapia Cognitivo-Comportamental Avançada (UPE). Docente | Pós-graduação | (IWP) | (ESUDA). Psicoterapeuta Cognitivo-Comportamental (CRP - 02/14577). Colunista da Revista Psique C&V (Ciberpsicologia)

ISABELA PIZZARRO REBESSI

Graduada em Psicologia pela Faculdade de Filosofia, Ciências e Letras de Ribeirão Preto da Universidade de São Paulo. Membro do Laboratório de Pesquisa e Intervenção Cognitivo-Comportamental – LaPICC-USP. Bolsista FAPESP pelo Laboratório de Nutrição e Comportamento – USP.

JANAINA THAIS BARBOSA PACHECO

Psicóloga, Mestre e Doutora pelo PPG Psicologia/UFRGS. Realizou Estágio de Pós-Doutorado na PUC/RS. É professora do Curso de Psicologia e do Programa de Pós-Graduação em Psicologia e Saúde da UFCSPA, responsável pelas disciplinas de Behaviorismo Radical e Terapias cognitivas e comportamentais. Coordenadora da Liga Acadêmica de Psicologia Comportamental/UFCSPA. Psicoterapeuta e supervisora clínica.

JEAN ÍCARO PUJOL VEZZOSI

Psicólogo (CRP 07/25585), graduado pela PUCRS. É especialista em Terapias Cognitivo-comportamentais pelo Instituto de Terapias Cognitivo-comportamentais (INTCC). Mestrando em Psicologia Social pela PUCRS, atua como pesquisador das temáticas de preconceito, atitudes reparadoras/conversivas e atitudes afirmativas dos Profissionais da Psicologia em relação a pacientes LGBT. Atua principalmente em Psicoterapia cognitivo-comportamental para a diversidade sexual e de gênero.

JULIANA DA ROSA PUREZA

Psicóloga pela PUCRS, Especialista em Terapia Cognitivo-Comportamentais pela WP Centro de Psicoterapia Cognitivo-Comportamental e Mestre em Psicologia Clínica pela UNISINOS. Atualmente é Doutoranda em Psicologia Clínica pela PUCRS (bolsista CAPES), onde integra o Grupo de Pesquisa Relações Interpessoais e Violência: Contextos Clínicos, Sociais, Educativos e Virtuais (PUCRS). Atua como psicóloga clínica em consultório particular atendendo crianças, adolescentes e adultos e é professora do Curso de Psicologia da Universidade FEEVALE.

LAUREN FRANTZ VERONEZ

Psicóloga, graduada pela PUCRS, com período sanduíche na Universidad Autónoma de Madrid (UAM). Especialista em Terapias Contextuais, certificada pelo Centro Integral de Psicoterapias Contextuales (CIPCO), pela Asociación Psicológica Iberoamericana de Clínica y Salud (APICSA) e pelo Centro de Estudos da Família e do Indivíduo (CEFI). Mestranda no Programa de Pós-Graduação em Psicologia e Saúde da UFCSPA. Trabalha como Psicóloga Clínica em consultório particular, com abordagens baseadas em Mindfulness e Terapia de Aceitação e Compromisso, e atua como professora convidada em cursos de graduação em Psicologia no Rio Grande do Sul.

LAUREN GONÇALVES DE SÁ LIPP

Psicóloga. Especialista em Terapia Cognitivo-comportamental pelo Centro de Estudos da Família e do Indivíduo (CEFI). Especialização em andamento em Terapia do Esquema pela Wainer Psicologia Cognitiva - NYC Institute for SchemaTherapy. Colaboradora no Grupo de Pesquisa Relações Interpessoais e Violência: contextos clínicos, sociais, educacionais e virtuais (RIVI-PUCRS).

LEOPOLDO NELSON FERNANDES BARBOSA

Psicólogo Clínico. Doutor em Neuropsiquiatria e Ciências do Comportamento pela Universidade Federal de Pernambuco. Coordenador do Mestrado Profissional em Psicologia da Saúde da Faculdade Pernambucana de Saúde - FPS. Psicólogo da equipe de Saúde Mental do Instituto de Medicina Integral Prof. Fernando Figueira – IMIP.

LESLIE PONZI HOLMER

Psicóloga Clínica Infantil. Especialista em Neuropsicologia-Projecto RS. Especialista em Intervenção Precoce no Autismo/Modelo Denver - UC DAVIS Mind Institute.

LUCAS ELIAS ROSITO

Psicólogo Clínico e do Esporte; Formado em Psicologia pela PUCRS 2003; Mestrado em Epidemiologia UFRGS 2008; Especialista em Psicologia Clínica; Especialista em Psicologia do Esporte; Professor do Curso de Psicologia da Escola de Ciências da Saúde da PUCRS; Sócio da Vivaz Psicologia

LUCIANA SUÁREZ GRZYBOWSKI

Psicóloga, Doutora em Psicologia (PUCRS), Professora do Departamento de Psicologia e do Programa de Pós-Graduação em Psicologia e Saúde da UFCSPA.

LUCIANNE VALDIVIA

Psicóloga formada pela PUCRS, Especialista em Psicoterapia, Mestra em Psiquiatria e Ciências Do Comportamentos/UFRGS. Possui formação em Terapia Comportamental Dialetica pelo Instituto Linehan/ Behavioral Tech e formação em Mindfulness para crianças e adolescentes pelo Mindful Schools/ Califórnia e pelo Método da Atenção Funcional de Eline Snel/ Holanda. Professora Convidada do Programa de Pós Graduação em Psiquiatra e Ciências do Comportamento/ Ufrgs. Integrante do Grupo de Pesquisa em Processos e Intervenções em Saúde Mental do Programa de Pós Graduação da Psiquiatria da UFRGS (GEPISM).

MARIANA GONÇALVES BOECKEL

Psicóloga, Psicoterapeuta de Famílias e de Casais, Doutora em Psicologia (PUCRS/ Universitat de València), Professora do Departamento de Psicologia e do Programa de Pós-Graduação em Psicologia e Saúde da UFCSPA.

MARINA AZZI BERTOTTO

Graduanda do VI semestre do curso de Psicologia da Escola de Ciências da Saúde da PUCRS; Estagiária da Vivaz Psicologia.

MAURÍCIO RASKIN GOLDSTEIN

Graduado em Psicologia pela PUCRS. Sócio-fundador em Projeto Semeia Sonho. Sócio-fundador em Coniverso Tecnologias Digitais. Colaborador no Grupo de

Pesquisa Relações Interpessoais e Violência: contextos clínicos, sociais, educacionais e virtuais (RIVI-PUCRS).

MONIQUE PLÁCIDO VIEGAS

Psicoterapeuta cognitivo-comportamental. Mestre e doutoranda em psicologia Social da UERJ.

RAÍSA DA SILVA DO NASCIMENTO

Psicóloga Clínica; formada pela PUCRS 2017; Especializanda em Terapia Cognitivo-Comportamental da Infância e da Adolescência pelo InTCC;

STÈPHANIE KRIEGER

Psicóloga formada pela UERJ. Mestre e Doutoranda em Psicologia Social (UERJ), bolsista CAPES. Terapeuta Cognitiva certificada pela Federação Brasileira de Terapias Cognitivas (FBTC), com formação em Terapia Cognitiva (particular) e Terapia do Esquema (Wainer/ISST).

THIAGO PIANCA

Formado em Medicina pela UFRGS, Especialista em Psiquiatria da Infância e Adolescência pela UFRGS, Especialista em Dependência Química pela UNIFESP, Doutor em Psiquiatria pela UFRGS, médico contratado do Serviço de Psiquiatria da Infância e Adolescência do Hospital de Clínicas de Porto Alegre

WILSON VIEIRA MELO

Doutor em Psicologia (UFRGS / University of Virginia), Mestre em Psicologia Clínica (PUCRS), Treinamento Intensivo em Terapia Comportamental Dialética (The Linehan Institute Behavioral Tech). Coordenador do Curso de Formação em Terapia Comportamental Dialética da Elo Psicologia e Desenvolvimento. Vice-Presidente da Federação Brasileira de Terapias Cognitivas (Gestões 2013-2015/2015-2017) e Coordenador da implementação do processo de Certificação de Terapeutas Cognitivos no Brasil (FBTC).

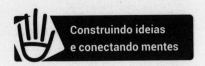

Este livro foi composto com tipografia Bembo
e impresso em papel Pólen Soft 80g/m²
na Gráfica Promove em janeiro de 2023.